Andreas Hadjar

Meritokratie als Legitimationsprinzip

AF166020

Andreas Hadjar

Meritokratie als Legitimationsprinzip

Die Entwicklung der Akzeptanz
sozialer Ungleichheit im Zuge
der Bildungsexpansion

VS VERLAG FÜR SOZIALWISSENSCHAFTEN

Bibliografische Information Der Deutschen Nationalbibliothek
Die Deutsche Nationalbibliothek verzeichnet diese Publikation in der
Deutschen Nationalbibliografie; detaillierte bibliografische Daten sind im Internet über
<http://dnb.d-nb.de> abrufbar.

1. Auflage 2008

Alle Rechte vorbehalten
© VS Verlag für Sozialwissenschaften | GWV Fachverlage GmbH, Wiesbaden 2008

Lektorat: Frank Engelhardt / Cori Mackrodt

Der VS Verlag für Sozialwissenschaften ist ein Unternehmen von Springer Science+Business Media.
www.vs-verlag.de

Das Werk einschließlich aller seiner Teile ist urheberrechtlich geschützt. Jede
Verwertung außerhalb der engen Grenzen des Urheberrechtsgesetzes ist
ohne Zustimmung des Verlags unzulässig und strafbar. Das gilt insbesondere
für Vervielfältigungen, Übersetzungen, Mikroverfilmungen und die Einspei-
cherung und Verarbeitung in elektronischen Systemen.

Die Wiedergabe von Gebrauchsnamen, Handelsnamen, Warenbezeichnungen usw. in diesem
Werk berechtigt auch ohne besondere Kennzeichnung nicht zu der Annahme, dass solche
Namen im Sinne der Warenzeichen- und Markenschutz-Gesetzgebung als frei zu betrachten
wären und daher von jedermann benutzt werden dürften.

Umschlaggestaltung: KünkelLopka Medienentwicklung, Heidelberg
Druck und buchbinderische Verarbeitung: Krips b.v., Meppel
Gedruckt auf säurefreiem und chlorfrei gebleichtem Papier
Printed in the Netherlands

ISBN 978-3-531-15629-3

Inhalt

I. Einleitung: Die Entwicklung der Akzeptanz sozialer Ungleichheit und ihre soziologische Relevanz 9

1   Die Legitimation sozialer Ungleichheit im Bewusstsein als Forschungsproblem 10

2   Die gesellschaftliche Relevanz der Akzeptanz sozialer Ungleichheit 15

3   Ansatz zur Analyse sozialer Entwicklungen 23

4   Vorgehensweise 26

II. Die Akzeptanz sozialer Ungleichheit: Theorie, Forschungsstand und Hypothesen 31

5   Die Akzeptanz und Legitimation von Verteilungsmechanismen 31
5.1   Konzeptionen sozialer Ungleichheit 31
5.2   Gerechtigkeit und Gerechtigkeitsprinzipien zur Legitimation sozialer Ungleichheit 34
5.3   Theoretische Ansätze zur Gerechtigkeit 39

6   Die Meritokratie als Legitimationsprinzip sozialer Ungleichheit 44
6.1   Das meritokratische Prinzip 44
6.1.1 Meritokratie als theoretisches Prinzip 44
6.1.2 Meritokratie als Legitimationsprinzip 45
6.1.3 Die Meritokratie in der gesellschaftlichen Realität – das Verhältnis zwischen Legitimationsprinzip und empirischer Wirklichkeit 47
6.2   Das Verhältnis des meritokratischen Prinzips zu anderen Legitimationsprinzipien in Theorie und Empirie 51
6.2.1 Abgrenzung aus theoriefokussierter Sichtweise 51
6.2.2 Empirische Konzeptionen zu ungleichheitsbezogenen Orientierungen 55

7   Gesellschaftliche und individuelle Bestimmungsfaktoren von Gerechtigkeitsprinzipen zur Legitimation sozialer Ungleichheit 64
7.1   Haben alle Menschen gleiche Gerechtigkeitsprinzipien? 64

7.2   Bestimmungsfaktoren auf der Makroebene der Gesellschaft 69
7.3   Bestimmungsfaktoren auf der Mikroebene 74

8   Bildung, Bildungsexpansion und die Akzeptanz sozialer
        Ungleichheit in Westdeutschland: Theoretische Ableitung von
        Hypothesen 80
8.1   Soziale Ungleichheit und ihre Legitimation in Westdeutschland 80
8.1.1   Strukturen und Prinzipien sozialer Ungleichheit 80
8.1.2   Die Legitimation sozialer Ungleichheit in Westdeutschland 84
8.2   Bildung, Status und die Akzeptanz sozialer Ungleichheit aus
        querschnittlicher Perspektive 91
8.2.1   Bildung als Humanvermögen 92
8.2.2   Bildung als Humankapital 95
8.2.3   Bildung, Statuszuweisung und Akzeptanz sozialer Ungleichheit –
        Ein Paradox 108
8.2.4   Statusinkonsistenz und Akzeptanz sozialer Ungleichheit 110
8.3   Die Bildungsexpansion und die Entwicklung der Akzeptanz
        sozialer Ungleichheit in längsschnittlicher Perspektive 115
8.3.1   Ursachen und Folgen der Bildungsexpansion 115
8.3.2   Bildungsexpansion und Akzeptanz sozialer Ungleichheit aus
        Kohortenperspektive 125
8.3.3   Die Geburtskohorten 1919 bis 1963 – Zustände, Ereignisse und
        Bedingungen 129
8.3.4   Kognitive Mobilisierung und Verdrängung als Mechanismen des
        Kohortenwandels im Zuge der Bildungsexpansion und
        die Akzeptanz sozialer Ungleichheit 148
8.3.5   Kohortenspezifische Bildungseffekte auf die Akzeptanz
        sozialer Ungleichheit 155
8.3.6   Bildungsexpansion und Heterogenität an höheren Schulen –
        Die Zusammensetzung der Schülerschaft als Kohortenmerkmal 159
8.3.7   Perioden- und Alterseffekte als Faktoren der Entwicklung
        der Akzeptanz sozialer Ungleichheit 160
8.4   Geschlecht und Arbeitslosigkeit als Kontrollfaktoren 169
8.5   Überblick über die zu prüfenden Hypothesen 171

III. Empirische Untersuchung 173

9.   Methodik 173
9.1   Methodische Herangehensweise 173
9.2   Untersuchungsdesign 189

9.2.1   Stichprobe und Datenbasis 189
9.2.2   Befragungsmodus 194
9.2.3   Messinstrumente 195

10   Untersuchungsergebnisse 209
10.1   Deskriptive Befunde 209
10.1.1 Kohortenspezifische Bildungsverteilung und Heterogenität 209
10.1.2 Wahrnehmungen des Verteilungsprinzips als subjektive
        Theorien zu sozialem Aufstieg 212
10.1.3 Bildungs- und kohortenspezifische Entwicklung
        der Akzeptanz sozialer Ungleichheit 220
10.2   Multivariate Analysen zur Akzeptanz sozialer Ungleichheit 229
10.2.1 Bildungs- und kohortenspezifische Unterschiede in
        der Akzeptanz sozialer Ungleichheit 229
10.2.2 Schrittweise Analyse der Akzeptanz sozialer Ungleichheit
        im Zeitverlauf 234

IV   Schluss 251

11   Betrachtung der wesentlichen Befunde 251

12   Inhaltliche und methodische Limitierungen 258

13   Resümee und Ausblick 262

Literatur 267

Anhang 289

I. Einleitung: Die Entwicklung der Akzeptanz sozialer Ungleichheit und ihre soziologische Relevanz

Mit der Entwicklung der Akzeptanz sozialer Ungleichheit treten zwei genuin soziologische Gegenstände in den Brennpunkt des Interesses. Zum einen gehört die Analyse sozialen Wandels und sozialer Entwicklungen zu den Kernaufgaben der Soziologie. Schon die Klassiker soziologischen Denkens strebten nach der Erklärung historischer Veränderungen – etwa der Herausbildung von Zivilisation oder des Kapitalismus. Zum anderen stellen die Legitimation und Akzeptanz sozialer Ungleichheit wesentliche Orientierungselemente des gesellschaftlichen Zusammenlebens überhaupt dar: Die Mechanismen der Verteilung von Gütern bzw. der Allokation von Personen zu Positionen, die mit Privilegien ausgestattet sind, sowie der Aufwärts- und der Abwärtsmobilität betreffen den Kern der sozialen Ordnung einer Gesellschaft (Mayer 1975; Mayer et al. 1992) und beziehen sich somit auf soziale Ungleichheit als historisch wichtigstes Thema der Soziologie (Dahrendorf 1974 [1967]). Die Entsprechungen für diese sozialstrukturellen Phänomene finden sich in Form von sozialen Repräsentationen dieser Mechanismen in der kulturellen Sphäre der Gesellschaft – auf der Ebene der Ideologien bzw. des ideologischen „Überbaus" (Marx 1974 [1859]). Weil soziale Ungleichheit einen solch hohen Stellenwert hat, sind die im Zentrum dieser Analysen stehenden Werthaltungen der Akzeptanz sozialer Ungleichheit im Kern des sozialen Bewusstseins bzw. „des individuellen Gesellschaftsbildes" (Watermann 2003: 21) zu verorten. Werthaltungen der Akzeptanz sozialer Ungleichheit beziehen sich auf die Legitimität sozialer Ordnung. Nicht nur Strukturen sind wichtige Forschungsgegenstände, sondern auch die Legitimität dieser Strukturen als ein Glaube bzw. eine subjektive Einstellung (Weber 1972 [1922]). Die Frage nach der Legitimität stellt eine wichtige Frage des 21. Jahrhunderts dar, denn nur in der Bevölkerung akzeptierte Strukturen sind stabile Strukturen – wie Kriege, Umbrüche bis hin zu Terrorerfahrungen eindeutig belegen. Die Akzeptanz sozialer Ungleichheit basiert im Wesentlichen auf dem Kriterium der Gerechtigkeit – eine Analyse ist daher nur unter Einbeziehung des Gerechtigkeitsbegriffs und der Gerechtigkeitsforschung denkbar.

Angesprochen wird hier das Feld der Moralökonomie, d.h.

> „dass die Ungleichheitsverhältnisse innerhalb von Gesellschaften in Vorstellungen von Ge-
> rechtigkeit und Fairness eingebettet sind. Die Problematisierung von Ungleichheit und die
> Bereitschaft, ungleichheitsmindernden Umverteilungen zuzustimmen, ist an ein Moralbe-
> wusstsein und die darin eingelagerten normativen Deutungsmuster sozialer Ungleichheit an-
> geschlossen" (Mau 2004: 166).

Die folgende Einleitung soll zunächst eine Hinführung zur Fragestellung der
Untersuchung bieten. In einem zweiten Abschnitt wird im Rahmen eines Exkurses die Frage der Relevanz der Legitimation sozialer Ungleichheit für die Gesellschaft, d.h. inwieweit Werthaltungen die Legitimation des Gesellschafts-
systems und damit die Systemstabilität stützen, angesprochen. Diese Thematik
ist sicher nur ein Randthema und wird in den empirischen Analysen nicht weiter
verfolgt, allerdings macht eine solche Exploration erst die Bedeutung der Akzeptanz von Ungleichheit für die Gesellschaft deutlich. In einem weiteren ein-
leitenden Kapital wird der grundlegende Ansatz zur längsschnittlichen Analyse
vorgestellt. Schließlich wird im letzten Abschnitt der Einleitung ein Ausblick auf
den Aufbau dieses Buches gegeben.

An dieser Stelle sei den Gutachtern Rolf Becker, Martin Abraham und Karl
Ulrich Mayer sowie Dirk Baier und Sigrid Haunberger für die kritischen Kom-
mentare und konstruktiven Anmerkungen gedankt.

1 Die Legitimation sozialer Ungleichheit im Bewusstsein als Forschungsproblem

Das Interesse der folgenden Ausführungen richtet sich auf zwei Fragen, zum einen – aus querschnittlicher Perspektive – *die Frage nach den Bestimmungsfaktoren für die Akzeptanz sozialer Ungleichheit*, und zum anderen – aus
längsschnittlicher Perspektive – *wie sich die Legitimation sozialer Ungleichheit
im Bewusstsein der Bevölkerung im Zuge der Bildungsexpansion verändert hat.*[1]
Das meritokratische Prinzip, welches das wesentliche Argument zur Rechtfertigung sozialer Ungleichheiten in westlichen Gesellschaften darstellt, wird dabei
fokussiert.

Soziale Ungleichheit als eine der „Grunderfahrungen gesellschaftlichen Zusammenlebens überhaupt" (Klingemann 1990: 317) soll im Folgenden verstan-

---

[1] Somit steht diese Arbeit in der Tradition der Forschungen von Mayer (1975) zu sozialer Ungleichheit im Bewusstsein und Meulemann (1982: 231), der empirisch der Frage „Wie spiegelt sich die
Bildungsexpansion in den Vorstellungen der Bevölkerung wider?" nachging.

den werden im Sinne von Ungleichheiten, die „an den sozialen Positionen von Menschen und nicht ihren individuellen Persönlichkeiten hängen und [...] daher nicht zufällig, sondern sozial strukturiert sind" (Dahrendorf 1974 [1967]: 336). Damit einher geht eine ungleiche Verteilung von Lebenschancen. Soziale Ungleichheit stellt keine natürliche Konstante dar, wenngleich sie häufig an der vermeintlich natürlichen Ungleichartigkeit der Menschen (z.b. Intelligenz, Körperkraft) ansetzt – worauf die Soziobiologie in Bezugnahme auf die Evolutionstheorie gern verweist (vgl. Lenzen 2003).

Stattdessen erscheint Ungleichheit aus soziologischer Perspektive als von Menschen bzw. durch von Menschen geschaffene Institutionen produziert und somit auch von Menschen veränderbar. Eine solche soziale Differenzierung ist das „Produkt von bewusstem menschlichen Handeln in Vergangenheit und Gegenwart" (Kreckel 2004: 14), wenngleich sie auch eine unintendierte Folge beabsichtigten Handelns im Sinne von Boudon (1982) darstellen kann. Soziale Ungleichheit stützt sich auf eine Ordnung, in der bestimmte Verteilungsprinzipien und -erwartungen an bestimmte Gruppen (z.b. Schichten) verankert sind, die sozialisiert und sanktioniert werden (Volken 2004).

Soziale Ordnung und auch die Ordnung sozialer Ungleichheit ist im Sinne von Hobbes (2002 [1651]) oder auch des schottischen Moralphilosophen Hume (1972 [1751]) nur möglich, wenn sich Individuen als Teile eines Ganzen (des Staats) den entsprechenden Notwendigkeiten und Ordnungsprinzipien des Ganzen unterordnen. Das Zusammenleben in einer Gesellschaft bedarf akzeptierter Regeln, insbesondere auch im Hinblick auf Gerechtigkeit, um das eigennützige Verhalten zu koordinieren:

> „Der Mensch kann seiner Natur nach nicht ohne den Zusammenschluss von Individuen schlechterdings nicht existieren, und dieser Zusammenschluss könnte nicht Bestand haben, wenn nicht den Gesetzen der Billigkeit und Gerechtigkeit Achtung entgegengebracht würde. Unordnung, Verwirrung, Krieg aller gegen alle wären die unausbleiblichen Folgen solcher Hemmungslosigkeit" (Hume 1972 [1751]: 46).

Die Ordnung sozialer Ungleichheit braucht daher – insbesondere in demokratischen bzw. nicht-totalitären Gesellschaften – Akzeptanz im Bewusstsein der Gesellschaftsmitglieder (vgl. Mayer und Solga 1994). Das Bewusstsein bzw. der Wertekosmos enthält Bewertungen bzw. moralisch geleiteten Beurteilungen gesellschaftlicher Gegenstände, ohne die Gesellschaft nicht denk- und lebbar wäre (Dahrendorf 1974 [1967]). Einige der wichtigsten Bewertungen beziehen sich auf das System sozialer Ungleichheit, denn

> „in den Einstellungen der Bevölkerung zur sozialen Ungleichheit offenbart sich die Legitimität der gesellschaftlichen Ordnung samt ihren typischen Verteilungs- und Zuteilungsstruktu-

ren von Lebenschancen, Gütern und Belohnungen. Die Legitimität einer Ungleichheitsstruktur ist eng an die Frage geknüpft, ob eine bestimmte Verteilung als gerecht oder gerechtfertigt angesehen wird. Gerechtigkeit ist entsprechend einer soziologischen Herangehensweise aber kein absolutes, übergesellschaftliches Prinzip, sondern an konkrete
Gesellschaften und deren Norm- und Wertsysteme gebunden" (Mau 1997: 3).

Der Grad der Legitimität gibt an, inwieweit die soziale Ordnung von den Individuen als geltend eingeschätzt wird und entspricht dem Grad der „Zustimmung,
die die Betroffenen den Mechanismen, durch die die Ressourcen verteilt werden,
entgegenbringen" (Wegener 1992: 269). Im Hinblick auf die Form des meritokratischen Prinzips, seine Wertbasiertheit, auf deren Grundlage auch Vererbung bzw. Transmission des Prinzips stattfindet, ist es dem wertrationalen Typus
der Legitimität im Sinne Webers zuzuordnen: Die Legitimität der Ordnung geschieht somit auf wertrationaler Basis „durch Glauben an ihre absolute Geltung
als Ausdruck letzter verpflichtender Werte" (Weber 1972 [1922]: 17). Andererseits können Prinzipien als Werte auch Elemente rationaler Begründung enthalten. Legitimationsprinzipien tragen rationale Aspekte in sich, da die
gesellschaftliche Ordnung in westlichen Industrieländern (legale Herrschaft) einen bürokratischen Charakter hat (Weber 1972 [1922]: 124ff; Winckelmann
1952).

Im Zentrum der Legitimierung sozialer Ungleichheit in Westdeutschland als
einer modernen marktorientierten Industriegesellschaft steht die Idee der „Leistungsgerechtigkeit in der Verteilung von Gütern und Belohnungen. Ungleichheiten sind demnach akzeptabel, soweit sie unterschiedliche Fähigkeiten und
Leistungen widerspiegeln" (Kraus und Müller 1990: 10). Die Verknüpfung von
Leistungs- bzw. Chancengerechtigkeit und marktorientierten, kapitalistischen
Gesellschaften ergibt sich daraus, dass dieser Gesellschaftstypus durch Arbeitsteilung und einen (marktbasierten) Austausch von Produkten gekennzeichnet ist.
Daher ist Marktgesellschaften Wettbewerb immanent, „dessen Ergebnis […] von
Fähigkeiten abhängt. Dann kann nicht mehr Gleichheit durch Solidarität, sondern es muss Ungleichheit durch Leistung gerechtfertigt werden" (Meulemann
2004: 117f). Soziale Ungleichheit erscheint als Charakteristikum differenzierter
Gesellschaften und bedingt Prinzipien zur Legitimation sozialer Ungleichheit
(Durkheim 1988 [1893]; vgl. Meulemann 2004). Da das Prinzip der Chancengerechtigkeit auf eine Stärkung legitimer Merkmale (Ausbildung, Noten) zum
Statuserwerb abzielt, ist es modernen marktorientierten Industriegesellschaften
besonders angemessen. Dieser ideologiebasierte Verteilungsmodus wird im Folgenden auch als meritokratisches Prinzip bezeichnet.

Die sich aus diesem meritokratischen Prinzip sozialer Ungleichheit ableitende Grundthese lautet entsprechend:

„Das wahrgenommene Ausmaß sozialer Ungleichheit wird akzeptiert, wenn die als faktisch wirksam erachteten Kriterien sozialer Selektion für legitim gehalten werden. D.h., wenn individuelle Leistungen und Fähigkeiten als legitime Selektionsprinzipien gelten und Chancengleichheit den dominanten Standard sozialer Gerechtigkeit darstellt, dann wird Ungleichheit in dem Maße akzeptiert, zu dem Chancengleichheit geglaubt und das Prinzip individueller Leistung und Fähigkeit als weitgehend realisiert gilt" (Mayer 1975: 72).

Ursachen für die Dominanz dieses meritokratischen Prinzips – über andere Prinzipien wie askriptive bzw. strukturelle Ungleichheitsursachen – sind darin zu sehen, dass marktorientierten Gesellschaften auf das Prinzip der Marktgerechtigkeit aufbauen und andererseits Personen allgemein die Tendenz haben, „soziale Ungleichheiten eher individuellen Dispositionen als strukturellen Bedingungen zuzuschreiben" sowie zudem der Glaube, dass im Sinne eines unsichtbaren Mechanismus jeder letztlich seinen gerechten Anteil erhält (Gerechte-Welt-Glaube), weit verbreitet ist (Watermann 2003: 188).

Es kristallisiert sich heraus, dass Bildung – im Sinne von Fähigkeiten und Zertifikaten – in einem meritokratischen System eine besondere Rolle zukommt. Aus zeitlicher Perspektive ist daher zu fragen, ob und inwieweit sich die Akzeptanz sozialer Ungleichheit im Zuge der Bildungsexpansion – einem der wohl einschneidensten sozialstrukturellen Prozesse des 20. Jahrhunderts – verändert hat. Die Förderung von Chancengleichheit und die Abkopplung von Unterschieden in Bildung, Status oder Einkommen von Kriterien sozialer Herkunft – wie es das meritokratische Prinzip impliziert – gehörte zu den wesentlichen Zielen der Bildungsreformen der 1960er Jahre (Dahrendorf 1965a), die eine Beschleunigung der Bildungsexpansion nach sich zogen. Andererseits zeigen Studien, dass sich auf der Ebene der Sozialstruktur das meritokratische Prinzip nicht durchsetzen konnte und sich stattdessen die auf sozialer Herkunft basierenden Ungleichheiten als persistent erweisen (vgl. Becker 2003). Es soll nun im Hinblick auf die kulturelle Ebene gefragt werden, ob im Zuge der Bildungsexpansion eine Zunahme der Akzeptanz sozialer Ungleichheit stattgefunden hat und ob sich das meritokratische Prinzip zumindest im Bewusstsein der westdeutschen Bevölkerung als Legitimationsprinzip für soziale Unterschiede durchsetzen konnte. Besonderes Augenmerk wird dabei auf Unterschiede in der Akzeptanz sozialer Ungleichheit zwischen Bildungsniveaus und Sozialschichten gelegt.

Betrachtet man die Forderung nach Chancengleichheit etwa von Dahrendorf (1965a), die zu Beginn der Bildungsreformen in den 1960er Jahren zu den wesentlichen Zielen gehörte, sollte das meritokratische Prinzip zum dominierenden Prinzip im Hinblick auf Bildungsunterschiede und die Verteilung von Positionen und Gütern in der Gesellschaft aufgestiegen sein. Denn: Das Primat der Chancengleichheit setzt voraus, dass Unterschiede in der Positionen-, Bildungs- oder Güterausstattung nicht herkunftsspezifisch (d.h. rückführbar auf Bildungsniveau

oder Status der Eltern) sind, sondern nur auf unterschiedliche Leistungen und
Fähigkeiten basieren. Entsprechend der Fragestellung, inwieweit dieses Ziel im
Zuge der Bildungsexpansion auf der strukturellen Ebene erreicht werden konnte,
ist somit zu analysieren, wie sich das meritokratische Prinzip in diesem Zeitraum
auf der ideologischen Ebene etablieren konnte.

Die Analyse zur Entwicklung des meritokratischen Prinzips zur Legitimation
von Ungleichheit spielt schließlich auch auf eine Frage an, die den soziologischen Diskurs der letzten Jahrzehnte um sozialstrukturellen Wandel bestimmt
hat: Hat die allgemeine Hebung des Wohlstandsniveaus in der Bundesrepublik
Deutschland und der Ausbau des Sozialstaats bzw. sozialer Sicherungssysteme –
die im Zuge der Bildungsexpansion stattfanden – in der Argumentation einiger
Modernisierungs- und Individualisierungstheoretiker bzw. deren Interpreten
(z.B. Beck 1983; Pakulski und Waters 1996) zu einer Abnahme sozialer Ungleichheit – und damit auch ihrer Relevanz und Problematisierung im Bewusstsein – geführt?[2] Hinter der im Rahmen der untersuchten Fragestellung steht
somit das Zusammenspiel von Bildungsungleichheiten auf der strukturellen
Ebene und schichtspezifischen Wertorientierungen und Interessen. Wenn die
strukturellen sozialen Ungleichheiten im Zuge der Bildungsexpansion tatsächlich
abgenommen haben sollten, d.h. dass die Gesellschaft auf einen Zustand jenseits
von Klasse und Schicht zusteuern würde, dann wäre zu erwarten, „that the diffe-
rences among social classes in the extent of their critical orientations will decline
as well" (Müller 1993a: 96). Entsprechend wäre also zu vermuten, dass soziale
Ungleichheit auch auf der Einstellungs- und Verhaltensebene weniger relevant
ist und nicht mehr als prekär empfunden wird. Eine Einebnung von Schichtunterschieden könnte eine geringere Wahrnehmung und eine stärkere Akzeptanz
sozialer Ungleichheit – auf Basis des meritokratischen Prinzips bedeuten. In

---

[2] Entsprechende Zeitdiagnosen – aber auch systemtheoretische Ansätze (Luhmann 1985) – billigen
vor allem vertikaler, d.h. auf hierarchische Ordnungen bezogener, sozialer Ungleichheit in fortgeschrittenen Gesellschaften nur noch eine nachgeordnete Rolle zu. Vertikale Klassenkonflikte hätten
nach der Argumentation von Habermas (1981: 512) ihre Bedeutung für die Formation sozialer
Gruppen und damit eine (hierarchische) gesellschaftliche Gliederung verloren; stattdessen entzün-
deten sich Konflikte nun an der Kolonialisierung der Lebenswelt durch die Steuerungsmechanis-
men Macht und Geld.

Anbetracht vielfältiger Befunde, dass „sich die Ungleichheiten zwischen den sozialen Schichten und Klassen allenfalls geringfügig und keineswegs immer im Sinne eines Abbaus von Ungleichheiten verändert haben" (Kraus und Müller 1990: 10), ist dieses Szenario in Frage zu stellen. Während geschlechtsspezifische Ungleichheiten, konfessionelle und regionale Unterschiede in der Bildungsbeteiligung stark reduziert – und bezüglich der Geschlechter sogar ins Gegenteil verkehrt (vgl. Diefenbach und Klein 2002) wurden, sind Bildungsungleichheiten nach sozialer Herkunft sowie eine ungleiche Einkommensverteilung relativ persistent (Becker 2003, 2006). Zu fragen bleibt somit, ob der Grad der Legitimation sozialer Ungleichheit im Zuge der Bildungsexpansion tatsächlich gestiegen ist und sich damit der Druck, die Ordnung sozialer Ungleichheit zu verändern, verringert hat.

2 Die gesellschaftliche Relevanz der Akzeptanz sozialer Ungleichheit

Die Relevanz von Werten und Ideologien ist in der soziologischen Forschung durchaus umstritten, wenngleich Weber (1992 [1920]; vgl. auch Erweiterung von McClelland 1966) die Auswirkungen von (protestantischen) Ideologien auf die Sozialstruktur (Entstehung kapitalistisches Wirtschaftssystem) bereits früh thematisiert hat. Entsprechend gehören strukturelle Verhältnisse und Veränderungen zu den Kernobjekten soziologischer Forschung, während im Hinblick auf Veränderungen in Kultur und Politik – gerade auch bezüglich der Folgen der Bildungsexpansion – viele blinde Flecken zu konstatieren (Müller 1998) sind. Im Folgenden soll nun fragmentarisch die soziologische Relevanz der Werthaltungen bzw. Bewusstseinsinhalte zur sozialen Ungleichheit anhand von theoretischen Überlegungen und empirischen Befunden verdeutlicht werden.

Aus *Perspektive der Gesamtgesellschaft* (Makroebene) ist die Legitimität eine essentielle Überlebensvoraussetzung der gesellschaftlichen Ordnung, denn wenn die Ordnung nicht als gerecht akzeptiert wird, kann sie nur eine „faktische Ordnung" im strukturfunktionalistischen Sinne von Parsons (1968 [1937]) sein, die nur unter Zwang fortbestehen kann und die „zusammenbricht, wenn der Zwang zusammenbricht" (Wegener 1992: 269). Eine auf geteilten Werthaltungen basierende Akzeptanz sozialer Ungleichheit ist Voraussetzung für eine „normative Ordnung" (Parsons 1968 [1937]), die durch eine bewusste Orientierung an Normen gekennzeichnet ist und einen stabilen Charakter hat. Die wesentliche Bedeutung der Werthaltungen der Akzeptanz sozialer Ungleichheit im Sinne eines kulturellen Gegenstands liegt somit in der Sozial- und Systemintegration. Werthaltungen der Akzeptanz sozialer Ungleichheit unterstützen die

Sozialintegration, d.h. die Integration in Normen, Werte und Handlungsmuster sowie in geordnete soziale Beziehungen in der Lebenswelt. Diese steht ihrerseits in Beziehung zur Systemintegration gesellschaftlicher Teilsysteme. Eine höhere Sozialintegration bedeutet damit auch eine höhere Systemstabilität bzw. Systemintegration (vgl. Lockwood 1979).

Aus konflikttheoretischer Sicht erscheinen Werthaltungen gegenüber sozialer Ungleichheit als soziologisch relevant, weil sie Ausdruck der Wahrnehmung und Interpretation des Zustands der Gesamtgesellschaft sowie der Positionen der einzelnen Individuen innerhalb der Gesellschaft durch die Bevölkerung sind. Die Existenz bestimmter Wahrnehmungen und Bewertungen von Gerechtigkeit, Macht und Ungleichheit weisen als Resultate gesellschaftlicher Konflikte auf gesellschaftliche Konflikte – „power struggles" (Svallfors 1993: 87) – hin. Werthaltungen der Akzeptanz sozialer Ungleichheit sind – als aus individuellen Werthaltungen aggregiertes Makromerkmal – ein Indikator für den Grad, zu dem Ungleichheit in einer Gesellschaft bzw. einer Kultur toleriert wird (Noll und Roberts 2003: 154).

Das im Kern der Akzeptanz sozialer Ungleichheit stehende Legitimitätsproblem bezieht sich auf die Vorbildlichkeit oder Verbindlichkeit (Weber 1972 [1922]: 16-20) einer sozialen Ordnung, die für die Sozialintegration der Individuen essentiell ist. Die Akzeptanz sozialer Ungleichheit beeinflusst den Grad, in dem die Gesellschaftsmitglieder die in der sozialen Ordnung implementierten Handlungsmuster übernehmen bzw. befolgen. In Anlehnung an Lipset (1985 [1960]: 64) gehört Legitimität zum Kapital eines Systems und beschreibt die Fähigkeit, den Glauben zu erzeugen und zu unterhalten, dass die vorhandenen sozialen und politischen Institutionen – und damit auch das Verteilungsprinzip – die besten für die Gesellschaft sind. Gemeinsame, über Klassen- bzw. Schichtgrenzen hinweg geteilte Werthaltungen und Auffassungen über das System sind letztlich „fundamentale Voraussetzungen für die Aufrechterhaltung des politischen Systems" (Klingemann 1990: 329). Legitimität bedeutet im Hinblick auf das politische System die Fähigkeit, die Überzeugung herzustellen und aufrechtzuerhalten, dass die politischen Institutionen – und eben auch das gesellschaftliche Verteilungsprinzip – der Gesellschaft möglichst angemessen sind (Lipset 1960). Aus Desintegrations- und Anomietheorien (u.a. Merton 1995 [1957]; Anhut und Heitmeyer 2000) ist in ähnlicher Argumentationsrichtung abzuleiten, dass eine hohe Akzeptanz der sozialen Ordnung durch die Individuen und ein entsprechend starker – von den Werten der sozialen Ordnung strukturierter – Wertekonsens (Sozialintegration) in der Gesellschaft mit im Vergleich geringeren Abweichungen von normativen Mustern auf Einstellungs- und Handlungsebene wie Rechtsextremismus oder Delinquenz verbunden ist (vgl. Hadjar und

Imhof 2007).[3] Dass die erfolgreiche Legitimation sozialer Ungleichheit eine wesentliche Voraussetzung sozialer Ordnung ist, gilt vor allem für eine parlamentarische Demokratie wie die Bundesrepublik Deutschland:

> „Für parlamentarische Demokratien ist weiterhin charakteristisch, dass sowohl ihre Institutionen als auch die darin getroffenen Entscheidungen nur dann von Bestand sein können, wenn sie mit dem Willen der Mehrheit der Bürgerinnen und Bürger übereinstimmen" (Lengfeld et al. 2000: 22).

Hondrich (1984: 282) kennzeichnet die Bedeutung sozialer Ungleichheiten und ihrer Akzeptanz für das soziale System ebenfalls als Integrations- und Solidaritätsproblem: Die alltägliche Verteilungsungleichheit würde in Anbetracht des weitverbreiteten Gleichheitsgrundsatzes zum Problem, wenn diese nicht durch das ebenso der Welt der Werte zuzurechnende Legitimationsprinzip der Leistung bzw. der Chancengleichheit gerechtfertigt würde (Hondrich 1984: 267). Die Beziehung zwischen realen Ungleichheiten (faktisch-objektive Handlungswirklichkeit) und den Überzeugungen gegenüber sozialer Ungleichheit (kulturell-normative Wertewirklichkeit) erweist sich als spannungsvoll. So vermutet Hondrich (1984: 268), dass „Ungleichheiten an sich bedeutungslos sind. Sozial wirksam werden sie erst im Widerspruch zu Gleichheitswerten."[4] In der Geschichte lassen sich empirische Belege für die Bedeutung gesellschaftlicher Integration finden: Gesellschaften können faktisch an einer prekären Sozialintegration zerbrechen. So ist ein Grund für den Zusammenbruch der DDR darin zu finden, dass sich die Chancen zur sozialen (Aufstiegs-)Mobilität und die Bildungsungleichheiten nach einer kurzen Verbesserung zunehmend verschlechtert haben und die Bürgerinnen und -bürger diese mangelnden Aufstiegsmöglichkeiten nicht mehr akzeptieren wollten (Mayer und Solga 1994).

Die Mechanismen, die hinter der systemstabilisierenden Funktion der Akzeptanz sozialer Ungleichheit bestehen, sind nur unter Bezugnahme auf die Mikroebene zu analysieren. Aus der struktur-individualistischen Sichtweise ist die Systemstabilität das Resultat der aggregierten individuellen Einstellungen, Werthaltungen und Handlungen, die selbst durch die gesellschaftliche Ebene beeinflusst werden, nun aber wieder auf die gesellschaftliche Ebene zurückwirken

---

[3] So zeigt Volken (2004), dass der Wohlfahrtsstaat im 19. Jahrhundert – in einer Phase verstärkter Protestbewegung seitens der Arbeiterklasse – begründet wurde, um den damaligen wirtschaftlichen und sozialen Strukturen eine höhere Akzeptanz bzw. Legitimität in der Bevölkerung zu verschaffen.
[4] Ein Machtproblem, das durchaus denkbar wäre, schließt Hondrich (1984: 282) allerdings aus: „Die Vorstellung, dass die Ausgeschlossenen: Arbeitslose, Rentner, Schüler, Hausfrauen in einer Bewusstseinsaufwallung die Gemeinsamkeit ihrer Lage in der Benachteiligung erkennen und in systemgefährdendes Protesthandeln umsetzen würden, erscheint abwegig – zum einen wegen der Heterogenität ihrer Interessenlage, zum anderen wegen dem, was ihnen gemeinsam ist und sie schwach macht: die Nicht-Verfügung über Produktionsmittel."

(vgl. Coleman 1991 [1990]; vgl. auch Büschges et al. 1996). Die gesellschaftliche Legitimität sozialer Ungleichheit ist eng verbunden mit der Legitimität der politischen Ordnung sowie der Systemloyalität – und wirkt somit auch über die Logik der Situation auf die individuelle Handlungsebene. Über die Logik der Aggregation haben die individuellen Orientierungs- und Handlungsmuster wiederum einen Effekt auf den Zustand der Gesamtgesellschaft. Somit beziehen sich die Wirkungen der Akzeptanz sozialer Ungleichheit sowohl auf das individuelle Handeln als auch auf die gesellschaftliche Ebene. Die Annahme dieser Folgen für das individuelle Handeln und die Systemintegrität entspricht einer von Parkin (1971) vertretenen These, dass die gruppenspezifischen Gerechtigkeitsvorstellungen – vor allem der unteren Sozialschichten – zu spezifischen Ungerechtigkeitswahrnehmungen führen, die zur aktiven Veränderung der Ordnung sozialer Ungleichheit motivieren und somit systemdestabilisierend sein können.[5]

Auf der *Mikroebene* ergibt sich die individuelle Akzeptanz der sozialen Ordnung der Ungleichheit daraus, dass Individuen diese als legitim ansehen, wenn die hinter dem Verteilungsprinzip stehenden ideologischen Grundlagen mit ihren eigenen Werthaltungen übereinstimmen. Nur „wer überzeugt ist, dass [es] in der Gesellschaft alles in allem gerecht zugeht, wird sich mit der Gesellschaft identifizieren und – ohne Zwang – seinen Beitrag leisten" (Meulemann 1992b: 103). Erklärt werden kann dieser Zusammenhang über verschiedene mikrosoziologische Theorien. Nach dem Group-Value-Modell von Lind und Tyler (1988) liefert das in einer Gruppe angewandte Verteilungsprinzip Hinweise darauf, welchen Wert den Gruppenmitgliedern in der Gruppe beigemessen wird. „Werden grundlegende Kriterien der Verfahrensgerechtigkeit verletzt, so wird dies als negatives Signal der Gruppe gegenüber dem jeweiligen Mitglied interpretiert" (Liebig 2004: 4) – mit den entsprechenden Folgen. Es zeigen sich schließlich auch empirische Befunde, dass die Verletzung grundlegender Kriterien der Verfahrensgerechtigkeit in Gruppen dazu führt, dass die Identifikation mit der Gruppe und die Bereitschaft zur Unterordnung unter Gruppeninteressen abnehmen (Lind und Tyler 1988).

---

[5] Während diese These aus marxistischer Perspektive eindeutig postuliert, dass strukturelle Ungerechtigkeiten von den Betroffenen auch entsprechend als Ungerechtigkeiten wahrgenommen werden und zu entsprechenden kollektiven Handlungen motivieren, ist nach Durkheim (1983 [1897]) nicht von einem solchen eindeutigen Zusammenhang auszugehen. Als legitim angesehene Ungleichheiten destabilisieren das System nicht zwangsläufig – insbesondere „weil das [benachteiligte] Individuum in diese Ordnung entweder fest integriert und an ihrer möglichen Veränderung völlig desinteressiert ist oder aber im Zustand anomischer Verwirrung verharrt und resigniert" (Liebig und Wegener 1999: 267).

Die Akzeptanz sozialer Ungleichheit hat auf der individuellen Ebene insbesondere Auswirkungen auf die individuellen Sicht- und Verhaltensweisen im Hinblick auf die politische Ordnung. Werthaltungen gegenüber sozialer Ungleichheit bzw. Gerechtigkeitsbewertungen haben Auswirkungen auf das politische Handeln – wobei diskussionswürdig erscheint, inwieweit politisches Handeln im Hinblick auf die Makroebene konstruktiv bzw. systemstabilisierend oder destruktiv bzw. -destabilisierend ist. Nach einer Kategorisierung von Liebig und Wegener (1999) ergeben sich auf der individuellen Ebene drei mögliche Reaktionsmuster auf wahrgenommene Ungerechtigkeit im Sinne nicht-legitimierter Ungleichheit: aktive Veränderung, Rückzug und Vermeidung sowie kognitive Umdeutung.

Im Detail bezieht sich das Reaktionsmuster der aktiven Veränderung im Sinne der Voice-Option von Hirschman (1970) darauf, dass Individuen durch die Wahrnehmung sozialer Ungleichheit motiviert werden, Ungerechtigkeiten zu bekämpfen und sich aktiv für eine Veränderung der sozialen oder politischen Ordnung bzw. des Verteilungsverfahrens (Gurr 1970) einzusetzen oder durch Reduktion ihres eigenen Einsatzes ein für sie günstigeres Verhältnis zwischen Aufwendung und Ertrag herzustellen (Lawler 1968). Eine solche Aktivierung politischen Handelns lässt sich theoretisch begründen mit der Frustrations-Aggressions-Hypothese[6] in der Anwendung von Homans (1968 [1961]), die von einer agressiven Reaktion auf Ungerechtigkeiten ausgeht, die durch entsprechende enttäuschte Erwartungen und Frustrationen hervorgerufen werden. Zu diesem Verhaltensmuster lassen sich Formen der konventionellen politischen Partizipation (Beteiligung an Wahlen, Mitarbeit in Parteien) und – insbesondere – der unkonventionellen politischen Partizipation mit ihren legalen und illegalen Formen (ziviler Ungehorsam, politischer Protest, politische Gewalt) rechnen.[7] Werthaltungen der Akzeptanz sozialer Ungleichheit sind somit vor allem deswegen von Bedeutung, weil die von der Ordnung sozialer Ungleichheit Benachteiligten – zumindest theoretisch – eine Umverteilung der Güter anstreben (Müller 1993a) und dazu sowohl konventionelle politische als auch unkonventionelle Formen wie nicht genehmigte Demonstrationen, Besetzungen bis hin zu politisch motivierter Gewalt nutzen können. Gleiches gilt für radikale Ungleichheitsbeführworter, die das entsprechend entgegengesetzte Ziel anstreben. Die Wahl von radikalen Parteien, die schnelle Abhilfe hinsichtlich einer – entweder Ungleichheit abbauenden oder Ungleichheit verstärkenden – Umverteilung versprechen

---

[6] Entwickelt als genuin sozial-psychologische Theorie von Dollard et al. (1939).
[7] Zur Unterscheidung zwischen konventioneller und unkonventioneller politischer Partizipation vgl. Hadjar und Becker (2007), Kaase (1997) und Uehlinger (1988).

oder politische Gewalt propagieren kann die politische und soziale Ordnung einer Gesellschaft destabilisieren.

Die Wahrnehmung sozialer Ungleichheit ist jedoch nicht grundsätzlich mit einer aktiven Reaktion auf der individuellen Handlungsebene verbunden, sie kann nach Weber (1972 [1922]) auch Handlungen im Sinne von Unterlassen und Dulden nach sich ziehen. Nach der Kategorisierung von Wegener und Liebig (1999) können auch Rückzug und Vermeidung auf die Wahrnehmung sozialer Ungerechtigkeit folgen. Ungerechte Situationen werden gemieden, indem sich die Individuen aus dem Feld zurückziehen. Aus nutzentheoretischer Sicht erscheint hier der Rückzug als kostengünstigste Alternative, gerade auch, wenn mögliche gerechtigkeitsherstellende Aktionen als erfolglos erscheinen (Erfolgswahrscheinlichkeit). Dies kann zum einen direkt durch tatsächliche Abwanderung (Exit-Option; Hirschman 1970) – z.B. durch Verlassen der als ungerecht entlohnt wahrgenommenen Arbeitsstelle (Dittrich und Carell 1976) – geschehen. Zum anderen sind, insbesondere wenn Alternativen fehlen und die Kosten der Abwanderung zu hoch wären, verdeckte Formen des Rückzugs denkbar wie Krankmeldungen und verringertes Engagement im Sinne einer „inneren Kündigung" (Tyler et al. 1997). Bezüglich des politischen Protests ist mit einer Verweigerung jeglicher politischer Partizipation zu rechnen, da dies nach der Argumentation der Subjective-Expected-Utility-Theorie (Jasso und Opp 1997) für den Einzelnen die kostengünstigste Alternative darstellt. Es bietet sich besonders im Hinblick auf die Wahlverweigerung neben der These des „stillen Protests" auch eine anomietheoretische Deutung an: Eine durch Ungerechtigkeiten und daraus entstehende Unzufriedenheiten beförderte zunehmende Desintegration in der Gesellschaft führt zu einer Aufweichung der Wahlnorm (Armingeon 1994). Bestehende Ungerechtigkeiten können ebenso durch kognitives Umdeuten dieser Ungerechtigkeitserfahrung nihiliert werden. Dabei wird die entsprechende Situation „mit unterschiedlichen Gründen subjektiv gerechtfertigt, neu bewertet oder ,mit anderen Augen' gesehen, so dass das ursprüngliche Unrecht nicht mehr als solches wahrgenommen wird" (Liebig und Wegener 1999: 271). Eine solche Umdeutung, die häufig auf dem Vergleich mit – schlechter gestellten – Referenzgruppen beruht (vgl. These der relativen Deprivation; Runciman 1966), führt zur Akzeptanz der bestehenden Ungerechtigkeiten bzw. Ungleichheiten. Dabei ist vor allem auch die Zeit von Bedeutung, denn lang anhaltende Ungerechtigkeiten können durch einen Gewöhnungseffekt, der die Suche nach Uminterpretationen beinhaltet, in der Wahrnehmung gemildert werden (Homans 1968 [1961]). In der Realität sollte das Phänomen der kognitiven Umdeutung in einem nicht vorhandenen Zusammenhang zwischen der Wahrnehmung von Gerechtigkeit und politischen Einstellungen und Verhaltensweisen zum Ausdruck kommen (Liebig und Wegener 1999: 273).

Empirische Befunde zu den drei Reaktionsmustern weisen darauf hin, dass das Reaktionsmuster der aktiven Veränderung zu den Konsequenzen fehlender Akzeptanz sozialer Ungleichheit gehört, die in empirischen Analysen im Vergleich zu den anderen – Rückzug und Vermeidung sowie kognitiver Umdeutung – als häufigste Folge von Ungerechtigkeiten erscheint (vgl. Liebig und Wegener 1999). Einen generellen Einfluss von Werthaltungen der Akzeptanz sozialer Ungleichheit auf das Wahlverhalten belegt unter anderem Müller (1993a). Während ungleichheitskritische Werthaltungen mit Wahlentscheidungen zugunsten der Grünen oder der SPD einhergehen, wählen die Personen mit einer ausgeprägten Akzeptanz sozialer Ungleichheit häufiger CDU oder FDP.[8] Im Rahmen des International Social Justice Project (Liebig und Wegener 1999) konnte klar gezeigt werden, dass die Bewertung der Verteilungsprinzipien sowie der Verteilungsergebnisse als ungerecht mit einer erhöhten politischen Aktivität verbunden ist, die in Westdeutschland insbesondere politisches Protestverhalten beinhaltet (vgl. auch Lengfeld et al. 2000). Die stärkste aktive Reaktion ist dabei nach Liebig und Wegener (1999: 272) dann zu erwarten, wenn Ungerechtigkeiten im Hinblick auf ordnungsbezogene Ungerechtigkeit (ungerechte Verteilungsregeln) und ergebnisbezogene Ungerechtigkeit (ungerechte Verteilungsergebnisse bezüglich Einkommen oder Privilegien) zusammenfallen (Liebig und Wegener 1999: 288; vgl. Brockner und Siegel 1996).

Folgen auf der individuellen Ebene sind nicht nur bezüglich politischer Einstellungen und Handlungen zu erwarten, sondern auch im Hinblick auf leistungs- oder aufstiegsorientierte Einstellungen und Verhaltensmuster. Die Akzeptanz sozialer Ungleichheit – und damit die Legitimität der Ordnung der Ungleichheit bzw. des Schichtungssystems – wirken über Aufstiegsorientierung und Statusaspirationen auf einer kognitiven Ebene und beeinflussen so die Handlungsebene. So ergibt sich aus Mertons (1995 [1957]) Bezugsgruppentheorie[9] die Argumentation, dass in einer Gesellschaft, in der das meritokratische Leistungsprinzip weithin anerkannt ist, der Grad der Legitimität dieses Prinzips die

---

[8] Bezüglich der FDP ist der Effekt nicht signifikant, wohl aber der Interaktionseffekt aus Periode und Akzeptanz sozialer Ungleichheit (Müller 1993a). Darin spiegelt sich wieder, dass die FDP Anfang der 1980er Jahre einer Wende hin zu einer Partei der Besserverdienenden unterworfen war und daher das Klientel zunehmend soziale Ungleichheit stärker akzeptierte.

[9] Merton (1995 [1957]) argumentiert, dass in rigiden Systemen, in denen eine hohe Legitimität der Ordnung sozialer Ungleichheit herrscht, die Angehörigen einer Schicht andere Schichten im geringeren Ausmaß als Vergleichsmaßstab für ihre eigene soziale Lage heranziehen und somit weniger unzufrieden mit ihrer eigenen Situation sind und im geringeren Ausmaß eine Statusverbesserung anstreben.

Motivation zum Statusaufstieg steigert. Entsprechend sollten Individuen, die soziale Ungleichheit auf Basis des meritokratischen Prinzips akzeptieren, zufriedener und somit weniger aufstiegsorientiert sein. Sie würden dann weniger in Bildung (Zertifikate, Fähigkeiten) investieren. Das Problem dieser Argumentation liegt darin, dass hier der Inhalt des als legitim geltenden Verteilungsprinzips außer Acht gelassen wird und die Annahme offenbar nur in Systemen askriptiver Ungleichheit mit einer strengen Schichthierarchie anzuwenden ist. In Systemen, in denen meritokratische Ungleichheitsvorstellungen dominieren, und bei Individuen, die meritokratischen Werten anhängen, sollte aus anderer Perspektive generell eine höhere Motivation zur Statusverbesserung vorhanden sein, da erst das Gefühl, durch Leistung und Fähigkeiten aufsteigen zu können (im Sinne von Efficacy, Selbstwirksamkeits- bzw. Kontrollüberzeugungen; vgl. Heckhausen und Schulz 1995; Mehlkop und Becker 2004; Rotter 1966), eine Aktivierung zum Handeln nach sich ziehen sollte (vgl. Becker 2003). Von besonderer Bedeutung sind dabei in dieser Lesart die externalen Kontrollüberzeugungen, dass – jenseits der individuellen Kompetenzeinschätzung – in einem System ein Aufstieg durch Fähigkeiten und Bildung überhaupt möglich ist. Durch die Akzeptanz sozialer Ungleichheit auf Basis des meritokratischen Prinzips beeinflusste höhere individuelle Leistungs- und Aufstiegsorientierungen sollten sich entsprechend ökonomischer Sichtweisen wie der Humankapitaltheorie (Becker 1964; Schultz 1961) auf der Systemebene in höherer Produktivität und Wirtschaftswachstum niederschlagen.

Eine Rückwirkung des individuellen Verhaltens auf die Ebene der Gesellschaft ergibt sich über die Logik der Transformation sowie Mesoebeneninstitutionen: Im Hinblick auf das politische System ergibt sich die Wichtigkeit individueller Bewertungen sozialer Ungleichheit – entsprechendes an diesen Werthaltungen orientiertes Handeln (z.B. Abstimmungsverhalten bei Wahlen) vorausgesetzt – aus der Relevanz politischer Entscheidungen zum Abbau sozialer Ungleichheiten. Im Hinblick auf das wirtschaftliche System müssten eine verstärkte Aufstiegsorientierung und eine entsprechend höhere Leistungsorientierung zu Wirtschaftswachstum und Prosperität führen. Schließlich haben aber auch politische Entscheidungen einen Einfluss auf das politische System – so verweist Mayer auf die Auffassung von Goldthorpe (1966), dass wissenschaftlich-technischer Fortschritt und Wirtschaftswachstum nicht automatisch mit einem Abbau sozialer Ungleichheiten einhergehen, sondern vielmehr

„scheine das Ausmaß, zu dem soziale Ungleichheit abgebaut werde, von politischen Eingriffen abhängig, deren Richtung und Stärke durch spezifische soziale Orientierungen, politische Überzeugungen und Interessen beeinflusst werden" (Mayer 1975: 215).

Zusammenfassend lassen sich auf der individuellen Ebene mangelnde Systemloyalität, abweichendes Verhalten, politisches (Protest-)Handeln sowie eine geringere Leistungs- und Mobilitätsorientierung als wesentliche Konsequenzen einer mangelnden Akzeptanz sozialer Ungleichheit anführen, die sich negativ auf die Systemstabilität auf der gesellschaftlichen Ebene auswirken. Aus einer nutzentheoretischen Argumentation im Hinblick auf die Makroebene bedeutet ein höherer Legitimitätsgrad der gesellschaftlichen Ordnung sozialer Ungleichheit zusammenfassend geringere Kontrollkosten, ein geringeres Ausmaß an Konflikt und damit geringere Kosten zur Lösung von Konflikten (vgl. Volken 2004) sowie – insbesondere im Hinblick auf die Geltung des meritokratischen Prinzips – ein höheres Wirtschaftswachstum und Prosperität. Im Hinblick auf politische Partizipation bieten sich zwei Deutungen an: Im Sinne von Dahrendorf (1965a) bedeutet eine höhere Legitimität auch eine stärkere politische Beteiligung und damit die verstärkte Wahrnehmung demokratischer Grundrechte. Während diese Wirkung eher systemstabilisierend erscheint, stellt sich politischer Protest aus der Perspektive von Anomie- und Konflikttheorien als destablisierend dar. Hier kommt es sicherlich auf die Art des politischen Protesthandelns an.

3 Ansatz zur Analyse sozialer Entwicklungen

Bei der Analyse von sozialem Wandel – hier: Entwicklungen im Zuge der Bildungsexpansion – ist sorgsam vorzugehen. Insbesondere die zu starke Fokussierung auf Wandel, eine geringe Komplexität der Analysen – wie Altersvergleiche unter Verwendung von Querschnittsdaten als Beleg für Wandel – und die „Überinterpretation" marginaler Schwankungen können zu Fehlschlüssen führen.

> „Jede kurzfristige Schwankung von Einstellungsmessungen hat heute eine Chance, mit der Würde eines Wertewandels Aufmerksamkeit in Öffentlichkeit und Wissenschaft zu gewinnen. Mehr noch: Simple Querschnitte posieren als Beleg des Wertewandels und werden in der Pose unbestritten anerkannt [...] Auf der anderen Seite gehen Untersuchungen, die eine langfristige Konstanz zentraler Werte zeigen, in der Flut der oft nur scheinbaren, belanglosen oder kurzfristigen Wandlungen unter" (Meulemann 1992b: 101).

Grund für diese Entwicklung ist auf der einen Seite das Interesse der Sozialwissenschaften, in der Öffentlichkeit Gehör zu finden, andererseits das Interesse der Öffentlichkeit an einfachen, nachrichtenwirksamen Deutungen und Erklärungen. Stabilität ist allein deshalb ebenso häufig zu erwarten, weil erneute Stabilität geradezu erwartet werden muss, „wenn sich durchgreifend etwas geändert hat " (Meulemann 1992b: 123). Auch muss der Wandel eines Wertes (z.B. von Leistungswerten) nicht bedeuten, dass alle anderen Werthaltungen (z.B. Wert der Gleichheit) diesem Wandel unterworfen sind – die Stabilität des einen Wertes kann mit dem Wandel eines anderen Wertes durchaus sinnvoll verbunden werden. In der Essenz ergibt sich aus den Überlegungen von Meulemann (1992b), dass nicht nur Wandel von Interesse für soziologische Erklärungen ist, sondern auch Stabilität. Zu fragen ist nicht nur nach (massiven) Veränderungen, auch die Ursachen der relativen Stabilität von Gegenständen sind zu erforschen. Daher wird im Rahmen dieser Untersuchung häufiger von *Entwicklungen*, als von Wandel die Rede sein.

Die Untersuchungen aus temporaler Perspektive folgen dem struktur-individualistischen Erklärungsansatz und dem A-P-K-Ansatz, d.h. der simultanen Berücksichtigung von Alters-, Perioden- und Kohorteneffekten (Glenn 2005). Aus dem *struktur-individualistischen Ansatz* (Coleman 1991 [1990]) ergibt sich, dass zeitliche Entwicklungen und ihre Ursachenfaktoren nicht nur auf der Makroebene betrachtet werden, sondern die Analyse auf der individuellen Ebene ansetzen muss, da sonst ökologische Fehlschlüsse im Sinne von Robinson (1950) möglich sind. Der Einbezug der individuellen Ebene ermöglicht auch die detaillierte Formulierung von sozialstrukturellen Hintergrundhypothesen – soziale Mechanismen im Sinne von Hedström und Swedberg (1998) –, ohne die eine Analyse von zeitlichen Entwicklungen problematisch und inhaltsarm wäre. Die bereits erörterten Zusammenhänge zwischen Bildung, Status und der Akzeptanz sozialer Ungleichheit werden daher auf der individuellen Ebene, parallel zu den zeitlichen Veränderungen der Akzeptanz sozialer Ungleichheit betrachtet.

Reine Analysen der gesellschaftlichen Aggregatebene zu verschiedenen Zeitpunkten können zu Fehlschlüssen führen, wenngleich sie auch interessante Befunde bereithalten und als Teilanalysen sinnvoll sind. Um ökologische bzw. temporale Fehlschlüsse zu vermeiden, ist eine längsschnittliche A-P-K-Perspektive unerlässlich. Unter einem temporalen Fehlschluss soll die fälschliche Annahme eines zeitlichen Effekts, der sich in der A-P-K-Modellierung als Effekt anderer temporaler Ebenen herausstellt, verstanden werden. So können etwa Kohorten- oder Periodeneffekte auf Effekten des Alters (Lebenszyklus) bzw. der Altersverteilung basieren. Neben querschnittlichen Analysen auf der individuellen Ebene und schrittweisen Kohortenanalysen unter Einbeziehung einer oder zweier zeitlicher Ebenen werden schließlich Analysen aus der Perspektive des A-P-K-Ansatzes (vgl. Mayer und Huinink 1990; Bürklin et al. 1994; Glenn 2005) vorgenommen. Dieser Ansatz stellt eine Synthese aus Längs- und Querschnittsanalyse dar und dient u.a. der Bestimmung des relativen Einflusses von Alters-, Perioden- und Kohorteneffekten auf Veränderungen von Einstellungen und Verhaltensweisen. Soziale Tatbestände werden nach dem A-P-K-Ansatz nicht als geschichtslose Zustände begriffen, sondern als Komposition der Effekte des Alterns, der Sozialisation und der strukturellen Einflüsse zum Zeitpunkt der Untersuchung. Ziel ist es, Veränderungen in zeitlich sukzessiv erhobenen Merkmalsausprägungen anhand von zu ähnlichen Zeitpunkten geborenen Personengruppen über ihren Lebensverlauf hinweg nachzuvollziehen (Plum 1982: 510; Wagner 2001).

Die Untersuchung der Legitimationsprinzipien zur Akzeptanz der sozialen Ungleichheit in zeitlicher Perspektive bedingt zudem die detaillierte Betrachtung ihres Inhalts. Die Analyse der Entwicklungen von Werten ist nur sinnvoll, wenn der Wertewandel vor dem Hintergrund des Inhalts der Wertorientierungen und deren Verknüpfung mit strukturellen Phänomenen interpretiert wird. Es ist nicht von einem pauschalen Wertewandel auszugehen, sondern dieser ist mit sozialstrukturellen Phänomenen verknüpft. Diese Beziehung zwischen Wertorientierungen und gesellschaftlichen Rahmenbedingungen bzw. sozialstrukturellen Merkmalen, die sich aus den klassischen Theoriegebäuden von Marx (1974 [1857]) oder Weber (1972 [1921]) annehmen lässt, führt zu der Annahme, dass der Wandel von Werten – als Elementen des gesellschaftlichen „Überbaus" parallel zu sozialstrukturellen Entwicklungen – d.h. der „Basis" der Gesellschaft – stattfindet. Die Bildungsexpansion, in deren Verlauf sich die Sozialstruktur dahingehend verändert hat, dass ein größerer Anteil an Individuen über ein Abitur verfügt, qualifizierte Berufsabschlüsse zugenommen haben und auch der Anteil der Absolventen mit tertiärer Bildung gestiegen ist, sollte – im Hinblick auf die Erörterungen zu den bereits angesprochenen individuellen Bildungseffekten (i.S. von Humanvermögen oder Humankapital) eine Wirkung auf die Wertstruktur der Bevölkerung gehabt haben. Entsprechend sollen die zeitlichen Effekte auch inhaltlich gedeutet werden, wie dies zum Beispiel im Hinblick auf Bestimmungsfaktoren der Ausprägung der Wahrnehmung und Bewertung sozialer Ungleichheit von Noll und Christoph (2004: 99f) in der Unterscheidung zwischen sozialisations- und situationshypothetischen Annahmen zum Ausdruck kommt. Hinter beiden Dimensionen verbergen sich verschiedene zeitliche Ebenen, die anhand sozialstruktureller Bezüge zu deuten sind. Während aus der sozialisationstheoretischen Sicht langfristige Werthaltungen und Prägungen, d.h. insbesondere die in der hauptsächlichen (politischen) Prägephase bedeutsamen Sozialisationserfahrungen (z.B. Ereignisse, Erziehungsinhalte), fokussiert werden, bezieht sich die situative Sichtweise auf aktuelle Lebensbedingungen und soziale Strukturen (z.B. Arbeitslosigkeit, sozialer Status). Die Sozialisationshypothese verweist auf Kohorteneinflüsse, während aus der situativen Sichtweise Alters- und Periodenspezifika ins Blickfeld geraten.

4 Vorgehensweise

Ziel der im Folgenden dargestellten Untersuchungen ist die Beantwortung der Frage, wer bzw. welche Bevölkerungsgruppen soziale Ungleichheiten im Vergleich zu anderen stärker akzeptieren und welche zeitlichen Entwicklungen sich im Hinblick auf die Akzeptanz sozialer Ungleichheit zeigen. Im Interesse stehen somit Bestimmungsfaktoren von Werthaltungen sozialer Ungleichheit, d.h. die Aufklärung von Varianz – sowohl in querschnittlicher Perspektive (Effekte von Bildung, Status, Geschlecht), als auch in längsschnittlicher Perspektive (Kohorten-, Perioden- und Alterseffekte).

Zu den wesentlichen Inhalten der vorliegenden Arbeit gehören 1) ein Überblick zur Forschung über soziale Repräsentationen von Ungleichheit im Bewusstsein der Bevölkerung und über Gerechtigkeitsideologien, 2) eine Betrachtung der Entwicklung der Akzeptanz sozialer Ungleichheit auf Basis des meritokratischen Legitimationsprinzips im Zuge der Bildungsexpansion aus theoretischer, sozial-historischer und empirischer Perspektive sowie 3) die detaillierte methodische Darstellung des A-P-K-Analyseansatzes zur simultanen Modellierung von Alters-, Perioden- und Kohorteneffekten als Ansatz zur Analyse sozialen Wandels bzw. Stabilität unter besonderer Berücksichtigung der historischen Lagerung bzw. spezifischer Sozialisationserfahrungen von Kohorten, der historischen Ebene der Gesamtgesellschaft im Sinne von Periodeneffekten sowie von Entwicklungsprozessen auf der individuellen Ebene (Altern bzw. Stellung im Lebenszyklus) (Mayer und Huinink 1990).

Anknüpfungspunkt zur Untersuchung der Akzeptanz sozialer Ungleichheit ist zunächst die Pilotstudie eines Forscherteams um Mayer (1975: 69) zu sozialer Ungleichheit im Bewusstsein, im Rahmen derer im Sommer 1969 der gesamte Jahrgang 33-jähriger Männer, der in der Stadt Konstanz zum Befragungszeitpunkt wohnte, befragt wurde (Konstanzer Mobilitätsstudie). Die damals entwickelten Item-Batterien fanden Einzug in größere Bevölkerungsumfragen (ZUMABUS, ALLBUS). Im weiteren Verlauf wurden mit diesen Bevölkerungsstudien weitere Untersuchungen zur Wahrnehmung und Bewertung sozialer Ungleichheit angestellt (z.B. Müller 1993a; Noll 1992; Noll und Christoph 2004). Die soziologische Gerechtigkeitsforschung (Liebig 2004), die sich relativ eigenständig zu den vorherigen Forschungen zur Akzeptanz sozialer Ungleichheit entwickelt hat, bildet eine weitere Grundlage. Im Rahmen der im Folgenden dargestellten Untersuchung soll nun die Perspektive ausgedehnt werden auf verschiedene zeitliche Ebenen, wobei die Individualebene besonders berücksichtigt werden soll. So wird als Grundprämisse angenommen, dass die Akzeptanz sozialer Ungleichheit bzw. das Prinzip der Gerechtigkeit auch einer Entwicklung

über die Zeit ausgesetzt und vom individuellen Bildungsniveau sowie der individuellen sozialen Lagerung in der Gesellschaft abhängig ist. Bei der Analyse der
zeitlichen Entwicklungen wird dabei sowohl auf der Ebene der Gesellschaft, als
auch auf der individuellen Ebene angesetzt – entsprechend des Schemas der
strukturell-individualistischen Erklärung (Coleman 1991 [1990]; vgl. Büschges
et al. 1996). Im Kern der Analysen stehen allgemeine Bewertungen des Ordnungsprinzips der Meritokratie als Prinzip zur Legitimation sozialer Ungleichheit, d.h. im Zentrum stehen ordnungsbezogene Urteile – ob das
Verteilungsprinzip gerecht ist – und nicht ergebnisbezogene Einschätzungen, ob
ein Individuum das bekommt, was es verdient.

Im Rahmen der theoretischen Exploration zur Entwicklung der Akzeptanz
sozialer Ungleichheit wird eine Theorietriangulation (Denzin 1989) vorgenommen. Zum einen werden Hypothesen aus verschiedenen theoretischen Zusammenhängen herangezogen, da „verschiedene Modelle einen jeweils spezifischen
Beschreibungs- und Erklärungswert besitzen, es also nicht möglich ist, die Entwicklung von Gesellschaftsbildern anhand einer einzigen Theorie zu rekon-
struieren" (Watermann 2003: 16). Auch wenn das allgemeine Theoriegebäude
der rationalen Wahl in einer aufgeklärten Form[10] sicher einen breiten
Erklärungsrahmen bietet, werden doch jeweils spezifische Brückenhypothesen
benötigt, um die hinter den Effekten stehenden sozialen Mechanismen zu thematisieren. Diese Vorgehensweise entspricht der komplementären Strategie von
Triangulation. Zum anderen werden unterschiedliche Theorien auf denselben
Forschungsgegenstand angewendet, d.h. in Anlehnung an die Validierungsstra-
tegie der Theorientriangulation (Denzin 1989) werden verschiedene theoretische
Erklärungen gegeneinander gestellt und kontradiktorische Hypothesen aufgestellt, die schließlich einer empirischen Prüfung unterzogen werden. Diese Elemente der Triangulation – zu denen sicher auch die Schätzung und der Vergleich
verschiedener Modelle im Rahmen der Datenauswertung gehören – haben das
gleiche Ziel, das Lamnek (1995: 253) im Hinblick auf Methodentriangulation
formuliert: dass auf diese Weise „möglicherweise komplexere, der sozialen Realität angemessenere Erklärungen gefunden werden." Zusammenfassend ergibt
sich für die Vorgehensweise, dass somit zunächst kontrastierende Annahmen
postuliert werden, die dann dahingehend empirisch geprüft werden, inwieweit
sie sich gegenseitig ausschließen oder sich gegenseitig ergänzen.

---

[10] Als aufgeklärte Rational-Choice-Ansätze (vgl. Wiesenthal 1987) sind Theorien zu verstehen, die
nicht den klassisch ökonomischen Prämissen – universelle Präferenzen, Präferenzstabilität und perfekte Information der Akteure – folgen, sondern stattdessen über theoriereiche Brückenannahmen
die Variabilität der Präferenzen und beschränkte Informationsverarbeitungsfähigkeiten berücksichtigen. Einen solchen aufgeklärten Ansatz beinhalten u.a. die Theorie der sozialen Produktionsfunktionen von Ormel et al. (1999) oder die Werterwartungstheorie (Esser 1999).

Das Buch ist folgendermaßen aufgebaut: Auf diese Einleitung (Teil I), im Rahmen derer das Forschungsproblem umrissen und die soziale Relevanz der Akzeptanz sozialer Ungleichheit deutlich gemacht wurde, folgt ein breit gespannter theoretischer Rahmen (Teil II). Zunächst werden darin Strukturen und Ordnungsdimensionen sozialer Ungleichheit betrachtet, um dann im Hinblick auf das Bewusstsein die Akzeptanz und Legitimation dieser Strukturen – der gesellschaftlichen Verteilungsmechanismen – zu beleuchten. In einem eigenständigen Kapitel wird dann auf das Legitimationsprinzip der Meritokratie eingegangen, um dieses schließlich gegen andere Verteilungsprinzipien abzugrenzen. Während zunächst die verschiedenen Prinzipien sozialer Ungleichheit abstrahiert in Bezug auf die gesellschaftliche Ebene betrachtet werden, erfolgt im Anschluss eine Darstellung verschiedener Typen individueller Orientierungen gegenüber sozialer Ungleichheit auf Basis des sozialwissenschaftlichen Forschungsstands. In einem weiteren Kapitel werden dann die Bestimmungsfaktoren solcher Orientierungen auf der Makroebene der Gesellschaft und auf der individuellen Ebene in einem Überblick dargestellt, wobei zu Beginn auf verschiedene Sichtweisen verwiesen wird, inwieweit solche Orientierungen gegenüber den Verteilungsprinzipien universal sind oder je nach Gesellschaft und/oder innerhalb einer Gesellschaft variieren. Dann erfolgt die konkrete Exploration des Untersuchungsgegenstands, d.h. des Spannungsfelds zwischen Bildung, Bildungsexpansion und der Legitimation sozialer Ungleichheit in Westdeutschland. Zunächst geht es dabei um die Frage, welche gesellschaftlichen Verteilungsprinzipien in Westdeutschland dominierend sind. Daran anschließend werden Zusammenhänge zwischen Bildung – als Humanvermögen und Humankapital –, Status und Akzeptanz sozialer Ungleichheit fokussiert und entsprechende Hypothesen deduziert. Im Kern steht dabei das Paradox, dass einerseits mit höherer Bildung eine stärkere Hinterfragung sozialer Ungleichheit einhergehen, andererseits aber höhere Bildung mit einem höheren Status und dadurch einer stärkeren Akzeptanz verbunden sein sollte. Daran anschließend wird die zeitliche Perspektive – die Entwicklung im Zuge der Bildungsexpansion – mit einbezogen. In diesem Abschnitt werden sowohl Ursachen und Folgen der Bildungsexpansion in Westdeutschland im Allgemeinen, als auch die spezifischen Wirkungen, die für die Entwicklung der Akzeptanz sozialer Ungleichheit relevant scheinen, untersucht. Aus den theoretischen Überlegungen und unter besonderer Berücksichtigung des sozial-historischen Kontexts im Zuge der Bildungsexpansion werden dann Hypothesen zur kohorten- und periodenspezifischen Entwicklung abgeleitet. Diese werden ergänzt um Annahmen über lebenszyklische Veränderungen und Geschlechterunterschiede in der Akzeptanz sozialer Ungleichheit. Teil III widmet sich der empirischen Untersuchung. Das

A-P-K-Design bedarf zunächst einer umfangreichen Betrachtung der damit verbundenen methodischen Herangehensweise. Dann werden Elemente des Untersuchungsdesigns (u.a. Stichprobe, Messinstrumente) beschrieben. Darin
enthalten ist auch eine Betrachtung, was die Skala zur Akzeptanz sozialer Ungleichheit überhaupt misst – die Skala wird dabei im Sinne einer Validierung mit
fremdenfeindlichen Einstellungen und traditionellen Geschlechterrollen korreliert. Die Darstellung der Untersuchungsresultate beginnt mit deskriptiven Befunden zu den vorher explorierten Prozessen der Bildungsexpansion (Anstieg
der Bildungsbeteiligung, Heterogenisierung der Schülerschaft höherer Schulen)
sowie den perioden-, kohorten- und bildungsspezifischen Entwicklungen der
Akzeptanz sozialer Ungleichheit. Dabei wird auch die Entwicklung der Wahrnehmung, welches Verteilungsprinzip in Geltung zu sein scheint bzw. welche
Wege in der Gesellschaft zum Erfolg führen, im Rahmen eines Exkurses berücksichtigt. Dann folgen multivariate Analysen zur Entwicklung der Akzeptanz sozialer Ungleichheit auf Basis des Legitimationsprinzips der Meritokratie –
zunächst unter Berücksichtung von bis zu zwei temporalen Effekten, in einem
letzten Schritt dann im Rahmen vollständiger A-P-K-Modelle unter Ersatz jeweils einer temporalen Variable. Schließlich werden im letzten Abschnitt der
Arbeit (Teil IV) die Ergebnisse zusammengefasst, auf die Hypothesen und theoretische Annahmen rückbezogen und Limitierungen der Forschung diskutiert.

II. Die Akzeptanz sozialer Ungleichheit: Theorie, Forschungsstand und Hypothesen

Zunächst sollen nun im theoretischen Teil die Begriffe der sozialen Ungleichheit und der Gerechtigkeit, die eine Schnittmenge aufweisen, thematisiert werden. Besondere Berücksichtigung findet dabei im Hinblick auf die Prinzipien zur Legitimation von sozialer Ungleichheit die Gerechtigkeitsforschung. Daran anschließend werden verschiedene Sichtweisen der Legitimation sozialer Ungleichheit besprochen, wobei dem Legitimationsprinzip der Meritokratie besonderes Augenmerk geschenkt wird. Dann erfolgt die theoretische Exploration der Beziehungen zwischen Bildung, Bildungsexpansion und der Akzeptanz sozialer Ungleichheit. Aus der längsschnittlichen Untersuchungsperspektive heraus werden dann Hypothesen entwickelt, die anhand historischer und theoretischer Explorationen plausibilisiert werden.

5 Die Akzeptanz und Legitimation von Verteilungsmechanismen

5.1 Konzeptionen sozialer Ungleichheit

Der soziologische Ungleichheitsbegriff thematisiert nicht individuelle Unterschiede, sondern Unterschiede „zwischen Gruppen, Kategorien oder Klassen von Personen, […] die ein und dasselbe Merkmal mehr oder weniger häufig oder stark aufweisen und deshalb hinsichtlich dieses Merkmals in eine Rangordnung gebracht werden können" (Hondrich 1984: 269). Solche Merkmale zur Distinguierung bzw. Einteilung von Gruppen in Oben-Unten-Hierarchien sind Einkommen und Eigentum, Macht und Herrschaft sowie soziales Ansehen.

Aus sozialwissenschaftlicher Perspektive wird soziale Ungleichheit im Hinblick auf die Ungleichverteilung begehrter und knapper Ressourcen problematisiert, denn die Verfügung über solche Ressourcen erhöht „die Chancen für ein gemeinhin als ‚gut' beurteiltes Leben" (Hradil 1987: 15; Mau 2004: 166) und beeinflusst damit objektives und subjektives Wohlbefinden bzw. die Lebenszufriedenheit. Unter sozialer Ungleichheit werden Unterschiede im Zugang zu

Ressourcen verstanden, die gesellschaftlich bzw. sozial determiniert sind. Das bedeutet, dass sich soziale Ungleichheit auf „gesellschaftlich verankerte Formen der Begünstigung und Bevorrechtigung einiger, der Benachteiligung und Diskriminierung anderer" (Kreckel 2004: 15) bezieht, jedoch nicht auf biologisch bzw. physisch bedingte Unterschiede wie Geschlecht, Augenfarbe, natürliche Begabung oder Lebensalter – wenngleich diese Merkmale oftmals zur Rechtfertigung von Ungleichheiten herangezogen werden. Des Weiteren ist soziale Ungleichheit nicht gleichzusetzen mit sozialer Differenzierung, die sich z.B. aus der gesellschaftlichen Arbeitsteilung ergibt.

Im Kerninteresse der Sozialwissenschaften stehen vor allem vertikale Ungleichheiten, die sich aus hierarchischen Rangordnungen (Klasse, Stand, Schicht, Statusgruppen, Prestigegruppen) ergeben. Horizontale Unterschiede (z.B. Fächersegregation an Hochschulen) werden nur dann zum soziologischen Problem, wenn sie mit vertikalen Ungleichheiten im Sinne unterschiedlicher hierarchieorientierter Verteilungen verknüpft sind. Der Kern des sozialwissenschaftlichen Ungleichheitsbegriffs ist entsprechend so zu fassen:

> „Soziale Ungleichheit im weitesten Sinne liegt überall dort vor, wo die Möglichkeiten des Zugangs zu allgemein verfügbaren und erstrebenswerten sozialen Gütern und/oder zu sozialen Positionen, die mit ungleichen Macht- und/oder Interaktionsmöglichkeiten ausgestattet sind, dauerhafte Einschränkung erfahren und dadurch die Lebenschancen der betroffenen Individuen, Gruppen oder Gesellschaften beeinträchtigt bzw. begünstigt werden" (Kreckel 2004: 17).

Dimensionen vertikaler Ungleichheit sind nach den klassischen soziologischen Theorien von Marx und Weber zunächst Klassen und Stände. Während nach Marx (1974 [1867]) abstrahierend als kapitalistische Hauptklassen Bourgeoisie als „herrschende" und Proletariat als „unterdrückte" Klasse nach ihrem Besitz bzw. Nicht-Besitz von Produktionsmitteln voneinander unterschieden werden, bietet das Webersche Konzept der Stände (Weber 1972 [1922]) detaillierte Abstufungen nach sozialer Ehre bzw. Schätzung und Lebensführung. Eine soziale Klasse ist durch typische Chancen zur Güterversorgung und Lebenschancen im Hinblick auf die soziale Lage, die Verfügung über Leistungsqualifikationen (z.B. Bildung) und Güter charakterisiert. Das Webersche Klassenkonzept unterscheidet Besitzklassen, die sich nach der Güterversorgung unterscheiden lassen, Erwerbsklassen, die durch eine spezifische Position auf dem Arbeitsmarkt und spezifische Arbeitsmarktchancen gekennzeichnet sind, und soziale Klassen, zwischen denen intragenerational und intergenerational soziale Mobilität möglich ist. Das Konzept von Weber beinhaltet damit implizit bereits Dimensionen, wie Hierarchie (soziale Position) und Wissen bzw. Qualifikation, die in neueren Ansätzen zur Analyse sozial konstituierter Unterschiede in der Gesellschaft Berücksichtigung finden. Die Existenz verschiedener Kategorisierungen – Einkommen, beruflicher Stellung, sozialem Ansehen, Bildungsniveau und Machtposition – legt eine mehrdimensionale Betrachtungsweise sozialer Ungleichheit nahe (Kreckel 2004). Ein mehrdimensionales Kategoriensystem zeigen Bendix und Lipset (1953) auf, die zwischen ökonomischen (class), sozialen (prestige) und politischen Ungleichheiten (power) unterscheiden, wobei Interdependenzen zwischen den verschiedenen Dimensionen anzunehmen sind. Gleiches gilt für die Distinguierung zwischen Aspekten gesellschaftlicher Verteilungsungleichheit (Zugang zu materiellem Reichtum, symbolischem Wissen) und Aspekten relationaler bzw. Beziehungsungleichheit (ungleiche Handlungs- und Interaktionsbefugnisse, Diskriminierung, hierarchische Organisation) nach Kreckel (2004). Während Einkommens- und Bildungsungleichheiten zu erster Kategorie zu zählen wäre, bezögen sich unterschiedliche Anweisungs- und Entscheidungsmöglichkeiten oder staatsbürgerliche Partizipationsformen auf letztere Kategorie.

Diesen abstrahierten Dimensionen sind in der empirischen Sozialstrukturanalyse spezifische Indikatoren zur Seite zu stellen, die nicht nur die absoluten Dimensionen messen können, sondern auch geeignet sind, Dynamiken innerhalb der Gesellschaft zu erfassen. Zur Analyse objektiver sozialer Ungleichheiten auf der Ebene der Gesellschaft – die insbesondere von der Organisation des Bildungssystems und der Erwerbsarbeit abhängen – verweist Mau (1997: 31-39) auf Einkommensgleichheit und Umverteilung, Armut und soziale Mobilität. Zur Erfassung von Einkommensgleichheit bietet sich der Gini-Koeffizient an, der die Abweichung der Einkommensverteilung von der Lorenzkurve – totale Gleichverteilung – angibt (Gini 1921), wobei durch die Verbindung des Gini-Koeffizienten mit Daten zur Umverteilung über Steuervorteile oder soziale Sicherungsinstitutionen die auf reinen ungleichen Markteinkommen beruhende Ungleichheit sowie die ungleichheitsreduzierende Wirkung der sozialen Sicherungssysteme sichtbar gemacht werden kann. Die Armutsquote vor und nach Steuern und Sozialtransfers bezieht sich hingegen nur mittelbar auf die Güterverteilung, sind aber neben der Arbeitslosenquote im gesellschaftlichen Diskurs stark mit sozialer Ungleichheit verknüpft. Soziale Mobilität, erkennbar an einer zunehmenden Entkopplung von sozialer Herkunft (Beruf des Vaters) und sozialem Status (Intergenerationenmobilität) oder einer Entkopplung von Bildungsniveau und späterem sozialen Status (Intragenerationenmobilität) verweist ebenso auf die Ordnung sozialer Ungleichheit, d.h. ob und inwieweit soziale Aufstiege möglich sind. Aus der mehrdimensionalen Betrachtung und der Berücksichtigung der Möglichkeit sozialer Mobilität ergibt sich die Thematisierung von Statusinkonsistenzen:

„Die Frage stellt sich, ob der Status von Individuen in einer bestimmten Ungleichheitsdimen-
sion (z.b. Bildung) typischerweise mit einem gleich hohen Status in anderen Dimensionen
(z.b. Einkommen oder Sozialprestige) zusammenfällt, ob also ‚Statusinkonsistenz' (oder auch
‚Statuskongruenz' oder ‚Statuskristallisation') vorliegt oder nicht" (Kreckel 2004: 53).

Zusammenfassend ist auszuführen, dass wenn im Folgenden von der Ordnung
sozialer Ungleichheit die Rede sein wird, sich dies auf die klassischen Prämissen
der Ungleichheits- und Mobilitätsforschung bezieht: Die Struktur sozialer Ungleichheit wird verstanden als „geschichtete Hierarchie" bzw. als „vertikales
Kontinuum von sozialen Positionen unterschiedlichen Ranges". Diese unterschiedlichen Positionen werden festgemacht an „vertikalen Attributen von Berufspositionen", zu denen insbesondere die den Berufspositionen
entgegengebrachte Wertschätzung – das Berufs- oder Sozialprestige – gehört
(Mayer 1975: 12f). Empirische Ergebnisse der Konstanzer Studie von Mayer
weisen darauf hin, dass Individuen soziale Ungleichheit in der Regel – aber nicht
nur – über vertikale Differenzierung unter Fokussierung auf die vier Dimensionen definieren: „die Stellung im Beruf, die Art der beruflichen Tätigkeit verknüpft mit dem Niveau der Bildungsqualifikationen, ein an ständischen
Vorbildern orientierter generalisierter Status und die sozioökonomische Lage"
(Mayer 1975: 95). Die Sicht auf soziale Ungleichheit in der Bevölkerung bezieht
sich somit auf vertikale Ungleichheiten, die im Bewusstsein der Bevölkerung vor
allem im Hinblick auf Berufe und Bildungsqualifikationen wahrgenommen werden.

5.2   Gerechtigkeit und Gerechtigkeitsprinzipien zur Legitimation sozialer
Ungleichheit

Nicht nur das Ausmaß an sozialer Ungleichheit in der Sozialstruktur sind von
soziologischem Interesse, sondern auch, inwieweit soziale Ungleichheit akzeptiert wird. Dies hängt „sowohl davon ab, worauf bestehende Unterschiede der
materiellen Lebensbedingungen und des sozialen Ranges zurückgeführt werden
als auch in welchem Maße die normativen Prinzipien, die der Verteilung
zugrunde liegen, generell akzeptiert werden" (Noll 1992: 10). Soziale Ungleichheit „gilt in modernen Gesellschaften in dem Maße als akzeptabel und tolerier-
bar, wie sie mit den jeweiligen Gleichheitszielen und Gerechtigkeitsnormen ver-
einbar ist und legitimiert erscheint" (Noll 1992: 1), wobei nicht die Ungleichheitsstrukturen an sich entscheidend sind, und die Frage, ob diese ein gesellschaftliches Problem darstellen, sondern die Wahrnehmung und Bewertung
sozialer Unterschiede in der Lebenswelt durch die Individuen. Diese Über-

zeugungen „change across time, and very among social groups within a society, as well as between nations and across cultures" (Noll und Roberts 2003: 154). Im Zentrum der Betrachtung der Akzeptanz sozialer Ungleichheit steht somit Gerechtigkeit als hauptsächliches allgemeines Kriterium der Beurteilung sozialer Unterschiede. Während der Begriff der Ungleichheit sowohl normativ, als auch nicht-normativ gebraucht werden kann, scheint der Begriff der Gerechtigkeit primär dem normativen Bereich der Sozialwissenschaften zugeordnet zu sein. Entsprechend wird der Ungleichheitsbegriff eher der Soziologie zugewiesen, während der Gerechtigkeitsbegriff eher in der Philosophie bzw. Sozialphilosophie verortet wird (vgl. Müller und Wegener 1995). Im Hinblick auf die Wertbasiertheit von Gerechtigkeit, die gesellschaftlichen Folgen und die Universalität dieses Motivs, das eng mit Reziprozität verbunden ist, rückt der Gegenstand der Gerechtigkeit jedoch in den Mittelpunkt der Soziologie (vgl. u.a. Adloff und Mau 2005).[11] Die Universalität des Gerechtigkeitskriteriums ergibt sich nicht zuletzt aus seiner Nähe zu Reziprozitätsnormen (Gouldner 1960; Fehr und Gächter 2000), die als universelle Handlungsorientierungen gelten. Dabei ist Reziprozität nicht im engen Sinne als Tausch Leistung gegen Belohnung anzusehen, denn das würde nur ein spezifisches Gerechtigkeitsprinzip (meritokratisches Leistungsprinzip) abdecken, sondern in dem Sinne, dass eine bestimmte Leistung oder ein bestimmter Einsatz oder eine bestimmte Eigenschaft mit einer entsprechenden Belohnung versehen werden. Das spezifische Verteilungsprinzip bleibt somit offen – Ziel ist, dass jeder bekommt, was er oder sie aufgrund eines bestimmten Prinzips verdient. Dieses generelle Prinzip trägt somit einen universalistischen Charakter, der über ein enggefasstes Reziprozitätskriterium hinaus geht (Gouldner 1973) und schließt selbst das Berücksichtigen von Bedarfsgesichtspunkten nicht aus.

Die Idee der Gerechtigkeit ist nach dem schottischen Moralphilosophen David Hume nur sinnvoll, wenn eine Gesellschaft durch eingeschränkten Altruismus – Personen handeln weder uneingeschränkt selbstlos noch vollkommen egoistisch – und gemäßigte Knappheit – Menschen leiden weder extremen Mangel, noch genießen sie totalen Überfluss – gekennzeichnet ist (Hume 1978 [1739]). Die Forderung nach Gerechtigkeit ergibt sich aus einem Verteilungskonflikt um in Kooperation geschaffene Güter, der nur durch akzeptierte (gerechte) Regelungen entschärft werden kann. Dieser Notwendigkeit der kooperativen Produktion, die erst zu diesem Verteilungskonflikt führt, ergibt

---

[11] Das Reziprozitätsprinzip ist in den letzten Jahren verstärkt in das Blickfeld der Rational-Choice-Theoretiker geraten und wird in methodologischen und inhaltlichen Arbeiten im Hinblick auf neuere Modelle der rationalen Wahl thematisiert (vgl. u.a. Diekmann und Jann 2001; Diekmann 2004b).

sich aus der Knappheit der Ressourcen, der auf diese Weise begegnet werden soll (vgl. Lengfeld et al. 2000). Soziale Gerechtigkeit als zentraler Wert wohlfahrtsstaatlich organisierter Gesellschaften bezieht sich somit auf die Akzeptanz und Legitimation von Verteilungsmechanismen und stellt „einen Wertmaßstab dar, an dem die Ungleichheit der Lebensverhältnisse" beurteilt wird (Noll 1992: 5). Eine ungleiche Verteilung der Ressourcen und Privilegien wird erst dann als Problem wahrgenommen, wenn die Verteilungsergebnisse oder der Verteilungsmodus gegen bestimmte akzeptierte Wertvorstellungen (z.b. Gleichheitsideale) oder soziale Normen (z.b. Fairnessregeln) verstoßen (Noll und Christoph 2004: 97). Soziale Gerechtigkeit und Ungleichheit sind daher untrennbar, denn Gerechtigkeitsprinzipien sind gleichzeitig Prinzipien zur Beurteilung – und damit zur Akzeptanz – sozialer Ungleichheit. Gerechtigkeit unterscheidet sich von der Gleichheit allerdings in dem Merkmal, dass Gerechtigkeit nicht zwingend Gleichbehandlung meint, sondern auch ungleiche Behandlung in Abhängigkeit bestimmter Umstände angestrebt werden kann – so diese Ungleichheiten bestimmten Gerechtigkeitsprinzipien entsprechen.

In theoretischen Grundkonzeptionen von Gerechtigkeit werden in der Regel jeweils bestimmte Prinzipien bereits mit dem allgemeinen Phänomen der Gerechtigkeit gleichgesetzt. Gerechtigkeit als Grundlage der Akzeptanz sozialer Ungleichheit zielt – aus Sicht der zeitgenössischen Sozialwissenschaften, die vor allem an der Definition von Rawls (1975 [1971]) orientiert ist – auf die Schaffung gleicher Lebensaussichten für alle Menschen, denn „niemand soll aufgrund von Dingen, für die er nichts kann, schlechter dastehen als andere" (Krebs 2000: 7). Gerechtigkeit bezieht sich aus dieser Sicht des liberalen Individualismus vor allem auf Fairness der Verteilung als universales Prinzip, während die kommunitaristische Sichtweise von Walzer (1983) stärker von einer gemeinschaftsorientierten Definition des „Guten", die von Gesellschaft zu Gesellschaft variieren kann, ausgeht (Mau 1997: 41). Nach neueren Arbeiten von Rawls (1992) erscheint aber auch das Gerechtigkeitsprinzip als Element der politischen Kultur und damit nicht universell. Grundlage einer allgemein egalitaristischen Gerechtigkeitsdefinition ist die Gleichheit, sei es an Ressourcen, Grundgütern oder Chancen. Gleichheit – „die Ununterscheidbarkeit verschiedener Objekte in einer bestimmten Hinsicht, gemessen an einem bestimmten Standard" (Krebs 2000: 10) – erscheint hier als Ziel von Gerechtigkeit. Rawls (1975 [1971]) lenkt den Blick insbesondere auf verdiente Vor- oder Nachteile, d.h. auf eine auf dem Leistungsprinzip – und nicht auf Merkmalen sozialer Herkunft – basierende Verteilung von Ressourcen. Gesucht wird eine Gerechtigkeitskonzeption, welche „die Zufälligkeiten der natürlichen Begabung und der gesellschaftlichen Verhältnisse nicht zu politischen und wirtschaftlichen Vorteilen führen lässt"

(Rawls 1975 [1971]: 32), wobei als Weg zu Gerechtigkeit die Ausstattung mit gleichen Grundgütern – d.h. eine begrenzte Umverteilung – aufgezeigt wird. Rawls vereint somit in seiner Gerechtigkeitsdefinition mehrere Prinzipien: Das Prinzip der individuellen Leistung, das Prinzip der Gleichheit der Verteilung bei der Verteilung der gesellschaftlichen Güter und das Prinzip des Bedarfs.

Während also Gerechtigkeit als allgemeines Gefäß normativer Grundlagen zur Beurteilung von Ungleichheit universell ist, sind die Prinzipien der Gerechtigkeit variabel. So kommt dem Primat der Gleichheit zwar innerhalb des Gerechtigkeitsdiskurses eine besondere Stellung zu, denn Chancengleichheit oder die Gleichbehandlung von Personen gelten in marktorientierten Gesellschaften als allgemein anerkannte Prinzipien zur Erfüllung des Gerechtigkeitsanspruchs. Hinter dem Primat der Gleichheit können jedoch unterschiedliche Subprinzipien stehen: Bedürftigkeit, Gleichheitsideal und/oder Leistung. Während nach dem Prinzip der Bedürftigkeit eine Verteilung der Güter nach dem Bedarf des jeweiligen Individuums bzw. der jeweiligen Bevölkerungsgruppe erforderlich wäre (z.B. lebenslagenspezifischer Lohn), würde das Gleichheitsideal eine vollkommene Gleichverteilung der Güter (z.B. Einheitslohn) bedingen. Das Leistungsprinzip – das dem universellen Reziprozitätsprinzip am ehesten entspricht – würde eine auf Aufwendung, Ertrag und Fähigkeiten basierende Belohnung implizieren (z.B. Leistungslohn).

Gerechtigkeitsprinzipien beziehen sich auf die Frage, welche Art von Ungleichheit, unter welchen Bedingungen und zu welchem Grad als legitim anzusehen ist. Solche Prinzipien sind als variable Vorstellungen des Wünschbaren im Sinne von Kluckhohn (1951) und somit als Teil der Welt der Werte und Ideologien zu verstehen. Sie gehen aus dem Zusammenspiel zwischen Wahrnehmungen von Kultur und Sozialstruktur und der Realität hervor: „Ideologies are, on the one hand, the joint products of both culture and what people bring to an interpretation, and on the other, ‚structures' – or what may be said to be ‚objectively' there – of dispositions and circumstances, of culture and science" (Lane 1986: 397). Die Akzeptanz sozialer Ungleichheit und legitimierende Verteilungsprinzipien als Elemente der Welt der Ideologien gehören ebenso wie die sozialstrukturellen beobachtbaren Verhältnisse sozialer Ungleichheit (ungleiche Einkommens-, Chancenverteilung, Machtverhältnisse, Diskriminierung, etc.) zu den sozialen Realitäten, denn auch sie sind „zustande gekommen im Zusammenleben, [werden] von vielen Menschen geteilt und [sind] für ihr Zusammenleben wichtig" (Hondrich 1984: 267). Werte als Voraussetzung für Sozialintegration (Lockwood 1979) dienen als Leitmotive, an denen Menschen ihr Handeln ausrichten. Trotz der universellen Existenz von Formen sozialer Ungleichheit in jeder Gesellschaft ist von einem individuellen Anspruch auf

Gleichheit und Gleichbehandlung auszugehen (Bornschier 1991), der zunächst mit den faktischen Ungleichheiten unvereinbar scheint. Diese Unvereinbarkeit wird aufgelöst durch kulturelle Wertsysteme, denen bezüglich der strukturellen Ungleichheit eine Legitimationsfunktion zukommt, wobei insbesondere eine Begründungsnotwendigkeit „für die Verteilung der gesellschaftlichen Reichtümer und für die Kriterien der Vergabe von sozialen Positionen" besteht (Mau 1997: 51).

Die gesellschaftlich relevanten Werthaltungen sozialer Ungleichheit bzw. Legitimationsprinzipien sind ihrem Wesen nach politische Orientierungen. Sie stellen politische Gerechtigkeitskonzeptionen im Sinne von Rawls (1992) dar und sind Objekte der politischen Sozialisation – womit sie nach Kohorten- bzw. Generationenzugehörigkeit variieren können (vgl. Mannheim 1928; Inglehart 1977). Die Bedeutung dieser Werte zur Legitimation sozialer Ungleichheit zeigt sich auch im Sinneswandel von Rawls, der zunächst in seiner „Theory of Justice" (Rawls 1975 [1971]) soziale Ungleichheit als individuelles Merkmal ohne Berücksichtigung moralischer und sozialer Repräsentationen beschreibt, um dann nach vielen kritischen Einwänden – u.a. dem Vorwurf von MacIntyre (1981), Rawls vernachlässige die Ebene der Gesellschaft – den regulierenden politischen Rahmen in der politischen Kultur der liberalen Demokratie (Rawls 1992) zu entdecken. Im Kern einer solchen politischen Kultur stehen Werte sozialer Ungleichheit bzw. Gerechtigkeitskonzeptionen. Im Mittelpunkt der Akzeptanz sozialer Ungleichheit stehen somit die präferierte Art der Legitimation sozialer Ungleichheit sowie der Grad der Akzeptanz dieses Prinzips. Aus der kommunitaristischen Kritik zu Rawls früher Theorie (Rawls 1975 [1971]) ergibt sich eine Sichtweise auf das Phänomen der Gerechtigkeit, in der Gerechtigkeitsprinzipien auf einem jeweils für eine Gemeinschaft oder Gesellschaft spezifischen Wertevorrat basieren (Lengefeld et al. 2000). Dies rückt die Werthaltungen zu sozialer Gerechtigkeit und sozialer Ungleichheit ins Zentrum der Gerechtigkeitsforschung. Aus der Spannung zwischen Ungleichheitsvorstellungen – der Wahrnehmung der sozialen Verhältnisse bzw. wahrgenommener Handlungswirklichkeit – und Gerechtigkeitsvorstellungen – der erwünschten Verhältnisse bzw. Wertwirklichkeit – „entstehen gesellschaftliche Integrationsprobleme, auch wenn die Einstellungs-Verhaltens-Korrelation im Gerechtigkeitsbereich nicht sehr hoch sein muss" (Mau 1997: 42; vgl. Swift et al. 1995). Denn wenn die Wahrnehmung gesellschaftlicher Verteilungsmuster nicht den präferierten Verteilungsprinzipien entspricht, können die bereits in der Einleitung angesprochenen Folgen eintreten wie Stress und Frustration und die Motivation zur Änderung der gesellschaftlichen Ordnung (vgl. u.a. Homans 1968 [1961]).

Zusammenfassend bleibt festzuhalten: *Gerechtigkeit als allgemeines Prinzip zielt darauf, dass die Individuen ihren anhand eines Verteilungsmodus bzw. Gerechtigkeitsprinzips festgelegten Anteil an Gütern bzw. Belohnungen erhalten.* Gerechtigkeit ist ohne ein bestimmtes Gerechtigkeitsprinzip nicht bestimmbar. Gerechtigkeit der Verteilung von Ressourcen und Belohnungen wird somit an der Frage gemessen, inwieweit die einzelnen Gesellschaftsmitglieder den Anteil an gesellschaftlichen Gütern erhalten, der ihnen aufgrund allgemein akzeptierter Wertvorstellungen zusteht (Noll 1992: 5). Da sich diese Wertvorstellungen innerhalb der Gesellschaft und zwischen Gesellschaften unterscheiden können, ist Gerechtigkeit als generelles Kriterium zwar universell, die dahinter liegenden Prinzipien sind jedoch variabel und können unter anderen Leistungskriterien im Sinne des meritokratischen Prinzips oder Bedarfsgesichtspunkten folgen.

5.3 Theoretische Ansätze zur Gerechtigkeit

Gerechtigkeitsurteile können nach einem zusammenfassenden Überblick zur Gerechtigkeitsforschung von Liebig (2004; vgl. auch Wegener 1992) aus zwei Perspektiven heraus konzeptualisiert werden: Zum einen als Vergleichsurteile – hier vor allem im Hinblick auf eine gerechte Güterverteilung – und zum anderen als prinzipiengeleitete Urteile, die sich primär auf Verfahrensgerechtigkeit beziehen. Das meritokratische Prinzip zur Legitimation sozialer Ungleichheit im Zentrum der folgenden Analysen ist zunächst eindeutig der Perspektive der Gerechtigkeitsprinzipien zuzuordnen. Dennoch ist es aber auch untrennbar mit der Vorstellung von Gerechtigkeitsurteilen als Ergebnis sozialer Vergleiche verbunden, da Vergleiche jeweils auf Prinzipien beruhen, die als Beurteilungsmaßstäbe fungieren. Wie sich herauskristallisieren wird, liegt den Vergleichsurteilen häufig ein reziprozitäres Prinzip – wie das meritokratische Leistungsprinzip – zugrunde. Die Darstellung ausgewählter theoretischer Ansätze folgt daher nicht der Unterscheidung in Verteilungs- und Prinzipiengerechtigkeit, sondern geschieht im Hinblick auf die verschiedenen Sichtweisen auf Gerechtigkeit – dass Gerechtigkeit zum einen als universeller Wert thematisiert wird, zum anderen Gerechtigkeitsprinzipien angesprochen werden, die durchaus variieren können. Dieser Widerspruch scheint zunächst auflösbar zu sein, indem die Frage nach der Gerechtigkeit als ein universelles Phänomen gefasst wird, die spezifischen Prinzipien, was Gerechtigkeit bedeutet, aber als variabel angesehen werden.

Gerechtigkeit als universelles Prinzip. Gerechtigkeit ist ohne die Thematisierung einer Austauschsituation, zu der nicht zuletzt auch die gesellschaftliche Güterverteilung zu zählen ist, undenkbar. Als übergeordneter Theorierahmen bietet sich daher der austauschtheoretische Ansatz von Homans (1958, 1968 [1961]) an, der die Grundlage für Reziprozitäts- und Equitytheorien darstellt. Soziales Handeln ist danach ein Austauschprozess, bei dem der Nutzen möglichst die Kosten übersteigen und das eigene Kosten-Nutzen-Verhältnis dem des Interaktionspartners entsprechen soll. Die Proportionalitätsthese besagt:

> „Eine Person, die mit einer anderen in einer Tauschbeziehung steht, wird erwarten, dass sich die Gewinne einer jeden proportional zu ihren Investitionen verhalten, und falls beide von dritter Seite belohnt werden, dass diese dritte Instanz besagtes Verhältnis zwischen beiden respektiert" (Homans 1968 [1961]: 206).

Zwischen zwei austauschenden Personen muss ein Gleichgewicht zwischen Aufwand und Nutzen gewahrt werden, da sonst die Wahrnehmung von Ungerechtigkeit zu Stress führt, der aktivierend sein kann, durch (Protest-)Handeln Gerechtigkeit wiederherzustellen (Walster et al. 1978). Die Equity-Gleichung – verankert u.a. in einer sozialpsychologischen Equity-Theorie von Adams (1963, 1965) – formalisiert somit das Ziel in Austauschbeziehungen: Das Verhältnis zwischen Aufwand und Nutzen soll für beide Tauschpartner gleich sein (Gewinn A/Investition A = Gewinn B/Investition B). Für die Güter- und Prestigeverteilung in der Gesellschaft bedeutet die Proportionalitätsthese von Homans (1968 [1961]), dass diese Verteilung (z.B. des Einkommens) nur dann als gerecht empfunden wird, wenn die zu belohnenden Individuen der Überzeugung sind, dass die „dritte Seite" (der Staat, der Betrieb, etc.) das Gleichheitsprinzip respektiert und entsprechend umsetzt. Soziale Gruppen entwickeln im Rahmen ihrer Interaktionen bzw. Austauchbeziehungen normative Gleichheitssysteme („Equity-Systeme"), aus denen abzuleiten ist, welchem Aufwand welche Belohnung angemessen ist. Reziprokes Verhalten wird belohnt und nicht-reziprokes bzw. „inequitables" Verhalten negativ sanktioniert. „Durch dieses Regelsystem wird es für jedes Gruppenmitglied profitabel, auf maximale Gewinne zu verzichten und die über die bestehenden Regeln sanktionierten Aufwands-/Ertragsrelationen zu akzeptieren bzw. in diesem Sinne gerecht zu handeln" (Liebig 1997: 1).

Bei der Beurteilung des gerechten Anteils orientieren sich Individuen an spezifischen Referenz- bzw. Bezugsgruppen, die nach der gesellschaftlichen Status-Hierarchie eingestuft werden. Nach der Status-Value-Theorie (Berger et al. 1972) wird das Urteil, ob Individuen oder Gruppen ihren jeweils gerechten Anteil erhalten, in Orientierung an gesellschaftsspezifischen Statuswerten gefällt. Diese Statuswerte basieren auf Bewertungsprozessen und bemessen sich jeweils nach einem normativen Referenzrahmen. „Eine Verteilung wird als gerecht empfunden, wenn Inhaber von als ähnlich wahrgenommenen Statuspositionen ,im

Durchschnitt' genauso viel bekommen wie ich" (Wegener 1992: 272). Die Status-Value-Theorie stellt in ihrer Fokussierung der Orientierung an Bezugsgruppen eine Weiterentwicklung der Theorie der relativen Deprivation (Runcimen 1966; Olson et al. 1986) dar, denn sie beinhaltet die Prämisse, dass die als gerecht empfundenen Ansprüche je nach der Vergleichsgruppe, an denen sich Gruppen oder Individuen messen, variieren.

Empirische Umsetzungen dieser Vergleichstheorien aus Perspektive der Gerechtigkeitsforschung orientieren sich an der hoch formalisierten Theorie der Gerechtigkeitsurteile („Justice Function") nach Jasso (1978; Jasso und Wegener 1997), die aus den sozialen Vergleichstheorien synthetisiert wurde. Gerechtigkeitsurteile – die Wahrnehmung von Ungleichheiten, die als ungerecht gelten – werden danach nicht als Einstellungen erfasst, sondern anhand des Factorial Survey Designs bzw. der Vignettenanalyse (Jasso und Rossi 1978; Beck und Opp 2001).[12]

Die bisher angesprochenen Theorien, denen allen ein dem (meritokratischen) leistungsorientierten Legitimationsargument ähnliches Prinzip – Reziprozität/Proportionalität – zugrunde liegt, werden in dem Überblick über die Gerechtigkeitsforschung von Liebig (2004) den Ansätzen zugeordnet, die Verteilungsgerechtigkeit fokussieren. Wenngleich Ansätze zur Prinzipiengerechtigkeit eine theoretische Grundlage zur Exploration der Variabilität und Vielfältigkeit solcher Beurteilungskriterien bieten, steht die Idee von Gerechtigkeit als universellem Prinzip bzw. Bedürfnis auch im Kern einer prinzipienfokussierenden Theorie: der sozialpsychologischen Gerechtigkeitsmotiv-Theorie (Lerner 1975; Montada et al. 1986; Montada und Lerner 1996). Diese thematisiert den universellen Entwicklungsprozess des Gerechtigkeitsprinzips im Hinblick auf die Individuen. Aus entwicklungspsychologischer Sicht wird angenommen, dass Kinder im Zuge des Reifungsprozesses den Verzicht auf sofortige Bedürfnisbefriedigung lernen, weil sie an eine gerechte Welt glauben, in der jeder das bekommt, was er verdient (Gerechter-Welt-Glaube; Dalbert et al. 1987). Das Kind lernt, aktuelle Bedürfnisse zurückzustellen und antizipiert zunehmend langfristigere Belohnungen. Dies geht einher mit der Internalisierung gesellschaftlich akzeptierter Verteilungsregeln. Das Individuum nimmt zunehmend Pflichten, aber auch seine Ansprüche auf verdiente Belohnungen wahr und schließt quasi einen „persönlichen Vertrag" und einen „sozialen Vertrag". Während sich der persön-

---

[12] Dabei werden Probanden jeweils Beschreibungen fiktiver Fälle – Kombinationen aus Merkmalen wie Geschlecht, Alter, berufliche Stellung und Einkommen – vorgelegt, die dann danach zu bewerten sind, ob das entsprechende in der Vignette genannte Einkommen gerecht ist. Aus dem wahrgenommenen tatsächlichen Einkommen und dem gerechten Einkommen für ein Individuum, eine Berufsgruppe etc. lässt sich entsprechend der Gerechtigkeitsfunktion der Grad der wahrgenommenen Gerechtigkeit bestimmen (Wegener und Jasso 1997).

liche Vertrag auf Verhaltensregeln (Pflichten) und Ansprüche (Belohnungen) des Individuums selbst bezieht, erfordert der soziale Vertrag, dass das Individuum darauf hinwirkt, dass Andere ebenso ihren gerechten (verdienten) Anteil erhalten (Lerner 1975). Dieses Gerechtigkeitsprinzip wird als universelles und andere Handlungsmotive dominierendes Prinzip angesehen, das zu eigenem gerechten Handeln und der Herstellung eines gerechten Umfelds (gerechte soziale Beziehungen etc.) motiviert. Das im Rahmen der Gerechtigkeitsmotiv-Theorie thematisierte Motiv enthält implizit wiederum den universellen Reziprozitätsmechanismus (Gouldner 1960) bzw. das Homanssche Proportionalitätsprinzip (Homans 1968 [1961]).

Wie bereits angedeutet, erscheint besonders aus der Sicht von Homans (1968 [1961]) das Proportionalitätsprinzip, das dem meritokratischen Prinzip (Belohnung nach Leistung und Fähigkeiten) nahe steht, als universelles Gerechtigkeitsprinzip. Diese Perspektive verkennt jedoch, „dass insbesondere Gerechtigkeitsvorstellungen unterschiedliche Verteilungsprinzipien – neben dem der Proportionalität auch das der Gleichheit und des Bedürfnisses – zugrunde liegen können" (vgl. Liebig und Wegener 1995: 287; vgl. Deutsch 1985).

Gerechtigkeitsprinzipien. Aus einer eher prinzipienfokussierenden Sicht (ordnungsbezogene Gerechtigkeit; Liebig 2004) wird Gerechtigkeit nicht als universelles Prinzip fokussiert. Diese Forschungstradition thematisiert vor allem drei Verteilungsmodi: das Proportionalitätsprinzip, das Gleichheits- und das Bedarfsprinzip (Liebig 2004: 3). Eine wesentliche Fragestellung ist, ob Gerechtigkeitsprinzipien jeweils in allen Lebensbereichen gelten oder jeweils nur auf spezifische Bereiche der Gesellschaft (Wirtschaft, Familie, Politik, etc.) bezogen werden können.

Aus Perspektive des Mehrprinzipien-Ansatzes von Deutsch (1975, 1985) gelten Verteilungsprinzipien hingegen nicht als universell, sondern ihre Anwendung als Grundlage für Gerechtigkeitsurteile basiert auf der Art der sozialen Beziehung. So bildet Proportionalität bzw. Equity das Prinzip in ökonomischen Zusammenhängen bzw. Wettbewerbssituationen, während das Bedarfsprinzip im familialen Umfeld bzw. Versorgungs- und Freundschaftsbeziehungen dominiert. Komplementär dazu bestimmt aber auch die Anwendung eines bestimmten Gerechtigkeitsprinzips die Art der sozialen Beziehung (Schwinger 1980, 1981; Törnblom und Foa 1983), so dass von einer Interdependenz zwischen Gerechtigkeitsprinzip und dem Typus sozialer Beziehung auszugehen ist. Wird allerdings diesem Ansatz die Annahme von Müller und Müller (1996: 10) zur Seite gestellt, dass das Marktprinzip zur Legitimationsinstanz geworden ist und zunehmend in Bereiche eintritt, die bislang traditionell Selbstständige Wertkriterien hatten (z.B. Kultur und Kunst, Person und Identität, Medien und

Kommunikation) – scheint das Proportionalitätsprinzip zunehmend in allen gesellschaftlichen Bereichen eine dominierende Stellung einzunehmen.

Die Strömung der Gerechtigkeitsforschung, die für die folgenden Analysen zur Variabilität des meritokratischen Legitimationsprinzips von besonderer Bedeutung ist, ist die soziologisch-empirische Gerechtigkeitsforschung, bei der Werthaltungen und Einstellungen zu sozialer Gerechtigkeit im Kerninteresse stehen. Entsprechend der grundlegenden Erklärungsfunktion der Soziologie zielen diese Ansätze auf die Erklärung, „warum in sozialen Gruppen, Organisationen oder ganzen Gesellschaften bestimmte Gerechtigkeitsurteile zu finden sind" (Liebig 2004: 5; vgl. Liebig 1997; Wegener 1987, 1992, 1999). Ausgangspunkt war dabei die einstellungsbezogene Forschung zu sozialer Ungleichheit im Bewusstsein (vgl. Mayer 1975), die um gerechtigkeitstheoretische – und damit stärker normative – Fragestellungen erweitert wurde.[13] Der wesentliche Erkenntnisgewinn für die Gerechtigkeitsforschung besteht nach Liebig (2004: 5) darin, dass Einstellungen gegenüber sozialer Gerechtigkeit sich formal auf zwei Einstellungsobjekte beziehen können – auf die Ergebnisse der gesellschaftlichen Güterverteilung (konkrete Verteilungsergebnisse, z.b. Einkommensungleichheit) und auf die Prinzipien bzw. die Ordnung, nach denen die Verteilung vorgenommen wird (Werte, Normen, institutionelle Ordnung der Gesellschaft). Ordnungsbezogene, d.h. auf Prinzipiengerechtigkeit bezogene, Urteile bzw. Gerechtigkeitsideologien sind Reaktionen auf die soziale Umwelt und lassen sich nach der Grid-Group-Theorie von Douglas (1970, 1982, 1996) in eine Taxonomie bringen. Strukturierende Elemente bilden dabei die Fragen nach dem in einer Gesellschaft angewandten Verteilungsprinzip und nach der gesellschaftlichen Institution, die dieses Verteilungsprinzip garantiert bzw. die Verteilung durchführt (Staat versus Markt). Die gesellschaftlichen Kontexte, in denen die verschiedenen Dimensionen der Gerechtigkeitsideologien jeweils auftreten bzw. für die sie typisch sind, lassen sich nach dem gesellschaftsspezifischen Modus sozialer Kontrolle – dem Ausmaß der individuellen Freiheit (*grid*; „dimension of individuation") und dem Grad der Einbindung der Individuen in soziale Gruppen (*group*; „dimension of incorporation") – unterscheiden (Douglas 1982: 190). Das Problem der Variabilität von Gerechtigkeitsprinzipien löst Wegener (1992, 1995) im Rahmen des Konzepts primärer und sekundärer Gerechtigkeitsideologien auf. Während primäre Ideologien von allen Mitgliedern einer Gesellschaft geteilt werden, haben sekundäre Ideologien in Teilgruppen der Ge-

---

[13] Die soziologisch-empirische Gerechtigkeitsforschung in Deutschland hatte in den letzten Jahrzehnten ihr Zentrum im International Social Justice Project (Wegener 1992, 1999; Wegener und Liebig 1993, 1999; Liebig und Wegener 1995) im Rahmen dessen bereits vier internationale Studien unter Einschluss Deutschlands durchgeführt wurden (1991, 1996, 2000, 2006).

sellschaft, die sich durch spezifische Interessen unterscheiden (z.B. Klassenlagen), verschiedene Ausprägungen.

Bevor an späterer Stelle die Betrachtung theoretischer Konzepte im Hinblick auf die Variabilität – und damit auf die Bestimmungsfaktoren – von Gerechtigkeitsprinzipien wieder aufgenommen wird, soll nun das Gerechtigkeitsprinzip der Meritokratie eingeführt werden.

6 Die Meritokratie als Legitimationsprinzip sozialer Ungleichheit

Im Rahmen dieser Arbeit wird mit der Akzeptanz sozialer Ungleichheit auf Basis des Legitimationsprinzips der Meritokratie ein ordnungs- bzw. prinzipienbezogenes Gerechtigkeitskriterium thematisiert. Im Folgenden soll nun das im Kern des Interesses stehende meritokratische Prinzip näher beschrieben werden, um dann weitere Prinzipien darzustellen und voneinander abzugrenzen.

6.1 Das meritokratische Prinzip

Als wesentliche Legitimation von Ungleichheiten in modernen Gesellschaften dient das meritokratische Prinzip, nach dem Güter und Belohnungen nach individuellen Leistungen verteilt werden, wobei Chancen beim Bildungserwerb bzw. bei der Leistungsakkumulation nicht von Faktoren sozialer Herkunft abhängen dürfen (Chancengleichheit): „Inequalities are acceptable as far as they reflect differentials in attitudes and qualifications and as far as access to advantages depends only on personal achievements and in principle is open to anybody" (Müller 1993a: 95). Zunächst soll Meritokratie als Gerechtigkeits- bzw. Legitimationsprinzip sozialer Ungleichheit theoretisch konzeptualisiert werden, um dann auf die Legitimationsfunktion sozialer Ungleichheit sowie das Verhältnis zwischen der Idee der Meritokratie und der Realität – das empirische Konstrukt – einzugehen.

6.1.1 Meritokratie als theoretisches Prinzip

Im ursprünglichen theoretischen Konzept von Young (1958), der den Terminus „Meritokratie" erstmals erwähnte, erscheint „merit" im Sinne einer Leistung bzw. des Verdiensts, die sich aus „IQ plus effort" – aus natürlichem Talent und Anstrengung – ergibt (Goldthorpe 1996: 258). Diese Definition ist im Hinblick auf den Bereich soziologischer Forschungsgegenstände zu eng, weil sie zu sehr auf mentale Fähigkeiten und im Sinne biologischer und psychologischer Persönlichkeitseigenschaften abzielt (vgl. Kingston 2006: 112). Eine dem Verständnis der Sozialwissenschaften nähere Definition findet sich bei Hoffer (2002: 255): „The term meritocracy is usually understood to mean that individuals are selected for educational opportunities and jobs on the basis of demonstrated performance." Das heißt, dass begehrte Positionen auf der Basis von kognitiven Fähigkeiten (IQ, Wissen, Kompetenzen), Bildungserwerb im Sinne von Bildungszertifikaten und Schulleistungen (Noten) sowie generellen Persönlichkeitsmerkmalen (Fleiß, Pflichtbewusstsein) vergeben werden (Kingston 2006: 112f).

Leistung als Garant individuellen und gesellschaftlichen Wohlstands beruht nach dem Konzept der Meritokratie somit auf Begabung, deren Entdeckung und Förderung sowie auf der eigenen Anstrengung zur Erweiterung der Fähigkeiten. Zu den drei Grundprämissen einer meritokratischen Gesellschaft, die sich aus ihrer Funktionalität für die Mehrung und Bewahrung gesellschaftlichen Reichtums ergeben, gehört, dass a) Verantwortungspositionen einzig nach demonstrierter Kompetenz im Sinne von Fähigkeiten zu besetzen sind, dass b) die Chancen, Bildung zu erwerben, einzig von natürlichen Begabungen abhängen sollen und dass c) Leistung das wesentliche Differenzierungskriterium bzw. Kriterium sozialer Ungleichheit darstellt (Goldthorpe 1996). Begründet werden diese Prämissen – im Sinne eines Syndroms der Legitimation sozialer Ungleichheit – aus der Perspektive der funktionalistischen Schichtungstheorie (Davis und Moore 1967 [1945]), nach der Ungleichheiten notwendig sind, um Individuen zu (hohen) Leistungen zu motivieren und dadurch gesellschaftlichen Fortschritt zu initiieren, der letztlich dem Wohle aller dient. Ungleiche Belohnungen erscheinen funktional, „um Personen je nach ihren Fähigkeiten in ungleiche Positionen zu lenken, über hohes Einkommen und Ansehen also besonders leistungsfähige Leute zu bewegen, schwierige und verantwortliche Positionen anzustreben" (Hondrich 1984: 292). Diese ideologische Forderung der funktionalistischen Schichtungstheorie als Element einer Theorie ist nur schwer mit dem Anspruch der Sozialwissenschaften, ideologiefrei zu sein, zu vereinbaren.

6.1.2 Meritokratie als Legitimationsprinzip

Das meritokratische Prinzip sozialer Ungleichheit legitimiert Unterschiede in der Ressourcenverteilung bzw. stellt diese als gerecht dar, die ausschließlich auf Fähigkeiten und Leistungen beruhen. Damit gilt für die Akzeptanz sozialer Ungleichheit und die Zuweisung sozialer Positionen in modernen Gesellschaften das Prinzip der Leistung und nicht das Prinzip der Zuschreibung – Mayer (1975: 105) bezeichnet dies als Ideologie der Leistungsgesellschaft.

Das meritokratische Legitimationsprinzip basiert auf einer Kombination der ideologischen Vorstellungen der Leistung und der Gleichheit, woraus sich das Ziel der Chancengleichheit ergibt:

> „Chancengleichheit heißt, dass der Zugang zu Belohnungen und den sie begründenden Leistungspositionen wiederum nur durch eigene Leistung und nicht durch Glück, List oder Herkunft geregelt wird. Chancen sind dann gleich, wenn ungleiche Leistungen beim Zugang zu knappen Leistungspositionen voll zum Tragen kommen" (Hondrich 1984: 275).

Die angesprochene Verknüpfung zwischen den Werten (Chancen-)Gleichheit und Leistung, wie sie auch schon bei Rawls (1975 [1971]) thematisiert wird, ergibt sich daraus, dass beide Werte auf den Zusammenhalt in einer sich fortschreitend differenzierenden modernen Gesellschaft gerichtet sind.

> „Mit Gleichheit wird gefordert, persönlich nicht zu verantwortende Unterschiede zwischen den Menschen nicht zu einer Grundlage sozial bewerteter Unterschiede zu machen. Mit Leistung wird gefordert, persönliche zu verantwortende Unterschiede zwischen den Menschen zu einer Grundlage sozial bewerteter Unterschiede zu machen" (Meulemann 1992b: 102).

Unter dem Eindruck persistenter Bildungsungleichheiten nach sozialer Herkunft – ein Befund im Hinblick auf das empirische Konstrukt der Meritokratie – ergibt sich aus den Modi der Leistung und der Chancengleichheit das Credo der Chancengerechtigkeit:

> „Weil Leistung Ungleichheit rechtfertigt und weil Herkunft und Leistung miteinander zusammenhängen, geht aus der Forderung nach gleichen Chancen die Forderung nach gleichen Chancen bei gleicher Leistung hervor. Aus Chancengleichheit wird Chancengerechtigkeit" (Meulemann 2004: 120).[14]

Aus diesen Prinzipien mit meritokratischem Charakter folgt für die Sozialintegration, dass sich die Individuen – so sie dieses Prinzip akzeptieren – bemühen, geforderten Aufgaben in der Gesellschaft gerecht zu werden, um Belohnungen zu erhalten – was letztlich teilweise der funktionalistischen Schichtungstheorie (Davis und Moore 1967 [1945]) entspricht. Die Akzeptanz und die Wahrnehmung der realisierten Gleichheit tragen zur Legitimität sozialer Ordnung bei. Insbesondere das Primat der Chancengleichheit verfügt über das Potenzial, Ungleichheit als das Ergebnis gleicher Chancen zu rechtfertigen

---

[14] Während Mitgift (Herkunftsstatus) ein illegitimes Mittel zur Zielerreichung (Zielstatus, Ergebnis) darstellt, ist Leistung (Ausbildung, Fleiss, Weitsicht) ein legitimes Mittel (Meulemann 2004).

(Meulemann 1992b: 104). Die Realisierung des Wertes der (Chancen-) Gleichheit auf der Handlungsebene bedingt die Gleichbehandlung in sozialen Institutionen, durch die Judikative (Gesetze, Gerichte), die Exekutive (Verwaltungen, Regierungen) und die Legislative (Politik, Gesetzgebung) sowie gleiche individuelle Lebenschancen – wobei der Leistungsaspekt diese Gleichbehandlung moderiert bzw. unter Vorbehalt stellt.

6.1.3 Die Meritokratie in der gesellschaftlichen Realität – das Verhältnis zwischen Legitimationsprinzip und empirischer Wirklichkeit

Die meritokratische Formel, welche die Bildung als wichtigstes Aufstiegsmoment spezifiziert und die vollkommene Unverbundenheit von sozialer Herkunft und Bildung im Sinne von Bildungserfolg und Bildungsniveau unterstellt, „ist jedoch zunächst nichts anderes als eine normative Selbstdefinition moderner Gesellschaften für die Begründung und Legitimation sozialer Ungleichheiten" (Solga 2005: 23). Auch wenn Bildungserfolg – und damit Fähigkeiten und Leistung – durchaus ein wesentliches Moment der Statusallokation darstellt (vgl. etwa Mayer und Blossfeld 1990), unterscheidet sich die meritokratische Ideologie des fairen Leistungswettbewerbs doch von der Realität sozialer Ungleichheit, die durch ein erhebliches Maß an sozialer Reproduktion von Klassen- bzw. Schichtunterschieden – auch durch das Bildungssystem – gekennzeichnet ist (vgl. Becker 2006). Während aus Sicht der Gesellschaft das Prinzip der Chancengleichheit umgesetzt ist, wenn alle formell gleiche Chancen in Bezug auf ihre Bildung, das Erreichen eines bestimmten Berufs bzw. Sozialstatus haben und entsprechende Positionen nur nach Leistung vergeben werden, zeigt sich bei Betrachtung der individuellen Ebene, dass Chancengleichheit in Anbetracht der unterschiedlichen sozialen Voraussetzungen (Effekte der sozialen Herkunft) nur schwer umsetzbar ist. So weisen Studien zu Bildungsungleichheiten und Statuszuweisungsprozessen darauf hin, dass – im Zuge der Bildungsexpansion – die soziale Herkunft die individuellen Bildungschancen, und über die Berufsposition und das Einkommen letztlich die individuellen Lebenschancen determiniert (Becker 2003, 2006).[15] In der internationalen Studie von Shavit und Blossfeld (1993) zeigt sich in allen untersuchten marktorientierten – und auch nichtmarktorientierten – Gesellschaften, dass im Zuge der Bildungsexpansion trotz abnehmender Herkunftsbedingtheit des Bildungsniveaus ein jeweils bestimmtes

---

[15] Soziale Herkunft bezieht sich dabei auf das kulturelle Kapital (u.a. Bildungsniveau, Bücherbesitz), das ökonomische Kapital – das insbesondere vom ausgeübten Beruf abhängt – sowie das soziale Kapital (u.a. soziale Netzwerke) im Sinne von Bourdieu (1983).

Maß an Einflüssen sozialer Herkunft, die nach der Definition des meritokratischen Prinzips nicht bestehen dürften, erhalten geblieben ist. Nur in den Niederlanden und Schweden scheinen bedeutsamere Meritokratisierungstendenzen
– d.h. eine Entkopplung von sozialer Herkunft und Bildungsniveau – stattgefunden zu haben. Während in hoch stratifizierten bzw. gegliederten Bildungssyste-
men wie Deutschland, Österreich und der Schweiz generell ein hohes
Einflussniveau der sozialen Herkunft zu konstatieren ist, zeichnen sich gering
oder im mittleren Ausmaß stratifizierte Systeme durch ein höheres Meritokratie-
niveau aus (Müller et al. 1997). So überwiegen in Großbritannien und den USA
(Kingston 2006) meritokratische Merkmale (Anstrengung und kognitive Fähigkeiten) gegenüber zugeschriebenen Merkmalen der sozialen Herkunft beim Bil-
dungs- und Statuserwerb.

Das Prinzip, das Chancen- und Leistungs-Ungleichheit parallelisiert, ist im
Hinblick auf diese beobachtbaren Verhältnisse der Ungleichheit deshalb prob-
lemrelativierend, weil es nur schwer einer adäquaten Bewertung – ob Gerechtigkeit im Sinne der Meritokratie vorliegt oder nicht – zugänglich ist.
Voraussetzung einer adäquaten Beurteilung von Leistung wäre, dass „das relative Gewicht von Produktionsbeiträgen verschiedener Sozialkategorien" bekannt
wäre und/oder zudem ein nachvollziehbarer Verteilungsmechanismus existieren
würde, „der Güter quasi als Belohnungen für produktive Güter zuteilt"
(Hondrich 1984: 270). Zudem lässt sich Chancengleichheit „nur beurteilen,
wenn man von den heute offensichtlichen Unterschieden die persönlichen Le-
benswege bis an den Startpunkt zurückverfolgt und abwägt, ob die zwischen-
zeitlichen Einflüsse tatsächlich diskriminierenden Charakter hatten"
(Meulemann 1992b: 104).

Warum ist nun trotz dieser empirischen Befunde das Verhältnis zwischen
Legitimationsprinzip der Meritokratie und der davon abweichenden Wirklichkeit
relativ unproblematisch? Solga (2005: 23ff) weist auf fünf Charakterzüge des
Legitimationsprinzips der Meritokratie hin, die – trotz erwiesener Abweichungen der Wirklichkeit sozialer Ungleichheit vom Ideal der Chancengleichheit –
die Idee der Meritokratie und damit die Bedeutung des Bildungssystems festigen
sowie die Akzeptanz sozialer Ungleichheit fördern. Erstens führt die Vorstellung, dass Bildungserfolg und Status auf biologischen Intelligenz- und Bega-
bungsunterschieden beruhen, zu einer „natürlichen Fundierung" sozialer
Ungleichheit – was für den „common sense" eine Immunisierung gegen Kritik
bedeutet. Zweitens beinhaltet die Hintergrundannahme, allein Ergebnisungleich-
heiten bzw. unterschiedliche Belohnungen würden Leistung motivieren, die Vorstellung, Ungleichheit sei ein Erfordernis sowohl im Hinblick auf die Funktion
der Gesellschaft als auch bezüglich individueller Identität. Damit werden Diffe-

renz und Hierarchie von Bildungslaufbahnen und Berufspositionen als Institutionalisierungen gefestigt. Drittens verbirgt sich hinter dem Element der „demonstrated competence" (Goldthorpe 1996: 255) die Notwendigkeit organisierter Bildungsprozesse und entsprechender Zertifikate als Qualifikations- und Kompetenzsignale. Viertens wird der Blick abgelenkt von kategorial definierter Ungleichheit im Sinne von Statusgruppen-, Klassen- oder Schichtspezifika. Ins Blickfeld geraten stattdessen universalistische Leistungskriterien. „Mit der ihr immanenten Individualisierung und individualisierten Ursachenzuschreibung verdeckt die meritokratische Leitfigur gleichwohl das Potenzial askriptiver Faktoren, sich als ‚erworbene Leistung' auszugeben" (Solga 2005: 28; vgl. Halsey 1977) – wenn von Bildungstiteln statt von Leistung gesprochen würde, würden Schichtspezifika wieder mehr ins Blickfeld treten. Fünftens wird die Definition von Leistung entpersonifiziert – was wiederum der Legitimation von Ungleichheiten dient. Leistungsbewertung wird innerhalb des meritokratischen Legitimationsprinzips quasi als natürlich und objektiv definiert. Probleme der Wahrnehmung und Bewertung von Leistung – etwa durch Lehrpersonen – auf Basis bestimmter institutionenspezifischer Vorgaben werden verdeckt; gleiches gilt für die Definitionsmacht statushöherer Gruppen in Bezug auf die Bewertungsmaßstäbe.

Eine wesentliche ideologische Funktion der Legitimation sozialer Ungleichheit kommt der (meritokratischen) Prestigeordnung zu (vgl. Parkin 1971). Diese legitimiert Privilegien für bestimmte Gruppen in der Gesellschaft dahingehend, dass sie ein Maß zur Messung der Wertigkeit bzw. Wichtigkeit bestimmter Gruppen beinhaltet, über das weitgehender gesellschaftlicher Konsens besteht. Eine Hinterfragung der Prestigeordnung würde sowohl den gesellschaftlichen Grundkonsens, als auch die soziale Ordnung der Ungleichheit destabilisieren. „Die Prestigeordnung wirkt sich somit als eine im Bewusstsein verankerte Sperre aus, die grundsätzliche Änderungsbestrebungen oder bewusste Verweigerungstendenzen für einen großen Teil der objektiv Benachteiligten geradezu undenkbar macht" (Kreckel 2004: 89). Der Grundkonsens über das Prestige beruht u.a. auf dem Abstraktionsgrad des Prestiges – es geht nicht mehr um den einzelnen Menschen, sondern um technische Zahlenwerte, die Gruppen zugewiesen werden. In Abbildung 1 wird die Rolle der Prestigeordnung – und damit auch der Akzeptanz sozialer Ungleichheit bzw. etwaiger Werthaltungen zu ihrer Legitimation – als ideologische Komponente im System sozialer Ungleichheit deutlich. In diesem Modell sind die Grundpfeiler der Leistungsideologie, die (normative) meritokratische Triade moderner marktwirtschaftlicher Gesellschaften, enthalten, die aus Bildung, Beruf und Einkommen besteht und die der Legitimierung von Ungleichheiten dient: „Die Qualifikation eines

Individuums soll in eine entsprechende berufliche Position konvertierbar sein, die berufliche Position soll mit einem ihr angemessenen Einkommen ausgestattet sein" (Kreckel 2004: 97).

Abbildung 1: Komponenten vertikaler Ungleichheit in fortgeschrittenen
Staatsgesellschaften (nach Kreckel 2004: 94)

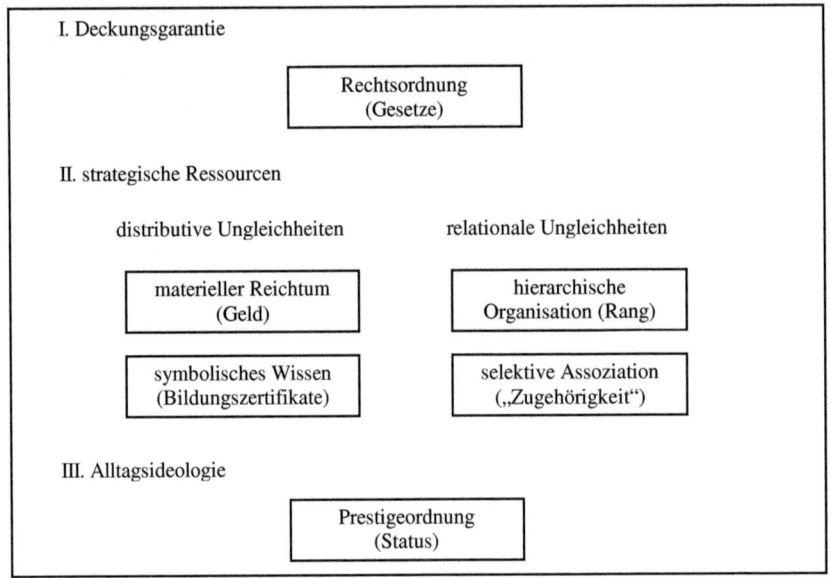

Das Leistungsprinzip trägt hier den Charakter einer Ideologie, weil es die Ungleichheit von Lebenschancen rechtfertigt. So zitiert Kreckel Beck (1988), um den ideologischen Charakter des meritokratischen Leistungsprinzips zu untermauern:

> „Materielle und soziale Chancen (Bildung, Einkommen, Besitz usw.) können im System der ‚Leistungsgesellschaft' extrem ungleich und zugleich legitim verteilt werden. Dies gewährleistet das gewiss mehrdeutige und ideologieverdächtige ‚Leistungsprinzip', das nach dem Modell der Prüfung Chancengleichheit in ‚legitime' Ungleichheit verwandelt" (Beck 1988: 98).

Kurzgefasst kommt dem Bildungssystem durch seine Selektionsfunktion eine erhebliche Rolle bei der Rechtfertigung sozialer Ungleichheit zu, denn es verteilt Zertifikate und schafft damit Ungleichheiten – wobei wegen der (scheinbaren)

Geltung des Gleichheitsprinzips im Bildungswesen die Benachteiligten ihre Benachteiligung akzeptieren (Beck 1988: 265).

Im Hinblick auf Meritokratie bleibt festzuhalten, dass trotz der Geltung des meritokratischen Prinzips im Bewusstsein, dieses nicht – wie theoretisch im Sinne einer vollständigen Meritokratie erforderlich – umgesetzt ist, sondern stattdessen dieses Prinzip soziale Ungleichheiten verdeckt. Wie im Rahmen der Betrachtung der Legitimation sozialer Ungleichheit in Westdeutschland an späterer Stelle gezeigt wird, kommt dem Legitimationsprinzip der Meritokratie dennoch eine Schlüsselrolle bei der Legitimation sozialer Ungleichheit zu.

6.2 Das Verhältnis des meritokratischen Prinzips zu anderen Legitimationsprinzipien in Theorie und Empirie

Eine theoretische und empirische Abgrenzung des meritokratischen Prinzips soll das Verständnis des Meritokratie-Konzepts unterstützen. Zunächst sollen eher theoriefokussierte Konzepte dargestellt werden – wobei einige dieser Theorien empirischen Charakter tragen –, um dann empirische Konzepte zur Struktur von Legitimationsprinzipien sowie teilweise Operationalisierungsansätze darzustellen.

6.2.1 Abgrenzung aus theoriefokussierter Sichtweise

Im sozialwissenschaftlichen Diskurs existieren verschiedene Taxonomien zu Legitimationsprinzipien sozialer Ungleichheit, in denen das meritokratische Prinzip oder Elemente dieses Legitimationsprinzips, aber auch die entsprechenden entgegengesetzten Prinzipen identifizierbar sind. Eine abstrahierte Abgrenzung des meritokratischen Prinzips findet sich zunächst in der Dichotomie von Linton (1964 [1936]) im Hinblick auf die Grundlagen von Statuszuweisung und Ungleichheit. Unterschieden werden dabei zugeschriebene und erworbene Ungleichheit:

> „Ascribed statuses are those which are assigned to individuals without reference to their innate differences or abilities. They can be predicted and trained from the moment of birth. The achieved statuses […] are not assigned to individuals from birth but are left open to be filled through competition and individual effort" (Linton 1964 [1936]: 203).

Verteilungsprinzipien sind hier das Prinzip der sozialen Herkunft ("ascribed status"), d.h. dass der spätere Status durch zugeschriebene bzw. sozial vererbte

Merkmale bestimmt wird, sowie ein meritokratisches Leistungsprinzip, das in der Dimension des „achieved status" zum Ausdruck kommt.

Als „Leistungstheorie sozialer Ungleichheit" grenzt Hondrich (1984) das meritokratische Prinzip von einem Prinzip der Gleichverteilung ab. Er unterscheidet zwei Formen sozialer Ungleichheit, hinter denen jeweils wertbasierte Prinzipien zur Auseinandersetzung mit sozialer Ungleichheit stehen, wobei er in dynamischer Perspektive den zeitlichen Wandel dieser Prinzipien thematisiert. *Belohnungs-Ungleichheit* bezieht sich auf die ungleiche Verteilung von Gütern und ökonomischen Gegenständen (Geld, Einkommen, Macht etc.). Diese Form der Ungleichheit, aus der sich die Forderung nach Gleichverteilung der Ressourcen ergibt, hat zugunsten einer „Leistungs-Theorie sozialer Ungleichheit" im gesellschaftlichen Diskurs an Bedeutung verloren. Diese Theorie verbindet *Chancen- und Leistungsungleichheit* und stellt damit eine Anwendung des meritokratischen Prinzips dar. Wesentlicher theoretischer Inhalt ist die Prämisse, dass „die mögliche Verteilung von Gütern auf soziale Schichten/Klassen/Kategorien durch deren ungleiche Beiträge zur Güterproduktion zu erklären ist" (Hondrich 1984: 270), wobei gleiche Zugangschancen zu Bildung und Berufspositionen – und damit zur Leistungserbringung – vorausgesetzt werden.

Aufbauend auf soziale Zustände und die Art sozialer Beziehungen – Elemente am Schnittpunkt zwischen Sozialstruktur und Kultur – in der Gesellschaft unterscheiden Wegener und Liebig (1993, 1999; Liebig und Wegener 1995) im theoretischen Rahmen ihrer Gerechtigkeitsforschung vier Gerechtigkeitsprinzipien. Entsprechend der Grid-Group-Theorie von Douglas (1982, 1996) werden die strukturellen Zustände (Grid und Group) und Denkstile in eine Taxonomie gebracht (vgl. Abbildung 2). Grid bezieht sich dabei auf den Grad der Individuation, d.h. auf die Zwänge, die sich aus dem Hierarchiegefüge der gesellschaftlichen Ordnung ergeben. Diese Dimension beschreibt somit, wie stark das individuelle Handeln durch Regelungen, welche hierarchische Position mit welchen Handlungsoptionen verbunden ist, beschränkt wird. Group bezieht sich auf den Grad der Inkorporation bzw. der Einbindung in eine soziale Gruppe und „gibt Auskunft darüber, inwieweit sich eine Person auf die soziale Unterstützung der anderen Gruppenmitglieder verlassen kann und inwieweit sie in ihrem Handeln durch Gruppenloyalitäten geleitet wird" (Liebig 2004: 7; Douglas 1982: 190). Abstrahierend umschreibt Jann (1986: 365) Grid und Group anhand zweier Fragen: „Was soll ich tun?" (Grid) und „Wer bin ich, zu welcher Gruppe gehöre ich?" (Group).

*Abbildung 2: Strukturelle Zustände und Denkstile der Gerechtigkeit
(nach Liebig und Wegener 1995)*

	Schwache Gruppe, schwache Einbindung und Solidarität (weak group)	Starke Gruppe, starke Einbindung und Solidarität (strong group)
Hohe Hierarchie, geringe individuelle Freiheit (high grid)	Fatalismus	Askriptivismus
Niedrige Hierarchie, hohe individuelle Freiheit (low grid)	Individualismus/ Ökonomischer Liberalismus	Egalitarismus

Aus dem Blickwinkel des *Egalitarismus* wird die Gleichverteilung der Güter angestrebt, wobei dem Staat eine wesentliche Rolle bei der (Um-)Verteilung zugeschrieben wird. Die Dimension des *Individualismus* bezieht sich auf eine Weltsicht, in der starke Ungleichheiten als legitim erscheinen, wenn die Güterverteilung im Wesentlichen durch den Markt – u.a. in Orientierung am meritokratischen Leistungsprinzip – koordiniert wird. Die Position des *Askriptivismus* legitimiert im starken Maße soziale Ungleichheiten; die Zugehörigkeit zu einer über zugeschriebene soziale Merkmale (z.B. nach sozialer Herkunftsschicht, Geschlecht, Migrantenstatus) bestimmte Gruppe gilt als legitimer und gerechter Mechanismus der Güterverteilung. *Fatalismus* beschreibt den Verzicht auf Gerechtigkeitsforderungen. Die Frage nach der Gerechtigkeit wird als nicht lösbar angesehen; die Güterverteilung wird nicht der sozialen Welt, sondern der nicht veränderbaren „natürlichen" oder metaphysischen Welt zugeschrieben. (vgl. Liebig 2004: 6).

Zu den grundlegenden Legitimationsargumentationen, die bestimmte Funktionen sozialer Ungleichheit fokussieren, gehören nach Mau (1997: 52-53) folgende drei Erklärungen: Aus Sicht der funktionalistischen Schichtungstheorie (Parsons 1953; Davis und Moore 1967 [1945]) wird die *Motivationsfunktion* sozialer Ungleichheit hervorgehoben. Danach ist es für arbeitsteilige und sozial differenzierte Gesellschaften funktional, durch unterschiedliche Belohnungen einen Anreiz zu geben, bestimmte (höhere) Arbeitspositionen zu besetzen. Die Motivation ergibt sich aus dem Streben nach einem ausgeglichenen Verhältnis zwischen individuellen Aufwendungen (z.B. Schulbildung, Training) und individuellem Nutzen (z.B. Einkommen). Dieses Verhältnis ergibt sich entsprechend der meritokratischen Leistungsideologie innerhalb von Marktgesellschaften im Rahmen des Marktgeschehens selbst. Auf dem Markt wird festgelegt, welche Leistung besonders knapp ist und daher besonderer Belohnung bedarf. Mau

(1997: 53) weist in Anschluss an funktionalismuskritische Argumente (Bolte und Hradil 1988: 46-48) darauf hin, dass die Legitimationsbasis der Motivations-funktion nur dann besonders groß erscheint, wenn das in ihr implizierte Leis-tungsprinzip mit dem Prinzip der Chancengleichheit verknüpft wird. Ein weiteres Rechtfertigungsmuster sozialer Ungleichheit bzw. der Ungleichvertei-lung von Gütern und Positionen, das die Definition der gerechten Verteilung ebenso wie das meritokratische Prinzip an den Markt delegiert (Bornschier 1991), ist der Verweis auf die *gesamtgesellschaftliche Wachstumsfunktion von Ungleichheit*. Soziale Ungleichheit unterstützt nach dieser Argumentation die Systemstabilität und das Wirtschaftswachstum. Hier wird suggeriert, dass die Ungleichverteilung von Belohnungen Anreize an die wirtschaftlichen Eliten lie-fert, die Produktivität zu steigern und das Wirtschaftswachstum voranzubringen. Der allgemein steigende Wohlstand, von dem auch untere Schichten profitieren, gilt als Begründung dafür, dass dieser Wohlstand ungleich verteilt ist und auch die Wohlstandssteigerungen nicht alle Schichten gleichermaßen betreffen. Ein besonders an die unteren Schichten und Ungleichheitskritiker gerichtetes Argu-ment ist dabei, dass das Wirtschaftswachstum letztlich Investitionen ermöglicht, die zur Schaffung neuer Arbeitsplätze führen können. Beide funktionalistischen Argumentationen rechtfertigen soziale Ungleichheit durch „den Verweis auf ihre positive Funktion für alle Gesellschaftsmitglieder" (Braun und Uher 1990: 191). Sowohl in der individuellen Motivationsfunktion als auch in der gesamtgesell-schaftlichen Wachstumsfunktion zeigt sich das meritokratische Verständnis von sozialer Ungleichheit. Mau (1997) verweist zudem auf eine *Herrschaftsfunktion* des Systems sozialer Ungleichheit, die als Argument zur De-Legitimation so-zialer Ungleichheit herangezogen werden kann und entsprechend in kritisch-egalitären Haltungen gegenüber Ungleichheit thematisiert wird. Die Ordnung sozialer Ungleichheit ist demnach Ausdruck der Herrschaftsstruktur von Gesell-schaften (Dahrendorf 1974 [1967]). Instrumente zur Aufrechterhaltung der Un-gleichverteilung von Gütern und Positionen sind (staatliche) Institutionen und Normensysteme, welche die Auswahlprozesse bei der Besetzung von Positionen sowie die Verteilung von Privilegien strukturieren (Parkin 1972: 27). Das Sys-tem sozialer Ungleichheit basiert somit auf dem Motiv der Aufrechterhaltung des bestehenden Machtgefälles zwischen den oberen und unteren Schichten und „ermöglicht es den gesellschaftlichen Eliten, ihre privilegierten Positionen auf Dauer zu stellen" (Mau 1997: 53). Aus dieser Perspektive erscheint besonders das Element der Chancengleichheit als Prinzip, das von den Profiteuren dieses Prinzips angeführt wird, um von faktischen Ungerechtigkeiten – die u.a. durch das Bildungssystem reproduziert werden – abzulenken.

6.2.2 Empirische Konzeptionen zu ungleichheitsbezogenen Orientierungen

Nach der allgemeinen Betrachtung des meritokratischen Prinzips ist nun detaillierter darzustellen, wie sich dieses und andere Legitimationsprinzipien im individuellen Bewusstsein widerspiegeln. Im Hinblick auf die empirische Untersuchung werden verschiedene Orientierungen gegenüber sozialer Ungleichheit aufgezeigt und dabei auch punktuell Operationalisierungen betrachtet, da die spezifische Ausrichtung bestimmter Orientierungen erst am Detail erfassbar ist.[16]

In der Forschung werden unterschiedlichste Wahrnehmungsformen, Präferenzen, Eindrücke und Überzeugungen sozialer Ungleichheit thematisiert. Dabei gilt: „Attitudes toward inequality are as multidimensional and complex as inequality itself" (Noll und Roberts 2003: 155). Verschiedene kognitive Repräsentationen, Standards und Bewertungen sozialer Chancen- und Verteilungsungleichheiten bilden nach empirischen Befunden ein übergeordnetes ideologisches Muster (Sandberger 1983; Mayer et al. 1981; Haller 1989a) und sind somit wechselseitig voneinander abhängig. Empirisch lassen sich verschiedene Messungen von Wahrnehmungen und Bewertungen bezüglich sozialer Ungleichheit unterscheiden. Die Operationalisierung von Werthaltungen gegenüber sozialer Ungleichheit, die im Kern der folgenden empirischen Untersuchungen steht, geht auf Mayer et al. (1981; vgl. Müller 1993a) zurück. Danach können Orientierungen zu sozialer Ungleichheit unterschieden werden in A) Evaluationen der Gerechtigkeit der Verteilung von Gütern und Profiten (Beispiel-Item: „Ich finde die sozialen Unterschiede in unserem Land im Großen und Ganzen gerecht."), B) Wahrnehmungen des Grades der Chancengleichheit in der Bundesrepublik Deutschland (Beispiel-Item: „Die Bundesrepublik ist eine offene Gesellschaft. Was man im Leben erreicht, hängt nicht mehr vom Elternhaus ab, aus dem man kommt, sondern von den Fähigkeiten, die man hat, und der Bildung, die man erwirbt.") und C) Erklärungen bzw. Legitimationen sozialer Ungleichheit (Beispiel-Item: „Die Rangunterschiede zwischen den Menschen sind akzeptabel, weil sie im Wesentlichen ausdrücken, was man aus den Chancen, die man hatte, gemacht hat.").[17]

---

[16] Der Begriff der ‚Orientierung' bleibt gegenüber den Wert- und Einstellungsbegriffen relativ allgemein und bezieht sich sowohl auf handlungsorientierende Wahrnehmungen und Überzeugungen zum Ist-Zustand als auch auf Werte im Sinne von Soll-Vorstellungen (vgl. Fuchs-Heinritz et al. 1994: 482).

[17] Müller (1993a) ist sich bewusst, dass das Konzept nicht im engen Sinne eines psychologischen Einstellungskonzepts zu verstehen ist. „We do not pretend to use the concept in a way that satisfies the criteria conventionally required in psychological attitudes studies. We merely relate to a collection of statements that can be seen to relate to three aspects of orientations toward social inequality" (Müller 1993a: 97). Dennoch kann im Rahmen der folgenden Analysen gezeigt werden, dass die Operationalisierungen durchaus einigen Anforderungen an die Skalenbildung genügen.

Verknüpft mit Elementen der Gerechtigkeitsforschung lässt sich diese Differenzierung überführen in folgende Taxonomie (vgl. Abb. 3): Unterschieden werden können einerseits im Hinblick auf das Bezugsobjekt der sozialen Repräsentation im Sinne von Liebig und Wegener (1999) ergebnisbezogene Orientierungen – im Hinblick auf Verteilungsergebnisse bezüglich Einkommen oder Privilegien – und ordnungsbezogene Orientierungen – im Hinblick auf Verteilungsprinzipien. Anderseits ist jeweils zu differenzieren zwischen der Wahrnehmung des Ist-Zustands und normativen Orientierungen bzw. Bewertungen, die einen wünschenswerten Zustand ausdrücken (Werthaltungen). Eine solche Unterscheidung ist jedoch bei ergebnisbezogener Ungleichheit nicht sinnvoll, da Einschätzungen, ob eine bestimmte Belohnung gerecht ist oder Ungleichheiten groß oder klein sind, nur vor dem Hintergrund bestimmter Werthaltungen als Orientierungsmaßstäbe getroffen werden. Die Unterscheidung in Wahrnehmungen und Werturteile verläuft parallel zur Differenzierung von Ungleichheits- und Gerechtigkeitsvorstellungen; erstere „stehen für die kognitive Präsenz der sozialen Verhältnisse, während Gerechtigkeitsvorstellungen die Welt des Wünschbaren repräsentieren" (Mau 2004: 176; vgl. Hondrich 1984). Der Fokus dieser Arbeit – Meritokratie als Legitimationsprinzip sozialer Ungleichheit – liegt auf Gerechtigkeitsprinzipien, d.h. auf Bewertungen ordnungsbezogener Ungleichheit, wobei am Rande auch die Wahrnehmung sozialer Ungleichheit (Ungleichheitsvorstellungen) thematisiert wird.

Abbildung 3: Orientierungen gegenüber sozialer Ungleichheit

Verknüpfung Wahrnehmung/Überzeugung und Werturteil	Wahrnehmung/ Überzeugung	Werturteil/ Werthaltung
	Ungleichheitsvorstellungen	Gerechtigkeitsprinzipien
Evaluationen der Gerechtigkeit der Verteilung von Gütern und Profiten	Wahrnehmungen des Grades der Chancengleichheit in der Bundesrepublik Deutschland	Erklärungen bzw. Legitimationen sozialer Ungleichheit
ergebnisbezogene Orientierungen	**ordnungsbezogene Orientierungen**	

Vor der detaillierten Betrachtung ist auf die Problematik aufmerksam zu machen, dass eine eindeutige Einteilung in ordnungs- und ergebnisbezogene Orientierungen im Hinblick auf einige Operationalisierungen nur schwer möglich ist und dass sich etwa die Frage nach dem Grad der Gerechtigkeit der Verteilung letztlich auch auf das Verteilungsprinzip selbst bezieht.

Ergebnisbezogene Orientierungen sind in der Regel Wahrnehmungen von Ungleichheit, die vor dem Hintergrund von Werthaltungen im Sinne des „Wünschbaren" getroffen werden. Sie sind Überzeugungen über den Grad der Realisierung des „Wünschbaren". Einen sehr globalen Indikator für die Wahrnehmung von Ungleichheit stellt die Bewertung der Einkommensdifferenzen im eigenen Land dar. So findet sich im International Social Survey das Item „Die Einkommensdifferenzen sind zu groß". Mau (1997: 59-60) zeigt auf, dass diese Frage in der Regel überwiegend zustimmend beantwortet wird und somit eine im internationalen Vergleich durchgehend eher kritische Haltung zu Tage tritt. Auf die Wahrnehmung realisierter individueller Gerechtigkeit zielt die Frage „Im Vergleich dazu, wie andere in Deutschland leben: Glauben Sie, dass Sie Ihren gerechten Anteil erhalten, mehr als Ihren gerechten Anteil, etwas weniger als Ihren gerechten Anteil oder sehr viel weniger?" (Noll 1992: 5f).

Meulemann (1992b: 104, 107) unterscheidet drei Aspekte der wahrgenommenen Realisierung von Gleichheit. Gleichbehandlung bezieht sich auf gerechtes Handeln seitens gesellschaftlicher Institutionen. Die Gleichheit der Startbedingungen zielt auf die gerechte Verteilung von Chancen. Der Aspekt der Gerechtigkeit des ungleichen Ergebnisses thematisiert, ob die Individuen ihren Anteil an den gesellschaftlichen Gütern als gerecht empfinden. Meulemann (1992b) operationalisiert die drei Aspekte der Wahrnehmung sozialer Ungleichheit in Anschluss an verschiedene Autoren – wobei einige Operationalisierungen eher ordnungsbezogen sind. Zur Messung der Dimension der Gleichbehandlung werden drei Items von Herz (1979) herangezogen, die sich auf die gerechte Behandlung durch Behörden z.B. bei Steuer- und Wohnungsangelegenheiten, die gerechte Behandlung durch die Polizei bei geringeren Vergehen oder Verkehrsdelikten sowie die gerechte Behandlung des „einfachen" Mannes vor Gericht beziehen. Der Aspekt der Gleichheit der Startbedingungen ist operationalisiert durch Fragen nach der gerechten Verteilung von Chancen in der Bundesrepublik Deutschland (u.a. ZUMABUS) und nach Realisierung des Prinzips, dass „jeder seines eigenen Glückes Schmied ist" aus dem Fundus des Allensbach-Instituts (Noelle-Neumann und Piel 1983) – wenngleich gerade dieser Itemkomplex seinem Wesen nach stärker ordnungsbezogen ist. Die Gerechtigkeit des ungleichen Ergebnisses wird erhoben über die – sicher auch stark ordnungsbezogene – Frage, ob die Gesellschaftsordnung gerecht ist (Kmieciak 1976) sowie über die ergebnisbezogene Frage, ob das jeweilige Individuum selbst sowie andere einen gerechten Anteil erhalten (u.a. ALLBUS), die Einschätzung, ob die wirtschaftlichen Verhältnisse (Verdienst, Besitz) gerecht sind (Allensbach-Institut; Noelle-Neumann und Piel 1983) sowie ob Unterschiede zwischen Armen und Reichen als gerecht empfunden werden (u.a. ZUMABUS).

Ein Ansatz zur direkten Messung von Einstellungen gegenüber Einkommens-ungleichheiten ist die Income-Ruler-Technik (Szirmai 1986; vgl. Mau 1997), die vergleichbar ist mit dem Factorial Survey Design bzw. der Vignettenanalyse nach Jasso und Rossi (1978). Diese besonders im Rahmen von Ländervergleichen genutzte Analysestrategie basiert auf dem Vergleich des geschätzten Einkommens für eine bestimmte Berufsgruppe (etwa ungelernte Arbeiter, Landarbeiter, kleine Ladenbesitzer, Arzt, Minister, Vorstandsvorsitzender eines großen nationalen Unternehmens) – dies entspricht einer Überzeugung über einen Tatbestand – mit dem als gerecht empfundenen Einkommen für diese Berufsgruppe – was einer Bewertung im Sinne einer Zielvorstellung gleichkommt. Problematisch an dieser Vorgehensweise erscheint die Subjektivität der Angaben, denn es ist fraglich, inwieweit die Befragten, von denen entsprechende Einschätzungen verlangt werden, die Einkommensverhältnisse einer ihnen fremden Berufsgruppe beziffern können. Zudem erscheint die Heterogenität innerhalb bestimmter Berufsgruppen (wie etwa die Kategorie „Vorstandsvorsitzender") sehr heterogen. Andererseits ist die Kritik, dass hier subjektive Wahrnehmungen herangezogen werden, dahingehend zu entkräften, dass zur Einschätzung der Wahrnehmung sozialer Ungleichheit in der Bevölkerung die objektiven Ungleichheitsverhältnisse nicht interessieren.

Ordnungsbezogene Orientierungen. Ordungsbezogene Orientierungen zielen auf Mechanismen hinter Ungleichheit bzw. Gerechtigkeitsprinzipien ab – etwa „die eigene Leistung, ein vorhandener Bedarf oder auch eigenes Leid" (Noll 1992: 5f). Dabei können verschiedene Dimensionen unterschieden werden. So differenzieren Noll und Christoph (2004) zwischen Wahrnehmungen/Überzeugungen, Bewertungen und Normen im Hinblick auf Kategorien wie Verteilungsergebnisse, Verteilungsprinzipien, soziale Mobilität/Statuserwerb oder Funktionalität der Verteilungsmodi. Abstrahiert soll im Folgenden nur die Trennung zwischen Wahrnehmungen und Werthaltungen der Verteilungsprinzipien fokussiert werden: Wahrnehmungen beziehen sich dabei vornehmlich auf Dimensionen und Strukturen gesellschaftlicher Differenzierung sowie Mobilitäts- bzw. Erfolgsursachen, während zu den Bewertungen Evaluationen „perzipierter Ungleichheit und zugrunde liegende[r] Standards sozialer Ungleichheit" sowie „der als dominant perzipierten Legitimationsprinzipien sozialer Selektion" (Mayer 1975: 19) zu rechnen sind.

a) *Wahrnehmungen bzw. Überzeugungen über Verteilungsprinzipien* werden in der deutschen Befragungspraxis als Wege zum Erfolg spezifiziert. Die Frage „Wie kommt man in unserer Gesellschaft am ehesten nach oben?" (u.a. ALLBUS 1984) zielt auf die Faktoren des Erfolgs ab. Sie beschreibt die Wahrnehmung des Ist-Zustandes der Verteilungsmechanismen durch die Bevölkerung.

Ergebnisse aus den 1980er und 1990er Jahren zeigen, dass Erfolg sowohl in West- als auch in Ostdeutschland zum großen Teil auf meritokratische Prinzipien wie Bildung und Ausbildung, Intelligenz und Begabung, Leistung und Fleiß sowie Initiative und Durchsetzungsvermögen zurückgeführt wird (Noll 1992: 3).[18] Im Hinblick auf vermutete Aufstiegsfaktoren – als Überzeugungen – kristallisiert Mau (1997: 56) anhand einer Faktoranalyse mit dem International Social Survey 1992 drei Faktoren heraus: *askriptive Merkmale* (regionale Herkunft, Religion, Geschlecht, Rasse, politische Überzeugungen), *soziales und kulturelles Kapital* (gut gebildete Eltern, wohlhabende Eltern, politische Beziehungen, die richtigen Leute kennen, gute Bildung) und *Leistungskriterien* (harte Arbeit, Ambition, natürliche Fähigkeiten/Talente). Während der Komplex der Leistungskriterien sicher relativ eindeutig auf die meritokratische Legitimierung sozialer Ungleichheit bezogen werden kann, finden sich in den anderen beiden Komplexen Faktoren, die im weitesten Sinne alle die soziale Herkunft kennzeichnen.

Diese Wege zum Erfolg oder auch Erfolgsfaktoren werden von Watermann (2003: 31) als „kausale Kognitionen sozialer Aufwärtsmobilität" gefasst. Bisherige Untersuchungen zur Struktur dieser Kognitionen weisen auf verschiedene Dimensionen hin (Sandberger 1983; Kluegel et al. 1995): *Meritokratische* – oder auch als individuell-positive bezeichnete – *Faktoren* beziehen sich auf harte Arbeit oder Fähigkeiten, Leistungen bzw. individuelle Leistungsbedingungen (Anstrengung, Intelligenz etc.) als Aufstiegsfaktoren. *Soziale Ursachen* beziehen sich auf Merkmale der sozialen Herkunft (Startbedingungen) und des sozialen (Beziehungen) sowie ökonomischen Kapitals (Geld, Vermögen). Zu *individuell-negativen Ursachen* – die im Anschluss an Hadjar (2004) auch als machiavellistische Erfolgsursachen gefasst werden können – gehört u.a. Unehrlichkeit, Ausbeutung, Rücksichtslosigkeit und Opportunismus. In einer Studie des Max-Planck-Instituts für Bildungsforschung Berlin zu Bildungsverläufen und psychosozialer Entwicklung (Watermann 2003: 205) wurden verschiedene Gesellschaftsbilder über Ursachen sozialen Aufstiegs mittels der Frage „Wovon hängt es deiner Meinung nach in der Bundesrepublik tatsächlich ab, ob jemand Erfolg hat und sozial aufsteigt?" erfasst. Die jugendlichen Befragten hatten bestimmten Aufstiegsursachen auf einer Ratingskala zuzustimmen. Das *meritokratische Gesellschaftsbild* wurde abgebildet über die Items

---

[18] Noll (1992: 2) schließt von den Wegen zum Erfolg auf die Legitimation dieser Verteilungsstrukturen. Dies ist nur über die problematische Brückenannahme möglich, dass die Wahrnehmung von Ungleichheit auch mit ihrer Akzeptanz einher ginge. Aus den Antworten auf diese Frage lässt sich zwar auf das Leistungsprinzip als dominierenden Verteilungsmechanismus schließen. Ob dieses Verteilungsprinzip tatsächlich gilt und ob es positiv bewertet wird, lässt sich aus dieser Frage jedoch nicht ableiten.

„Man muss … gute Fachkenntnisse auf seinem Spezialgebiet haben", „begabt und intelligent sein", „sich anstrengen und fleißig sein" und „dynamisch sein und Initiative haben". Das *strukturelle Gesellschaftsbild* (im Sinne eines Askriptivismus sowie negativer Aufstiegsmittel) ergibt sich aus den Dimensionen „Geld und Vermögen haben", „aus der richtigen Familie stammen", „rücksichtslos und hart sein", „Beziehungen zu den richtigen Leuten haben", „andere ausnutzen" und „sich auf der richtigen Seite politisch engagieren".

b) Bezüglich der verschiedenen Typisierungen von *Werthaltungen gegenüber den Verteilungsprinzipien bzw. Gerechtigkeitsprinzipien* zeichnet sich als Gemeinsamkeit zwischen den einzelnen Konzeptionen ab, dass sich diese Orientierungen zu sozialer Ungleichheit in einem Kontinuum zwischen egalitärkritischer Missbilligung sozialer Ungleichheit und affirmativ-legitimierender Akzeptanz der Ungleichheitsstrukturen bewegen (Noll und Roberts 2003: 155; Müller 1993a; Sandberger 1983). Werthaltungen gegenüber den Mechanismen sozialer Ungleichheit lassen sich auf einer abstrakten Achse zwischen „kritischegalitärer Ablehnung bis affirmativ legitimierender Zustimmung gegenüber dem in einer Gesellschaft anzutreffenden Ungleichheitsgefüge" (Noll und Christoph 2004: 99) verorten.

Im Rahmen der soziologisch-empirischen Gerechtigkeitsforschung von Wegener und Liebig (1993, 1999; Wegener 1999) werden die bereits an anderer Stelle (Abb. 2) aufgezeigten vier – nach gesellschaftlichen Zuständen variierenden – Dimensionen der Beurteilung von Gerechtigkeit über folgende Items operationalisiert. Dem Individualismus – der Dimension, die eine meritokratische Leistungsideologie impliziert – werden die Items „Ein Anreiz für Leistung besteht nur dann, wenn die Unterschiede in der Leistung groß genug sind." und „Es hat schon seine Richtigkeit, wenn Unternehmer große Gewinne machen, denn am Ende profitieren alle davon." zugeordnet. Egalitarismus, der stark etatistisch geprägt ist, konstituiert sich aus den Aussagen „Der Staat sollte für alle einen Mindeststandard garantieren.", „Der Staat sollte eine Obergrenze für die Einkommenshöhe festsetzen." und „Der Staat sollte für alle, die Arbeiten wollen, einen Arbeitsplatz zur Verfügung stellen." Der Faktor des Fatalismus – resignative Verneinung von Gerechtigkeit – besteht aus den Items „Es ist zwecklos sich über soziale Gerechtigkeit zu streiten, weil sich die Verhältnisse doch nicht ändern lassen." und „So wie die Zustände heute sind, weiß man gar nicht mehr, was eigentlich gerecht ist." Askriptivismus wurde über Fragen danach, ob das Geschlecht einen Einfluss auf die Güterverteilung haben sollte und inwieweit Reichtum mit Privilegien verbunden sein sollte, erhoben (Wegener und Liebig 2000: 187).

Verschiedene Prinzipien, welche die Wahrnehmung von Ungerechtigkeit in Hinsicht auf drei Regeln der Güterverteilung beeinflussen, unterscheiden Lengfeld et al. (2002) in ihrer Operationalisierung. Das Prinzip der Chancengleichheit bezieht sich darauf, dass alle Bürger möglichst die gleichen Chancen haben sollten, begehrte Güter (z.b. Bildung, Arbeit oder Wohlstand) zu erhalten (Lengfeld et al. 2000). Das Leistungsprinzip wird u.a. durch die Forderung nach leistungsabhängigen Einkommen ausgedrückt. Beide Prinzipien stellen Teilelemente der meritokratischen Sichtweise dar. Ausdruck einer stärker egalitären Sichtweise ist das Bedarfsprinzip – als konstitutives Element von Wohlfahrtsstaaten bzw. sozialer Marktwirtschaften –, das operationalisiert wurde im Hinblick auf das Ziel der Sicherung eines ausreichenden Lebensstandards.

Ein multidimensionales Konzept, in dem explizit davon ausgegangen wird, dass die politische Kultur und die Sicht auf soziale Ungleichheit in einer Gesellschaft eine Kombination aus verschiedenen Orientierungsdimensionen sind, vertritt Delhey (1999: 5). Sein empirisches Dimensionenmodell, dessen Nähe zu den Konzeptionen der empirischen Gerechtigkeitsforschung (Wegener und Liebig 1993, 1999) klar ersichtlich ist, fokussiert vier Aspekte: *Egalitarismus* bezieht sich auf einen kritischen Standpunkt gegenüber den gesellschaftlichen Prinzipien zur Verteilung von Belohnungen und Macht. Im Rahmen dieser Sichtweise wird mehr Gleichheit in der Gesellschaft gefordert, wobei der Regierung bzw. dem Staat eine zentrale Funktion bei der Erreichung dieses Ziels zugeschrieben wird. *Meritokratismus* bedeutet eine positive Bewertung der leistungsorientierten Gesellschaft. Leistung ist danach eine essentielle Voraussetzung, um im Leben voranzukommen. Löhne sollten von der erbrachten Arbeitsleistung und der erworbenen Position abhängig sein. *Askriptivismus* lässt sich als eine Auffassung umschreiben, bei der askriptive Merkmale als Kriterien der Statusallokation favorisiert werden. Soziale Herkunft und Beziehungen werden als Grundlagen für Erfolg akzeptiert – der Statuserwerb z.B. über Leistung wird kritisch betrachtet. *Funktionalismus* beschreibt eine Ansicht, nach der soziale Ungleichheit als funktional für die Gesellschaft auf der Makroebene – als Wachstumsstimulus – sowie für das Individuum – im Hinblick auf die Motivation – angesehen wird. Auch wenn in diesem Konzept nur eine Dimension explizit auf das meritokratische Prinzip hinweist, ist doch auch die Kategorie des Funktionalismus dem meritokratischen Legitimationsprinzip zuzurechnen.[19]

---

[19] Im Hinblick auf Dimensionen von Ungleichheits- und Gerechtigkeitsorientierungen vertreten Mau (1997: 70-71) bzw. Delhey (1999: 4) ebenfalls stark empiriegeleitete Konzepte und isolieren vier Faktoren: „egalitärer Etatismus" (Befürwortung von Umverteilung und regulierender Rolle der Regierung bei der Allokation von Gütern und Lebenschancen), „meritokratische Orientierung" (Motivationsfunktion, verbunden mit Leistungsprinzip), „positive Ungleichheitsbewertungen" (Bezug zur Wachstumsfunktion) und „Status durch Herkunft" (askriptive Aufstiegsfaktoren).

Mischkonzepte. Wie sich hier andeutet, lassen sich die empirischen Konzepte nur schwer idealtypisch in Wahrnehmungen und Werthaltungen sowie ordnungsbezogene und ergebnisbezogene Orientierungen einordnen. In der Regel enthalten Konstrukte Elemente aus allen Kategorien. Im Folgenden sollen daher Messkonzepte vorgestellt werden, die sowohl ergebnisbezogene, als auch ordnungsbezogene Elemente enthalten. Diese sollen als Vorbild für die im Kern der Untersuchung stehende Skala zur Akzeptanz bzw. Legitimation sozialer Ungleichheit aufgrund des Leistungsprinzips dienen.

Das Konzept von Noll und Roberts (2003: 156; Noll 1992) zu Einstellungen gegenüber sozialer Ungleichheit basiert auf vier Dimensionen, wobei auf jeder Dimension das Ausmaß dieser Einstellungen zwischen egalitär-kritisch und affirmativ-legimierend variieren kann: Die erste Dimension bezieht sich auf *Wertorientierungen und Bewertungen der Ergebnisse der Güterverteilung.* Auf dem egalitär-kritischen Pol wird der Gleichheit ein hoher Stellenwert zugewiesen; das Ausmaß an Ungleichheit wird als ungerecht bzw. ungeeignet empfunden. Die affirmativ-legitimierende Seite sieht das Ausmaß an Ungleichheit als gerecht an und weist dem Wert der Gleichheit eine geringe Bedeutung zu. Während in dieser Dimension aus ergebnisbezogener Perspektive soziale Ungleichheit thematisiert wird, sind die weiteren Dimensionen ordnungsbezogen. Die zweite Dimension betrifft die *Funktionalität von Ungleichheit.* Während am egalitär-kritischen Pol Ungleichheit nicht als funktional für die Steigerung individueller Leistung, von Reichtum und ökonomischem Wachstum angesehen wird, werden auf dem affirmativ-legitimierenden Pol gerade diese funktionellen Aspekte geschätzt und Ungleichheit auf Basis dieser Funktion legitimiert. Die dritte Dimension *„Verteilungsnormen/Legitimationsprinzipien"* bewegt sich zwischen der normativen Forderung nach Verteilung auf Basis von Bedürfnissen (egalitär-kritisch) und dem meritokratischen Prinzip der Verteilung auf Basis von Fähigkeiten und Leistung (affirmativ-legitimierend). Entsprechend sind die Pole auf der vierten Dimension, die den *staatlichen bzw. gesellschaftlichen Verteilungsmechanismus* thematisiert – auf der einen Seite die Präferenz von (Um-)Verteilung durch den Staat bzw. Maßnahmen der Regierung (egalitär-kritisch; Pro-Wohlfahrtsstaat), auf der anderen Seite die Präferenz einer Verteilung auf Basis von Marktaktivitäten (affirmativ-legitimierend; Anti-Wohlfahrtsstaat). In einer späteren Arbeit differenzieren Noll und Christoph (2004) zwischen der Wahrnehmung sozialer Ungleichheit („Einkommensunterschiede sind zu groß"), Legitimation und Bewertung sozialer Ungleichheit („Einkommensunterschiede als Anreiz erforderlich", „Rangunterschiede als Ausdruck von Chancennutzung"), Verteilungsgerechtigkeit („soziale Unterschiede sind gerecht", „erhalte weniger als den gerechten Anteil") sowie der Wahrnehmung der Statuszuweisung („Wege zum Erfolg").

Die im Kern der folgenden Untersuchungen stehende *Konzeption zur Akzeptanz und Legitimation sozialer Ungleichheit* basiert auf der Unterscheidung in Normen und Bewertungen sozialer Ungleichheit nach Mayer (1975). Diese Werthaltungen der Akzeptanz sozialer Ungleichheit bewegen sich auf einer Achse zwischen egalitaristischer Kritik gegenüber sozialer Ungleichheit auf der einen Seite und der legitimierenden Akzeptanz sozialer Ungleichheit auf Basis der Leistungsideologie auf der anderen Seite (Müller 1993a: 95). Entsprechend der bereits erwähnten Dichotomie nach Linton (1961: 203) stehen sich dabei als Kriterien der Vergabe von Gütern und Positionen *askriptive Merkmale* (z.B. soziale Herkunft, Alter, Geschlecht, ethnische Zugehörigkeit) und *erwerbbare Merkmale* im Sinne des meritokratischen Leistungsprinzips (z.B. Ausbildungsabschlüsse, berufliche Fertigkeiten, Intelligenz gegenüber (Mayer 1975: 105). Obwohl Askriptivismus und Leistungsprinzip als Verteilungsprinzipien in den Arbeiten von Mayer (1975) und Müller (1993a) fokussiert werden, sind weitere Verteilungsmechanismen denkbar, die nicht in das Kontinuum zwischen den beiden Prinzipien passen, sondern auf einer anderen Ebene angesiedelt sind. Müller (1975: 107) nennt hier so genannte kollektive Aktionen, die auf Umverteilung oder einen Anstieg des Lebensstandards gerichtet sind – seien es gewerkschaftliche Aktionen, eine wachstumsorientierte Wirtschaftspolitik oder soziale Sicherungssysteme. Diese Orientierungen gegenüber Ungleichheit werden anhand der Zustimmung zu bestimmten Items gemessen, die Werthaltungen bzw. -urteilen gegenüber sozialer Ungleichheit entsprechen.

Im Fazit zeigt diese Betrachtung, dass neben dem meritokratischen Prinzip mindestens zwei weitere Verteilungsprinzipien zu identifizieren sind: das askriptive Prinzip und das egalitaristische Prinzip. Während das askriptive Prinzip soziale Ungleichheit durch zugeschriebene Merkmale wie soziale Herkunft, Geschlecht, etc. legitimiert, ist im egalitaristischen Prinzip eine vollständige Ablehnung jeglicher Ungleichheiten enthalten. Stattdessen wird das Gleichheitsprinzip propagiert, das durch den Staat gewährleistet werden soll.

7 Gesellschaftliche und individuelle Bestimmungsfaktoren von Gerechtigkeitsprinzipen zur Legitimation sozialer Ungleichheit

Bevor die Bestimmungsfaktoren für Legitimations- und Gerechtigkeitsprinzipien betrachtet werden, werden – überwiegend theoretische – Argumente gegeneinander abgewogen, welche für oder gegen die Universalität von Gerechtigkeitsprinzipien sprechen.

7.1 Haben alle Menschen gleiche Gerechtigkeitsprinzipien?

Die Frage danach, ob Wahrnehmungen und Werthaltungen gegenüber sozialer Ungleichheit universell sind oder ob bestimmte Merkmale das Ausmaß oder die Art dieser Orientierungen beeinflussen, ist ein Gegenstand der Sozialforschung – insbesondere der Gerechtigkeitsforschung (vgl. Wegener 1992). Aus der entscheidungstheoretischen bzw. rationalen Perspektive erscheinen Gerechtigkeitsprinzipien zunächst als universell – auch wenn diese Prinzipien, wie etwa die Reziprozität bei Gouldner (1960), der moralischen Sphäre zugeordnet werden. So kann eine universelle, aber nicht unkonditionale, Präferenz für eine auf dem Meritokratieprinzip basierende gerechte Verteilung nachgewiesen werden. Das heißt, dass menschliches Handeln nicht nur – wie etwa aus Perspektive klassischer Theorien der rationalen Wahl (u.a. Kirchgässner 1991) – auf Nutzenmaximierung bzw. Eigennutz beruht, sondern auch auf einer normative Grundlage – Gerechtigkeitsmotiven – basiert (Gouldner 1960).[20]

Auch die Eingrenzung der Geltung bestimmter individualistischer Verteilungsprinzipien auf die westlichen Industrieländer (z.B. Marktgerechtigkeit sowie Arbeit und Leistung als Verteilungsprinzipien; vgl. Lane 1986) impliziert eine gewisse Universalität und Stabilität. Die Frage, „ob Gesellschaften typische und einheitliche Legitimationsnormen ausbilden" (Wegener 1992: 270) und entsprechend nicht variieren, ist jedoch im Hinblick auf den kulturellen und normativen Hintergrund von Gesellschaften – aber auch Gruppen bzw. Schichten

---

[20] Als empirische Hinweise auf die Existenz eines universellen Reziprozitätsprinzips können im Rahmen des experimentellen Ultimatumspiels gewonnene Befunde herangezogen werden: So zeigen Falk und Fischbacher (2006), dass bei Verhandlungen zwischen zwei Spielern um einen Geldbetrag (Ultimatumspiel) der vorschlagende Spieler in vielen Fällen mehr als den – für ihn nutzenmaximierenden – Mindestbetrag bietet. Methodenexperimente im Rahmen von Befragungsstudien zeigen, dass im Vorfeld gegebene Anreize (Incentives) für die Befragungsteilnehmer den Rücklauf stärker erhöhen als versprochene und nachträglich realisierte Belohnungen (Diekmann und Jann 2001). Diese Befunde weisen auf das Bestehen von Reziprozitätsnormen hin, die neben dem klassisch verstandenen Nutzenmaximierungsprinzip handlungsorientierend sind.

innerhalb einer Gesellschaft – mit einem klaren Nein zu beantworten. Es erscheint plausibel, dass Gerechtigkeitsideologien in ihrer Ausprägung variabel sind (vgl. Mau 1997: 43). So verweist u.a. Haller (1989a) auf empirische Unterschiede in der politischen Kultur im internationalen Vergleich, die mit unterschiedlichen Sichtweisen auf soziale Ungleichheit einhergehen. „These variations are said to be either due to different cultural traditions or to different institutional settings, or to a combination of both" (Delhay 1999: 3). *Argumente pro gesellschaftliche Homogenität.* Im Kern der Argumentation zur Gesellschaftsspezifität der Prinzipien sozialer Ungleichheit stehen verschiedene – im weiteren Sinne funktionalistische – Erklärungen:

> „Das Vorliegen einer dominanten Ungleichheits- und Gerechtigkeitsideologie in Gesellschaften wird dadurch erklärt, dass es für jede Gesellschaft entweder typische kulturelle Konstanten gibt, die zur Ausformung einer für diese Gesellschaft kennzeichnenden dominanten Gerechtigkeitsideologie führen; oder dass es bestimmte Strukturmerkmale einer Gesellschaft sind, durch die eine Ideologie Verbreitung erfährt, zum Beispiel durch wohlfahrtsstaatliche Organisation einer Gesellschaft oder durch freie Marktwirtschaft als ökonomisches Prinzip" (Watermann 2003: 26; vgl. Wegener 1992).

Bezüglich der gesellschaftsspezifischen Ausprägung bestimmter Gerechtigkeitskonzeptionen zieht Mau (1997: 43-44) verschiedene Thesen heran, aus denen sich eine solche Gesellschaftsbezogenheit ableiten lässt. Nach einer *struktur- und institutionenfokussierenden Sichtweise* ergeben sich Gerechtigkeitsideologien aus gesellschaftlichen Strukturmerkmalen im Rahmen der normenbildenden Funktion von Institutionen, d.h. Institutionen und Allokations- bzw. Verteilungsprinzipien in der Gesellschaft prägen Ideologien bzw. Werthaltungen. So formuliert Phillips (1983: 318) „what most people find fair, just, equitable, or legitimate in regard to distribution is generally consistent with the actual distribution of rewards or outcomes." Während diese These den Einfluss der Sozialstruktur auf die ideologische Ebene thematisiert, werden in der *Kultur- und Ideologiethese* Elemente des Überbaus fokussiert. Es wird von der Vererbung bzw. kulturellen Tradierung bestimmter Gerechtigkeitskonzeptionen innerhalb einer Gesellschaft ausgegangen. Diese Vorstellung beinhaltet das Vorhandensein national dominanter Ideologien, die einerseits innerhalb der Gesellschaft relativ homogen geteilt werden, andererseits die Gesellschaft von anderen Gesellschaften unterscheiden. Diese These, die u.a. von Lipset und Bendix (1959) vertreten wurde, rekurriert auf die Vorstellung von Weber (1992 [1920]), dass die religiösen und kulturellen Traditionen einer Gesellschaft eine Wirkung auf die Sozialstruktur, insbesondere auf die Institutionen einer Gesellschaft haben. Aus Perspektive des *Funktionalismus im engeren Sinne* wird von einer gesamtgesellschaftlichen Verbreitung bestimmter Ideologien ausgegangen, da Ideologien bzw. Werte und Normen die Integration in die Gesellschaft sicherstellen (Parsons 1972) bzw. „dass die Beziehung zwischen der Gesellschaft und ihrem normativen System durch die funktionale Notwendigkeit der Legitimation der bestehenden Ordnung gegeben ist" (Mau 1997: 44). Auch *konflikttheoretische marxistische Ansätze* stellen die gesellschaftliche Homogenität von Ideologien nicht in Frage, wenngleich sie bezüglich der sozialen Lagen soziale Klassen voneinander unterscheiden. Im Hinblick auf die ideologische Ebene wird jedoch von homogenen Herrschaftsideologien ausgegangen, die von einer herrschenden Klasse über die Medien, die Kulturindustrie, Schulen und die staatliche Verwaltung verbreitet werden und die als „falsches Bewusstsein" von allen Bevölkerungsgruppen bzw. Klassen geteilt werden. So fasst Marcuse zusammen:

> „Die Mittel des Massentransports und der Massenkommunikation, die Gebrauchsgüter Wohnung, Nahrung, Kleidung, die unwiderstehliche Leistung der Unterhaltungs- und Nachrichtenindustrie gehen mit verordneten Einstellungen und Gewohnheiten, mit geistigen und gefühlsmäßigen Reaktionen einher, die die Konsumenten mehr oder weniger angenehm an die Produzenten binden und vermittels dieser ans Ganze. Die Erzeugnisse durchdringen und manipulieren die Menschen; sie befördern ein falsches Bewusstsein, das gegen die Falschheit immun ist" (Marcuse (1994 [1964]: 31f).

Das heißt, das sogenannte „falsche Bewusstsein" wird nicht als solches erkannt und daher trotz gegenteiliger Interessenlage ebenfalls von den nicht-herrschenden Klassen unterstützt. In der Dominant Ideology Thesis (vgl. Abercrombie et al. 1980: 1) wird ebenfalls argumentiert, dass die herrschende Klasse, welche in Besitz der materialen und ideellen Produktionsmittel ist, erfolgreich eine dominante Ideologie reproduziert, die durch ihre Kohärenz, Dichte und Stärke die Ideologien der Arbeiterklasse verdrängt. Daher wird die dominante Ideologie, welche die Interessen der herrschenden Klasse befördert und zur Legitimation von Ungleichheiten beiträgt, auch von den Klassen internalisiert und akzeptiert, die nicht von diesen Prinzipien sozialer Ungleichheit profitieren (vgl. Watermann 2003: 26).

Ergänzt werden kann diese Reihe von Theorien, aus denen sich eine Gesellschaftsspezifik von Orientierungen gegenüber sozialer Ungleichheit ableiten lässt, anhand einer theoretischen Exploration von Mayer (1975: 25), der die Annahme gesellschaftlicher Homogenität von Definitionen und Bewertungen der Ordnung sozialer Ungleichheit in Mertons theoretischer Verknüpfung von Sozialstruktur und Anomie (Merton 1995 [1957]) sowie im geringeren Maß auch bei Lipset und Bendix (1959) sieht. Während Merton die Homogenität dieser kulturellen Muster in der Gesellschaft nur aus Sicht der US-amerikanischen Gesellschaft als Idealtypus der westlichen Industriegesellschaft betrachtet, charakterisieren Lipset und Bendix verschiedene Gesellschaftstypen westlicher

Industriegesellschaften, wobei jeweils für die einzelnen Typen die Homogenität der Wahrnehmung und Bewertung sozialer Ungleichheit angenommen wird. Implizit findet sich jedoch in beiden theoretischen Ansätzen die Annahme, dass spezifische sozialstrukturelle Bedingungen (etwa mangelnde Erfolgs- oder Aufstiegschancen in einer Gesellschaft) über kollektive Anpassungen auf den Bereich der kulturellen Werte (erhöhte Kritik an der gesellschaftlichen Ordnung der Ungleichheit) wirken. Mertons Argumentation ist dabei, dass die Ziele des (monetären) Erfolgs und der Statusverbesserung (Aufstieg bis in Spitzenpositionen der Berufsstruktur) wesentliche Werte der westlichen (US-amerikanischen) Gesellschaftsform bilden. Können Erfolg bzw. andere kulturelle Werte nicht über legale Mittel erreicht werden, kommt es zu anomischen Einstellungs- und Verhaltensmustern. Wenngleich der Zugang zu dem Ziel des Erfolgs durch den individuellen Wettbewerb geregelt ist und Fähigkeiten und Leistungen – entsprechend dem meritokratischen Prinzip – als Wege zum Erfolg angesehen werden, kann eine Ablösung des Wettbewerbs und der Mittel zur Zielerreichung von den normativen Regelungen erfolgen. Die Annahme der gesellschaftsspezifischen Ausprägung von Orientierungen gegenüber der Ordnung sozialer Ungleichheit ergibt sich nun durch „eine kollektive Form der Anpassung an blockierte Mobilitätschancen" bzw. blockierte Chancen zur Erreichung der kulturellen Ziele, die in politische Aktionen und „Rebellion" münden und somit die Systemstabilität gefährden kann (Mayer 1975: 27).

Argumente contra gesellschaftliche Homogenität. Auf der anderen Seite ist ist zu fragen, ob Gesellschaften bzw. Kulturen wirklich homogen hinsichtlich bestimmter Ideologien, z.B. bezüglich der Ordnung sozialer Ungleichheit, sind. Watermann (2003: 26) verweist auf Konfliktmodelle, die spezifische Klassenlagen und entsprechende Klasseninteressen berücksichtigen. So lässt sich bereits bei Weber (1972 [1922]) ableiten, dass bestimmte soziale Lagen mit spezifischen Interessen verbunden sind, die sich in den Vorstellungen des Wünschbaren – d.h. in schichtspezifischen Werthaltungen bezüglich des Verteilungsprinzips und der Ordnung sozialer Ungleichheit – niederschlagen. Auch aus der klassischen Marxschen Argumentation zur politischen Ökonomie (Marx 1974 [1859]) lässt sich ableiten, dass soziale Klassen unterschiedliche Interessen haben und damit unterschiedliche Werthaltungen besitzen, die sich aus ihrer jeweiligen Beziehung zur „Basis" bzw. den Produktionsmitteln und ihren entsprechenden Lebensbedingungen ergeben.

Gegen die Annahme intrakulturell homogener Werte ist auch die These von Turner (1964: 9, 11) gerichtet, der die Bedeutung von Subkulturen hervorhebt, welche in kulturellen Vergleichsstudien häufig keine Berücksichtigung finden und die infolge ihrer jeweils spezifischen Lebenssituation unterschiedliche

Wertvorstellungen haben: „The subculture approach assumes that each class is to some degree a self-contained universe, developing a distinctive set of values which guides its members' way of life. [...] Objects which are positively valued in one class subculture may be negatively valued in another" (Turner 1964: 9). Die spezifische Lebenssituation determiniert, ob bestimmte Werte in Handlungsziele umsetzbar sind oder nicht – und damit ob diese Werte zum jeweiligen schichtspezifischen Wertekosmos gehören oder nicht. Nach Turners Ansatz ist damit sowohl zwischen Gesellschaften als auch innerhalb von Gesellschaften zu differenzieren. Mau (1997: 45) verweist zudem auf empirische Evidenzen – etwa Mayer at al. (1992) und Sandberger (1983), die belegen, dass „die existierenden Verteilungsprinzipien weitgehende Anerkennung erfahren, deren Grad aber innerhalb von Gesellschaften durchaus variieren kann." Darüber hinaus legen Befunde von Kluegel und Smith (1986) nahe, dass Individuen sich widersprechende Gerechtigkeitseinstellungen haben können. Als Erklärung kann die so genannte „Split-Consciousness-Theorie" herangezogen werden, nach der sich selbstbezogene und ordnungsbezogene Einstellungen unterscheiden lassen.

> „Dabei kann ein Individuum unterschiedliche, logisch schwer vereinbare Einstellungen im Kopf haben, ohne sich an den Widersprüchlichkeiten zu reiben, weil unterschiedliche Schwerpunkte von Beurteilungen gesetzt werden. Ordnungsbezogene Urteile beziehen sich auf die gesamte Gesellschaft, während bei selbstbezogenen Einstellungen eigene Ansprüche und Erwartungen reklamiert werden" (Mau 1997: 45).

Während die ordnungsbezogenen Einstellungen mit der Vorstellung dominanter gesellschaftlicher Wertorientierungen gleichgesetzt werden können, sind die selbstbezogenen Einstellungen eher kritischer Natur. Ordnungsbezogene Einstellungen können durchaus einen dominanten Charakter („dominant beliefs") tragen, selbstbezogene Einstellungen variieren hingegen „nach individuellen sozialen Lagen und Interessen Einzelner und sozialer Gruppen" (Watermann 2003: 26; vgl. Wegener und Liebig 1998).

In Auseinandersetzung mit diesen theoretischen Überlegungen trifft Wegener (1992, 1995) die Unterscheidung in primäre und sekundäre Ideologien. Primäre Ideologien – oder auch dominante Ideologien im Sinne von Kluegel und Smith 1986 – werden von allen Gesellschaftsmitgliedern unabhängig von der jeweiligen sozialen Position geteilt und hängen von kulturellen und sozialstrukturellen gesellschaftlichen Merkmalen wie geschichtlichen Erfahrungen, kulturellen Skripten und politisch-institutioneller Ordnung (z.B. politische Staatsform) ab. Während sich primäre Ideologien somit nicht individuell bzw. gruppen- oder schichtspezifisch unterscheiden, werden sekundäre Ideologien von Individuen und Gruppen (z.B. sozioökonomischen Schichten, kulturellen Gruppen) in unterschiedlichen Ausmaßen getragen bzw. akzeptiert. Hinter den jeweiligen Ausprägungen sekundärer Ideologien – zu denen auch bestimmte Formen der Akzeptanz sozialer Ungleichheit bzw. der Orientierungen gegenüber Ungleichheit gehören – verbergen sich sowohl distinkte sozioökonomische Positionen und ökonomische Interessen als auch unterschiedliche Wertorientierungen und politische Überzeugungen (Noll und Roberts 2003: 157): „People in different positions (defined by status, race, gender, or other social distinctions) will be expected to react differently to social inequalities that affect them" (Kluegel und Smith 1986: 11). Hinter den sekundären Ideologien stehen somit rationale Interessen von Individuen oder Gruppen. Sie lassen sich „aus den Vorteilen verständlich machen, auf die sich die Mitglieder dieser Gruppe Hoffnung machen können, würden ihre Normen allgemeine Geltung erlangen" (Wegener 1992: 274) bzw. würde das von ihnen präferierte Verteilungsprinzip in der Gesellschaft angewandt. Das Selbstinteresse zeigt sich auch empirisch als bester Prädiktor für Einstellungen gegenüber dem Wohlfahrtsstaat bzw. Verteilungsprinzipien und damit gegenüber der Ordnung sozialer Ungleichheit (Taylor-Gooby 1983).

Schließlich ist davon auszugehen, dass der gesellschaftliche Kontext – die Makroebene – als auch die individuelle soziale Position der Urteilenden – auf der Mikroebene – die individuellen Gerechtigkeitsurteile bestimmen (Liebig 2004: 8), wenngleich beide Ebenen über die Logik der Situation als Einfluss von Sozialstruktur und Kultur der Gesellschaft auf das Individuum und die Logik der Aggregation als Einfluss der aggregierten individuellen Einstellungen und Verhaltensweisen auf die Gesellschaft verbunden sind.

7.2 Bestimmungsfaktoren auf der Makroebene der Gesellschaft

Theoretische Überlegungen. Entsprechend der soziologischen Perspektive – nach der das materielle Leben den sozialen, politischen und geistigen Lebensprozess bedingt (Marx 1974 [1859]) – sind auf der Ebene der Gesellschaft strukturelle Variablen zu identifizieren, die einen Einfluss auf die Sphäre der Ideologien und Werte haben. Das Zusammenwirken von Sozialstruktur und Gerechtigkeitstheorien kennzeichnet Mau (1997: 47-48) im Rahmen von zwei makroebenenbezogenen Thesen, die ineinander greifen: Hinter der Akkomodationsthese verbirgt sich die Annahme, dass die strukturelle Ordnung sozialer Ungleichheit in einer Gesellschaft, zu der u.a. das wohlfahrtsstaatliche System gehört, das individuelle Bewusstsein über bestimmte Institutionen prägt. Den gesellschaftlichen Institutionen bzw. institutionalisierte Verteilungsregeln kommt eine normative Leitwirkung zu; die Individuen gewöhnen sich an die

Ordnung sozialer Ungleichheit und richten sich in dieser ein (Mau 1997: 47; vgl. Homans 1968 [1961]; Philips 1983). Die Niveauthese fokussiert die Rolle des Ausbaugrades des Wohlfahrtsstaates sowie der Ausprägung sozialer Ungleichheit in der Gesellschaft. So nehmen kritische Einstellungen gegenüber sozialer Ungleichheit ab und die Akzeptanz sozialer Ungleichheit zu, wenn die Ungleichheit ein geringes Ausmaß annimmt und der Wohlfahrtsstaat ausgebaut wird, da die Bevölkerung dann weniger Anlass zur Kritik und zur Einforderung staatlicher Umverteilungsmaßnahmen hat (Mau 1997: 48). Während die Akkomodationsthese die generelle Gewöhnung an ein dominierendes Gerechtigkeitsprinzip thematisiert, fokussiert die Niveauthese das Ausmaß, mit dem Gerechtigkeitsprinzipien geteilt werden.

Haller (1989a: 451) und Klingemann (1990) vertreten die These, dass in Gesellschaften mit hohem wirtschaftlichen Entwicklungsstand und Lebensstandard, d.h. also bei Absenz ökonomischer Krisen, Ungleichheiten stärker akzeptiert werden als in ärmeren Gesellschaften. Grund für die zunehmende Akzeptanz sozialer Ungleichheit ist, dass „die Schärfe des Klassenkonflikts mit zunehmenden Wohlstand der Gesellschaft abnimmt" (Klingemann 1990: 326), wobei der steigende Wohlstand sich in einem steigenden Bruttosozialprodukt pro Kopf der Bevölkerung ausdrückt.[21] Kritisch-egalitäre Haltungen gegenüber sozialer Ungleichheit sind entsprechend in Gesellschaften mit hoher faktischer Ungleichheit stärker ausgeprägt. Theoretischer Hintergrund dieser These sind die Weberschen Überlegungen (Weber 1972 [1922]) zu schichtspezifischen Interessen: So gibt die soziale Schichtung der Gesellschaft eine bestimmte Konfliktstruktur vor. Es entwickelt sich ein schichtspezifisches Wert- und Interessenbewusstsein, welches bis auf die Verhaltensebene wirkt (Klingemann 1990).

Kulturelle Makro-Faktoren sozialer Ungleichheit sind die vorherrschende Religion und das ideologische und institutionelle Regime (Noll und Roberts 2003): Katholisch geprägte Gesellschaften sind nach Haller et al. (1995: 227) kritischer gegenüber Ungleichheit als protestantische Gesellschaften, weil die protestantische Doktrin individuelle Verantwortung und Leistung fördert – wie Weber (1992 [1920]) bereits in der Protestantismus-These postulierte.[22] Das

---

[21] Entsprechend dieser Niveauthese postulieren auch Liebig und Wegener (1995: 8), dass sich Ungleichheiten auf einem hohen Wohlstandsniveau „weder zu kollektiver Dramatisierung und Politisierung" eignen und somit nicht zu einer ausgeprägten politischen Mobilisierung zur Beseitigung von Ungleichheiten führen.

[22] McClelland (1966) weist auf ein im Unterschied zur Protestantismusthese detailliertes Beziehungsgeflecht zwischen individuellen und gesellschaftlichen Faktoren hin: Er weist einen Zusammenhang zwischen Protestantismus (auf der Makroebene) und frühkindlicher Erziehung zur Selbstständigkeit auf der individuellen Ebene nach, die zu einem höheren individuellen Leistungsbedürfnis führt. Das aggregierte höhere Leistungsbedürfnis äußert sich auf der gesellschaftlichen Ebene als Wirtschaftswachstum.

ideologische Regime – d.h. die Politik dominierende Ideologien – und das institutionelle Regime einer Gesellschaft – d.h. die Form des Wohlfahrtsstaats, sozialpolitische Institutionen und Maßnahmen – prägen die sozialen Erfahrungen der Gesellschaftsmitglieder im Zuge der lebenslangen politischen Sozialisation (Kluegel und Smith 1986). Gesellschaften, bei denen liberale (versus konservative) Ideologien dominieren, sind durch eher kritische Orientierungen gegenüber sozialer Ungleichheit in der Bevölkerung gekennzeichnet. Aus institutioneller Perspektive zeigen sich entsprechend der Typologie von Esping-Andersen (1990) konservative und sozialdemokratische Wohlfahrtsstaaten – im Gegensatz zu liberalen Wohlfahrtsstaaten – durch ihre stärker auf staatliche Umverteilung und staatliche Versorgung sowie auf die Eindämmung von Ungleichheiten gerichteten Politiken eher ungleichheitskritisch, was sich in einer ablehnenden Haltung der Bevölkerung gegenüber sozialer Ungleichheit widerspiegelt.

Ein klassisches Konzept zur Unterscheidung verschiedener Kulturen hinsichtlich der strukturellen Ordnungen und ideologischen Muster der sozialen Ungleichheit stellt die zeitlich frühere Einteilung von Lipset und Bendix (1959) dar, wenngleich die Terminologie dieser dichotomen Charakterisierung in „egalitäre Gesellschaften" und „hierarchische Gesellschaften" sehr differenziert zu betrachten ist und sich von anderen Einteilungen unterscheidet. Das US-amerikanische System wird darin dem Typus der „egalitären Gesellschaft" zugeordnet. Merkmale dieser Tradition des „ideological egalitarianism" ist das Prinzip der Chancengleichheit, insbesondere bezüglich der Chancen zu sozialer Mobilität. Während Aufstiegsmobilität aufgrund erworbener Merkmale (eigene Leistung) als positiv bewertet wird, wird askriptive Ungleichheit – die aus der sozialen Herkunft herrührt – negativ bewertet. Während dieser Gesellschaftstyp durch hohe Mobilitätsraten gekennzeichnet ist, zeigt sich hier andererseits auch das Problem der Statusunsicherheit (vgl. Mayer 1975: 32-39). Diese hier als Egalitarismus bezeichnete Ideologie ist ihren Grundzügen nach dem „meritokratischen Prinzip" (Mau 1997) oder dem „Individualismus" (Wegener und Liebig 1995) ähnlich. Hinsichtlich der Wahrnehmung sozialer Ungleichheit ist auszuführen, dass in diesem so genannten egalitären Gesellschaftstyp individuelle Fähigkeiten und Leistungen als Ursachen der Statusallokation perzipiert werden. Eine offene, durchlässige Chancenstruktur, die mit geringen Statusunterschieden verbunden ist, wird angenommen. Die Bewertung sozialer Ungleichheit ist positiv, denn diese „wird als legitim akzeptiert, da sie in Übereinstimmung mit Chancengleichheit als Standard sozialer Gerechtigkeit angesehen wird" (Mayer 1975: 36). Europäische Gesellschaften werden von Lipset und Bendix (1959) als „hierarchische Gesellschaften" umschrieben. Diese weisen einen Mangel an

Mobilitätschancen und ein hohes Maß an sozialen Unterschieden, die auf askriptive Merkmale – soziale Herkunft – zurückgehen, auf. In der Wahrnehmung sozialer Ungleichheit steht die hierarchische Struktur mit Über- und Unterordnungen im Vordergrund, die durch große Statusunterschiede gekennzeichnet ist. Als wesentliches Merkmal für Erfolg und Statusallokation gelten askriptive Merkmale; Mobilitätschancen werden nicht wahrgenommen. Im Kern der Bewertung sozialer Ungleichheit steht die hohe Legitimität askriptiver Merkmale als Kriterien sozialer Differenzierung; soziale Mobilität wird tendenziell negativ bewertet. Es besteht eine „Tendenz zur Ablehnung der Gesellschaftsordnung bei Unterprivilegierten" (Mayer 1975: 37) und damit ein geringer Konsens hinsichtlich der Bewertung sozialer Ungleichheit.

Soziale Zustände und die Art sozialer Beziehungen werden im Rahmen der empirischen Gerechtigkeitsforschung um Wegener und Liebig (1993, 1999; Liebig und Wegener 1995) als Ursachenfaktoren für die Dominanz bestimmter Denkstile bzw. primärer Gerechtigkeitsideologien in der Gesellschaft thematisiert. Dabei folgen sie implizit der Logik der Aggregation (vgl. Büschges et al. 1996), so dass die aggregierten sozialen Situationen und die entsprechenden ideologischen Reaktionen darauf – also die präferierten Gerechtigkeitsideologien – Merkmale auf der Makroebene der Gesellschaft konstituieren. Diese Zustände gehen nach der Grid-Group-Theorie von Douglas (1982, 1996) mit spezifischen Denkstilen bzw. dominierenden Gerechtigkeitsprinzipien einher (vgl. Taxonomie in Abbildung 2). Diese werden im Sinne primärer Ideologien von allen Gesellschaftsmitgliedern geteilt und unterliegen einer im Vergleich geringen innergesellschaftlichen Variabilität. Als strukturelle Zustände der Gesellschaft werden die Zwänge, die sich aus dem Hierarchiegefüge der gesellschaftlichen Ordnung ergeben (Grid) und der Grad der Einbindung in eine soziale Gruppe (Group) thematisiert (Liebig 2004: 7; Douglas 1982: 190). Gesellschaften, die durch geringe Freiheit von hierarchiebezogenen Handlungsrahmen und eine schwache Gruppeneinbindung des Individuums gekennzeichnet sind (high grid/weak group), stehen sozialer Gerechtigkeit fatalistisch gegenüber, d.h. Gerechtigkeit wird resignativ verneint. Gesellschaften, in denen starke Gruppenbindungen bestehen, und in denen eine starke hierarchischer Ordnung und entsprechende – z.B. herkunftsspezifische – Ungleichheiten herrschen (high grid/strong group), haben eine askriptive Sicht auf soziale Ungleichheit. In Gesellschaften, die durch eine hohe individuelle Freiheit geprägt sind, in denen bestimmte herkunftsspezifische Benachteiligungen durch Leistung überwunden werden können, andererseits aber nur eine geringe Solidarität – zugunsten einer stärkeren Wettbewerbsorientierung – besteht (low grid/weak group), bildet Individualismus bzw. ökonomischer Liberalismus die primäre Gerechtigkeitsideologie. Egalitarismus ist der dominierende ideologische Aspekt in Gesellschaften, die neben hoher Freiheitsgrade und schwacher Hierarchieausprägung stark durch solidarische Gruppeneinbindungen (z.b. Gewerkschaften) geprägt sind (low grid/strong group; vgl. Thompson et al. 1990). *Empirische Befunde.* Aus empirischer Perspektive werden gesellschaftsspezifische bzw. in der zeitlichen Betrachtung periodenspezifische Makroeinflüsse auf Orientierungen gegenüber sozialer Ungleichheit in der Regel über das generelle Niveau der ökonomischen Entwicklung (z.b. Human Development Index, Brutto-Inlands-Produkt pro Kopf) und des Lebensstandards (z.b. Armutsquote) sowie über die strukturelle Ungleichheit in einer Gesellschaft (z.b. Gini-Koeffizient der Einkommensungleichheit) operationalisiert. Im Hinblick auf die These von Klingemann (1990) konnte belegt werden, dass neben zunehmendem Wohlstand auch eine Abnahme der Einkommensungleichheiten – sinkender Gini-Koeffizient (berechnet nach Bornschier 1978) – eine Abnahme der „sozioökonomischen Konfliktdimension" (Klingemann 1990: 328) und damit eine zunehmende Akzeptanz sozialer Ungleichheit zur Folge hat. Empirische Evidenzen stützen ebenso die Annahmen über sozialstrukturelle und kulturelle gesellschaftliche Einflüsse. Im Hinblick auf die Grid-Group-Differenzierung können Liebig und Wegener (1995) ihre Thesen durch empirische Befunde belegen – Deutschland lässt sich danach als egalitäre Gesellschaft kennzeichnen, während die USA eine primär individualistische Prägung aufweist.[23] In einer Vergleichsstudie zu 17 Ländern kristallisieren sich bei Delhey (1999: 8) in Bezug auf die Dimensionen der Einstellungen gegenüber sozialer Ungleichheit das Wohlstandsniveau, das Niveau sozialer Ungleichheit und das Wohlfahrtsstaatsregime als strukturelle Faktoren sowie die Konfession und der Postmaterialistenanteil als wohl eher kulturelle Faktoren heraus. Eine relativ starke Variation aufgrund dieser Faktoren zeigte sich im Hinblick auf Egalitarismus und Meritokratismus, während die Zusammenhänge zwischen diesen Makrofaktoren und funktionalistischen und askriptiven Ungleichheitsorientierungen schwächer waren. Kulturelle Unterschiede, die auf strukturellen Eigenschaften von Gesellschaften beruhen, resümiert auch Noll aus seinem Vergleich von West- und Ostdeutschland:

---

[23] Wegener (1992: 277) postuliert und belegt empirisch eine solche Taxonomie zur Unterscheidung primärer und sekundärer Ideologien in Deutschland und den USA unter Nutzung einer anderen Terminologie. Danach ist die von der Gesamtbevölkerung geteilte primäre Ideologie in Deutschland der Etatismus, während der Funktionalismus im Sinne eines Meritokratismus bzw. Individualismus die sekundäre Ideologie darstellt, deren Akzeptanz von Schicht zu Schicht variiert und die vor allem bei der Dienstklasse Unterstützung findet. Für die USA gilt der Funktionalismus als primäre und der Etatismus als sekundäre Ideologie – wobei hier der Dienstklasse insbesondere etatistischen Ideologien anhängt.

„Die in der sozialistischen – Zuteilungs- und Versorgungsgesellschaft apostrophierten DDR – dominierende Gleichheitsideologie hat offenbar [...] eine der sozialen Ungleichheit gegenüber kritische, egalitäre Einstellung der Bevölkerung stärker gefördert, als das den Wettbewerb mehr als die Solidarität betonende System der sozialen Marktwirtschaft der Bundesrepublik" (Noll (1992: 18).

Dennoch glauben im Osten und im Westen die Menschen gleichermaßen an die faktische Geltung des Leistungsprinzips.

Im Rahmen der Betrachtung des Wandels der Akzeptanz sozialer Ungleichheit auf Basis des meritokratischen Gerechtigkeitsprinzips werden Makroebeneneinflüsse als Periodeneffekte (aktuelle Makroebeneneinflüsse) und Kohorteneffekte (Makroebeneneinflüsse in der Hauptprägephase der politischen Sozialisation) spezifiziert, wobei der Bildungsexpansion und dem Niveau der Arbeitslosigkeit besonderes Augenmerk zukommt. An späterer Stelle werden diese Mechanismen genauer erläutert und entsprechende Hypothesen abgeleitet.

7.3 Bestimmungsfaktoren auf der Mikroebene

Theoretische Überlegungen. Die Frage nach den Unterschieden in den Bewertungen sozialer Ungleichheit zwischen sozialen Gruppen bzw. zwischen Individuen als Mitgliedern sozialer Gruppen ist primär unter Betrachtung der spezifischen Interessen zu beantworten, die mit bestimmten sozialen Lagen verbunden sind. So verweist bereits Max Weber (1972 [1922]) darauf, dass Individuen solche Werthaltungen präferieren, die ihnen eine sinnvolle Interpretation – und damit auch die Rechtfertigung – ihrer sozialen Lage und des Umfelds, in das sie eingebettet sind, erlauben. Diese Interessen können aus einer rationalen Perspektive, der explizit und implizit in den verschiedenen im Anschluss angesprochenen theoretischen Ansätzen gefolgt wird, heraus thematisiert werden: Die individuelle Beurteilung sozialer Ungleichheit und das präferierte Gerechtigkeitsprinzip orientieren sich unter Heranziehung der Theorie der sozialen Produktionsfunktionen in der Explikation von Lindenberg und Frey (1993) und Ormel et al. (1999) an der Frage, welches Gerechtigkeitsprinzip der individuellen oder gruppenspezifischen Produktion sozialer Anerkennung besonders dienlich wäre. Zu fragen ist demnach, was das entsprechende Gerechtigkeitsprinzip in seiner praktischen Umsetzung für die instrumentellen Ziele zur Produktion von Wohlbefinden (Stimulation, Komfort, Status, Verhaltensbestätigung und Affekt) bedeutet. Eine Rolle spielt andererseits sicher auch, welches Gerechtigkeitsmotiv eine eventuelle Dissonanz zwischen der realen sozialen Situation und den abweichenden Ansprüchen bzw. Vorstellungen kompensieren kann. Diese rationale Erklärung entspricht der Theorie der kognitiven Dissonanz von Festinger (1957), die ebenfalls rationalen Charakter trägt, da Individuen versuchen, ihren Nutzen – in diesem Fall psychisches Wohlbefinden – durch die Heranziehung bestimmter Einstellungen und Orientierungen, zu denen Gerechtigkeitsideologien gehören, zu mehren.

Zu diesen generellen theoretischen Ableitungen sind Theorien mittlerer Reichweite, die teilweise aus empirischen Befunden heraus entwickelt wurden, zu beschreiben, die als Brückenhypothesen zur Spezifizierung sozialer Mechanismen innerhalb dieser allgemeinen rationalen Erklärungen sein können. Als Grundlage der Annahme von Unterschieden in der Akzeptanz sozialer Ungleichheit auf der individuellen Ebene bietet sich zunächst die Variationsthese an, die auf Mayer (1975) zurückgeht: „Diese besagt, dass objektive sozialstrukturelle Merkmale einen Einfluss auf die Einstellungen zum Wohlfahrtsstaat sowie zu sozialer Ungleichheit und Gerechtigkeit haben" (Mau 1997: 48) und zwar dergestalt, dass in höheren sozialen Lagen soziale Ungleichheit bzw. die bestehende soziale Ordnung sozialer Ungleichheit eher legitimiert wird, während in unteren sozialen Lagen eine kritischere Haltung gegenüber sozialer Ungleichheit besteht und die Verhältnisse stärker in Frage gestellt werden. „Wer zu denjenigen gehört, die das Verteilungssystem begünstigt, hat an der sozialen Ungleichheit erwartungsgemäß weniger auszusetzen, als diejenigen, die es benachteiligt" (Noll 1992: 14). Hinter diesem Unterschied verbirgt sich das rationale Interesse der Bessergestellten, ihren Status zu legitimieren und zu erhalten.

Auch die empirisch-soziologische Gerechtigkeitsforschung geht davon aus, dass sich die individuelle soziale Situation (soziale Position und soziale Beziehungen) als Zustand in einer spezifischen Sicht auf die Ordnung sozialer Ungleichheit (oder in anderer Terminologie: Gerechtigkeitsideologien) widerspiegelt. Gerechtigkeitsideologien werden quasi rational bzw. nutzenorientiert herangezogen, um Einklang mit der sozialen Situation zu erzielen (vgl. Liebig 2004: 7); diese Erklärung verweist wiederum stärker auf die Theorie der kognitiven Dissonanz (Festinger 1957). Als wesentliche individuelle Determinanten von Gerechtigkeitsideologien bzw. Werturteilen zu den Prinzipien sozialer Ungleichheit nennen etwa Kluegel et al. (1999: 255) Merkmale der individuellen „strukturellen Position": Alter, Bildung, Status, Einkommen und Geschlecht. Zur theoretischen Untermauerung dieser individuellen Bestimmungsfaktoren kann wiederum die – bereits bei der Thematisierung der Gerechtigkeitstheorien und der Makroebenenkorrelate bereits beschriebene – Grid-Group-Theorie von Douglas (1982, 1996) beitragen. Im Kern steht dabei folgende gerechtigkeitstheoretische Überlegung: „Je nachdem, in welchen sozialen Beziehungen eine Person lebt, kann sie sich einer der vier Gerechtigkeitsideologien zur Rechtfertigung ihrer eigenen Güterausstattung und der der anderen bedienen." (Liebig 2004: 7). Jede individuelle soziale Position – sei es Schichtzugehörigkeit oder die Altersgruppe – kann im Hinblick auf Grid, d.h. die sich aus dem Hierarchiegefüge ergebenden Verhaltenserwartungen und – zwänge, und Group, d.h. den Grad der Einbettung in solidarische Gruppen, sowie die entsprechend rational erscheinende Gerechtigkeitsideologie spezifiziert werden. Entsprechend der bereits bezüglich der Makroebene beschriebenen Taxonomie ergibt sich für in starke Gruppenbindungen und starke hierarchische Strukturen eingebundene Individuen (Beispiel nach Thompson et al. 1990: männlicher, einer höheren Kaste angehörender Hindu) *Askriptivismus* als präferierter Modus sozialer Ungleichheit. Dieser beinhaltet eine auf sozialer Herkunft beruhende Legitimation des eigenen Status sowie ein starkes Gruppenbewusstsein, was zur Exklusion von Nicht-Gruppenmitgliedern im Sinne einer allgemeinen Definition von Ethnozentrismus als Fremdgruppendiffamierung führen kann. Aus askriptivistischem Blickwinkel erscheint es von Interesse, soziale Ungleichheiten auf nicht-individuelle Mechanismen zurückzuführen und die faktische ungleiche Verteilung von Privilegien und Gütern als „naturgegeben" und „gut" anzusehen. *Egalitarismus* als Ideologie von Individuen, die in kaum hierarchischen und tendenziell offenen Gruppenstrukturen verortet sind, aber dennoch ein starkes solidarisches Gruppenbewusstsein haben, fordert Gleichheit und verneint jegliche lagespezifische Sonderrechte (Beispiel nach Thompson et al. 1990: Angehöriger eines Kults oder einer Kommune ohne Hierarchiestrukturen). Die Gleichheitsforderung wird dabei an Autoritäten wie den Staat gerichtet, die als verantwortlich für eine gleichheitsfördernde Umverteilung von Gütern und Privilegien angesehen werden.[24] In Settings, in denen soziale Mobilität aufgrund geringerer und überwindbarer hierarchischer Strukturen möglich ist, die aber andererseits kaum durch Gruppensolidarität gekennzeichnet sind, ist *Individualismus* als liberale Ideologie besonders wahrscheinlich. Besonders der „selfmade" Unternehmer (Thompson et al. 1990) hängt der Idee an, dass einzig individuelle Leistung zu Erfolg und Wohlstand führen. Individualisten führen mangelnden Erfolg und Versagen auf den Mangel individueller Fähigkeiten zurück.

---

[24] Wegener und Liebig (1995: 268) gehen auch in Bezug auf Egalitarismus von einer ethnozentrischen Tendenz aus, wenn sie im Hinblick auf unintendierte Konsequenzen bzw. Reaktionen auf bestimmte soziale Lagen und soziale Beziehungen formulieren: „Those living in rigid, socially closed groups, for example, in which membership is relatively free from external constraint (low grid/strong group) will inevitably regard outsiders quite negatively and even with hostility, whereas one's own group members are held in high esteem." Diese Annahme einer positiven Beziehung zwischen Egalitarismus und Ethnozentrismus ist theoretisch und empirisch in Frage zu stellen. So ist Ethnozentrismus Ausdruck einer hierarchischen Sichtweise und steht Egalitarismus entgegen (Hadjar 2004).

Die Ordnung sozialer Ungleichheit wird als gerecht angesehen, weil dem Individuum darin Verantwortung zugewiesen wird. *Fatalismus* wiederum ist Individuen zuzuordnen, die sich mit starken, unüberwindbaren hierarchischen Strukturen konfrontiert sehen und andererseits nicht in Gruppenzusammenhänge eingebettet sind, die ihnen unterstützende Solidarität bieten könnten. Als Beispiel für ein solches Setting werden nicht gewerkschaftlich eingebundene englische Textilarbeiterinnen im 19. Jahrhundert als stark deprivierte Individuen angeführt, die aus ihrer isolierten benachteiligten Position heraus alle Versuche, ihre Situation zu überwinden, als nutzlos ansehen mussten (Runcimen 1966). Fatalisten sehen ihre problematische Soziallage nicht als individuell verursacht an, sondern weisen die Verantwortung im vollen Umfang dem System sozialer Ungleichheit bzw. dem Staat zu, welches durch sie nicht beeinflussbar scheint (vgl. Wegener und Liebig 1995: 266f.). Zusammenfassend ist für die verschiedenen Gegenpole festzuhalten:

> „The ascriptivist hopes to maintain the existing conditions of inequality, the egalitarist hopes to overturn them. Individualists view differential rewards as just as long as those who work hard receive more [...]. Essentially, this of course is what the doctrine of economic liberalism entails. Fatalists react with resignation: of course, they would prefer the reduction of inequality, but the prevailing circumstances are unfortunately unalterable" (Wegener und Liebig 1995: 269).

Empirische Befunde. Bezüglich der Werthaltungen der Legitimation bzw. Akzeptanz sozialer Ungleichheit zeigen Befunde von Noll (1992) oder Müller (1993a) für Westdeutschland, dass mit einem höheren Status die Zustimmung zu affirmativ-legitimierenden Haltungen und damit die Akzeptanz sozialer Ungleichheit zunimmt. Der eindeutigste Zusammenhang zeigt sich für die subjektive Schichteinstufung: Die Obere Mittel- und die Oberschicht akzeptieren soziale Ungleichheit weit mehr als Unter-, Arbeiter- oder Mittelschicht. Ebenso zeigt sich die geringste Akzeptanz bei der niedrigsten Einkommensgruppe, während die höchste Einkommensgruppe am stärksten affirmativ-legitimierenden Werthaltungen anhängt. Das Bildungsniveau hat – wie an späterer Stelle ausführlicher zu betrachten ist – nur einen geringen Einfluss auf diese Haltungen. Hingegen zeigt sich in Westdeutschland ein klarer, substantieller Zusammenhang zwischen politischen Orientierungen und spezifischen Orientierungen gegenüber sozialer Ungleichheit: Individuen, die sich als politisch „links" einordnen, stehen sozialer Ungleichheit kritischer gegenüber. Dies unterstreicht die Annahme, dass Werthaltungen der Legitimation und Akzeptanz sozialer Ungleichheit Objekte politischer Sozialisation sind und daher eine Kohorten- bzw. Generationenbetrachtung (Mannheim 1928) sinnvoll erscheint. Zudem ist ein leichter Alterseffekt feststellbar: Mit dem Alter und der Etablierung im Lebensverlauf steigt offenbar die Akzeptanz sozialer Ungleichheit.

Eine Analyse von Mau (1997: 80) anhand der ISSP-Daten von 1992 zeigt für Westdeutschland – insbesondere auch im internationalen Vergleich zu Schweden, Großbritannien und Ostdeutschland – tendenziell geringere Unterschiede auf der Mikroebene im Hinblick auf Ungleichheits- und Gerechtigkeitsorientierungen auf. Zu den signifikanten Unterschieden gehört, dass hoch Gebildete in geringerem Ausmaß dem egalitären Etatismus anhängen, als niedriger Gebildete. Andererseits stimmen hoch Gebildete aber signifikant weniger einer funktionalistischen positiven Ungleichheitsbewertung zu. Sowohl im Hinblick auf das Einkommen als auch auf die soziale Selbsteinstufung (subjektive Schichtzugehörigkeit) stimmen schlechter Gestellte in höherem Ausmaß egalitär-etatistischen Einstellungen zu. Ein Geschlechtereffekt zeigt sich nur beim egalitären Etatismus: Frauen hängen dieser Werthaltung bzw. diesem Ziel stärker an. Signifikante Alterseffekte sind hingegen in Bezug auf alle vier Dimensionen der Ungleichheits- und Gerechtigkeitsorientierungen zu konstatieren: Jüngere hängen stärker egalitär-etatistischen Vorstellungen an, während Ältere wiederum eine stärke Hinwendung zu meritokratischen Orientierungen zeigen. Gleichermaßen unterstützen Ältere aber auch in stärkerem Ausmaß positive Ungleichheitsbewertungen auf Basis funktionaler Argumentationen sowie die Meinung, Ungleichheiten ergeben sich aus der sozialen Herkunft. Unterschiede scheinen ebenso in Bezug auf die Parteipräferenz auf: CDU/CSU- und FDP-Anhänger stimmen meritokratischen Orientierungen und einer positiven Ungleichheitsbewertung stärker zu, während SPD- und Grünen-Anhänger bei den egalitär-etatistischen Einstellungen höhere Zustimmungsquoten zeigen (Mau 1997).[25]

Diese Determinanten der Haltung gegenüber sozialer Ungleichheit, die im Hinblick auf spezifische Interessenlagen interpretiert werden, sind durch verschiedene Interdependenzen miteinander verknüpft. So ist der Befund im Rahmen einer Studie zu Bestimmungsfaktoren der individuellen Ebene (Status, politische Orientierung und Alter) von Noll und Roberts (2003: 178), dass der Einfluss des Status bedeutsamer als der Alterseffekt ist, so zu deuten, dass nicht das Alter an sich einen Einfluss auf die Akzeptanz sozialer Ungleichheit besitzt, sondern dahinter liegende strukturelle Merkmale (z.B. Etablierung im Erwerbsleben) eine wichtige Rolle spielen. Entsprechend zeigt Müller (1993a: 102), dass höheres Einkommen und die Zugehörigkeit zu einer höheren Sozialschicht mit

---

[25] In Bezug auf die Parteipräferenz ist zu thematisieren, dass die Zusammenhänge in zwei Richtungen interpretiert werden können: Zum einen könnten Werthaltungen gegenüber sozialer Ungleichheit eine bestimmte Parteipräferenz befördern, andererseits könnte aber auch die Parteipräferenz in ihrer Wirkung eine bestimmte ideologische Sichtweise auf soziale Ungleichheit nach sich ziehen.

einer stärkeren Akzeptanz sozialer Ungleichheit einhergehen. Gewerkschafts-mitglieder haben hingegen eine politische Orientierung, die mit einer geringeren Akzeptanz sozialer Ungleichheit verbunden ist. Hinsichtlich des Geschlechts ist auf Basis der Annahme geschlechtsspezifischer Sozialisationsprozesse, in denen geschlechtsspezifische Erziehungspraktiken sicher eine entscheidende Rolle spielen (vgl. Hadjar et al. 2003; Hadjar 2004), anzunehmen, dass „Frauen eher solidarische und auf Fürsorge ausgerichtete Werte vorziehen – so dass ihnen egalitäre Prinzipien der Verteilungsgerechtigkeit näher liegen; während Männer eher auf Wettbewerb und Ungleichheit bestehen" (Wegener et al. 1994: 23).

Neuere empirische Ergebnisse von Noll und Christoph (2004: 114) im Hin-blick auf Bestimmungsfaktoren der positiven Bewertung des meritokratischen Prinzips bzw. affirmativ-legitimierender Auffassungen bekräftigen die Annah-men zu den hier thematisierten Prädiktoren: Die Merkmale männliches Ge-schlecht, ältere bzw. früher geborene Kohorte, Selbsteinordnung in das rechte politische Spektrum, niedriges Bildungsniveau, Ehe und Selbsteinstufung in die obere Mittelschicht und Oberschicht begünstigen eine positive Sicht auf soziale Ungleichheit auf Basis des meritokratischen Prinzips.

Befunde zur individuellen Wahrnehmung sozialer Ungleichheit bzw. Ge-rechtigkeit gehen in eine ähnliche Richtung. Perzipierte individuelle Gerechtig-keit, d.h. ob ein Individuum im Vergleich zu anderen einen gerechten Anteil erhält, ist nach Befunden von Noll (1992) besonders abhängig von der subjekti-ven Schichteinstufung (Angehörige der Oberen Mittel- und der Oberschicht nehmen eine höhere individuelle Gerechtigkeit wahr als niedrigere Schichten), der sozialen Lage (Angestellte, Beamte, Selbstständige sowie Studierende sehen sich gerechter behandelt als dies bei Arbeitern, Arbeitslosen oder Arbeiter-Rent-nern der Fall ist) sowie dem Bildungsabschluss (höher Gebildete empfinden ih-ren Anteil eher als gerecht als niedrig Gebildete). Während mit dem Einkommen fast linear die Wahrnehmung des Anteils als gerecht ansteigt, erweist sich der Einfluss des Alters als diffiziler: Der Anteil derer, die sich als gerecht behandelt ansehen, ist in der Gruppe der 18-24-Jährigen und ab dem 35. Lebensjahr höher als in der Gruppe der 25-34-Jährigen. Vermutlich spielt in dieser Altersgruppe die zu leistende Etablierung im Erwerbsleben mit ihren Problemen (vorüberge-hende Arbeitslosigkeit, Überqualifikation etc.) eine Rolle. Meulemann (1992b: 103) hebt einen Unterschied zwischen Wahrnehmungen und Wertorientierungen hervor, indem er einerseits von einer relativ universellen Geltung der Grundsätze der Gleichbehandlung und der Chancengleichheit – als Verknüpfung aus Gleichheits- und Leistungsprinzip – ausgeht, andererseits auf Basis empirischer Analysen Unterschiede in der Wahrnehmung der Realisierung dieses Prinzips postuliert: „Gleichheit als Wert ist in modernen Gesellschaften unstrittig, strittig aber ist der Grad seiner Realisierung" – was im Hinblick auf die Werthaltungen gegenüber Ungleichheit, die das Verteilungsprinzip betreffen, eine relative zeitliche Stabilität und geringere Effekte sozialstruktureller Variablen (z.B. Bildungsniveau) vermuten lässt.

8   Bildung, Bildungsexpansion und die Akzeptanz sozialer Ungleichheit in Westdeutschland: Theoretische Ableitung von Hypothesen

Im Rahmen dieser Arbeit zum Wandel der Akzeptanz sozialer Ungleichheit werden Bildung, Status, Alter, Geschlecht und Arbeitslosigkeit als individuelle Bestimmungsfaktoren fokussiert. Bevor die im Kern der Untersuchung stehenden Hypothesen theoretisch abgeleitet werden, sind soziale Ungleichheit und in der Bevölkerung verbreitete Prinzipien zur Legitimation von Ungleichheit in Westdeutschland als Ausgangspunkte der Analysen zu betrachten.

8.1   Soziale Ungleichheit und ihre Legitimation in Westdeutschland

8.1.1   Strukturen und Prinzipien sozialer Ungleichheit

Ein wesentliches Element der Ordnung sozialer Ungleichheit in Westdeutschland, das im Rahmen der Beschreibung auch eine Abgrenzung gegenüber anderen Gesellschaften ermöglicht, ist der Typus des Wohlfahrtsstaats. Dessen Beschaffenheit ist eng mit dem Verteilungsprinzip einer Gesellschaft verknüpft, wenngleich der Wohlfahrtsstaat kein Garant für mehr Gleichheit darstellt, sondern je nach seinen Merkmalen auch soziale Unterschiede stabilisieren kann.[26] Die Bundesrepublik Deutschland wird in der Kategorisierung von Esping-Anderson (1990) als *konservativ-korporatistischer Wohlfahrtsstaat* gekennzeichnet. In konservativen Wohlfahrtsregimes kommt, dem Staat eine wichtige Rolle

---

[26] So weist Mau (1997: 9) auf die „aktive Rolle sozialstaatlicher Intervention bei der Erzeugung von Ungleichheitsstrukturen" hin. Grund dafür ist, dass das deutsche Wohlfahrtsstaatsmodell „seine Politik auf statusbezogene aber kontraktförmig vergebene sozialpolitische Maßnahmen, die die auf dem Arbeitsmarkt produzierten Ungleichheiten fortsetzen" zentriert (Mau 1997: 48).

bei der Sicherung des Wohlstands der Bevölkerung zu. Ein System sozialer Sicherheit und ökonomische Eingriffe des Staates in die Wirtschaft zielen auf eine gleichere bzw. gerechtere Verteilung von Einkommen und Reichtum. Das „konservative Modell" ist beitragsorientiert, d.h. die Arbeitnehmer und Arbeitgeber führen Versicherungsbeiträge (etwa Renten-, Kranken-, Pflege-, Arbeitslosenversicherung) ab, die dann zum Empfang von wohlfahrtsstaatlichen Leistungen berechtigen. Die Höhe der Beiträge ist nach dem Einkommen gestaffelt, so dass der soziale Status einer Person einen Einfluss darauf hat, wie viel Beiträge diese regelmäßig entrichten muss. Die Anrechte auf Sozialleistungen werden in der Regel über die Erwerbstätigkeit erarbeitet, denn nur dann werden Beiträge von Arbeitgeber und Arbeitnehmer in die entsprechenden Beitragskassen entrichtet. Die Zielrichtung des Sozialversicherungssystems ist der relative Statuserhalt – z.B. in Zeiten der Arbeitslosigkeit oder im Pensionsalter. Die Umverteilungskapazität, d.h. die Steuerprogression – Ansteigen der Steuerlast relativ zum Einkommen mit steigendem Einkommen – und die Gleichheit der Sozialleistungen, sind relativ schwach ausgeprägt. Dennoch zeigt ein internationaler Vergleich der Gini-Koeffizienten unter Berücksichtigung der steuerlichen und sozialstaatlichen Transfers, dass Westdeutschland „relativ erfolgreich bei der Bekämpfung der Ungleichheit" (Mau 1997: 33) ist, wenngleich nicht so erfolgreich wie das sozialdemokratische Wohlfahrtssystem in Schweden. Westdeutschland zeichnet sich zudem durch einen mittleren Grad der Dekommodifizierung, d.h. der Entkopplung von Sozialleistungen und vorangegangener Erwerbstätigkeit aus. Bezüglich des Arbeitslosengeldes und der Rente ist eine stärkere Bindung an das Erwerbseinkommen zu konstatieren. Der Anteil privater Vorsorge für Gesundheit und das Pensionsalter war traditionell im Vergleich gering. Die Rolle des Staates in Anbetracht struktureller Wandlungsprozesse entspricht der eines Kompensierers, z.B. sollen negative Folgen von wirtschaftlichen Problemlagen wie Arbeitslosigkeit durch arbeitsmarktpolitische Maßnahmen (z.B. Schaffung von Arbeitsplätzen, Zahlung von Arbeitslosengeld) ausgeglichen werden (vgl. Mau 1997: 12). Im Hinblick auf quantifizierende wirtschaftliche Kennwerte für die westdeutsche Gesellschaft zeigt sich, dass die westlichen deutschen Bundesländer – verglichen mit anderen westlichen Industrienationen wie den USA und Kanada – von einer *geringeren Armutsquote* gekennzeichnet sind. Im Jahr 2002 lebten nur 9 Prozent der Bevölkerung in Westdeutschland mit weniger als 50 Prozent des durchschnittlichen äquivalenten Haushalteinkommens (Glatzer und Hauser 2002). Eine geringe Armutsquote ist ein wesentliches Merkmal konservativ verfasster Wohlfahrtsregime, während liberale Wohlfahrtsregime die höchsten Armutsquoten haben (vgl. Holtmann 2006). Auch sind die Einkommensunterschiede im Vergleich *geringer*, d.h. der Gini-Koeffizient der Einkommensungleichheit bewegt sich auf niedrigerem Niveau um den Wert 40. Die Ausgaben für den Sozialstaat sind im Vergleich höher als in anderen Staaten (Noll und Roberts 2003: 159). Somit ist Deutschland – hier Westdeutschland – von einer vergleichsweise geringeren Ungleichheit gekennzeichnet, was eine stärkere Akzeptanz sozialer Ungleichheit vermuten lassen würde.

Westdeutschland ist generell als *meritokratische Leistungsgesellschaft* zu kennzeichnen, denn nach den Prinzipien der sozialen Marktwirtschaft hängt die Teilhabe am Sozialprodukt „von der individuellen Produktivität in der spezialisierten Berufsarbeit ab" (Meulemann 1999: 115). Implizit folgt auch das deutsche Wohlfahrtssystem dem meritokratischen Prinzip, indem durch eine höhere Leistung Anrechte auf ein entsprechend höheres Arbeitslosengeld und höhere Rentenzahlungen erworben werden. Die besondere Bedeutung des meritokratischen Leistungsprinzips für die Legitimation sozialer Ungleichheit lässt sich auch aus dem Grid-/Group-Schema von Wegener und Liebig (1995: 270) ableiten. Auch wenn die starke Gewerkschaftseinbindung vieler Arbeitnehmer in Westdeutschland und die starken hierarchischen Strukturen auf eine starke Ausprägung von Askriptivismus hinweisen würden, ist die marktorientierte Gesellschaft durch den hohen Grad an Wettbewerb und Isolation auch als „individualistisch" und damit als meritokratisch im Sinne der Leistungsideologie zu kennzeichnen. Dies ist jedoch nicht zu verwechseln mit den Möglichkeiten zur sozialen Mobilität. Diese sind in Westdeutschland – dem konservativen Wohlfahrtsstaat – geringer ausgeprägt als in den anderen Wohlfahrtsstaatstypen. Die Bedeutung der formalen Bildung für Statusallokation und das Berufsprestige ist größer als in anderen Ländern (Haller 1989b), was eine geringe Intragenerationenmobilität bedeutet. Auch die Intergenerationenmobilität ist im Vergleich zu anderen Ländern gering, was sich im engen Zusammenhang zwischen sozialer Herkunft und Bildungsniveau sowie Statusallokation manifestiert (vgl. Becker 2006; Mayer und Blossfeld 1990). Somit kann „das deutsche, konservativ orientierte System als ‚rigides Mobilitätsregime' charakterisiert werden" (Mau 1997: 39).

Das *Gleichheitsprinzip* ist fester Bestandteil des herrschenden Gesellschafts- und Weltbildes in Deutschland. Eine offene Bejahung sozialer Ungleichheit oder die Dominanz einer „religion of inequality" – wie Tawney (1964 [1931]) die bis in die 1930er Jahre prägende Idee der politischen Kultur in kapitalistischen Industriegesellschaften beschreibt – wären heute undenkbar, während die sozialstrukturelle Realität weiterhin von vielen Ungleichheiten geprägt ist (Kreckel 2004: 29). Die besondere Struktur der westdeutschen Ordnung sozialer Ungleichheit und des Wohlfahrtsstaats ist aus der historischen Entwicklung Deutschlands und bestimmter religiöser Leitmotive abzuleiten. Das Gleichheitsideal des protestantischen Pietismus wies dem Staat die besondere Rolle des Fürsorgers – wobei nicht vollständige Umverteilung angestrebt wurde, sondern die Reproduktion der sozialstrukturellen Schichtung des Staates und damit der ständischen Hierarchie. In den letzten Dekaden des 19. Jahrhunderts führte Bismarck im Deutschen Reich verschiedene Sozialversicherungssysteme ein. Während Unfall- und Krankenversicherung damals noch staatlich finanziert wurden, basierten die Invaliden- und Altersrenten auf lohnabhängigen Beiträgen – ähnlich wie noch heute. „Vorrangige Ziele der Institutionalisierung der Sozialpolitik waren die Stabilisierung der bestehenden Ordnung und die Entradikalisierung der Arbeiterklasse durch Interessenbindung" (Mau 1997: 24). Der deutsche Wohlfahrtsstaat zielte von Beginn an nicht auf Gleichheit, da Beiträge und Leistungen im Verhältnis zum Einkommen standen und somit bestimmte Ungleichheiten in Einkommen und Status reproduziert wurden. Diese Form der beitragsorientierten Sozialversicherung, die nur auf eine Umverteilung innerhalb bestimmter Grenzen (innerhalb der sozialversicherten Gemeinde) gerichtet war, wurde auch in die „soziale Marktwirtschaft" der Bundesrepublik Deutschland nach dem Zweiten Weltkrieg überführt. Die soziale Marktwirtschaft ist „ein Amalgam aus Keynesianismus und Neoliberalismus" (Mau 1997: 26). Staatliche Eingriffe sind darin vorgesehen, wenngleich nur zur Förderung der wirtschaftlichen Leistung. Dieses Spannungsfeld zwischen Markt als Ort der Reichtumsproduktion und dem sozialen Sicherungssystem bzw. dem Wohlfahrtsstaat als Fürsorger lässt nach Mau (1997: 48) für Westdeutschland im Hinblick auf ideologische Repräsentationen einen starken Etatismus (Umverteilung durch den Staat) und einen schwächeren Individualismus (meritokratisches Prinzip) erwarten.

Die Ordnung der Gesellschaft wird gestützt durch die politische Kultur. Hinsichtlich der ideologischen Bedingungen in Westdeutschland ist auf eine lange Tradition von Koalitionenbildungen demokratischer Parteien zu verweisen. Während vor 1966 („Adenauer-Ära") und zwischen 1982 und 1998 („Ära Kohl") konservative und liberale Parteien die Bundesregierungen stellten, bestimmten Regierungen unter sozialdemokratischer Führung zwischen 1969 und 1982 sowie zwischen 1998 und 2005 den Politikstil. Darüber hinaus bilden CDU/CSU und SPD auch große Regierungskoalitionen (1966-1969 sowie seit 2005). Insbesondere im Hinblick auf die relativ soziale Ausrichtung konservativer deutscher Parteien (CDU/CSU), die – an der katholischen Soziallehre (Ketteler 1950; Weiler 1991) orientiert – soziale Aspekte in ihren Parteiprogrammen und in ihrer Politik einen vergleichsweise breiten Raum eingeräumt haben, ist das politische System bzw. Klima Westdeutschlands durchaus sozialdemokratisch geprägt (Noll und Roberts 2003: 162).

8.1.2 Die Legitimation sozialer Ungleichheit in Westdeutschland

Im Anschluss an die Betrachtung der Strukturen und Prinzipien stellt sich die Frage, in welchem Ausmaß und unter welcher Argumentation die entsprechenden Strukturen sozialer Ungleichheit in Westdeutschland akzeptiert werden. Aus Ergebnissen zur Legitimation der Ungleichheit ergibt sich eine dominierende Rolle meritokratischer Erklärungen – etwa „die Motivationsfunktion von Ungleichheit und die leistungsbezogene Aufstiegsmobilität" (Mau 1997: 59). Diese spiegeln sich wider in der funktionalistischen Schichtungstheorie (Bedeutung beruflicher Positionen und Motivation), der Humankapitaltheorie (Zusammenhang zwischen Bildungs- und Ausbildungsinvestitionen und Entlohnung) und – weniger explizit – auch in der Theorie der Arbeitsmarktsegmentation (ungleiche Entlohnung in unterschiedlichen Beschäftigungsbereichen).

Theoretische Überlegungen. Für Westdeutschland ist zunächst eine ausgeprägte Akzeptanz sozialer Ungleichheit zu vermuten. Als zentrale Begründung für die hohe Legitimität der Ordnung sozialer Ungleichheit kann zunächst die Beschaffenheit des Wohlfahrtsstaates angeführt werden. Diese basiert auf dem gesellschaftspolitischen Prinzip der „sozialen Marktwirtschaft". Diese Mischung aus Keynesianismus und Neoliberalismus, d.h. staatlicher Intervention ohne Behinderung des Marktes mit dem Ziel ökonomisches Wachstum zu fördern (Mau 1997: 26; vgl. Ginsburg 1992), entschärft Verteilungskonflikte, da sie zum einen durch Umverteilung das Entstehen extremer Ungleichheiten verhindert, zum anderen Legitimationsprinzipien (z.B. Marktprinzip, Leistungsprinzip) beinhaltet, welche die Akzeptanz sozialer Ungleichheit fördern.

Die sozialen Sicherungssysteme weisen auf der einen Seite zwar eine eher geringe Umverteilungswirkung auf und reproduzieren durch ihren einkommens- bzw. statusdifferenzierenden Charakter marktproduzierte soziale Ungleichheiten, zielen andererseits aber auf die Stabilisierung sozialer Lagen ab und bedienen im Rahmen der Absicherung des sozialen Status das individuell bedeutsame Statuserhaltmotiv (vgl. Becker 2003; Becker und Hecken 2007). Diese kompensierende Wirkung des deutschen Wohlfahrtsstaats erhöht vermutlich die relative Stabilität in der Akzeptanz der Ordnung sozialer Ungleichheit.

Eine besondere Rolle für die Ausprägung der Akzeptanz sozialer Ungleichheit kommt dem Marktprinzip zu, das in westlichen Gesellschaften die Legitimität sozialer Ungleichheiten fördert, denn „the ‚magic' of the market means that it can stimulate demands without at the same time creating the feeling that one deserves more than one actually gets" (Wegener 1991: 5). Diese erhöhte Akzeptanz sozialer Ungleichheit im Hinblick auf Marktbeziehungen basiert auf der – nur im Ideal bestehenden – Offenheit der Marktallokation, während politische Interventionen und Verteilungsmechanismen als geschlossen und daher als tendenziell ungerechter angesehen werden. Offene soziale Beziehungen sind im Unterschied zu geschlossenen Beziehungen nach Weber (1972 [1922]: 23) durch das Prinzip gekennzeichnet, dass niemandem die Teilnahme an einer solchen Beziehung „verwehrt wird, der dazu tatsächlich in der Lage und geneigt ist." Die scheinbare Offenheit des Marktes wird als (formale) Chancengleichheit – den Glauben an die breite Verfügbarkeit von Chancen – wahrgenommen, was Individuen zu dem Schluss führt, dass jedes Individuum selbst für sein Schicksal verantwortlich ist und entsprechend eine größere Akzeptanz sozialer Ungleichheit nach sich zieht (Kluegel et al. 1999: 253; vgl. Kluegel und Smith 1986).

Die soziale Marktwirtschaft ist ebenso mit dem Leistungsgedanken verknüpft. Auf Leistung basierende Ungleichheiten und die Akzeptanz des meritokratischen Prinzips gelten – ähnlich wie die strukturfunktionalistische Sicht der Sozialwissenschaften dies thematisiert (Davis und Moore 1967 [1945]) – als überlebenswichtig für die Gesellschaft, da nur so hohe Leistungen und sozialer und ökonomischer Fortschritt garantiert werden könne – wobei die Gleichheit der Startchancen (Chancenungleichheit) essentiell dafür ist, dass das meritokratische Prinzip in der Bevölkerung als gerecht angesehen wird. Westdeutschland reiht sich somit in die Riege der westlichen Gesellschaften ein, in denen soziale Ungleichheit vor allem Rechtfertigung erfährt unter der im Hinblick auf die Gesellschaft funktionalen Argumentation,

> „dass Talente knapp sind und die Tüchtigsten nur zu hoher Leistung und zur Konkurrenz um die anspruchsvolleren beruflichen Positionen bereit sind, wenn sie dadurch höhere Einkommen erzielen können [...] Dabei muss sicher gestellt sein, dass höhere Verdienste tatsächlich Folge der individuellen Leistung sind und nicht von anderen Faktoren, wie der sozialen Herkunft, abhängen und dass die Chancen, aufgrund besonderer Anstrengungen Erfolg zu haben, für alle Personen in etwa gleich sind" (Braun und Uher 1990: 192).

Für die westdeutsche Gesellschaft, die als westliche Gesellschaft durch „Konkurrenzdemokratie und Marktwirtschaft" charakterisiert ist, gilt somit, dass das wahrgenommene Ausmaß sozialer Ungleichheit akzeptiert wird, wenn leistungsbezogene Kriterien sozialer Selektion bei gleichen Startchancen für legitim und faktisch wirksam gehalten werden:

> „Wenn individuelle Leistungen und Fähigkeiten als legitime Selektionsprinzipien gelten und Chancengleichheit den dominanten Standard sozialer Gerechtigkeit darstellt, dann wird Ungleichheit in dem Maße akzeptiert werden, zu dem Chancengleichheit geglaubt und das Prinzip individueller Leistung und Fähigkeit als weitgehend realisiert gilt" (Mayer 1975: 72).

Empirische Befunde. Verschiedene empirische Befunde zeigen, dass innerhalb der deutschen Bevölkerung eher geringe Unterschiede zwischen verschiedenen demographischen und ideologischen Gruppen in den Ungleichheits- und Gerechtigkeitsorientierungen bestehen (Mau 1997: 81) – insbesondere gibt es einen hohen Konsens in der positiven Bewertung des Wohlfahrtsstaats (Roller 1992: 173). Somit ist offenbar in Bezug auf die Ordnung sozialer Ungleichheit eine relativ ausgeprägte Sozialintegration, d.h. eine ideologisch-wertmäßige Integration (Haller et al. 1995) zu konstatieren. Empirische Antworten auf die Frage, welchem Legitimationsprinzip in Westdeutschland eine besondere Rolle zukommt, verweisen auf meritokratische Leistungskriterien (Leistung und Chancengleichheit). Zunächst sollen Befunde der Konstanzer Mobilitätsstudie (Mayer 1975) präsentiert werden, bevor dann aktuellere Befunde aufgezeigt werden. Dieser Studie gilt hier ein ausgeprägtes Interesse, weil ihr die herangezogenen Items zur Akzeptanz sozialer Ungleichheit entstammen.

Ergebnisse der klassischen empirischen Studie zur sozialen Mobilität an jungen Männern in Konstanz (Mayer 1975: 109) weisen auf eine überwiegende Wahrnehmung und Akzeptanz des meritokratischen Leistungsprinzips in Westdeutschland hin. Die Forscher sehen mit ihrem Befund die Ansicht von Offe (1970: 42) bestätigt, dass der auf individuellen Fähigkeiten und Leistungen basierende gesellschaftliche Verteilungsmodus ein universelles Legitimierungsprinzip darstellt. Hinsichtlich der Wahrnehmung der Ordnungsprinzipien sozialer Ungleichheit zeigt sich eine starke Perzeption des meritokratischen Prinzips: Persönliche Leistung (87 Prozent), Ausbildung (77 Prozent) und Intelligenz (70 Prozent) wurden danach als wesentliche Erfolgsfaktoren angesehen, während askriptive Merkmale wie Vermögen (38 Prozent), Herkunftsfamilie (21 Prozent), Parteizugehörigkeit (8 Prozent) und Religion (3 Prozent) nur von einer Minderheit als Wege zum Erfolg wahrgenommen wurden. Die Unterschiede zwischen den Sozialschichten sind dabei gering, wobei vor allem die untere Unterschicht durch eine etwas geringere Wahrnehmungen der Faktoren „Leistung" (80 Prozent), „Ausbildung" (69 Prozent) und Intelligenz (59 Prozent) auffällt, während in dieser benachteiligten Sozialschicht askriptiven Faktoren wie der Herkunftsfamilie und der Parteizugehörigkeit mehr Bedeutung beigemessen wird. Hinsichtlich der Bewertung dieser verschiedenen Verteilungsprinzipien bzw. Erfolgsfaktoren zeigt sich ein sehr positives Bild für die auch besonders häufig wahrgenommenen Dimensionen. Meritokratische Kriterien wie persönliche Leistung (3 Prozent negative Bewertung), Intelligenz (5 Prozent negative Bewertung) und Ausbildung (6 Prozent negative Bewertung) werden grundsätzlich positiver beurteilt als askriptive Merkmale. Diese werden stark abgelehnt, so Religion mit 91 Prozent negativer Bewertung, Parteizugehörigkeit (87 Prozent), Beziehungen (71 Prozent) und die Herkunftsfamilie (69 Prozent). Schichtunterschiede sind in Bezug auf die Bewertung der Erfolgsfaktoren stärker ausgeprägt als bei den Wahrnehmungen. Wiederum zeigt die untere Unterschicht eine im Vergleich schlechtere Bewertung meritokratischer (obere und untere Unterschicht) Prinzipien – persönliche Leistung wird von 11 Prozent der Angehörigen dieser Schicht abgelehnt, das Kriterium Intelligenz von 20 Prozent und das der Ausbildung von 14 Prozent. Komplementär dazu finden askriptive Merkmale in der unteren und der oberen Unterschicht weniger Ablehnung als in privilegierten Schichten. So stehen nur 71 Prozent der unteren und 81 Prozent der oberen Unterschicht der Religion als Kriterium sozialer Ungleichheit negativ gegenüber, nur 74 Prozent in beiden Unterschichten kritisieren das Auswahlkriterium der Parteizugehörigkeit, das Kriterium „Herkunftsfamilie" lehnen nur 63 Prozent in der unteren Unterschicht und 62 Prozent in der oberen Unterschicht ab. Diese Abweichungen zwischen den Sozialschichten interpretiert Mayer (1975: 114) so, „dass die Angehörigen der unteren Statusgruppen, insbesondere die der unteren Unterschicht, in vergleichweise höherem Maße Kriterien nicht billigen, welche zu negativen Urteilen führen würden, würden sie selbst danach bemessen" (Mayer 1975: 114). Das meritokratische Leistungsprinzip wird somit in den unteren Schichten weniger akzeptiert als in den oberen Schichten. Interessant erscheint der Zusammenhang zwischen Wahrnehmungen und Bewertungen sozialer Ungleichheit. Je nach Schichtzugehörigkeit ist der Korrelationskoeffizient für diesen Zusammenhang Spearmans r zwischen r = .80 (Untere Unterschicht) und r = .92 (Obere Mittelschicht) angesiedelt. Eine Erklärung für diese Nähe von Wahrnehmung und Bewertung des Prinzips sozialer Ungleichheit liefert die Theorie der kognitiven Dissonanz von Festinger (1957): Offenbar können die Individuen Konsonanz produzieren, indem sie die Ordnung sozialer Ungleichheit, die sie als Realität wahrnehmen, positiv bewerten. Oder sie nehmen ihre Umwelt – d.h. die Ausdrücke und Mechanismen sozialer Ungleichheit – vor dem Hintergrund ihrer Werthaltungen gegenüber Ungleichheit gefiltert wahr. Letztere Argumentation entspricht ebenso den theoretischen Überlegungen zur Rahmung von Situationen bzw. zur Definition der Situation von Esser (1996), in deren Kern die Annahme der Perzeption einer situationalen Realität vor dem Hintergrund bestimmter erworbener Schemata – u.a. Einstellungen und Werthaltungen – steht. Insbesondere der meritokratischen Leistungsideologie kommt eine wesentliche Funktion bei der Herstellung der Wahrnehmung von Verteilungsgerechtigkeit zu, denn die scheinbare Offenheit der Ordnung sozialer Ungleichheit reduzieren Ungerechtigkeitswahrnehmungen bei den sozial Benachteiligten (vgl. Wegener 1987).

Müller (1993a) findet in seinen Analysen des Wandels zwischen 1976 und 1984 eine leichte Zunahme kritischer Einstellungen gegenüber sozialer Ungleichheit – wenngleich Schichtunterschiede relativ konstant sind. Durch den demographischen Wandel und die Bildungsexpansion, d.h. den zunehmenden Bevölkerungsanteil mit höheren Bildungsabschlüssen, ist das Segment der Bevölkerung angewachsen, das sozialer Ungleichheit eher kritisch gegenüber steht und für das die Legitimation sozialer Ungleichheit eher prekär ist. In der Wahrnehmung der Prinzipien sozialer Ungleichheit durch die westdeutsche Bevölkerung dominieren nach Studien aus den 1980er Jahren sowohl der Aspekt des meritokratischen Leistungsprinzips – Chancenvermittlung über das Bildungssystem und unterschiedliche Fähigkeiten – als auch die Idee der Herkunftsbestimmtheit sozialer Chancen (Kraus und Müller 1990: 12).

Verschiedene Gesellschaftsvergleiche aus den 1980er und 1990er Jahren liefern ebenso Hinweise, welche Verteilungsprinzipien in Westdeutschland wahrgenommen werden und welche die Legitimation sozialer Ungleichheit stützen. Im Rahmen eines Vergleichs der USA, Ungarns und Westdeutschlands auf Basis des International Social Survey Projects (ISSP) 1987 (Braun und Uher 1990) zeigt sich, dass in Westdeutschland eine gute Ausbildung als wichtigster Erfolgsfaktor wahrgenommen wird. In den USA sind die Menschen ebenso von der Statusallokationsfunktion der Bildung überzeugt, wobei als Erfolgsfaktoren hier auch Ehrgeiz und harte Arbeit gelten, denen eine gleiche Bedeutung beigemessen wird. In Ungarn werden eher Fähigkeiten und Ehrgeiz als Wege zum Erfolg angesehen, während der Bildung eine geringere Rolle zugewiesen wird. Im Unterschied zu den USA und Westdeutschland wird dem Kriterium der „wohlhabenden Familie" in Ungarn eine mittlere Bedeutung für den sozialen Aufstieg zugebilligt. Im Hinblick auf die Legitimation sozialer Ungleichheit ist in Westdeutschland die meritokratische Sichtweise besonders stark ausgeprägt. Generell sind die Zustimmungsquoten im Hinblick auf meritokratische Aussagen in den USA, Westdeutschland und Ungarn jedoch im Vergleich zu anderen Legitimationsargumentationen hoch. Für Westdeutschland zeigt sich eine Distinktion bezüglich der egalitär-kritischen Einstellung, soziale Ungleichheit nütze den Reichen – diese Einstellung findet in Westdeutschland auch eine starke Zustimmung.

Ein Vergleich europäischer Gesellschaften bezüglich der Legitimation sozialer Ungleichheit zeigt, dass hier dem meritokratischen Prinzip – d.h. der Vergabe von Positionen und Belohnungen nach Maßgabe der Fähigkeiten und Leistungen – eine besondere Rolle zukommt (Mau 1997; Gonthier 2005). Analysen mit Daten des ISSP 1992 weisen für die Länderauswahl Schweden, Großbritannien, Deutschland West und Deutschland Ost darauf hin, dass dem Leistungsmotiv als Gerechtigkeitsprinzip – d.h. dass ungleiche Verteilung die Leistungsmotivation erhöht – im Vergleich zu anderen Motiven (Wachstum der Gesamtgesellschaft, Herrschaftsmotiv als kritische Haltung gegen Ungleichheit) die höchste Zustimmung (um 70 Prozent) zuteil wird (Mau 1997: 54). Im Hinblick auf die Wahrnehmung der Gerechtigkeitsprinzipien zeigt sich ein ähnliches Bild – Leistungskriterien werden im Vergleich zu askriptiven Merkmalen oder sozialem und kulturellem Kapital (Beziehungen, Bildung) als besonders bedeutungsvoll in allen genannten Ländern angesehen (Mau 1997: 57). Aus der multidimensionalen Sichtweise von Delhey (1999) heraus, erscheint der Wertekosmos bezüglich sozialer Ungleichheit in Westdeutschland durch mittlere Ausprägungen an Egalitarismus gekennzeichnet. Besonders egalitaristisch zeigen sich im Gesellschaftsvergleich Ostdeutschland, Bulgarien oder Italien, während die USA, Schweden und Australien ein sehr niedriges Niveau an Egalitarismus zeigen. Funktionalistische Einstellungen gegenüber Ungleichheit, d.h. die Annahme, Ungleichheit motiviere Individuen und befördere Wirtschaftswachstum, sind in Westdeutschland unterdurchschnittlich ausgeprägt (besonders starker Funktionalismus: Bulgarien, Italien, Polen; besonders geringer Funktionalismus: Ungarn, Ostdeutschland, Kanada). Das meritokratische Prinzip findet in Westdeutschland ebenfalls eine leicht unterdurchschnittliche Akzeptanz; Meritokratismus ist in den USA, Neuseeland und Bulgarien besonders stark und in Slowenien, Ungarn und Norwegen besonders schwach ausgeprägt. Die Auffassung, askriptive Merkmale würden wesentlich zur Statusallokation beitragen, findet in Westdeutschland leicht überdurchschnittliche Zustimmung – sie wird besonders stark in den USA, Polen und Italien, besonders schwach in Tschechien, Norwegen und Schweden geteilt. Entsprechend dieser Ausprägungen entsprechen die ideologischen Muster in Westdeutschland denen der anderen korporatistischen konservativen Wohlfahrtsstaaten Italien, Österreich und Polen (starker Egalitarismus, starker Askriptivismus, mittlerer Meritokratismus, mittlerer Funktionalismus). Gemeinsam sind diesen Ländern die im Vergleich zu sozialdemokratischen Wohlfahrtsregimen stärker ausgeprägten Ungleichheiten und – mit Ausnahme Deutschlands – eine starke Präsenz der anti-kapitalistischen Doktrin der katholischen Kirche. Zudem sind Italien, Österreich und Deutschland historisch gekennzeichnet durch „late nation building and democratization, a strong impact of the state in modernization and a strong position of socialist parties, working-class movements and unions" (Delhey 1999: 11).

Der These, dass die Offenheit des Marktprinzips ein wesentliches Moment ist, das die Legitimität von marktproduzierten Ungleichheiten unterstützt, wurde explizit in Untersuchungen von Verba et al. (1987) und Lane (1986) nachgegangen. Die empirischen Evidenzen zeigen, dass die Verteilung auf Basis des Marktprinzips im Vergleich zu politischen Allokationsprozessen als gerechter empfunden wird (vgl. Wegener 1991: 5). Voraussetzungen dieser Wahrnehmung sind Offenheit und Chancengleichheit des Marktes: „perceived openness, if not, equality of opportunity, and the market must be considered responsive to effort – to hard work" (Lane 1986: 386).

Dass das Prinzip der Chancengleichheit – gleiche Chancen des Qualifikationserwerbs und der Leistungserbringung für alle Bürger (Noll und Christoph 2004: 107) – und der Glaube an die Selbstverantwortlichkeit einer Person Elemente sind, auf denen die primäre Ungleichheitsideologie westlicher Industriegesellschaften im Sinne von Wegener (1992) basiert, erscheint ebenso aus empirischer Sicht als plausibel. Meritokratische Aspekte wie Anstrengung, Fähigkeit, Begabung und Intelligenz werden als Wege zum Erfolg betont (vgl. Watermann 2003: 28). In einem zeitlichen Vergleich zwischen Ergebnissen von Sandberger (1983) und Noll (1992) deutet sich an, dass das Prinzip der Chancengleichheit innerhalb der letzten Jahrzehnte des 20. Jahrhunderts in zunehmendem Maße als geltendes Verteilungsprinzip wahrgenommen wird, während die Überzeugungen über die Bedeutung sozialstruktureller Kriterien (soziale Herkunft: Geld, Vermögen, familiärer Hintergrund) zurückgegangen sind.

Watermann schlussfolgert drei Jahrzehnte nach der ersten umfangreichen Studie zur sozialen Ungleichheit in Bezug auf den Forschungsstand zu Gesellschaftsbildern über die Ursachen von Aufwärtsmobilität, dass sowohl meritokratische als auch strukturelle Ursachen im Bewusstsein der Bevölkerung eine Rolle spielen:

> „Dabei ist vor allem die Intensität, mit der strukturelle Erklärungen sozialer Ungleichheit geäußert werden, mit Merkmalen objektiver und subjektiver sozialer Differenzierungen (z.B. Sozialstatus, relative Deprivation) verbunden. Mehrheitlich geteilt im Sinne einer dominanten Ungleichheitsvorstellung werden dagegen meritokratische Vorstellungen sozialer Aufwärtsmobilität" (Watermann 2003: 38).

Bezüglich der Wahrnehmung der Prinzipien sozialer Ungleichheit ist somit das askriptive Prinzip Teil der sekundären Ideologien, das meritokratische Prinzip Teil der primären Ideologien im Sinne von Wegener (1992).

In dieser Darstellung verschiedener empirischer Befunde bestätigt sich die herausragende Bedeutung des meritokratischen Prinzips in Westdeutschland. Dieses soll jedoch nicht im Sinne von Wegener (1992) als primäres Legitimationsprinzip angesehen werden, da sonst eine Analyse verschiedener Gesellschaftsgruppen (etwa nach Bildungsniveau oder Status differenziert) nicht sinnvoll wäre. Stattdessen wird nach Mayer (1975) und Noll (1992) davon ausgegangen, dass spezifische soziale Interessen zu einer Variation des Ausmaßes, in dem das meritokratische Prinzip geteilt wird, innerhalb der Gesellschaft beitragen.

8.2 Bildung, Status und die Akzeptanz sozialer Ungleichheit aus querschnittlicher Perspektive

Im Rahmen der Analyse von Bestimmungsfaktoren der Akzeptanz sozialer Ungleichheit wird der Bildung ein besonderer Stellenwert zugewiesen. Grund dafür ist zum einen der bildungssoziologische Charakter dieser Untersuchung, zum anderen aber auch die Frage nach der zeitlichen Entwicklung der Akzeptanz des meritokratischen Legitimationsprinzips im Zuge der Bildungsexpansion, d.h. der gestiegenen Bildungsbeteiligung. Eine solche Analyse wäre ohne die Berücksichtigung des individuellen Bildungsniveaus undenkbar. Im Hinblick auf die bildungsspezifische Ausprägung von Wahrnehmungen zu sozialer Ungleichheit und zu Wertorientierungen gegenüber Verteilungsprinzipien sind verschiedene Zugangswege zu unterscheiden, aus deren Betrachtung schließlich zwei – zunächst – konkurrierende Hypothesen abgeleitet werden. Zum einen wird Bildung als Humanvermögen (kognitive Ressourcen) betrachtet, zum anderen als Humankapital (im Hinblick auf Statusallokation). Letztere Sichtweise bedingt eine Untersuchung der Statuszuweisung sowie des Zusammenhangs zwischen Status und Akzeptanz sozialer Ungleichheit sowie Statusinkonsistenz (im Sinne sozialer Mobilität).

Neben der hier nicht berücksichtigten Wirkung der Schule als Sozialisationsinstanz sind die Effekte der mit Bildung verbundenen kognitiven Ressourcen (Bildung als Humanvermögen) und der Umsetzung von Bildung und Bildungsabschlüssen auf dem Arbeitsmarkt in Status (Bildung als Humankapital) auf Gerechtigkeitsprinzipien als Elemente des individuellen Bewusstseins zu betrachten (vgl. Hadjar 2006: 206-208). Hinter diesen drei Sichtweisen stehen jeweils bestimmte Funktionen: Während die Sozialisationsfunktion die Schule als Instanz zur Vermittlung gesellschaftlicher Normen, Werte und Handlungsmuster (Kneubühler 2004) fokussiert, bezieht sich die Argumentation zum Humanvermögen auf die Bereitstellung von Wissen durch die Bildungseinrichtungen sowie die Humankapital-Perspektive auf Bildung als Kapital (Krais 1983) bzw. als bedeutsames gesellschaftliches Differenzierungskriterium und damit auf die Selektions- und Statuszuweisungsfunktion des Bildungssystems (Mayer und Blossfeld 1990).

Die Begriffe des Humankapitals und des Humanvermögens sollen im Folgenden analytisch getrennt werden. Dies geschieht in Erweiterung und Modifizierung des Verständnisses von Humankapital und Humanvermögen von Kaufmann (2005: 29), wonach sich Humanvermögen auf alle menschlichen Fähigkeiten im Sinne von Ressourcen bezieht, während der Begriff des Humankapitals nur auf die „wirtschaftlich verwertbaren Fähigkeiten" beschränkt ist. Im

Unterschied zu dieser Definition sollen beide Begriffe hier noch stärker getrennt werden, um kontrastierende Hypothesen aufzustellen. *Während sich der Begriff „Humanvermögen" auf kognitive Fähigkeiten – ohne die Thematisierung des Verwertungsaspekts – beziehen soll, richtet der Begriff „Humankapital" das Augenmerk auf Bildung als auf dem Arbeitsmarkt verwertbare Ressource, die in Status umgesetzt werden kann.*

8.2.1 Bildung als Humanvermögen

Aus der Perspektive heraus, die Bildung als Humanvermögen spezifiziert, werden mit einem höheren Bildungsniveau vor allem erweiterte kognitive Fähigkeiten und Handlungskompetenzen assoziiert. Dazu gehören insbesondere Kompetenzen zur effizienteren Aneignung handlungs- bzw. entwicklungsrelevanter Wissensbestände. Diese sind nicht nur bedeutsame Voraussetzungen für die Lebensgestaltung und die Partizipation in verschiedenen gesellschaftlichen Bereichen (Mayer 1992), sondern eine höhere Bildung führt über die damit verbundenen ausgeprägteren Reflexionsfähigkeiten auch zu einer stärkeren Infragestellung gesellschaftlicher Verhältnisse, so dass individuelle und gesellschaftliche Tatbestände stärker hinterfragt werden. Damit verbunden ist eine kritischere Einstellung gegenüber sozialer Ungleichheit in der Gesellschaft bzw. dem Verteilungsprinzip, das diese verursacht.

Dieses Argument ist theoretisch zu untermauern. Gouldner (1973) weist auf ein universelles Gerechtigkeitsmotiv, das über den (auf kurzfristigen Eigennutz orientierten) Proportionalitätsgedanken – die dem meritokratischen Leistungsprinzip ähnlich ist – hinausgeht. Dieses Gerechtigkeitsprinzip entspricht eher einem egalitären Prinzip, denn es beinhaltet ein sehr weit gefasstes Reziprozitätsprinzip, das besagt, dass dem geholfen werden muss, der schon einmal geholfen hat und der in Zukunft helfen könnte. Letzteres thematisiert Gouldner (1973) in dem Gedanken, dass es gefährlich sei, allein auf eine eng gefasste Reziprozitätsnorm zu bauen. Sollte die Bedingung eintreten, dass Individuen bedürftig sind, ohne selbst etwas geleistet zu haben oder in der Situation reziprok sein zu können, erscheint Hilfe dennoch angebracht, da die gebenden Individuen antizipieren, dass sie selbst einmal in so einer Situation sein könnten. Das Prinzip, dass sich hier andeutet, bezeichnet Gouldner (1973: 266) als „norm of beneficence" (Wohltat).

Im Hinblick auf Bildung als Humanvermögen (kognitive Fähigkeiten) ist das Argument in der Weise fortzuführen, dass der Grad der Antizipation möglicher Grenzsituationen, in denen das Reziprozitätsprinzip nicht angewendet werden kann sowie der daraus resultierende Grad kritischer Hinterfragung des Reziprozitätsprinzips mit den kognitiven Fähigkeiten ansteigt. Grund dafür ist, dass die Universalität des Denkens mit der Anhäufung kognitiver Ressourcen entsprechend des Ansatzes von Piagets (1992 [1947]), zunimmt. Danach geht die Erweiterung der kognitiven Ressourcen mit dem Durchlaufen bestimmter Operationalitätsstufen des Denkens einher, wobei sich der Begriff der Operationalität auf die Systematisierung des Denkens bezieht, „nach der einzelne Erfahrungen und Handlungen in ein Gesamtsystem von kognitiven Schemata und Operationen gebracht werden können, so dass ihnen ein zeit- und raumunabhängiger Bedeutungsgehalt zugeschrieben wird" (Beer 2004: 36). Die Sichtweise von Piaget ist in diesem Zusammenhang nicht entwicklungspsychologisch und auf das Kindes- und Jugendalter beschränkt zu verstehen. Stattdessen ist Kohlberg (1995 [1984]) zu folgen, dass die höchste Operationalitäts- bzw. Moralstufe nur von einem bestimmten Teil der Bevölkerung – hier: den höher Gebildeten – erreicht wird. Im Hinblick auf Gerechtigkeit zeigt Beer (2004) auf, dass das diffuse moderne Gleichheits- und Gerechtigkeitsideal von den Gesellschaftsmitgliedern nur angewendet werden kann, wenn diesen entsprechende kognitive Ressourcen auch vermittelt werden. Aufbauend auf die Argumente von Gouldner (1973) und Piaget (1992 [1947]) ist zu vermuten, dass Individuen mit ausgeprägteren Fähigkeiten Gerechtigkeitsmotive nicht nur auf sich, sondern auch auf andere anwenden. Das bedeutet, dass sie nicht nur ein ihnen zuträgliches bzw. nutzenmaximierendes Prinzip favorisieren, sondern ein Prinzip, das universell von Nutzen ist und über das Reziprozitätsprinzip hinausgeht. Daher sollten sie dem meritokratischen Prinzip, das eng mit den Reziprozitäts- und Proportionalitätslogiken verknüpft ist, kritischer gegenüberstehen.

Theoretische Bekräftigungen für diese These finden sich unter Rückgriff auf eine genuin rationale Perspektive. Nach dem Subjective-Expected-Utility-Ansatz (Becker 2003; Esser 1999) sinken mit ausgeprägteren kognitiven Fähigkeiten die Kosten, politische Einstellungen und Werthaltungen zu reflektieren. Gleichzeitig steigen die Wirksamkeitsüberzeugungen in Form von wahrgenommenen Erfolgswahrscheinlichkeiten, eine solche Hinterfragung leisten zu können. Dies macht für höher gebildete Menschen eine verstärkte Auseinandersetzung mit den Verteilungs- und Gerechtigkeitsprinzipien wahrscheinlich (vgl. Hadjar und Becker 2006).[27] Eine theoretische Ableitung ist aber auch aus Ansätzen zum Wertewandel und zur „kognitiven Mobilisierung" (Inglehart 1977, 1989, 1998; Baumert 1991; Baumert et al. 2003) möglich. Schulbildung gilt danach als aus-

---

[27] Beispielhaft zeigt sich dies in Wahlstudien: In höher gebildeten Schichten finden sich mehr Individuen, die sich nicht mehr mit einer Partei besonders identifizieren, sondern reflektiert nach situativen Bedingungen wählen (Dalton 1984).

sagekräftiger Indikator für den Grad der individuellen kognitiven Mobilisierung (Hoffmann-Lange 1997). Diese ist vor allem im Hinblick auf die politische Sphäre zu deuten und beschreibt den Grad der politischen Involviertheit bezüglich politisch-gesellschaftlichen Interesses, der Bedeutung von Politik im Leben, Fähigkeiten zur Verarbeitung politischer Informationen und politischer Kommunikation (vgl. Gabriel 1987). Hervorzuheben ist das mit höheren kognitiven Ressourcen einhergehende stärker ausgeprägte Problembewusstsein (Meulemann 1982), das eine stärkere Hinterfragung gesellschaftlicher Verhältnisse bedeutet. Es ist zudem davon auszugehen, dass „Höhergebildete in höherem Maße den Zugang zu solchen Medien finden und diese auch nutzen, in denen Informationen über gesellschaftliche und soziale Ursachen der Ungleichverteilung von Gütern vermittelt werden" (Watermann 2003: 37). Dies führt zu einer stärkeren Beschäftigung mit der Ordnung sozialer Ungleichheit und ihrer Mechanismen und zu einer stärkeren Hinterfragung.

Im Anschluss an diese Überlegungen ist anzunehmen, dass unter ausschließlicher Berücksichtigung der kognitiven Ressourcen mit einem höheren Bildungsniveau verstärkt (egalitär-)kritische Haltungen gegenüber dem Legitimationsprinzip der Meritokratie zu erwarten wären. Soziale Ungleichheit – egal auf welcher Legitimation basierend – wird nach dieser These von höher Gebildeten zugunsten eines allgemeinen Gerechtigkeitsmotivs abgelehnt und insbesondere das Reziprozitätselement des meritokratischen Prinzips in Frage gestellt.[28]

Hypothese 1a: Mit einem steigenden Bildungsniveau sinkt die Akzeptanz sozialer Ungleichheit auf Basis des meritokratischen Leistungsprinzips.

Der Gegenpol der Akzeptanz sozialer Ungleichheit auf Basis des meritokratischen Leistungsprinzips ist dabei nicht die Akzeptanz auf Basis anderer Prinzipien (z. B. askriptives Prinzip), sondern den konträren Pol bilden egalitäre, ungleichheitskritische Haltungen. Diese steigen mit zunehmender Bildung.

---

[28] Eine andere Argumentation, die hier aber nicht vordergründig verfolgt werden soll, wäre auch, dass höher Gebildete Meritokratie als „Mythos" im Sinne eines ungerechtigkeitsverdeckenden Prinzips entlarven können, da sie ausgeprägtere kognitive Kompetenzen haben, um die in der Gesellschaft wirkenden Verteilungs- bzw. Gerechtigkeitsprinzipien wahrzunehmen. Diese Perspektive spielt darauf an, dass Ungerechtigkeit aus Sicht des meritokratischen Prinzips zwar theoretisch gerecht erscheint, aber das Prinzip selbst, insbesondere aufgrund nicht bestehender Chancengleichheit als Voraussetzung, in der Realität nicht gerecht verwirklicht werden kann (vgl. Solga 2005; empirische Evidenzen zu dauerhaften Bildungsungleichheiten bei Becker 2003).

8.2.2 Bildung als Humankapital

Unter stärker ökonomischem Blickwinkel ist Bildung als Humankapital (Becker 1964) zu fassen und wird unter Berücksichtigung ihrer sozialen Auslese- und Selektionsfunktion sowie ihrer Renditen betrachtet: Bildung bzw. akkumulierte Bildungszertifikate können im späteren Erwerbsleben in Positionen auf dem Arbeitsmarkt umgesetzt werden, die bestimmte soziale Lagen nach sich ziehen. Über das erworbene Einkommen werden somit durch die Bildung sozioökonomische Lebenschancen bestimmt (vgl. Becker 1998). Der Zusammenhang zwischen Bildungsniveau und Berufsstatus ist im Statuszuweisungskonzept von Mayer und Blossfeld (1990) verankert, das auch im Zuge der Bildungsexpansion in Westdeutschland seine Gültigkeit nicht verloren hat: Der Schulabschluss hat einen substantiellen Anteil an der Erklärung des späteren Berufsstatus. Der Schulabschluss ist seinerseits abhängig von der sozialen Herkunft, d.h. dem sozialen Status der Eltern.[29] Je höher das erreichte Bildungsniveau ist, desto höher ist der mögliche zu erreichende Berufsstatus, was eine größere Chance auf ein höheres Einkommen bedeutet. Der erworbene Beruf und die daraus resultierende soziale Lage ist schließlich mit spezifischen sozialen Interessen verbunden, die sich in spezifischen Werten – zu denen präferierte Prinzipien sozialer Ungleichheit bzw. Gerechtigkeitsprinzipien gehören – widerspiegeln (Weber 1972 [1921]).

Somit erscheint es plausibel, dass zwischen verschiedenen Sozialschichten – die jeweils durch spezifische Bildungsniveaus gekennzeichnet sind – das Ausmaß differiert, mit dem soziale Ungleichheit auf Basis des meritokratischen Legitimationsprinzips akzeptiert wird. Vor der Ableitung einer Hypothese ist zunächst theoretisch zu klären, wie Bildung, Status und Akzeptanz sozialer Ungleichheit verknüpft sind. Das Modell in Abbildung 4 soll, über den Status-zuweisungsprozess hinaus, die Argumentation dieser Untersuchung zur Akzeptanz sozialer Ungleichheit visualisieren.

Der objektiv fassbare berufliche Status bzw. die Klassenlage im Sinne von Goldthorpe et al. (1979) bestimmt die subjektive Schichteinstufung und die subjektive Wahrnehmung bestimmter (schichtspezifischer) Interessen. Anhand dieser Interessen variieren die präferierten Gerechtigkeitsprinzipien bzw. die Legitimationsprinzipien zur Akzeptanz sozialer Ungleichheit. Diese können als Handlungsorientierungen dienen, d.h. bei der Wahrnehmung von Ungerechtig-keit kann es zu einer politischen Aktivierung (z.B. Protesthandeln) kommen.

---

[29] Diese Kernannahme des Statuszuweisungsmodells wird in der Humankapitaltheorie von Becker (1964) nicht thematisiert, weil im Sinne neoklassischer ökonomischer Theorien von gleichen Voraussetzungen aller Akteure des Bildungsmarkts ausgegangen wird.

Abbildung 4: Bildung, Statuszuweisung und Bewusstsein

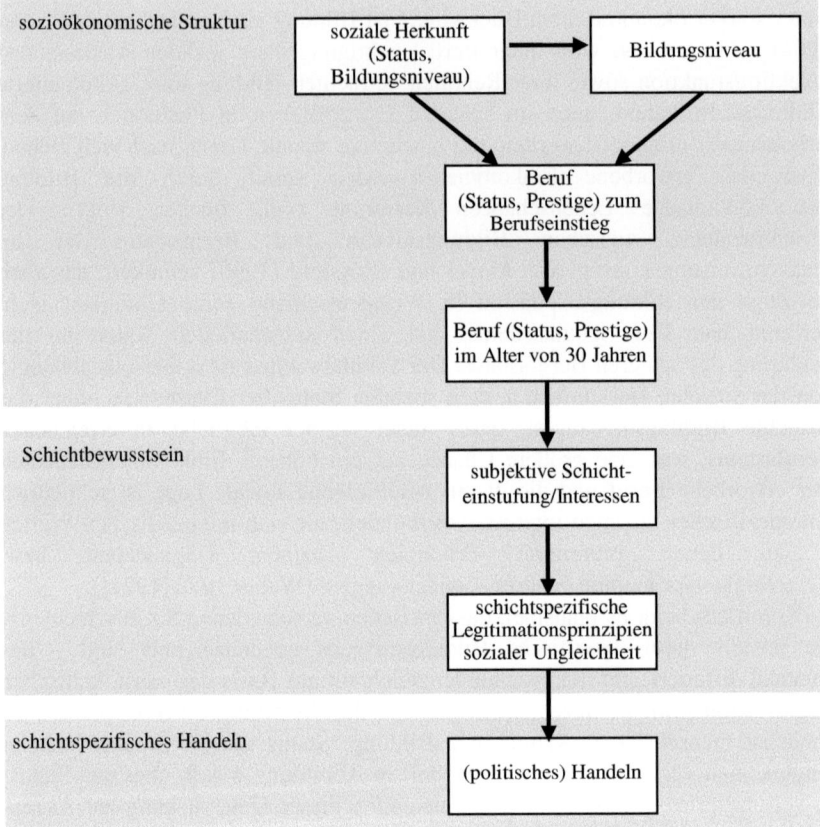

Bildung und Status: Mechanismen des Statuszuweisungsprozesses. Auf Basis des Statuszuweisungsmodells nach Mayer und Blossfeld (1990), das auf Blau und Duncan (1967) zurückgeht, und der Erklärung schichtspezifischen Handelns durch Klingemann (1990) lassen sich die sozialen Mechanismen zur Verknüpfung von Bildung und Akzeptanz sozialer Ungleichheit abbilden. Status soll hier verstanden werden als eine Position innerhalb einer Struktur sozialer Ungleichheit „als geschichtete Hierarchie oder als vertikales Kontinuum von sozialen Positionen unterschiedlichen Ranges" (Mayer 1975: 12), wobei in dieser Betrachtung der mit einer bestimmten Berufsposition oder beruflichen

Klassenlage verknüpfte soziale Status fokussiert wird. Mit einer solchen Berufsposition sind ein spezifisches Prestige, Autorität, Machtbefugnisse und schließlich Privilegien, Rechte und Pflichten – kurz gefasst: ein Set an monetären und nicht-monetären Belohnungen – verbunden.

Das *Statuszuweisungsmodell* von Blau und Duncan (1967; vgl. Mayer und Blossfeld 1990), in dessen Kern die Annahme eines Zusammenhangs zwischen sozialer Herkunft, Bildungsniveau und späterem sozialen Status steht, findet sich im Rahmen der graphischen Darstellung (Abb. 4) auf der Ebene der sozioökonomischen Struktur. Der Statuszuweisungsansatz postuliert, dass der Bildungserfolg und die Höhe des Bildungsabschlusses von der sozialen Herkunft, d.h. den Bedingungen bzw. der sozialen Lage des Elternhauses, abhängen. Die Bildungsqualifikationen bestimmen die berufliche Erstplatzierung. Dies trifft insbesondere für das qualifikationsbestimmte Bildungssystem in Westdeutschland zu, das mit einem beruflich strukturierten Arbeitsmarkt verknüpft ist – Bildung und Beruf haben hier einen im Vergleich starken Konnex. Die berufliche Erstplatzierung bestimmt die weitere Berufslaufbahn bzw. den Karriereverlauf. Das Bildungsniveau ist die zentrale Variable der Statuszuweisung, was u.a. empirische Befunde zu Statuszuweisungsprozessen für Westdeutschland von Mayer und Blossfeld (1990) belegen. Je höher das Bildungsniveau ist, desto höher ist der spätere Berufsstatus. Die sozialen Mechanismen für den Zusammenhang zwischen Bildung und Status werden im Statuszuweisungsansatz wenig reflektiert.

Einen Erklärungsansatz für diese Beziehung zwischen Bildung und Status findet sich in der *Humankapitaltheorie* (Becker 1964), nach der Bildung als Kapital verstanden wird, das gewinnbringend auf dem Arbeitsmarkt in ökonomisches Kapital (Einkommen, Status) umgesetzt werden kann. Aus Sicht der Humankapitaltheorie vergrößert Bildung die Produktivität, diese wird dann auf dem Arbeitsmarkt mit höheren Belohnungen versehen. Bildungsentscheidungen erscheinen als Kosten-Nutzen-Abwägungen verschiedener Bildungsalternativen, die letztlich in Bezug auf die Lebensarbeitszeit und das Lebenseinkommen auf der individuellen Ebene angestellt werden.[30] Eine solche Umsetzung von Bildung in Einkommen und Status, wie sie in der Humankapitaltheorie postuliert wird, kann auch aus dem *Kapitalienansatz von Bourdieu* (1983) abgeleitet werden. Bildung als inkorporiertes Kulturkapital (Fähigkeiten, Wissen) und institutionalisiertes Kulturkapital (Bildungszertifikate) kann danach transformiert werden in ökonomisches Kapital (Geld).

---

[30] Schömann und Becker (1998) weisen darauf hin, dass aufgrund begrenzter Informationsverarbeitungsfähigkeiten bei den Bildungsentscheidungen nicht der gesamte Lebensverlauf kalkuliert wird, sondern eher von sequentiellen Investitionsentscheidungen bezüglich Bildung auszugehen ist.

Ausgeklammert aus der individuellen Sichtweise der Humankapitaltheorie wird der Aspekt, dass Fähigkeiten nicht direkt mit ökonomischen Ressourcen belohnt werden. Statt eines direkten Zusammenhangs zwischen Bildungsniveau, Produktivität und Einkommen sind Prozesse auf dem Arbeitsmarkt in Betracht zu ziehen. Auf dem Arbeitsmarkt erfolgt die Umsetzung von Humankapital in Einkommen und Status über Marktmechanismen, d.h. strukturiert durch das Verhältnis zwischen Nachfrage nach Arbeitskräften und Angebot an Arbeitskräften (Abraham und Hinz 2005).[31] Der Überlegung, dass der Arbeitsmarkt die Umsetzung von Bildung in Status regelt, folgen *Arbeitsmarkttheorien* wie die Screeningtheorie von Arrow und Spence (1974). Erworbene Bildungszertifikate sind danach Selektionsmittel und Signal für zukünftige Produktivität für Arbeitgeber, schlagen sich aber nicht direkt in höherem Einkommen nieder. Das *Arbeitsplatzwettbewerbsmodell* von Thurow (1975, 1978) berücksichtigt die Bedeutsamkeit der Mechanismen (interner) Arbeitsmärkte noch expliziter, indem eine Brücke geschlagen wird zwischen Filtertheorien und Arbeitsmarkttheorien. Kernannahme ist, dass Bildungsabschlüsse Signale darstellen, die einem Arbeitgeber anzeigen, wie lernfähig und -willig ein Arbeitnehmer ist und wie viel in dessen Fähigkeiten zu investieren ist. Individuen mit einem hohen Bildungsabschluss haben im Wettbewerb um berufliche Positionen – und damit um Status und Einkommen – auf dem Arbeitsmarkt eine privilegierte Stellung inne, d.h. nach der Labour-Queue-These von Thurow (1975) können Arbeitnehmer durch höhere Bildungszertifikate ihre Stellung innerhalb der „Warteschlange" um erstrebenswerte – mit guten Belohnungen ausgestattete – Arbeitsplätze verbessern, da sie so potenziellen Arbeitgebern signalisieren, dass sie geringere Weiter- bzw. Ausbildungskosten verursachen und schneller einen höheren Nutzen für das Unternehmen bringen als gering Qualifizierte. Der bedeutsame Unterschied zur Humankapitaltheorie ist hier, dass die Bildungsrendite nicht direkt an individuelle Merkmale (Bildungsniveau, Leistung, etc.) gebunden ist, sondern stattdessen an den Arbeitsplatz und dessen Stellen im Positionsgefüge bzw. auf dem Arbeitsmarkt (vgl. Kristen 1999). Neben diesen Mechanismen der (Fremd-)Selektion auf dem Arbeitsmarkt sind auch Selbstselektions-

---

[31] Diese Relation zwischen Angebot und Nachfrage ist auf verschiedenen Teilarbeitsmärkten unterschiedlich. So lassen sich mehr oder weniger unspezifische „Jedermann-Arbeitsmärkte", fach- oder branchenspezifische und betriebsinterne Teilarbeitsmärkte (Sengenberger 1987) voneinander abgrenzen. Das bedeutet, dass ein Arbeiter in einer Fabrik nicht mit einem Bankkauffmann auf demselben Arbeitsmarkt konkurriert und daher auch die Arbeitslosenquote, die an späterer Stelle als Maß für die Beschaffenheit des Arbeitsmarktes im Hinblick auf die Gesamtgesellschaft eingeführt wird, von Branche zu Branche variiert. Aus Gründen der Komplexitätsreduktion werden diese branchenspezifischen Unterschiede, die auch entlang von Bildungs- und Qualifikationssegmenten verlaufen, nicht weitergehend thematisiert.

und (Selbst-)Stigmatisierungsprozesse im Sinne der *Stigmatisierungstheorie* in Betracht zu ziehen.

> „Diese resultieren zum einen aus der Abwägung von Erfolgschancen, basierend auf Interpretationen vorangegangener Erfahrungen. Sie stellen Strategien zur Vermeidung von Situationen mit einem hohen Misserfolgsrisiko dar. Zum anderen werden sie aber auch durch strukturelle Ausgrenzungsrisiken verursacht" (Solga 2002: 483).

Gering Qualifizierte haben somit nicht nur eine schlechtere Stellung in der Bewerberschlange auf dem Arbeitsmarkt infolge der Signalwirkung ihrer Bildungszertifikate für den Arbeitgeber, sondern sie bewerben sich auch infolge der Selbststigmatisierungsmechanismen auch weniger auf qualifizierte Stellen.

Dieser theoretische Überblick, dessen Kern – das Statuszuweisungsmodell – empirisch hinreichend belegt ist (vgl. Mayer und Blossfeld 1990; Hadjar und Becker 2006c), lässt den Zusammenhang zwischen Bildungsniveau und Status im Hinblick auf die Erstplatzierung auf dem Arbeitsmarkt und die weitere Berufslaufbahn plausibel erscheinen. Aus einer abstrahierten Sichtweise ergibt sich folgende Hypothese: Je höher das Bildungsniveau einer Person ist, desto größer sind die Vorteile gegenüber anderen auf dem (spezifischen Teil-)Arbeitsmarkt und desto besser sind die Chancen zur Statusallokation, d.h. mit höherer Bildung ist ein höherer Status verbunden, der sich in höheren monetären Bildungsrenditen (Einkommen) niederschlägt.

Status und Akzeptanz sozialer Ungleichheit. Überlegungen zur Schichtspezifität individueller Mentalitäten bzw. Wertsysteme gehen bereits auf Geiger (1972 [1932]) zurück und lassen je nach Sozialschicht variierende Akzeptanzniveaus und Legitimationsprinzipien vermuten. Unter anderem ergibt sich aus den theoretischen Überlegungen zu Klassenkulturen von Klingemann (1990), dass die Unterschiede in der Akzeptanz sozialer Ungleichheit zwischen den Sozialschichten – die durch spezifische Bildungsniveaus im Sinne der Verknüpfung von Bildung und Status gekennzeichnet sind – offenbar auf klassen- bzw. schichtspezifische Interessen zurückgehen: Während besser gestellten Schichten von der Ordnung sozialer Ungleichheit profitieren können, werden die von Reichtum und Macht ausgeschlossenen Schichten von diesem System strukturell benachteiligt. Aus diesen Klassen- bzw. Schichtlagen leitet Klingemann (1990) in Anlehnung an Weber (1992 [1920]) spezifische Wert- und Interessenorientierungen ab.[32] Im Hinblick auf Schichtunterschiede in der

---

[32] Die Begriffe Klasse, Schicht, Status werden hier synonym verwandt. Es erscheint jedoch sinnvoll, zwischen Schicht und Klassenlage zu unterscheiden. Während eine soziale Schicht bei Weber (1992 [1920]) eine durch eine kollektive Identität und eine gemeinsame dauerhafte Organisation gekennzeichnete demographische Einheit darstellt, bezieht sich die Klassenlage auf die veränderliche Situation eines Individuums innerhalb des (Arbeits-)Marktgefüges der Gesellschaft (vgl. Scott 1994).

Akzeptanz sozialer Ungleichheit ist zu vermuten, dass „those who are disadvantaged will be interested in reducing them and will attempt to redistribute goods from haves to have-nots" (Müller 1993a: 95). Angehörige niedriger Schichten bzw. Individuen mit niedrigem Sozialstatus würden danach soziale Ungleichheit im geringeren Ausmaß akzeptieren als besser Gestellte. Komplementär dazu steigt die Akzeptanz sozialer Ungleichheit, je begünstigter die soziale Lage ist:

> „In order to justify their advantages individuals or social groups that are privileged by the existing system of distribution should have affirmative-legitimating orientations. Members of disadvantaged classes on the other hand should prefer critical attitudes, condemning inequality" (Müller 1993a: 96).

Neben dieser Rechtfertigungsfunktion besteht in den privilegierten Schichten auch ein Interesse an der Stabilisierung des Systems sozialer Ungleichheit durch entsprechende Orientierungen. „Es ist für privilegierte Klassen wahrscheinlicher, dass sie die bestehende normative Ordnung akzeptieren und rechtfertigen, da dadurch ihre eigene Statusposition abgesichert wird" (Mau 1997: 45; vgl. Honneth 1981). Im Hinblick auf politisches Verhalten ist davon auszugehen, dass privilegierte Klassenlagen eher konservative, auf die Erhaltung ihrer ökonomischen Vorteile ausgerichtete Politikstile bevorzugen, während weniger privilegierte Klassenlagen eher Parteien und Politikstile unterstützen, welche die Reduktion ihrer materiellen Nachteile anstreben (Lachat und Oesch 2007). Diese grundlegende These bezieht sich auf die klassische ökonomische Unterscheidung zwischen kapitalnahen oder kapitalbesitzenden Klassenlagen (Dienstklasse, Selbstständige, Landwirte, etc.) und Arbeitern – wie sie u.a. von Goldthorpe (1999) vertreten wird.[33] Die gleiche Argumentation leitet Watermann (2003) aus konflikttheoretischen Überlegungen im Anschluss an die Vorstellung so genannter schichtspezifischer sekundärer Ideologien von Wegener und Liebig (1998) ab.[34] In eine ähnliche Richtung zielt eine stärker sozialpsychologische Argumentation aus Sicht der sozialen Dominanztheorie (Sidanius und Pratto 1999; vgl. Hadjar 2004). Danach ist eine höhere Position innerhalb eines Hierarchiegefüges – etwa der sozialen Schichtung der Gesell-

---

[33] Lachat und Oesch (2007) weisen in Anlehnung an Kriesi (1998) und Kitschelt (1994) auf weitere neue Cleavages hin. Der traditionelle Klassenunterschied im Sinne von Goldthorpe (1999) erweist sich dennoch in der internationalen Vergleichsstudie von Lachat und Oesch (2007) als empirisch plausibler, als etwa neue Cleavages zwischen Managern und sozialen Dienstklassenangehörigen oder zwischen niedrig-qualifizierten Produktions- und Dienstklassenangehörigen.

[34] Sozial besser gestellte Gruppen tendieren dazu, den Status quo zu akzeptieren und zu rechtfertigen, da dieser ihre eigene privilegierte Stellung stabilisiert, „sozial schlechter gestellte Gruppen hingegen entwickeln durch das Gefühl absoluter bzw. relativer Benachteiligung (Deprivation) ein spezifisches Klasseninteresse und fordern entsprechende Umverteilungsmaßnahmen ein" (Watermann 2003: 26f).

schaft – mit einer stärkeren Dominanzorientierung, d.h. einer stärkeren Präferenz für gruppenbasierte Hierarchiesysteme, verbunden, die auf den Erhalt dieser höheren Position gerichtet ist. Instrumentell werden zur Stabilisierung der eigenen Position so genannte Legitimationsmythen herangezogen – Sidanius und Pratto (1999) nennen hier Xenophobie, Geschlechterstereotype oder die protestantische Ethik –, zu denen auch das Legitimationsprinzip der Meritokratie gezählt werden könnte. Diese „legitimizing myths" bilden Rechtfertigungen stabiler Unterdrückung, die sich in Handlungen sozialer und politischer Institutionen, aber auch in individuellen Handlungen zeigt.[35]

Die Annahme eines direkten Zusammenhangs zwischen Status, Interessenlage und Akzeptanz sozialer Ungleichheit ist dahingehend theoretisch zu reflektieren und zu erweitern, dass Interessenlagen nicht objektiv zu verstehen sind, sondern durch subjektive Wahrnehmungen und Verarbeitungsprozesse beeinflusst werden. Zu fragen ist entsprechend, wie die jeweiligen Individuen ihren Status bzw. den Grad ihrer Benachteiligung einschätzen. Die Annahme, dass privilegierte Schichten soziale Ungleichheit stärker akzeptieren, während niedrigere Schichten Ungleichheit eher kritisch gegenüberstehen, ist somit um subjektive Aspekte zu ergänzen:

> „1. Um einstellungs- und verhaltensrelevant zu werden, muss die aus der sozioökonomischen Lage strukturell resultierende hierarchische Ordnung der Gesellschaft zunächst subjektiv erkannt werden. 2. Aus dieser Erkenntnis und nur auf dieser Basis entwickeln sich klassenbezogene Einstellungen, die 3. ihrerseits das politische Verhalten beeinflussen" (Klingemann 1990: 319).

Entsprechend verweist Klingemann (1990) auf die Bedeutung der subjektiven Schichtidentifikation nach Centers (1949) – d.h. mit welcher Schicht (Unterschicht, Arbeiterschicht, Mittelschicht, Oberschicht) sich die jeweiligen Befragten identifizieren. Das bereits dargestellte Modell zur Verknüpfung von Bildung, Statuszuweisung und Bewusstsein (Abb. 4) enthält daher eine bedeutsame Beziehung zwischen der sozioökonomischen Struktur – bei Klingemann (1990) als Dreischritt aus Bildungsniveau, Einkommen und Beruf (Prestige, Status) definiert – und der subjektiven Schichteinstufung. Diese determiniert schichtspezifische Werte und Einstellungen. Dazu gehören u.a. die Bewertung der Wichtigkeit des Ausgleichs zwischen Arm und Reich, die Sympathie gegenüber Gewerkschaften sowie die politische Rechts-Links-Einstufung und schließlich die Handlungsebene.

---

[35] Andererseits argumentieren Sidanius und Pratto (1999), dass sowohl übergeordnete als auch untergeordnete Gruppen aktiv am Prozess der Reproduktion hierarchischer Strukturen beteiligt sind und entsprechende Ideologien von beiden Lagern gleichermaßen geteilt werden. Es ist jedoch dennoch von Unterschieden im Ausmaß, mit dem diese Ideologien geteilt werden, auszugehen.

Im Hinblick auf subjektive Wahrnehmungsprozesse des Status und sozialer Ungleichheit hat Wegener (1987, 1991) aufgezeigt, dass benachteiligte Schichten ihren Status häufig – um kognitive Dissonanz (Festinger 1957) zu reduzieren – nicht in dem Grad als benachteiligt wahrnehmen, wie dies objektiv der Fall ist.[36] Die Illusion der Verteilungsgerechtigkeit wird von sozial Deprivierten bewusst oder unbewusst dazu herangezogen, sich nicht als sozial depriviert zu fühlen bzw. ihre Benachteiligung bezüglich Gütern und Privilegien nicht als ungerecht wahrzunehmen. Eine höhere Akzeptanz sozialer Ungleichheit ergibt sich bei Individuen, die einer benachteiligten Schicht angehören, auch aus ihrer spezifischen Sicht auf Marktgerechtigkeit: Aus den Annahmen, dass Ungleichheiten weniger ungerecht erscheinen, wenn sie marktproduziert sind, und dass die Marktbezogenheit der Verteilungsprinzipien schichtspezifisch eingeschätzt wird, ergibt sich, dass auch die Akzeptanz sozialer Ungleichheit schichtspezifisch variieren sollte, wobei Wegener (1991) den Blick nicht nur auf die relative Deprivation, sondern insbesondere auf die Erfahrung sozialer Mobilität lenkt. Hinter der schichtspezifischen Wahrnehmung verbergen sich zu einem bestimmten Teil auch bildungsspezifische Unterschiede in der Fähigkeit zur Wahrnehmung und Bewertung des Systems sozialer Ungleichheit. So nehmen benachteiligte Schichten oft nicht wahr, dass Modifizierungen an der Ordnung der Ungleichheit möglich sind und ihre Stellung verbessern könnten.

Eine detaillierte Betrachtung einzelner Schichten ist anhand des Konzepts der *soziallagenspezifischen Gesellschaftsbilder*, das von Mayer (1975: 46-61) systematisiert wurde und die statusspezifische Wahrnehmung und Bewertung sozialer Ungleichheit thematisiert, möglich. Die Grundthesen des Konzepts basieren auf vielfältigen empirischen Untersuchungen und theoretischen Interpretationen, von denen die Arbeiten von Dahrendorf (1961) zu Klassenunterschieden in Deutschland und von Goldthorpe und Lockwood (1963) bzw. Lockwood (1966) in Bezug auf die britische Schichtstruktur hervorzuheben sind. Gesellschaftsbilder sind „Wahrnehmungen der Sozialstruktur, als auch […] Bewertungen und Beurteilungen der unmittelbaren Umwelt und der eigenen Lage sowie gesellschaftspolitische Einstellungen und normative Orientierungen" (Mayer 1975: 46). Sie sind als Syndrome bzw. konsistente Muster zur Interpretation der Gesellschaft zu verstehen, die sowohl Überzeugungen zur Funktionalität bestimmter Mittel und Wege für sozialen Aufstieg im Sinne „für wahr gehaltene Aussagen darüber, wie und warum ‚soziale Aufwärtsmobilität'

---

[36] „We perceive social distributions as systematically distorted. This distortion depends, among other things, on where our own position in society is. High status observers, for instance, discriminate low distribution continua more strongly than low status observers. The justice evaluations of social distributions are then consequences of these different perceptions" (Wegener 1991: 4).

möglich ist" (Watermann 2003: 15), als auch Wertorientierungen gegenüber den Prinzipien sozialer Ungleichheit, enthalten. Die grundlegende Annahme ist, dass Gesellschaftsbilder gruppen- bzw. schichtspezifisch ausgeprägt sind, und dies auf die jeweils spezifische soziale Position in der hierarchischen Ordnung der Gesellschaft zurückzuführen ist. Diese Wahrnehmungen und Bewertungen sind Rekonstruktionen der Realität, d.h. sie stimmen nur zum Teil mit der objektiven Ordnung sozialer Ungleichheit in einer Gesellschaft überein. Grundlage sind individuelle oder gruppenspezifische soziale Erfahrungen.[37]

Die Arbeit von Mayer (1975) zeigt, dass offenbar alle Schichten Ungleichheit akzeptieren, wenngleich aus unterschiedlichen Beweggründen (resignative Hinnahme oder Akzeptanz aufgrund funktionaler Argumentation oder Akzeptanz aufgrund eigenen Erfolgs). Zum anderen erscheint die traditionelle Arbeiterklasse – die vor allem auf Statuserhalt bedacht ist, der durch soziale Sicherungssysteme garantiert wird – als besonders distanziert gegenüber dem meritokratischen bzw. Leistungsprinzip, während die Mittelschicht am stärksten diesem Prinzip anhängt. Empirische Befunde von Kraus und Müller weisen darauf hin, dass Selbstständige sowie höhere und gehobene Angestellte und Beamte (Dienstklasse) soziale Ungleichheit in stärkerem Maße akzeptieren, während ausführende Angestellte und Beamte sowie Facharbeiter und Meister ungleichheitskritischer sind. Abstrahierend ist zu konstatieren, dass bei Individuen die Kritik an sozialer Ungleichheit abnimmt, „je günstiger ihre Klassenlage und je höher ihr Einkommen ist" (Kraus und Müller 1990: 13). Befunde von Müller (1993a: 102) anhand des ZUMABUS 1976 und ALLBUS 1984 zeigen, dass Selbstständige und Dienstklassenangehörige eine höhere Akzeptanz sozialer Ungleichheit – legitimiert durch das Leistungsprinzip – aufweisen als Angehörige der Arbeiterschichten und Ungelernte. Ein ähnliches Bild zeigt sich auch bezüglich des Einkommens. Je höher die Einkommensgruppe ist, desto stärker ist die Akzeptanz sozialer Ungleichheit.

Aus der Sicht der soziologisch-empirischen Gerechtigkeitsforschung hängen die Angehörigen der Dienstklasse in Westdeutschland, die den Mittel- bzw. Oberschichten zuzuordnen ist, ebenfalls besonders Werthaltungen der Akzeptanz sozialer Ungleichheit auf Basis des meritokratischen Leistungsprinzips an. So postuliert Wegener (1992: 277; Liebig und Wegener 1995), dass die Ausprägung des (meritokratischen) Funktionalismus bzw. Individualismus – als sekundäre, d.h. nach Sozialschicht variierende Gerechtigkeitsideologie in West-

---

[37] „For the most part, men visualize the class structure of their society from the vantage point of their own particular milieux, and their perceptions of the larger society will vary according to their experiences of social inequality in the smaller societies in which they live out their lifes" (Lockwood 1966: 249; vgl. Mayer 1975: 47).

deutschland – in der Dienstklasse (Spitzenpositionen staatlicher bürokratischer und privater Institutionen) besonders hoch ist. Diese Annahme geht auf Dahrendorf zurück, der darstellt, dass die Dienstklasse in ihrem „Anteil an der Ausübung von Herrschaft" (Dahrendorf 1965b: 106) eigene meritokratische Interessen verfolgt und durchsetzt, da sie zu den Profiteuren dieses Prinzips gehören. Sie waren „Protagonisten wie Nutznießer einer extensiven Staatsbürokratie", sind sich dieser privilegierten Stellung bewusst und sprechen sich daher für liberale, meritokratische Verteilungsprinzipien aus (Liebig und Wegener 1995: 274). Aus dem Grid-Group-Schema nach Douglas (1982) wäre Individualismus bzw. das meritokratische Gerechtigkeitsprinzip nur in schwachen Gruppenzusammenhängen und schwachen Hierarchiegefügen zu erwarten. Ein Ausweg aus dieser Inkonsistenz der Argumentation wäre hier nur möglich, wenn in Betracht gezogen wird, dass die wahrgenommene Hierarchie in der Dienstklasse geringer ist – auch weil diese an der höchsten Stelle der Hierarchie steht – und zudem im Hinblick auf die Verschiedenheit der Segmente der Dienstklasse (Manager, Beamte, Angestellte des öffentlichen Dienstes, Leiter in privaten Unternehmen, etc.) ein geringes Zusammengehörigkeitsgefühl bestehen sollte. Empirische Befunde von Wegener (1992: 279) weisen schließlich nach, dass Dienstklassenangehörige dem meritokratischen Leistungsprinzip („Funktionalismus") signifikant stärker anhängen als andere Schichten. Gleiches zeigt sich in neueren Analysen von Liebig und Wegener (1995: 283f): Während egalitärer Etatismus bei Dienstklassenangehörigen und anderen gleichermaßen Zustimmung findet, hängt die Dienstklasse signifikant stärker individualistischen Gerechtigkeitsprinzipien – und damit einem meritokratischen Prinzip – an als andere.

Verschiedene schichtspezifische Sichtweisen auf die Ordnung sozialer Ungleichheit sind in Abbildung 5 dargestellt. Angelehnt an eine Darstellung von Mayer (1975: 54-55) zu Soziallagen und Gesellschaftsbildern werden die entsprechenden Kategorien der Erikson-Goldthorpe-Portocarero-Klassifikation der Berufe (Erikson et al. 1979) hinsichtlich Akzeptanz sozialer Ungleichheit sowie der perzipierten Erfolgsfaktoren unterschieden, wobei als Grundlage die theoretischen Überlegungen und empirischen Befunde aus der Forschung zur sozialen Ungleichheit um Karl Ulrich Mayer und Walter Müller sowie der Gerechtigkeitsforschung um Bernd Wegener und Stefan Liebig herangezogen werden. Die Zuordnung von Soziallagen zu Gesellschaftsbildern wird bestimmt durch die Frage, welche Soziallagen anhand ihrer Erfahrungen – etwa im Rahmen des Statuserwerbs – das meritokratische Prinzip in besonderer Ausprägung wahrgenommen haben und welche besonders davon profitiert haben (Mayer 1975). Basis der Einordnung sind theoretische Ansätze von Goldthorpe und Lockwood (1963; Lockwood 1966), die davon ausgehen, dass spezifische Positionen im

Produktionsprozess und in der gesellschaftlichen Hierarchie, die mit bestimmten Rollen einhergehen (Popitz et al. 1957), mit spezifischen Sichtweisen auf die Struktur der Gesellschaft (Gesellschaftsbilder) verbunden sind. Die Einordnung ist dennoch zu erheblichem Teil empirisch.

Abbildung 5: Soziallage und Gesellschaftsbild

	Meritokratisches Gesellschaftsbild	Wahrnehmung der Bedeutung von Bildung und Leistung für die Status-Allokation	Akzeptanz sozialer Ungleichheit auf Basis des meritokratischen Legitimationsprinzips
Soziallage Erikson-Goldthorpe-Portocarero-Klasse			
ungelernte Arbeiter		schwach	schwach
Facharbeiter, kleine und mittlere Angestellte		schwach	mittel
Selbstständige		stark	sehr stark
Landwirte		schwach	mittel
untere Dienstklasse (qualifizierte Angestellte, Beamte)		sehr stark	stark
obere Dienstklasse (Manager, politische Eliten, etc.)		sehr stark	sehr stark

Die obere Dienstklasse, die der oberen Mittelschicht oder sogar Oberschicht zuzurechnen ist, sollte sehr stark von der Geltung des meritokratischen Prinzips, d.h. der Bedeutung individueller Fähigkeiten und Leistungen für die Statusallokation und entsprechende Renditen, überzeugt sein. Grund dafür ist der hohe Anteil eigener Erfahrungen im Rahmen der Karriere. Auch das Legitimationsprinzip der Meritokratie sollte in dieser Gruppe besonders stark akzeptiert sein, da die Angehörigen der oberen Dienstklasse sehr stark von diesem Prinzip und der entsprechenden Ungleichheit profitieren, wobei sicher nicht nur individuelle Fähigkeiten, sondern auch soziales Kapital (etwa Beziehungsnetzwerke) Erfolgsgaranten sind. Die untere Dienstklasse, die Mayer (1975) als Mittelschicht – unter Einschluss qualifizierter Angestellter und Beamter – spezifiziert, sollte in der Wahrnehmung ebenso stark individuelle Fähigkeiten und Leistungen als Erfolgsfaktoren perzipieren. Die Akzeptanz sozialer Ungleichheit erfolgt stark auf Grundlage des meritokratischen Leistungsprinzips – auch wieder bedingt durch das spezifische Interesse zum Erhalt des privilegierten Status und persönlicher positiver Erfahrungen der Umsetzung von Bildung in Status. Dennoch ist besonders für die öffentlich Beschäftigten – Stichwort: bürokratische Karriere – von einer tendenziell kritischeren Haltung auszugehen, wenngleich diese ebenso vom meritokratischen Leistungsprinzip bevorteilt werden. Beide Dienstklassen erleben die Gesellschaft insgesamt stark nach Prestige und Lebensstilen geschichtet. Für Landwirte lassen sich nur schwer Vermutungen anstellen. Zum einen sollten sie im Rahmen ihrer Erfahrungen durchaus staatliche Umverteilungsmaßnahmen und Subventionen wahrnehmen – und somit nur im schwächeren Ausmaß von der Geltung des meritokratischen Leistungsprinzips ausgehen. Da Landwirte einerseits von staatlichen Eingriffen profitieren, andererseits aber auch als Selbstständige mit eigenem Besitz ausgestattet sind und im Sinne des ökonomischen Prinzips relativ autonom wirtschaften, ist von einer mittleren Ausprägung der Akzeptanz sozialer Ungleichheit auszugehen. Selbstständige, zu denen u.a. auch Handwerker zu rechnen sind, sollten in ihren Ausprägungen der Geltung des meritokratischen Prinzips und der Akzeptanz dieses Prinzips der oberen Dienstklasse entsprechen, denn sie sind als Teil der so genannten „freien Wirtschaft" stark auf den Erfolg eigener Leistungen angewiesen und haben in der Regel Erfahrungen mit der meritokratischen Leistungslogik gemacht, die sie als Grundlage ihres Erfolgs ansehen. Wahrscheinlich ist die Akzeptanz bzw. Befürwortung des Prinzips stärker als die Wahrnehmung des meritokratischen Prinzips, da von einem Teil dieser Klientel Marktregulierungen durch den Staat als Eingriff in die unternehmerische Freiheit und damit als störend empfunden werden. Selbstständige und Landwirte setzen aber dennoch auf die Rolle des Staates zur Anregung von allgemeinem Wirtschaftswachstum. Die Gruppe der Facharbeiter und kleiner und mittlerer Angestellter deckt sich zum Teil mit den von Mayer (1975) thematisierten Soziallagen der traditionellen Arbeiter, der neuen Mittelschicht und der neuen Arbeiterschicht im Sinne von prestigeorientierten „deferential workers". Während in der traditionellen Arbeiterschicht noch Vorstellungen über eine gesellschaftliche Dichotomie von Macht und Herrschaft bzw. Arbeit und Besitz bestehen, nimmt die neue Arbeiterschicht und die Mittelschicht der niedrigeren Angestellten gesellschaftliche Hierarchien differenzierter und mehrdimensional wahr (Prestigeunterschiede, Bildungs- und habituelle Unterschiede). Dem Staat wird eine wichtige Funktion für das Wirtschaftswachstum beigemessen zur Garantierung gesellschaftlichen Wohlstands. Aufgrund des geringeren Nutzens, welchen das meritokratische Leistungsprinzip diesen Bevölkerungsgruppen bringt und der geringeren Position im gesellschaftlichen Hierarchiegefüge müsste diese Schicht in eher schwachem Ausmaß von der Realisierung des meritokratischen Prinzips in der Gesellschaft überzeugt sein. Andererseits sollte sie in mittleren Ausmaßen diesem Prinzip anhängen, da die meritokratische Logik Belohnungen für qualifizierte Abschlüsse und entsprechende Leistungen in Aussicht stellt. Die geringste Akzeptanz sozialer Ungleichheit sollte – in der rein statusbezogenen und nutzenorientierten Argumentation – die niedrigste Soziallage der ungelernten Arbeiter zeigen. Auch wenn Mayer (1975) – allerdings nicht in Bezug auf die Gruppe der traditionellen Arbeiter – von einer resignativen Akzeptanz sozialer Ungleichheit spricht, sind doch egalitär-kritische Haltungen anzunehmen, insofern die ungleichheitsfördernden gesellschaftlichen Mechanismen erkannt wurden. Ein Hauptgrund für diese Annahme ist auch, dass diese Schicht überdurchschnittlich auf staatliche Umverteilungsmaßnahmen und Fürsorge angewiesen ist. Die Wahrnehmung der Geltung des meritokratischen Prinzips müsste eigentlich hoch sein, da die mangelnden Bildungsabschlüsse mit niedrigem Status und niedrigen Bildungsrenditen korrespondieren – was die meritokratische Logik bestätigen müsste. Die Erfahrung staatlicher Umverteilung sollte aber dennoch zu einer schwachen Wahrnehmung dieses Prinzips führen.

Aus den theoretischen Überlegungen ergibt sich folgende Hypothese für die Beziehung zwischen Status und Akzeptanz sozialer Ungleichheit:

Hypothese 2: Je privilegierter die soziale Position einer Person ist, desto stärker akzeptiert diese die auf dem meritokratischen Prinzip beruhende Ordnung sozialer Ungleichheit.

Der Hypothese wird eine Spezifizierung im Hinblick auf Selbstständige und Dienstklassenangehörige beigefügt: *Die Akzeptanz sozialer Ungleichheit sollte in der Dienstklasse und bei den Selbstständigen besonders stark ausgeprägt sein, während niedrigere Schichten wie Facharbeiter und ungelernte Arbeiter diesem Prinzip kritischer gegenüberstehen sollten.* Diese Annahme beruht auf der Argumentation, dass diese Klassenlagen am stärksten vom meritokratischen Prinzip profitieren. Deshalb sollten diese – aus Sicht nutzentheoretischer Ansätze – auch entsprechend an der Durchsetzung und dem Erhalt dieses Gerechtigkeitsprinzips interessiert sein.

Bildung als Humankapital und die Akzeptanz sozialer Ungleichheit. Eine Verknüpfung der Annahmen, dass Bildungszertifikate wichtige Determinanten des Statuserwerbs sind und aus einem höherem Bildungsniveau ein höherer sozialer Status folgt sowie dass ein höherer Status mit einer stärkeren Akzeptanz sozialer Ungleichheit verbunden ist, legt im logischen Schluss folgende – der Hypothese 1a zur Beziehung von Bildung als Humanvermögen und der Legitimation sozialer Ungleichheit widersprechende – Hypothese nahe. Eine detaillierte theoretische Beschreibung der Hintergründe von Watermann (2003) schließt den Statuserwerbsprozess und statusspezifische Sozialisation ein:

> „So besitzen Personen mit höherer Schulbildung aufgrund der Zugehörigkeit zu höheren sozialen Schichten einen spezifischen Sozialisationsvorteil, der ihnen neben einer besseren finanziellen Situation in statusrelevanter Hinsicht unter anderem die Erschließung von Bildungsinstitutionen und -laufbahnen durch die Eltern und den Zugang zu einer kulturellen Lernumwelt erleichtert hat. In diesem Zusammenhang ist also der Transfer kulturellen Kapitals (Bildung, Beteiligung an gesellschaftlichen Kulturgütern) von der Eltern- auf die nachwachsende Generation von Bedeutung. […] Nach Bourdieu (1974) schlagen sich die unterschiedlichen Sozialisationsbedingungen in unterschiedlichen Neigungen, Interessen, im Geschmack, im Wissen über gesellschaftliche Zusammenhänge und in subjektiven Statuserwerbstheorien (Gesellschaftsbild) nieder. Im so verstandenen Sinne erhält Schulbildung den Stellenwert einer ‚sekundären Statusvariable' (Boehnke u.a., 1987), die sich in unterschiedlichen lebensweltlichen Erfahrungen niederschlägt und in der Logik des SC-Modells vor allem auf die sekundäre Ungleichheitsüberzeugung Einfluss nimmt" (Watermann 2003: 38).

Aus dieser Verknüpfung von Bildung und Status lässt sich folgende Hypothese ableiten:

Hypothese 1b: Je höher das Bildungsniveau einer Person ist, desto stärker akzeptiert diese – aufgrund ihres entsprechend höheren Status als Bildungsertrag – die auf dem meritokratischen Prinzip beruhende Ordnung sozialer Ungleichheit.

8.2.3   Bildung, Statuszuweisung und Akzeptanz sozialer Ungleichheit –
        Ein Paradox

Die beiden kontradiktorischen Hypothesen zum Zusammenhang zwischen Bildung und Akzeptanz sozialer Ungleichheit – die in Abbildung 6 noch einmal kontrastiert werden – stellen ein interessantes Paradox dar. Offenbar führt einerseits eine höhere Bildung zu einer reflektierteren und kritischeren Betrachtung sozialer Ungleichheit, andererseits haben die höher Gebildeten auch einen höheren Status, der sie zu Begünstigten der Ordnung sozialer Ungleichheit macht und sie diese deshalb stärker akzeptieren sollten. Dies führt, wie im Weiteren argumentiert werden soll, zur Postulierung einer Interaktionsthese zum Zusammenspiel zwischen realisierten Bildungserträgen und der Wahrnehmung von Vorteilen der Ordnung sozialer Ungleichheit. Die Rationalität von (erworbenen) Bildungszertifikaten für den Statuserwerb wird – je nach kognitiven Fähigkeiten – im Rahmen von kognitiven Rationalisierungen wahrgenommen. Je nach Kosten-Nutzen-Wahrnehmung des Prinzips sozialer Ungleichheit für das je individuelle Fortkommen sollte diese dann basierend auf entsprechenden Erfahrungen als legitim oder nicht als legitim angesehen werden.

Abbildung 6: Bildung und Akzeptanz sozialer Ungleichheit

Humanvermögen-These	Humankapital-These
Bildung als Humanvermögen	Bildung als Humankapital
Kognitive Fähigkeiten, Reflexionskompetenzen, Fertigkeiten	Umsetzung von Bildungszertifikaten in sozialen Status
Höher gebildete Individuen haben höhere kognitive Fähigkeiten und nehmen daher eine kritischere Haltung gegenüber sozialer Ungleichheit ein.	Höher gebildete Individuen konnten ihre Bildung besser in einen höheren sozialen Status umsetzen. Personen mit höherem sozialen Status (Privilegien, Macht) akzeptieren die Ordnung sozialer Ungleichheit – die sie begünstigt hat – stärker, um ihre Position zu legitimieren und zu bewahren (Statuserhaltmotiv, Machterhalt).

Für die Analyse zur Akzeptanz sozialer Ungleichheit im Zeitverlauf ergeben sich aus diesem Paradox zwei Konsequenzen. Zum einen wird der Blick gelenkt auf Statusinkonsistenz, d.h. ein Mismatch zwischen Bildungsniveau und erworbenem Status (Lenski 1954, 1966; Becker und Zimmermann 1995): Aus dem Paradox ist der logische Schluss zu ziehen, dass die hoch Gebildeten mit einem benachteiligten Status, d.h. diejenigen, die ihre Bildungszertifikate nicht in entsprechende (Berufs-)Positionen umsetzen konnten, soziale Ungleichheit am wenigsten akzeptieren und der Ordnung besonders kritisch gegenüber stehen sollten. Grund dafür ist, dass diese Gruppe hohe Reflexionsfähigkeiten aufweist und gleichzeitig am wenigsten von der Ordnung sozialer Ungleichheit profitieren konnte, so dass für diese das meritokratische Prinzip tatsächlich einen Mythos bzw. eine Legitimationslegende darstellt. Zum anderen sollen die beiden verschiedenen Sichtweisen auf Bildung im Rahmen der empirischen Untersuchung und die quantitativen Datenanalyse voneinander getrennt analysiert werden. Dies geschieht durch die simultane Einführung von Bildungs- und Statusvariablen in das Modell. Bei simultaner Berücksichtigung von Status, d.h. bei Kontrolle der Statusvariable, bleiben für die Bildungsvariable nur die Varianzanteile übrig, welche nicht auf den aus Bildung resultierenden spezifischen Status zurückzuführen sind. Der Effekt der Bildungsvariable auf die Akzeptanz sozialer Ungleichheit bezieht sich dann insbesondere auf das Humanvermögen im Sinne kognitiver Ressourcen. Entsprechend dieser Argumentation müsste dann der Einfluss des Bildungsniveaus negativ – höheres Bildungsniveau führt zu geringerer Akzeptanz – und des Status positiv – höherer Status führt zu stärkerer Akzeptanz – sein.[38]

8.2.4 Statusinkonsistenz und Akzeptanz sozialer Ungleichheit

Die Konsistenz zwischen dem Bildungsniveau und dem erreichten soziale Status – als ein Indikator für soziale Mobilität innerhalb des Lebensverlaufs (Becker und Zimmermann 1995) – soll hier als weiterer Bestimmungsfaktor für die Ausprägung der Akzeptanz sozialer Ungleichheit thematisiert werden. Statusinkonsistenz bezieht sich dabei im Sinne von Lenski (1954) vor allem auf die erfolgreiche Kristallisation von Bildung als Humankapital in (beruflichen) Status, der mit einem bestimmten Einkommensniveau verknüpft ist. Dies auch vor dem Hintergrund, dass sich das bereits beschriebene Paradox, dass eine höhere Bildung eigentlich mit einer kritischeren Haltung gegenüber sozialer Ungleichheit einhergeht und ein höherer Status andererseits mit einer stärkeren Akzeptanz der Ordnung sozialer Ungleichheit, durch die Frage der Passung von Bildung und Status auflösen lässt. Das Phänomen der Statusinkonsistenz ist dabei eng mit Erfahrungen sozialer Mobilität im Sinne eines sozialen Abstiegs oder Aufstiegs verknüpft und wird in der empirischen Forschung zur Erklärung vieler Gegenstände auf der Einstellungs- und der Handlungsebene – etwa von „Stresssymptomen, Wahlentscheidungen, abweichendem Verhalten, Selbstmord, sozialem Wandel, usw." (Kohler 2005: 237) – herangezogen. Statusinkonsistenz ist dabei auch als „temporäres Phänomen im Lebensverlauf von Individuen in

---

[38] Wie bereits an anderer Stelle angedeutet, enthält der Bildungseffekt nach der Separierung von der Wirkung des Status neben den Wirkungen kognitiver Fähigkeiten auch Sozialisationsinhalte, die ebenfalls für die soziale Reproduktion (die Weitergabe des Klassenhabitus im Sinne von Bourdieu und Passeron 1971) relevant sind, hier allerdings nicht berücksichtigt werden.

unterschiedlichen Geburtskohorten zu verstehen" (Becker und Zimmermann 1995: 371) und unterliegt somit der Dynamik des Lebensverlaufs. Wenngleich entsprechend dem Thomas-Theorem die subjektive Wahrnehmung von Statusinkonsistenz eine direkte Relevanz für individuelle Einstellungen und Handlungen hat, ist auch schon für die (von Forschern festgestellte) quasi objektive Statusinkonsistenz von einem – wenngleich eher indirekten – Effekt auf Einstellungen und Handlungen auszugehen, weil infolge institutioneller Vorgaben, Soziallagen und Gelegenheitsstrukturen Statusinkonsistenz eine spezifische Verortung in der Sozialstruktur bedeutet (vgl. Meulemann 1985; Wuggenig 1982; Becker und Zimmermann 1995: 359). Daher wird im Folgenden Statusinkonsistenz anhand objektiver Indikatoren (Passung von Bildungsniveau und Klassenlage) unter Berücksichtigung zeitlicher Variablen betrachtet. Der Fokus liegt in Anlehnung an die Unterscheidung von Kerschke-Risch 1990: 195f) auf negativer Statusinkonsistenz, d.h. dass der aufgrund des erzielten Bildungszertifikats zu erwartende Status nicht erreicht wurde.[39]

Grundprämisse zur Ableitung einer Hypothese ist zunächst, dass Individuen in der Regel eine möglichst hohe soziale Position anstreben, da sie dadurch soziale Anerkennung und physisches Wohlbefinden maximieren können. Dies kann abgeleitet werden aus dem Mobilitätsaxiom von Galtung (1967: 467), aus der Annahme von Merton (1995 [1957]) über das universelle Ziel, einen möglichst hohen Status in der Berufsstruktur zu erreichen, oder aus der Theorie sozialer Produktionsfunktionen zur Produktion subjektiven Wohlbefindens bei Ormel et al. (1999), in der Status ein wesentliches instrumentelles Ziel darstellt. Die tatsächliche Erfahrung von Mobilität im Lebensverlauf, d.h. „the acquisition or loss of some socially values characteristic or possession so that one's rank among one's fellow men is changed" (Rose 1964: 325) beeinflusst das soziale Bewusstsein (Müller 1975) – und damit auch die Wahrnehmung und die Bewertung der Ordnung sozialer Ungleichheit sowie in der Rückwirkung auf das Handeln der Menschen wiederum das Handeln bezüglich sozialer Mobilität selbst. Aus dem Atkinson-Modell (Atkinson 1966), das die individuelle Leistungsstärke als Funktion des Leistungsmotivs, der Erwartung von Erfolg und dem Anreiz zum Erfolg theoretisiert und dabei Persönlichkeitsfaktoren und gesellschaftlich bedingte Aspekte der Handlungssituation verbindet, leitet Mayer (1975: 63) u.a. folgende Hypothese ab: „Die Chancen von Aufstiegen in der Zu-

---

[39] „Negative Statusinkonsistenz liegt vor, wenn der erwartungsauslösende Status, z.B. soziale Herkunft oder Investition in Humankapital, größer als der erwartungsrealisierende Status ist, z.B. Belohnung in Form von Prestige oder Einkommen. Positive Statusinkonsistenz ist dann gegeben, wenn der erwartungsauslösende Status niedriger als der erwartungsrealisierende Status ist" (Becker und Zimmermann 1995: 361).

kunft werden umso positiver beurteilt werden, je mehr positive Mobilitätserfahrungen ein Akteur in der Vergangenheit hatte." Im Hinblick auf diese Hypothese
ist nun die Ableitung möglich, dass negative Mobilitätserfahrungen (Statusinkonsistenz) mit einer geringeren Akzeptanz von sozialer Ungleichheit auf Basis
des meritokratischen Leistungsprinzips einhergehen sollten. Es ist davon auszugehen, dass eine bestehende Ordnung sozialer Ungleichheit dann abgelehnt wird,
„wenn Aufstiegschancen generell oder partiell blockiert sind" (Mayer 1975: 72).
Den theoretischen Hintergrund dieser Verknüpfung zwischen sozialen Erfahrungen und präferierten Legitimationsprinzipien bildet offensichtlich ein lerntheo-
retischer Ansatz im Sinne von „Lernen am Modell" bzw. Beobachtungslernen
(Bandura 1976), wobei im Hinblick auf Werthaltungen und Prinzipien ein so-
zialisationstheoretischer Ansatz, der die aktive Verarbeitungsleistung des Individuums stärker betont, sinnvoller erscheint. Aus der sozialisationstheoretischen
Sicht von Hurrelmann (Hurrelmann 1989: 163) werden Einflüsse der „sozialen
und dinglich-materiellen Lebensbedingungen" auf das Bewusstsein (Normen,
Werte, etc.) über den gesamten Lebenszyklus hinweg fokussiert. Im Sinne des
Ansatzes der sozialen Erfahrungen von Meier et al. (1981) können Erfahrungen
mit sozialer Mobilität oder Statusinkonsistenz Wertorientierungen – hier Legitimationsprinzipien – festigen, abschwächen oder eliminieren.

Eine theoretische Begründung für den Zusammenhang zwischen Statusinkonsistenz und dem präferierten Legitimationsprinzip kann aus dem Konzept zur
relativen Deprivation von Scheuch und Klingemann (1967) abgeleitet werden.
Statusverminderungen und Statusverlust – als alltägliche Phänomene moderner
Gesellschaften – werden darin als Ursache individueller Unzufriedenheit, die mit
Nicht-Akzeptanz der Ordnung einhergeht, thematisiert. Eine Diskrepanz zwischen im Hinblick auf Bezugsgruppen aufgestellten Ansprüchen und den
schließlich erhaltenen Gütern bzw. Belohnungen führt in dieser Argumentation
zu individueller Unzufriedenheit mit der sozialen Ordnung. Die enttäuschte Erwartung des Aufstiegs ergibt sich dabei aus der Beobachtung, dass andere Personen, die zur Bezugsgruppe gehören, aufsteigen. Diese Beurteilung an
Bezugsgruppen findet nach der Social-Comparison-Theory von Festinger (1954)
statt, weil Individuen die soziale Motivation haben, sich an anderen dahingehend
zu orientieren, ob ihre Ansichten über die Realität richtig sind und welche Ansprüche sie haben können.

Eine stärker mobilitäts- bzw. auf den Statuserwerb bezogene Sichtweise findet sich in der Auseinandersetzung mit der Theorie der relativen Deprivation
durch Boudon (1986). Soziale Prozesse der Abwärts- oder Aufwärtsmobilität
stellen in dieser Argumentation soziale Erfahrungen dar, die das individuelle
Bewusstsein – und damit auch individuelle Gerechtigkeitsurteile – prägen. Rela-

tive Deprivation ist dann besonders ausgeprägt, wenn ein Investment in einen möglichen Statusaufstieg nicht erfolgreich ist und der entsprechend erwartete Aufstieg ausbleibt. Ein besonderes Aktionspotenzial auf der Einstellungs- und Handlungsebene ist somit für „negativ statusinkonsistente Lagen" (Becker und Zimmermann 1995: 362) zu erwarten, denn diese sollten bestrebt sein, Statusverluste bzw. Diskrepanzen zum einen über verstärkte Mobilität, zum anderen über eine kritische Haltung gegenüber der Ordnung sozialer Ungleichheit und auf deren Änderung gerichtete Handlungen, auszugleichen. Dem Statuserhaltsmotiv kommt somit hier eine entscheidende Rolle zu (Boudon 1974; vgl. Becker 2003). Da der wahrgenommene Statusverlust für höher Gebildete mit niedrigem Status am ausgeprägtesten ist, sollte hier die höchste Aktivationswirkung zu erwarten sein. Zu vermuten ist also eine besonders niedrige Akzeptanz bei dieser Gruppe, während im mittleren Ausmaß Gebildete oder gering Gebildete, die nur einen unangemessen niedrigen Status erreicht haben, aufgrund einer solchen Statusinkonsistenz weniger stark an Akzeptanz verlieren sollten. Somit ist auch das Ausgangsniveau der sozialen Mobilität zu beachten.

Für den Zusammenhang zwischen Statusinkonsistenz und Akzeptanz sozialer Ungleichheit bedeutet das, dass Individuen, die trotz hoher Investitionen in Bildung als Humankapital keinen Aufstieg in höhere Sozialschichten (z.B. die Dienstklasse) erfahren haben, besonders stark depriviert sind und entsprechend kritisch der Ordnung sozialer Ungleichheit gegenüberstehen. Diese theoretischen Überlegungen zu sozialer Mobilität und Statusinkonsistenz führen in Verknüpfung mit der bereits explorierten These, dass ein höherer Bildungsstand infolge erweiterter kognitiver Fähigkeiten generell eine kritischere Haltung gegenüber sozialer Ungleichheit und den aktuellen Verteilungsprinzipien nachsichzieht, zu der Annahme, dass Personen mit hoher Bildung und niedrigem Status (Statusinkonsistente) eine besonders ablehnende Haltung gegenüber der Ordnung sozialer Ungleichheit haben sollten. Deren Glaube an die Chancengleichheit und das Prinzip individueller Leistung und Fähigkeit sollte durch den Mangel an positiven Erfahrungen mit diesem Prinzip stark eingeschränkt sein und damit entsprechend Mayer (1975: 72) die Akzeptanz sozialer Ungleichheit in der Gruppe der Statusinkonsistenten besonders gering ausgeprägt sein.

Während sich unter Berücksichtigung des Statuserhaltsmotivs ergibt, dass eine negative Statusinkonsistenz und enttäuschte Erwartungen an den Statuserwerb eine Reaktion – eine sinkende Präferenz für das meritokratische Legitimationsprinzip – zur Folge haben, lässt sich aus Wegener (1991) die davon abweichende Argumentation ableiten, dass nur positive Mobilität eine Wirkung auf meritokratische Gerechtigkeitsprinzipien hat. Wegener (1991) regt dabei die Berücksichtigung des Startniveaus der negativen sozialen Mobilität an, wobei er im Hinblick auf Statusinkonsistenz die soziale Herkunft als Ausgangsniveau fokussiert: „With a high outset level, it will be easier for me to endure limits of advancement opportunities than with a low outset level" (Wegener 1991: 9); entsprechend wird vermutet, dass Individuen aus benachteiligten Schichten, die in Bildung investiert haben und mit einem höheren Bildungszertifikat ausgestattet sind, bei ausbleibenden Bildungsrenditen die geringste Akzeptanz sozialer Ungleichheit auf Basis des meritokratischen Leistungsprinzips zeigen.

> „Those on the way up the career ladder are more likely to support justice principles being in line with the doctrine of economic liberalism. Contrary to those on the way down and the nonmovers, they are skeptical of any egalitarian measures and its corollary, state intervention" (Wegener und Liebig 1995: 272).[40]

Die Stärkung des meritokratischen Gesellschaftsbilds durch positive Mobilitätserfahrungen an spezifischen Übergangen im Lebensverlauf stützen empirische Befunde von Watermann, wenngleich dieser darauf hinweist, dass der Umkehrschluss nicht zutrifft:

> „Enttäuschte Erwartungen an die Offenheit des Systems, insbesondere die Nichtrealisierung des gewünschten Ausbildungsberufs beim Übergang von der Schule in die Berufsausbildung, führen bei strukturell-gesellschaftlicher Attribution zu einer Verstärkung struktureller Überzeugungen, haben aber keinen Effekt auf das meritokratische Gesellschaftsbild" (Watermann 2003: 98).

Im Hinblick auf die voneinander abweichenden theoretischen Ansätze unter Fokussierung des Statuserhaltsmotivs (Boudon 1974) und des Startniveaus (Wegener 1991) wird nun eine Hypothese formuliert, die beide Argumentationen komplementär verknüpft.

Hypothese 3: Statusinkonsistente, die ihr (höheres) Bildungszertifikat nicht entsprechend in Status umsetzen konnten, stehen der auf dem meritokratischen Prinzip beruhenden Ordnung sozialer Ungleichheit besonders kritisch gegenüber, während Personen, die soziale Aufstiegsmobilität erlebt haben, diese besonders stark akzeptieren.

---

[40] Eine solche Argumentation ergibt sich auch aus einer stärker sozialisationstheoretischen Sichtweise, nach der insbesondere im Rahmen der beruflichen Sozialisation in stark wettbewerbsorientierten und von sozialer Mobilität geprägten Umgebungen Ideologien des ökonomischen Liberalismus, wie die meritokratische Leistungsideologie, vermittelt werden (Hochschild 1981; Schwinger 1981; vgl. Wegener und Liebig 1995: 272).

8.3   Die Bildungsexpansion und die Entwicklung der Akzeptanz sozialer
       Ungleichheit in längsschnittlicher Perspektive

Die bisher aufgestellten Hypothesen zur Beziehung zwischen Bildungsniveau,
Status und Statusinkonsistenz und der Akzeptanz sozialer Ungleichheit tragen
statischen Charakter. Um der Frage nachzugehen, ob im Zuge der Bildungsexpansion bestimmte Entwicklungen im Hinblick auf die Akzeptanz sozialer Ungleichheit stattgefunden haben, sollen im Folgenden spezifische Hypothesen
zum Wandel der Wertorientierungen gegenüber sozialer Ungleichheit aufgestellt
werden. Zunächst sollen verschiedene Prozesse, die im Zuge der Bildungsexpansion stattgefunden haben, im Rahmen eines Exkurses beleuchtet werden.

8.3.1   Ursachen und Folgen der Bildungsexpansion

Die Bildungsexpansion stellt eine der bedeutendsten säkularen gesellschaftlichen
Entwicklungen des 20. Jahrhunderts dar, wenngleich bereits vorher Anzeichen
für eine Expansion des Bildungswesens – etwa mit der Einführung der gesetzli-
chen Schulpflicht und der Etablierung staatlicher Bildungssysteme zwischen
1870 und dem Ersten Weltkrieg – konstatiert werden können (vgl. Müller et al.
1997). Im Rahmen der folgenden Analysen wird der Bildungsexpansionsschub
im Anschluss an die Bildungsreformen in den 1960er und 1970er Jahren fokussiert, der durch eine gestiegene Bildungsbeteiligung, längere Verweildauer im
Bildungssystem und beschleunigte Zunahme höherer Schulabschlüsse gekennzeichnet ist.
       Als *Ursachen* für die zunehmende Beteiligung an allgemeiner Schulbildung
und beruflicher Ausbildung sowie den Anstieg der Absolventen höherer Bildungsinstitutionen, lassen sich *endogene Faktoren*, d.h. durch die Bildungsexpansion selbst ausgelöste Dynamiken, und *exogene Faktoren*, d.h. politische
oder ökonomische Ursachen außerhalb des Bildungssystems, unterscheiden (vgl.
Hadjar und Becker 2006b; vgl. Windolf 1990; Becker 2000a, 2003). Ursächli-
che Mechanismen der Bildungsexpansion werden vordergründig aus der Perspektive heraus abgeleitet, in der Bildung als „allokativer Mechanismus für
Privilegien" (Müller et al. 1997: 183) im Sinne von Humankapital erscheint. In
der Statusgruppen- bzw. Konflikttheorie (Collins 1979) – im Unterschied zur
funktionalistischen Perspektive (Davies und Moore 1945) – stellt sich die Bildungsexpansion nicht als technisch-funktionale Notwendigkeit moderner Gesellschaften dar, sondern ihre Ursache wird in den Auseinandersetzungen zwischen
Statusgruppen in der Gesellschaft verortet (Collins 1971; Bourdieu 1982). Über

Bildungszertifikate sowie bestimmte Merkmale sozialer Herkunft erhalten Gesellschaftsmitglieder Zugang zu dominanten Statusgruppen und schließlich zu knappen Ressourcen wie Reichtum, Macht und Prestige (Bourdieu und Passeron 1971).

Endogene Faktoren ergeben sich aus der ökonomischen Sicht der Humankapitaltheorie (Becker 1964), in der Bildung als Investition in die Zukunft erscheint. Im Kern steht dabei die These, dass die individuelle Bildungsnachfrage und insbesondere die Investitionen in höhere Bildung steigen, wenn hohe Bildungsrenditen (z.B. Einkommen) zu erwarten sind. Voraussetzungen für die Expansion des Bildungssystems sind daher Wirtschaftswachstum und technischer Fortschritt. Eine Stagnation der Nachfrage nach Bildung würde bei sinkendem Wirtschaftswachstum und zunehmenden Arbeitsmarktproblemen eintreten, weil dann keine höheren Gewinne durch Investitionen in die Bildung erreicht werden können.[41] Während der Bildungsexpansion aus der humankapitaltheoretischen Sichtweise somit Grenzen gesetzt sind, ergibt sich aus der Signaltheorie ein monoton zunehmender Wettlauf um höhere Bildung (Boudon 1974), der auf Statuskonkurrenz basiert: Nach dem „Labour Queue Model" von Thurow (1975) und der darin enthaltenen Signalhypothese beruht die Bildungsexpansion bzw. die steigende Bildungsnachfrage darauf, dass Bildungszertifikate als Signal für Fähigkeiten und Kompetenzen zum weiteren Wissenserwerb und als Mittel zur Selektion durch die Arbeitgeber immer weiter an Bedeutung gewinnen. Höhere Bildungszertifikate verbessern die Chancen auf einen Arbeitsplatz bzw. einen gut entlohnten Arbeitsplatz. „Wenn in meritokratischen Gesellschaften der Bildungsabschluss zu einer wichtigen Voraussetzung für sozialen Aufstieg und Berufskarriere wird, verhalten sich die Individuen entsprechend der Logik des Wettrüstens: ‚Je mehr, desto besser'" (Windolf 1990: 6). Dieser Wettbewerb um Bildung als Positionsgut (Hirsch 1980) beruht darauf, dass in Anbetracht des zunehmenden Bildungsniveaus in der Bevölkerung immer höhere Bildungszertifikate notwendig sind, um durch Distinktion individuell bessere Chancen zu haben, einen Arbeitsplatz zu bekommen.

Eine stärker politische Sichtweise und Fokussierung auf exogene Ursachenfaktoren vertritt die politische Theorie der Bildungsexpansion (Windolf 1990). Danach verläuft die Entwicklung des Bildungssektors nach politischen Zyklen, die sich aus der kollektiven Konkurrenz sozialer Gruppen um Macht- und Entscheidungsmöglichkeiten ergeben. „Der Staat und die Parteien entscheiden, welcher Teil des Volkseinkommens für das Bildungssystem zur Verfügung steht und

---

[41] Dies wäre zum Beispiel der Fall, wenn die Löhne tendenziell sinken, weil die Anzahl der höher qualifizierten Arbeitnehmer die Nachfrage nach solchen Arbeitnehmern auf dem Arbeitsmarkt übersteigt.

welche Zugangsbedingungen erfüllt sein müssen, damit jemand am Bildungswettlauf überhaupt teilnehmen kann" (Windolf 1990: 8). Bildungsexpansionsschübe verlaufen entsprechend parallel zu Phasen einer Bildungspolitik, die auf die Öffnung der höheren Bildungsinstitutionen ausgerichtet sind (Becker und Blossfeld 1991; Becker 1993).

Im Hinblick auf die *Folgen* der Bildungsexpansion ist zunächst auf die Erwartungen, die mit den Bildungsreformen im Westdeutschland der 1960er Jahre verbunden waren, hinzuweisen. Damals befanden sich zwei wesentliche Sachverhalte im Zentrum der wirtschafts- und gesellschaftspolitischen Diskussion: Einerseits wurde vor dem Hintergrund des „Sputnik-Schocks" aus wirtschaftspolitischer Sicht befürchtet, die westlichen Industrienationen könnten durch mangelnde Bildung in der Bevölkerung und mangelnde Qualifizierung von Arbeitskräften beim Wettlauf um wirtschaftlichen und technischen Fortschritt ins Hintertreffen geraten. Vor allem Picht (1964: 17) setzte den „Bildungsnotstand" mit wirtschaftlichem Notstand gleich: „Der bisherige wirtschaftliche Aufschwung wird ein rasches Ende nehmen, wenn uns die qualifizierten Nachwuchskräfte fehlen, ohne die im technischen Zeitalter kein Produktionssystem etwas leisten kann". Aus einer gesellschaftspolitischen Perspektive heraus wurde andererseits die Forderung nach Höherbildung mit dem Ruf nach mehr Chancengleichheit bzw. dem Abbau sozialer Ungleichheiten verbunden. Es wurden die zwischen Sozialschichten, Geschlechtern und Regionen ungleich verteilten Bildungschancen problematisiert (Carnap und Edding 1962). Zudem erhofften sich vor allem liberale Kreise eine auf mündigeren, politisch informierten und interessierten Bürgern beruhende Demokratisierung (Dahrendorf 1965a) – einhergehend mit zunehmender Emanzipation und Entscheidungs- bzw. Gestaltungsmöglichkeiten. So forderte Dahrendorf (1965a) Bildung als Bürgerrecht ein, weil sie Voraussetzung und Garant für eine Demokratie und Gesellschaft aufgeklärter Bürger sei. Aus diesen Forderungen ergaben sich als grundlegende Ziele der Bildungsreform sowohl der Abbau von Bildungsungleichheiten als auch die Höherbildung der Bevölkerung. Diese primär politischen Ziele sollten durch einen massiven Ausbau des Bildungswesens und einen deutlichen Anstieg der Bildungsbeteiligung in allen Bevölkerungsteilen realisiert werden. Sozialer Wandel – insbesondere bezüglich der gesellschaftlichen Ordnung sozialer Ungleichheit und ihrer Prinzipien – gehörte somit zu den elementaren Erwartungen an die Bildungsexpansion: So wurde das Prinzip der Chancengleichheit von allen Parteien zum Reformziel gemacht (Ruge 1977); „über die Realisierung von Chancengleichheit – so wurde erwartet – würden überkommene Strukturen und traditionale Mentalitäten sich wandeln" (Meulemann 1982: 228).

Ob diese erwarteten Folgen der Bildungsexpansion eingetreten sind oder nicht, und welche unerwarteten Folgen sich durch die Bildungsexpansion ergeben haben, ist Gegenstand verschiedener Kontroversen (Müller 1998). Nur ein Befund scheint klar zu sein: Das Ziel der höheren Bildungsbeteiligung konnte im Rahmen der Bildungsreformen und der dadurch intensivierten Bildungsexpansion erreicht werden (vgl. Becker 2006). Sowohl das „niedere" als auch das „höhere" Schulwesen – unter Einschluss der Berufsausbildung – sind expandiert (vgl. Klemm 1996). Seit Beginn des Bildungsexpansionsschubs in den 1960er Jahren hat sich im deutschsprachigen Raum die Pflichtschulzeit für alle verlängert. Im Hinblick auf niedrige und mittlere Bildungsniveaus wurde Berufsbildung zum Regelfall und weitete sich zeitlich aus; entsprechend stieg die Zahl der Absolventen mit einem qualifizierten Berufsabschluss (Blossfeld 1985). Höhere Bildungswege erlebten gleichermaßen einen Expansionsschub, was sich in einem rapiden Anstieg der Abiturientenquoten sowie einer moderaten Steigerung der Studienanfänger und Absolventen tertiärer Bildungseinrichtungen wie Universitäten und Fachhochschulen niederschlug (Meulemann 1992a; Blossfeld 1993; Müller und Haun 1994; Schimpl-Neimanns 2000; Müller und Pollak 2004a). Die Zunahme der Absolventen mit höheren allgemeinbildenden und tertiären Abschlüssen sowie qualifizierten Berufsabschlüssen ist ein europaweites Phänomen (Shavit und Blossfeld 1993; Müller und Shavit 1998). Im Hinblick auf die Höherbildung und die Erweiterung der Fähigkeiten im Sinne einer kognitiven Mobilisierung ergibt sich für die Gesamtbevölkerung nach der Logik der Aggregation ein höheres Wissens- und Kompetenzniveau. Aber Lernfähigkeiten und psycho-soziale Kompetenzen im Sinne von Humanvermögen sind – wie die PISA-Studie (Baumert et al. 2003) zeigt – in Deutschland und anderen Ländern, in denen in den letzten Jahrzehnten eine profunde Erweiterung der Bildungsmöglichkeiten und Bildungsnachfrage zu verzeichnen war, im Vergleich eher auf einem niedrigeren Niveau. Offenbar stehen „positive Entwicklungen in der frühen Phase der Bildungsexpansion Leistungsverlusten in der späten Phase gegenüber" (Becker et al. 2006: 83). Grund dafür könnte das sehr geringe Leistungsniveau in der Hauptschule als Restschule sein, das durch die zunehmende Homogenisierung sinkt (vgl. Solga und Wagner 2000). Dennoch: In der Gesamtbetrachtung ist auf der Aggregatebene durch den höheren Anteil hoch Gebildeter von einer kognitiven Mobilisierung auszugehen.

Bei der Betrachtung der Folgen sind – ausgehend von einem strukturell-individualistischen Ansatz (McClelland 1966; vgl. Hadjar und Becker 2006b: 17) – neben den häufig analysierten sozialstrukturellen Konsequenzen der Bildungsexpansion – das sind vor allem strukturelle Wirkungen der Expansion bezüglich Bildungsungleichheiten, Arbeitsmarkt, Einkommensverteilung und Klassenlage infolge inter- und intragenerationaler Mobilität – auch kulturelle Folgen – das sind insbesondere die von Müller (1998) benannten „blinden Flecken" der Forschung wie kognitive Mobilisierung, Entwicklung von Wertorientierungen, Einstellungen, politische Orientierungen und Engagement sowie Lebensstile – zu berücksichtigen (vgl. Hadjar und Becker 2006b). Diesen „blinden Flecken" ist letztlich auch die Entwicklung der Wertorientierungen der Akzeptanz sozialer Ungleichheit zuzuordnen. Die Betrachtung beider Folgenkomplexe erscheint sinnvoll, weil strukturelle Folgen im Sinne eines Wandels der „Basis" und kulturelle Folgen (wie dem Wertewandel) im Sinne eines Wandels des „Überbaus" miteinander verknüpft sind.

Strukturelle Folgen. Im Hinblick auf strukturelle Folgen ist – insbesondere auch bezüglich der Frage nach der Durchsetzung der Meritokratie, d.h. der vollkommenen Entkopplung von askriptiven Merkmalen (z.b. soziale Herkunft) und Bildungschancen bzw. Statusallokation – die Entwicklung der Bildungsungleichheiten zu fokussieren. Dabei zeichnet sich ein ambivalentes Bild (Becker 2004): Während geschlechtsspezifische Ungleichheiten im allgemeinen Schulsystem – aber nicht in der beruflichen Ausbildung und an den Hochschulen – abgebaut werden konnten (Diefenbach und Klein 2002), sind Bildungschancen weiterhin schichtspezifisch verteilt, existieren – wenngleich abgeschwächt – weiterhin Stadt-Land-Unterschiede (Henz und Maas 1995) und bleiben ausländische Jugendliche bzw. Migrantenkinder die am stärksten benachteiligte Gruppe im Bildungssystem (Solga und Wagner 2001).

Das meritokratische Prinzip in Deutschland hat sich offenbar weiterhin nicht gänzlich durchgesetzt. Infolge des „fehlenden Gleichschritts" zwischen den verschiedenen Herkunfts- und Bildungsschichten bei der „Vermehrung von Bildungs- und Berufschancen" (Hondrich 1984: 277) – d.h. des Weiterbestehens von Chancenunterschieden nach Schichtzugehörigkeit – haben die Anstrengungen im Zuge der Bildungsreform persistente soziale Ungleichheiten (Becker 2003) nicht abschaffen können.

> „The decline [in inequality] is substantial, but as class inequality used to be large it may be still larger today in Germany than in other economically advanced countries. Results may vary depending on the specific aspect of inequality examined" (Mayer et al. 2007: 247).

Auf niedrigeren Stufen ist durchaus eine Lockerung des – an frühen Bildungsübergängen generell stärkeren – Zusammenhangs zwischen sozialer Herkunft und Bildung zu konstatieren. Ein Grund für diese Abnahme ist, dass immer mehr Kinder aus benachteiligten Schichten höhere Bildungseinrichtungen (Realschule, Gymnasium) besuchen, um ihre Chancen auf eine adäquate Lehrstelle zu verbessern. Die Chancen auf eine gute Platzierung auf dem Ausbildungs- und Arbeitsmarkt sind für niedrig Gebildete im Zuge der Bildungsexpansion gesunken, weil immer mehr hochqualifizierte Arbeitskräfte verfügbar sind, die von Arbeitgebern bevorzugt werden und daher eine Verdrängung der niedrig Gebildeten aus ihren angestammten Arbeitsmarktsegmenten stattfindet (vgl. auch Mayer et al. 2007: 248). Insgesamt haben schichtspezifische Ungleichheiten zwar ab- und die Möglichkeiten intergenerationaler Aufstiegsmobilität (Müller und Pollak 2004b) zugenommen, dies gilt jedoch nicht für Fachhochschul- und Universitätsabschlüsse (vgl. Shavit et al. 2007). In Bezug auf das Tertiärniveau zeigt sich kein Abbau von Bildungsungleichheiten, d.h. es sind weiterhin überproportional Kinder aus Akademikerfamilien, die die Universitäten frequentieren (vgl. Mayer et al. 2007; Becker 2006; Handl 1985; Meulemann 1983b).

Die Bildungschancen sind somit insgesamt weiterhin stark durch die soziale Herkunft geprägt. Eine Ursache dafür sieht Becker (2003, 2006) u.a. in schichtspezifischen Kosten-Nutzen-Kalkulationen im Hinblick auf Bildungsinvestitionen. Da benachteiligte Schichten – im Unterschied zu privilegierten Schichten – das Risiko, an höheren Schulformen zu scheitern und letztlich nicht die gewünschte Rendite aus entsprechenden Investitionen zu erhalten, weiterhin als hoch einschätzen, machen sie weiterhin weniger von höheren Bildungsangeboten Gebrauch. Von der Öffnung der höheren Bildungsinstitutionen und der Erweiterung des entsprechenden Sektors haben stattdessen insbesondere die Kinder aus privilegierten Schichten profitiert. Auch wenn Bildungsungleichheiten in der abstrahierten Gesamtsicht etwas abgenommen haben, ist trotz der differenziert zu betrachtenden Befunde klar, dass die perfekte Meritokratie ein Mythos bleibt.

Eindeutige Befunde liegen im Hinblick auf die gestiegene Erwerbsbeteiligung von Frauen vor, die durch ihre höhere Bildungsbeteiligung zu den Gewinnerinnen der Bildungsexpansion gehören. Während horizontale Unterschiede – geschlechtsspezifische Segregation in der Berufs- oder Studienwahl (Franzen et al. 2004; Trappe 2006) – erhalten blieben, konnten vertikale Geschlechterunterschiede in der Bildungsbeteiligung abgebaut werden (vgl. u.a. DJI-Studie zu Geschlechterungleichheiten; BFSFJ 2005). In Westdeutschland zeigen sich sogar leichte Nachteile von Jungen im Hinblick auf Sekundarschulabschlüsse (Diefenbach und Klein 2002; Mößle et al. 2007). Empirische Befunde zeigen aber auch, dass Frauen ihr Humankapital (Bildungszertifikate) noch nicht in dem Maße wie Männer zur Statusallokation nutzen können und ihr Erwerbsverlauf stark von Diskontinuitäten geprägt ist (Hecken 2006).

Im Zuge der Expansion des Bildungswesens bzw. der Bildungsbeteiligung ergibt sich als weitere strukturelle Folge das Problem sinkender Bildungsrenditen – d.h. wie Hondrich (1984: 276) bereits in den 1980ern konstatierte, dass die tatsächlichen Aufstiegseffekte im Bildungssystem „trotz gewachsener beruflicher

Aufstiegschancen, im Berufssystem nicht voll weitergegeben werden" können. Grund dafür ist, dass sich Ausbildungsmarkt und Arbeitsmarkt nicht gleichermaßen entwickeln. Pollmann-Schult (2006) zeigt, dass sich die Verwertungschancen der Bildungsabschlüsse bezüglich des Einkommens zwar verringert haben, aber nicht von einer drastischen Entwertung im Sinne einer Inflation gesprochen werden kann. Resultate längsschnittlicher Analysen von Butz (2001) zeigen, dass die Einkommensunterschiede nicht abnehmen und die relativen Unterschiede zwischen den Bildungsgruppen stabil bleiben, wenngleich Inhaber mittlerer Bildungszertifikate leichte Verluste in Kauf nehmen mussten.

Mit der Bildungsexpansion stehen weitere unintendierte, wenngleich nicht vollkommen unerwartete, strukturelle Konsequenzen in Zusammenhang. Das sind u.a. sinkende Standards an höheren Bildungseinrichtungen infolge der sozialen Öffnung für breite Bevölkerungsschichten (Schelsky 1956), ein Verdrängungswettbewerb zum Nachteil der gering Gebildeten (Blossfeld 1985; Müller 1998; Solga und Wagner 2001), daraus folgende Prozesse sozialer Schließung sowie eine tendenzielle Überqualifikation der Bevölkerung und zunehmende Arbeitsmarktprobleme, da das Angebot an höher Gebildeten die Nachfrage übersteigt (Windolf 1990). Empirische Evidenzen sprechen klar für einen Anstieg des Bildungsniveaus der Bevölkerung („qualifikatorisches upgrading") und die Verdrängung der niedrig Gebildeten. Die Bedeutung der Bildungszertifikate ist – trotz befürchteter, aber de facto nicht eingetretener „Bildungsinflation" im Sinne einer Überproduktion von Akademikern (Becker 2000b) – nicht gesunken, sondern gestiegen, da Bildungszertifikate umso wichtiger geworden sind, um auf dem Arbeitsmarkt, aber auch in anderen Lebensbereichen, bestehen zu können (Mayer 2000).[42] Für die Zukunft der Bildungsexpansion ist unter Rückgriff auf die von Boudon (1974) vertretene Sichtweise davon auszugehen, dass Bildung – und damit die Motivation, höhere Bildung zu erlangen und Angebote lebenslanger Weiterbildung zu nutzen – nicht an Wichtigkeit verlieren wird (Mayer 1992). Grund für diese Annahme ist, dass ein hoher Schul- und Ausbildungsabschluss zur Sicherung günstiger Einstiegsbedingungen ins Erwerbsleben beiträgt und „nach wie vor die beste ‚Versicherung' gegen Arbeitslosigkeit ist (Klemm 1996: 436)". Bildungszertifikate sind somit auch weiterhin Signale für Arbeitgeber, die über die Anlernbarkeit und die

---

[42] Bereits Weber (1972 [1922]: 577) weist auf den Mechanismus hin, dass die Erweiterung der Bildungsmöglichkeiten auch der Sicherung von Positionen dienen soll: „Wenn wir auf allen Gebieten das Verlangen nach der Einführung von geregelten Bildungsgängen und Fachprüfungen laut werden hören, so ist selbstverständlich nicht ein plötzlich erwachender ‚Bildungsdrang', sondern das Streben nach Beschränkung des Angebotes für die Stellungen und deren Monopolisierung zugunsten der Besitzer von Bildungspatenten der Grund."

Fähigkeiten potenzieller Angestellter Auskunft geben und durch welche die Position in der „labour queue" verbessert werden kann (Thurow 1975, 1978). *Folgen für Kultur und Politik.* Zu den Konsequenzen der Bildungsexpansion für Kultur, Politik und Lebensführung gehört der Wertewandel vom Materialismus hin zum Postmaterialismus (Inglehart 1989). Dieser Wertewandel ist allerdings nicht zu pauschalisieren, stattdessen sind verschiedene Werthaltungen, etwa der Wert der Gleichheit, in ihren Entwicklungen – insbesondere auch im Hinblick auf ihren Inhalt – zu unterscheiden (Meulemann 1999). Auch erweisen sich nicht Kohorten bzw. Generationen per se als Träger des Wertewandels, sondern vielmehr die höher gebildeten Mitglieder der Kohorten; zudem sind Alters- und Periodeneffekte zu berücksichtigen. Dennoch ist ein säkularer Trend hin zu einer höheren Wertschätzung von Mitbestimmung und Selbstverwirklichung, der stark mit der Bildungsexpansion verknüpft ist, aus empirischer Sicht klar zu bestätigen (Hadjar 2006). Für die von Dahrendorf (1965a) gewünschte politische Mobilisierung im Zuge der Bildungsexpansion gibt es ebenso Anhaltspunkte. Zum einen ist die habituelle Parteiidentifikation gesunken, zum anderen ist das Wahlverhalten stärker reflektiert und damit rationaler (Becker und Mays 2002; Dalton 1984). Jüngere Generationen sind die Träger einer politischen Mobilisierung oder auch „partizipatorischen Revolution", im Zuge derer sich unter anderem neue, unkonventionelle politische Partizipationsformen etablieren konnten sowie sich eine kritisch-reflektiertere Haltung gegenüber politischen Parteien durchgesetzt hat (Kaase 1984). Im Zuge der Bildungsexpansion haben das politische Interesse sowie die politische Partizipation zugenommen (Hadjar und Becker 2007). Die häufig thematisierte These, die jüngeren Generationen hätten sich von politischen Gegenständen abgewendet, ist dahingehend zu korrigieren, dass unter Berücksichtigung ihres jüngeren Alters die jüngere Generation sogar politisch interessierter sind, als es die älteren Generationen im gleichen Alter waren (Hadjar und Becker 2006a).

Im Hinblick auf die Lebensführung sind besonders die unintendierten Konsequenzen der Bildungsexpansion für demographische Aspekte zu betrachten. Während einerseits die Lebenserwartung angestiegen ist (Becker 1998), wurden Familienbildungsprozesse verzögert – insbesondere die Geburtenraten sind aufgrund der erhöhten Frauenerwerbstätigkeit gefallen (Blossfeld und Huinink 1989). Es sind nicht nur tendenziell sinkende kohortenspezifische Heirats- und Geburtenraten zu verzeichnen, sondern es ist auch von der Verschiebung von Heirat und Geburt auf spätere Zeitpunkte im Lebensverlauf auszugehen (Blossfeld und Timm 2003; Timm 2006). Aktuelle Resultate von Klein et al. (2006) zeigen, dass die Bildungsexpansion zu einer höheren Lebenserwartung geführt hat, wobei hinter diesem Zusammenhang u.a. gesündere Lebensweisen stehen.

Bedeutsam für die Analyse des Wandels der Akzeptanz sozialer Ungleichheit ist – neben der Entwicklung struktureller Bildungsungleichheiten und von Wertorientierungen auf der ideologischen Ebene – die zunehmende Thematisierung von Prinzipien sozialer Ungleichheit, insbesondere des Prinzips der Chancengleichheit, und der Rolle der Bildungsinstitutionen. „Dass Bildung aus individueller Sicht ein Weg des sozialen Aufstiegs und in sozialstruktureller Perspektive ein Motor des sozialen Wandels sei, blieb nicht länger sozialwissenschaftliche Theorie, sondern wurde Teil des Alltagswissens breiter Bevölkerungskreise" (Meulemann 1982: 228). Das Ziel der Chancengleichheit wurde von allen politischen Parteien propagiert, was zumindest eine Voraussetzung der Diffusion des meritokratischen Prinzips in alle Bevölkerungsschichten bildete. Inwieweit eine solche Verbreitung des meritokratischen Prinzips stattgefunden hat, bildet den wesentlichen Aspekt der Analysen zur Akzeptanz sozialer Ungleichheit.

Bildungsexpansion und Wertewandel im Fokus. Da die Akzeptanz sozialer Ungleichheit wertbasiert ist, soll an dieser Stelle Wertewandel – als Teil der kulturellen und politischen Konsequenzen der Bildungsexpansion – etwas stärker im Detail beleuchtet werden. Im sozialwissenschaftlichen Diskurs ist der Befund von Inglehart (1998) besonders prominent, dass im Zuge der Bildungsexpansion – d.h. über die Kohortenabfolge – der Anteil der Postmaterialisten in allen Bildungsgruppen ansteigt. Bildungsunterschiede – das höhere Ausmaß an postmaterialistischen Werten in den höheren Bildungsschichten – scheinen relativ stabil, eventuell mit zunehmender Tendenz.[43] Im Hinblick auf die Mechanismen hinter dem Befund zum Anstieg postmaterialistischer Wertorientierungen über die Kohortenabfolge und über die Bildungsniveaus gibt es verschiedene Erklärungsmuster: Den Einfluss der Bildungsexpansion auf die Neuausrichtung (Säkularisierung) der Jugendphase hebt Behrmann (1987: 181f) in seiner Argumentation zu den Ursachen des Wertewandels hervor. Demnach ist die junge Generation Träger der postmaterialistischen Wertorientierungen, weil diese Werte „Ziele ihrer Emanzipation vom traditionellen Jugendstatus, der mit der Bildungsexpansion und der rasch fortschreitenden Säkularisierung labil geworden war, zugleich beschrieben und legitimiert haben."[44] Die „jungen

---

[43] Eine Betrachtung der kohorten- und bildungsspezifischen Postmaterialistenanteile findet sich auch bei Baumert (1991), der nicht auf den World Values Survey mit seinem bezüglich einiger Länder problematischen Bildungsbias, sondern auf ALLBUS-Daten zurückgreift. In allen untersuchten Kohorten nimmt der Postmaterialistenanteil über den steigenden Bildungsstand zu. Zudem zeigt sich eine Interaktion aus Bildungstand und Kohorte, „in den jüngeren Kohorten differenziert der Bildungstand offensichtlich stärker" (Baumert 1991: 343).

[44] In der Bundesrepublik Deutschland wurde dieser Emanzipationsdrang zudem dadurch verstärkt, dass sich die in den 1960er Jahren junge Generation mit postmaterialistischen Orientierungen von der antidemokratischen Tradition der Elterngeneration, die im Dritten Reich sozialisiert worden war, abzulösen versuchte.

Gebildeten" spezifiziert auch Klages (1984) als Träger des Wertewandels, der hier als Ablösung von traditionellen Werten der Pflicht und der Akzeptanz althergebrachter Zustände und die Zuwendung zu Selbstentfaltungswerten bestimmt wird. Der Wertewandel ist die Folge vielfältiger sozialstruktureller Veränderungen – vor allem auch im Hinblick auf Bildung und der Berufswelt. Klages (1984) thematisiert die Bildungsexpansion weniger im Hinblick auf die Höherbildung und eine Erweiterung von Fähigkeiten, sondern stärker aus Sicht der Sozialisationsfunktion der Bildungseinrichtungen. Im Zuge der Bildungsexpansion hat danach ein Wandel der Bildungsinhalte stattgefunden: Kreativität und Eigenständigkeit – und damit postmaterialistische bzw. Selbstentfaltungswerte – bekommen einen höheren Stellenwert in den Schulen, aber auch in der Berufsausbildung und in der Berufswelt (vgl. Hadjar 2006). Meulemann (1992b) beschreibt den Wertewandel ebenfalls als Veränderung von der unhinterfragten Akzeptanz von Tradition hin zu Selbst- und Mitbestimmung, die eine Reihe von Orientierungen gegenüber Beruf, Politik und Familie ergriffen hat. Dabei thematisiert er insbesondere die Entwicklung der Werte der Gleichheit und der Leistung und sieht die Bildungsexpansion als einen von verschiedenen Ursachenkomplexen für entsprechende Veränderungen. Während sich die Werte der Akzeptanz, Leistung und Mitbestimmung gewandelt haben – auf eine Phase der Konstanz bis 1965 folgen ein rapider Wandel und eine anschließende Re-Etablierung ab 1974 und relative Stabilität bis zur Mitte der 1990er Jahre (Meulemann 1992b, 1999) – zeichnet sich der Wert der Gleichheit[45] gerade in der Kernphase des Wertewandels zwischen den 1950er Jahren und Mitte der 1980er Jahre durch relative Stabilität aus. Die Akzeptanz der Leistungsphilosophie in der Bevölkerung ist im gleichen Zeitraum zurückgegangen (Meulemann 1983a, 1992b).[46] Der Wertewandel ist vor dem Hintergrund sozialstrukturellen Wandels zu interpretieren, bei dem die Bildungsexpansion neben wirtschaftlichen, politischen und massenmedialen Veränderungen nur einen Aspekt darstellt. So stehen hinter dem rapiden kulturellen Umbruch in Westdeutschland am Ende der 1960er Jahre, der die Frage nach den Werten im privaten und im öffentlichen

---

[45] Dabei ist darauf hinzuweisen, dass Meulemann (1992b) den Begriff des Wertes der Gleichheit und die Wahrnehmung von Gleichheit synonym verwendet, obwohl Wahrnehmung und Bewertung von Gleichheit durchaus zu unterscheiden sind.

[46] Im Hinblick auf den Wert der Leistung thematisiert Meulemann (1999), dass Wertewandel oder Wertestabilität nicht nur auf einer Veränderung oder Konstanz der Akzeptanz entsprechender Werte basieren – die sich in Prozentsätzen ausdrücken lässt –, sondern dass auch inhaltliche Wandlungen von Bedeutung sind. So lässt sich Leistung sowohl unter dem Aspekt der Selbstaufopferung (z.B. in den älteren Kohorten in Westdeutschland und in der DDR) verstehen, als auch unter dem Aspekt der Selbstverwirklichung deuten (z.B. in den jüngeren Kohorten in Westdeutschland). Dies ist vor allem wichtig für die Beurteilung empirischer Längsschnitt-Ergebnisse zum Wertewandel.

Bereich angeregt und eine politische Mobilisierung bestimmter Schichten ausgelöst hat, verschiedene strukturelle Entwicklungen:

> „Die bis dahin florierende Wirtschaft erlebte 1967 die erste Rezession. Die bis dahin rei-
> bungslos arbeitende Demokratie wurde erstmals massiv herausgefordert – von der NPD auf
> der einen, den protestierenden Studenten und Intellektuellen auf der anderen Seite. Das Bil-
> dungswesen begann gleichsam von unten mit dem Besuch weiterführender Sekundarschulen
> zu expandieren. Die Massenmedien wurden zum Teil des Lebensalltags, ablesbar an der um
> 1970 erreichten annähernden Vollversorgung der Haushalte mit Fernsehgeräten" (Meulemann
> 1992b: 100).

Die Komplexität der sozialstrukturellen und kulturellen Wandlungsprozesse im
Zuge der Bildungsexpansion wird in einem Zitat von Rödder auf den Punkt gebracht:

> „Die Konsequenzen der Bildungsexpansion waren zwiespältig, aber weitreichend. Auf der ei-
> nen Seite standen die Auswirkungen auf das Bildungswesen, wo gesunkene Bildungsstan-
> dards und Bildungsinflation sowie überlastete und unterfinanzierte Bildungssysteme beklagt
> wurden. Auf der anderen Seite standen die gesamtgesellschaftlichen Auswirkungen. In sozio-
> kultureller Hinsicht beförderte Bildung für eine erhöhte Zahl von Menschen die Verbreitung
> von Selbstentfaltungswerten sowie Individualisierungs- und Pluralisierungstendenzen und
> das stellte das zentrale emanzipatorische Potenzial für Frauen dar. Strukturell ist eine allge-
> meine Höherqualifizierung der Bevölkerung, eine Ausdehnung mittlerer und höherer Bil-
> dungsschichten und in der Folge eine Ausweitung der Dienstleistungsmittelschichten, auf
> Kosten des alten Selbstständigenmittelstandes und vor allem des Anteils der klassischen Ar-
> beiterschaft, zu bilanzieren. Somit beförderte die Bildungsexpansion die gesamtgesellschaftli-
> che ‚Umschichtung nach oben', wobei die unteren Schichten von dieser sozialen Mobilität in
> vergleichsweise geringerem Maße profitierten" Rödder (2004: 24).

Zusammenfassend bleibt festzuhalten, dass die Bildungsexpansion eine wesentliche Ursache von Wandlungsprozessen auf der Ebene der Werthaltungen ist,
auf der die Legitimationsprinzipien sozialer Ungleichheit zu verorten sind. Im
Folgenden sollen Hypothesen zur Entwicklung der Akzeptanz sozialer Ungleichheit abgeleitet werden, wobei zunächst Kohortenunterschiede thematisiert
werden, bevor dann weitere zeitliche Ebenen betrachtet werden.

8.3.2 Bildungsexpansion und Akzeptanz sozialer Ungleichheit aus Kohortenperspektive

Bei der Analyse der Entwicklung der Akzeptanz sozialer Ungleichheit im Zuge
der Bildungsexpansion werden zunächst im Sinne des methodischen Längs-
schnittansatzes Kohortenunterschiede fokussiert, d.h. die Entwicklungen werden
über die Kohortenabfolge nachvollzogen. Die (Geburts-)Kohorten stehen im Fo-

kus der Untersuchung, weil zum einen die Bildungsexpansion über die kohorten-spezifischen Bildungsniveaus nachgezeichnet werden kann, zum anderen, weil der Wandel der Wertorientierungen nach den Konzepten von Inglehart (1977) oder Klages (1984) insbesondere von Generationen bzw. Kohorten getragen wird. Die Veränderungen des Bildungswesens und die Konsequenzen daraus wurden von denen am stärksten erfahren, die als „Schüler unmittelbar betroffen" waren, „über die Zeit hinweg [...] müssen [diese] Altersgruppen als Kohorten betrachtet werden, die durch zeittypische Erfahrungen mit dem Bildungswesen geprägt worden sind" (Meulemann 1982: 237). Daraus ergibt sich, dass Kohortenunterschiede in der Akzeptanz sozialer Ungleichheit im Folgenden aus einer Synthese zweier Perspektiven heraus betrachtet werden: Zum einen stehen aufbauend auf die Thesen zum Zusammenhang zwischen Bildungsniveau und Akzeptanz sozialer Ungleichheit die kohortenspezifischen Bildungsniveaus – und damit der Verlauf der Bildungsexpansion – im Fokus, denn das Bildungsniveau ist ein „relativ stabiles Merkmal einer bestimmten Geburtskohorte (Inglehart 1998: 241) und hat entsprechende Konsequenzen für den intergenerationalen Wandel. Zum anderen werden die Kohorten als politische Generationen gedeutet. Dies ist sinnvoll, weil die Werthaltungen der Akzeptanz sozialer Ungleichheit als politische Orientierungen Objekte politischer Sozialisation – d.h. des Lernprozesses, „der die politischen Denk- und Handlungsmöglichkeiten konstituiert" (Becker und Mays 2003: 20) und im Rahmen dessen Orientierungsmuster gegenüber politischen Gegenständen sowie gesellschaftsbezogene Kenntnisse, Fähigkeiten, Einstellungen und Werte erworben werden (Meyer 2000: 498) – darstellen. Eine Generation bilden „Mitglieder einer Altersgruppe oder Kohorte, die – mit bestimmten Schlüsselerlebnissen konfrontiert – zu einer gleichgesinnten bewussten Auseinandersetzung mit den Leitideen und Werten der politischen Ordnung gelangten, in der sie aufwuchsen" (Fogt 1982: 21).[47] Nach diesem Generationenkonzept ist der Wandel der Wertorientierungen gegenüber sozialer Ungleichheit und damit gegenüber dem Legitimationsprinzip der Meritokratie auf die kohortenspezifischen Sozialisationserfahrungen, d.h. spezifische gesellschaftlichen Ereignisse, die im Zuge der politischen Sozialisation der einzelnen Kohorten von besonderer Bedeutung waren (z.B. politische Auseinandersetzung mit der Studentenbewegung), zurückzuführen. Meulemann (1982: 238) lenkt den Blick dabei insbesondere auf die Erfahrung institutioneller Veränderungen, die sich im Bewusstsein niederschlagen.

Hinter der Kohortenabfolge stehen in der ersten Perspektive eine ansteigende Bildungsbeteiligung, die zunehmende Höherbildung der Bevölkerung und eine

---

[47] Der Ursprung dieses Konzepts ist die Arbeit von Karl Mannheim (1928) zum Problem der Generation.

daraus resultierende „kognitive Mobilisierung" (Baumert et al. 2003). Zwischen Bildung und sozialen Wandel besteht eine enge Beziehung. Bildung ist „the modern world´s cutting edge" (Ryder 1985 [1965]: 14), die Verteilung der verschiedenen Bildungsniveaus bzw. -abschlüsse ist ein wichtiges Charakteristikum zur Unterscheidung zwischen verschiedenen Kohorten.

> „Die Folgen der Bildungsexpansion seit den späten 60er Jahren sind erkennbar kohortenbezogen, da sie ganz überwiegend die damals 16- bis 30-Jährigen betrafen und ihre beruflichen Lebenswege mitbestimmten. Ebenso wirken die Veränderungen der Aufnahmefähigkeit des öffentlichen Sektors deutlich kohortenspezifisch: Obwohl auch ältere Beschäftigte und Berufswechsler von sinkenden Einstellungszahlen im öffentlichen Sektor betroffen waren und sind, so sind doch die Wirkungen auf die zu diesem Zeitpunkt in den Arbeitsmarkt Eintretenden (etwa die 20-35-Jährigen) eindeutiger und nachhaltiger" (Leisering 2000: 63).

Die kohortenspezifische Bildungsverteilung prägt den Charakter und das Verhalten der Kohorte (vgl. Parsons 1959) – sowohl im Hinblick auf kognitive Fähigkeiten, als auch bezüglich sozialer Erfahrungen mit Bildungs- und Berufschancen, die letztlich beide einen Einfluss auf die Akzeptanz sozialer Ungleichheit haben (Wegener und Liebig 1995: 273). Erste Anzeichen einer kognitiven Mobilisierung sind für die Wirtschaftswundergeneration der in den 1940ern Geborenen zu erwarten, die bereits vom Ausbau des mittleren Schulwesens profitierte. Die eigentlichen Generationen der Bildungsexpansion sind die Geburtsjahrgänge der 1950er und 1960er, denn hier stieg die Abiturientenquote rasant an (vgl. Meulemann 1987). Gleichzeitig konnten diese Kohorten am stärksten von der Öffnung der höheren Schulformen profitieren und sind deshalb besonders durch eine Heterogenisierung der höheren Bildungsschichten gekennzeichnet (Becker 2006). Somit sollten die tendenziell niedriger gebildeten älteren Kohorten den jüngeren und höher gebildeten Kohorten hinsichtlich der kognitiven Fähigkeiten und den Kompetenzen zur Lebensgestaltung und Zielerreichung benachteiligt sein.

Die Deutung von Kohorteneffekten als Sozialisationseffekte basiert primär auf der Annahme, dass sich Unterschiede in bestimmten Merkmalen (z.B. Werthaltungen) auf die Zugehörigkeit zu verschiedenen politischen Generationen zurückführen lassen (Mannheim 1928; Metje 1994). Eine politische Generation bilden in diesem Sinne „diejenigen Mitglieder einer Altersgruppe oder Kohorte, die – mit bestimmten Schlüsselerlebnissen konfrontiert – zu einer gleichgesinnten bewussten Auseinandersetzung mit den Leitideen und Werten der politischen Ordnung gelangten, in der sie aufwuchsen" (Fogt 1982: 21). Nach der Sozialisationsthese werden individuelle Merkmale wie Werthaltungen in der formativen Phase des Sozialisationsprozesses im Kindes- und Jugendalter erworben und verändern sich danach kaum (Inglehart 1977). Die Ausprägung der Werte wird durch die Kontextbedingungen (politische Ereignisse, sozioökonomische Merkmale, Zeitgeist, etc.) zum Zeitpunkt der Sozialisation – vor allem zwischen dem 14. und 20. Lebensjahr (Bürklin et al. 1994: 598) – bestimmt. Auch wenn Prozesse der politischen Sozialisation lebenslang verlaufen, finden sie durchweg vor dem Hintergrund dieser primären Prägephase statt; d.h. im Sinne der Theorie der kognitiven Dissonanz von Festinger (1957), dass zum bereits internalisierten Weltbild passende Einstellungen leichter angenommen werden. Politische Einstellungen und Handlungen „sind nicht ohne frühe Sozialisationserfahrungen in der Kindheit und Jugend zu verstehen, aber auch nicht ohne die Sozialisationserfahrungen in späteren Phasen des Lebens" (Becker und Mays 2003: 21; vgl. Weiß 1981: 51).[48] Auf die Bedeutsamkeit der Jugendphase für die politische Sozialisation weisen auch im Rahmen einer Panel-Studie gewonnene empirische Befunde von Jennings (1996) hin: Während in der Jugendphase noch große Veränderungen hinsichtlich politischer Einstellungen zu konstatieren waren, erwiesen sich die Objekte politischer Sozialisation im frühen Erwachsenenalter und bei der Elterngeneration als stabiler.[49]

Im Folgenden werden nun spezifische Kohorten in ihren sozialen Erfahrungen bezüglich des Bildungswesen, institutioneller Veränderungen und politischer Ereignisse detaillierter beschrieben. Diese Vorgehensweise ist unerlässlich, da – wie später theoretisch und empirisch untermauert wird – angenommen werden kann, dass sich die Kohorten in der Entwicklung ihren Vorstellungen gegenüber sozialer Ungleichheit unterscheiden. Dabei wird einer Strategie von Meulemann (1982: 238) gefolgt: „Ist der Wandel der Vorstellungen in allen Kohorten gleich, so muss er durch eine unspezifische Erfahrung institutioneller Veränderungen erklärt werden. Ist der Wandel der Vorstellungen in den Kohorten verschieden, so muss er durch für die Kohorte spezifische Erklärungen institutioneller Veränderungen erklärt werden" (Meulemann 1982: 238).

---

[48] Diese Überlegungen basieren auf dem Resümee von Wasmund (1982: 30): Es scheint wahrscheinlich, dass sowohl im Kleinkindalter die politischen Werte der Eltern im Rahmen eines frühen Lernens erworben werden (primacy model) als auch dass in der späteren Kindheit und frühen Jugendphase politische Konzepte zunehmend differenzierter wahrgenommen werden (intermediate-period model). Auch nach der Jugendphase im Rahmen der sekundären Sozialisation durch direkte oder über Gespräche bzw. Medien vermittelte politische Situationen und Erfahrungen findet eine kumulierte Aneignung politischen Denkens und Handelns statt (vgl. Becker und Mays 2003: 21).

[49] Empirische Hinweise darauf, dass Kohorteneinflüsse im Sinne von Sozialisationseffekten von besonderer Bedeutung gegenüber aktuellen Einflussfaktoren (etwa der aktuellen sozialen Lage) sind, werden von Lane (1986: 398) aufgezeigt. So sind Selbstinteresse und Gerechtigkeitsideologien eher schwach verknüpft, Menschen scheinen stärker aufgrund nationaler Nachrichten (z.B. Arbeitslosigkeit) als entsprechend ihrer eigenen sozialen Lage zu wählen und Ideologien sind bedeutsamer für Gerechtigkeitswahrnehmungen und -urteile als die individuellen Einkommen.

8.3.3 Die Geburtskohorten 1919 bis 1963 – Zustände, Ereignisse und Bedingungen

Aus Perspektive der Bildungsexpansion, politischer Ereignisse und wirtschaftlicher Zustände werden für die im Zentrum der Analysen stehenden Geburtskohorten 1919 bis 1963 im Sinne Mannheims (1928) fünf politische Generationen unterschieden, die jeweils ähnliche Erlebnisse im Zuge ihrer prägenden Jugendphase teilen (Abbildung 7).[50] Die Einteilung erfolgt nicht beliebig, sondern angelehnt an die Vorgehensweise von Becker und Mays (2003: 25) theoretisch fundiert „nach herausragenden historischen Ereignissen sowie der politischen Sozialisation dieser Kohorten durch bestimmte politische Regime oder in herausragenden historischen Zäsuren des sozialen und politischen Wandels." Die Beschreibung der Kohorten basiert auf Darstellungen wirtschaftlicher, wohlfahrtsstaatlicher, politischer und bildungspolitischer historischer Ereignisse und Entwicklungen (Thränhardt 2000; Schaub und Zenke 2000). Der wirtschaftlichen Entwicklung kommt dabei eine besondere Rolle zu, weil in der Bundesrepublik über lange Zeit ein mehrheitlicher Konsens über die Ziele der „Förderung des wirtschaftlichen Wachstums und zur Mehrung des materiellen Wohlstands" bestand – „andere Ziele, die ebenso unumstritten gewesen wären, finden sich wenige" (Abelshauser 1983: 85). Daher werden das Wirtschaftswachstum, aber auch drohende Rezessionen in der Gesellschaft stark perzipiert – wobei als wesentlicher indirekter Indikator die Arbeitslosenquote gilt. So weisen empirische Befunde von Terwey (1990: 149) darauf hin, dass „in der Gesamtbevölkerung die subjektive Einschätzung weiterhin sensibel ist, selbst gegenüber relativ geringen Veränderungen im objektiven Konjunkturtrend." Indirekt belegt wird dies durch Befunde von Kiewiet (1983; Kinder und Kiewiet 1979), dass die Wahrnehmung der Arbeitslosenquote wichtiger für das Wahlverhalten von Individuen ist als etwa ihre eigene soziale Lage bzw. individuelle Arbeitslosigkeit (vgl. Lane 1986).

Die Kohorteneinteilung lehnt sich somit an verschiedene Typisierungen sozialwissenschaftlicher Forschungen an: Entsprechend Meulemann (1999: 120), Bürklin et al. (1994: 598; vgl. Klein 1995) oder Klein und Ohr (2004) orientiert sie sich vor allem am politisch-sozialen Sozialisationskontext der jeweiligen Ge-

---

[50] Da der im Folgenden verwendete Datensatz auf Messzeitpunkten zwischen 1984 und 2004 basiert, ist eine Betrachtung der nach 1963 geborenen Kohorten nicht sinnvoll, denn diese hatten 1984 das 21. Lebensjahr noch nicht erreicht und würden so erst in den Datensatz hineinwachsen.

burtsjahrgänge um das 15. Lebenjahr.[51] Zudem sind aber auch wirtschaftliche und sozialstaatliche Aspekte in Betracht zu ziehen, denn „wohlfahrtsstaatlich geschaffene Lebensbedingungen und Handlungsorientierungen sind zu einem maßgeblichen Teil der Mannheimschen ‚Generationenlagerung', der einer Generation gemeinsamen historisch-sozialen Wirklichkeit, geworden" (Leisering 2000: 59).[52]

Abbildung 7: Kohortencharakteristika

Geburts-kohorte	Politische Sozialisation	Ereignisse
1919-28	ca. 1934-43	Nationalsozialismus, totalitäre Diktatur, Krieg *Vorkriegs- und Kriegsgeneration*
1929-38	ca. 1944-53	Zusammenbruch, Kriegsende, Nachkriegszeit (Not) *Nachkriegsgeneration*
1939-48	ca. 1954-63	Wiederaufbau, Wirtschaftswunder, Vollbeschäftigung *Wirtschaftswundergeneration*
1949-58	ca. 1964-73	Prosperitätsphase, Studentenbewegung, Bildungsreform (Bildungsexpansionsschub) *Generation der kritischen Wohlstandskinder*
1959-63	ca. 1974-78	beginnende wirtschaftliche Krisen, zunehmende Arbeitslosigkeit, Bildungsexpansion *Generation der Grenzen des Wachstums*

---

[51] Dabei werden teilweise Geburtsjahrgänge, die in wirtschaftlicher Prosperität aufwuchsen mit Jahrgängen vermischt, für deren Sozialisation erste Krisenerscheinungen prägend waren (z.B. Generation 1952-67 bei Bürklin et al. 1994). Diesem Problem wird in der Weiterentwicklung von Klein und Ohr (2004: 167f; vgl. Klein und Pötschke) durch eine detailliertere Einteilung entsprochen: Die Geburtskohorten bis 1921 werden als Vorkriegsgeneration zusammen gefasst, die zwischen 1922 und 1934 Geborenen als Kriegs- bzw. Nachkriegsgeneration. Die im Zuge des Wirtschaftswunders und der Amtszeit des ersten deutschen Bundeskanzlers aufgewachsenen Kohorten 1935-45 bilden die Adenauer-Generation. Die Geburtsjahrgänge 1946-53 sind als APO-Generation spezifiziert, da sie – vor allem die höher Gebildeten – durch die Auseinandersetzung mit den 1968er Ereignissen sozialisiert wurde. Die zwischen 1954 und 1964 geborenen Kohorten erlebten in ihrer Prägephase die Hochphase der Friedens- und Umweltschutzbewegung sowie erste ökonomische Krisen. Daran schließt sich die Generation Golf (Geburtsjahrgänge 1965-75) an, die zunehmende Arbeitsmarktprobleme und die politische Wende 1982 miterlebt hat.
[52] Eine Gliederung von Geburtsjahrgängen nach den Aspekten Sozialstaat und Wirtschaft führt in Anlehnung an Leisering (1999; vgl. Lück 2005) zu folgender Kategorisierung: Kriegsgeneration (Kohorten < 1931), prä-sozialstaatliche Generation (1931-44), sozialstaatliche Generation (1945-54), klassische sozialstaatliche Generation (1955-64), defensive Sozialstaatsgeneration (1965-76).

Bevor die einzelnen Kohorten kurz hinsichtlich der Ereignisse im Zuge ihrer Sozialisation betrachtet werden, sollen in Rahmen der folgenden Abbildungen einige Entwicklungen bildungsrelevanter und wirtschaftlicher Kenndaten zur Arbeitslosenquote, zum Wirtschaftswachstum und zur Ungleichheit der Einkommen dargestellt werden, da diese Kennwerte nach den bisherigen Ausführungen den strukturellen Kontext der Kohortensozialisation in besonderer Weise prägen und deren Wahrnehmung sozialisationsrelevante „soziale Erfahrungen" (Meier et al. 1981) darstellen. Struktureller und kultureller Wandel (Lebensstile, Werte) zeigen sich in diesen Veränderungsprozessen als stark verknüpft – entsprechend der materialistischen Auffassung von Marx (1974 [1859]) oder Webers (1992 [1920]) religionssoziologischen Explorationen über die Wechselbeziehung zwischen Sozialstruktur (Basis) und Kultur (Überbau). Die Wirtschaftsdaten werden nur abstrahiert erläutert, da eine detaillierte Kohortendeutung unter Berücksichtigung der für die Analyse des Wandels der Akzeptanz sozialer Ungleichheit relevanten Merkmale den darauf folgenden Abschnitten vorbehalten ist.[53]

Abbildung 8 weist zunächst die Entwicklung der Bildungsbeteiligung im Alter von 13 Jahren sowie der Bildungsungleichheit nach sozialer Herkunft als wichtigste Folge der Bildungsexpansion aus. Es zeigt sich ein kontinuierliches Sinken des Anteils der Hauptschüler an den 13-Jährigen Sekundarschülern, das in den 1990er Jahren zu einem relativen Stillstand gekommen ist. Die Anteile von Realschulen und Gymnasien steigen hingegen über den betrachteten Zeitraum zwischen 1952 und 2004 an, wobei vor allem für die Realschule in den 1990er Jahren ebenfalls eine Stagnation zu konstatieren ist. Die Hauptschule hat im Zuge der Bildungsexpansion ihren Status als Regelschule verloren und wird zunehmend zum Auffangbecken für Kinder aus benachteiligten Schichten (etwa der Arbeiterschicht) und Migranten. Hauptschulen sind zu „Restschulen" im Sinne von Solga (2002) geworden. Die relativen Bildungschancen für höhere Sozialschichten auf höhere Schulformen zu gehen, sinken zu Beginn des Bildungsexpansionsschubs der 1960er Jahre zwar ab, bleiben aber schon sehr bald – ab Mitte der 1970er Jahre – relativ stabil. Somit erweisen sich die herkunftsbedingten Ungleichheiten als relativ persistent (vgl. Becker 2003).

---

[53] Zudem sollen die verwendeten Graphiken nur einen Hinweis auf Verläufe geben – im Hinblick auf Datenprobleme und sich über die Zeit verändernde Messmethoden sind die Absolutwerte problembehaftet, vor allem die Daten aus der Zeit vor den 1960er Jahren weisen eine mangelnde Verlässlichkeit auf.

Abbildung 8: Bildungsbeteiligung im Wandel – 13jährige Schulkinder in weiterführenden Schullaufbahnen der Sekundarstufe I (Westdeutschland, 1952-2003; Becker 2006: 31)

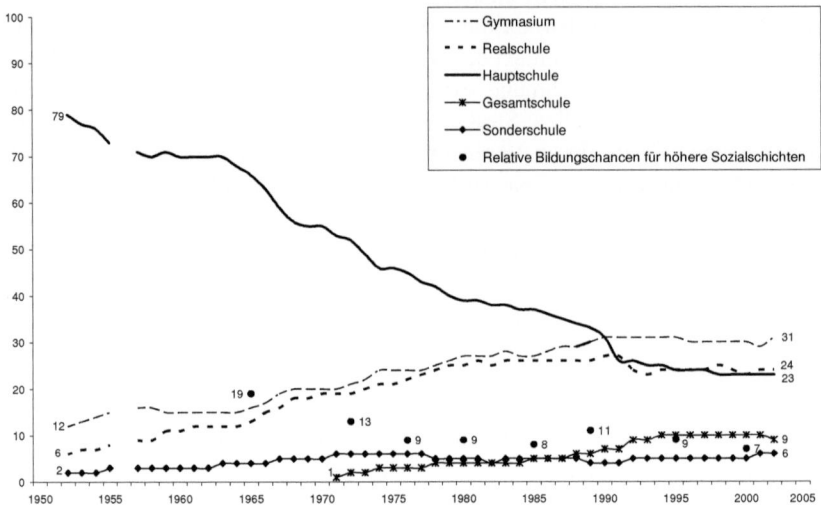

Quellen: Berechnungen von Becker (2006: 31) auf Basis von Köhler (1978, 1990, 1992); System sozialer Indikatoren für die Bundesrepublik Deutschland (Schlüsselindikatoren 1950-2005, ZUMA Mannheim); Becker (2000a); Statistisches Bundesamt (Bildung im Zahlenspiegel und Statistisches Jahrbuch div. Jg.); GSOEP

Die Entwicklung der Arbeitslosenquoten über den Zeitraum 1919-2004 ist für Gesamtdeutschland (bis 1945) und Westdeutschland (nach 1945) in Abbildung 9 ersichtlich. In Zeiten hoher Arbeitslosigkeit ist anzunehmen, dass die Umsetzung von Bildungsqualifikationen in Status und Einkommen für größere Teile der Bevölkerung prekäre Züge angenommen hat. Dies gilt besonders für das Ende der Weimarer Republik. Anfang der 1950er Jahre zeigen sich erhöhte Arbeitslosenquoten infolge des wirtschaftlichen Zusammenbruchs und der wieder heimkehrenden Kriegsgefangenen. Im Zuge des Wirtschaftswunders der 1950er Jahre konnte die Arbeitslosigkeit auf ein Minimalniveau gesenkt werden. Die Zeit niedriger Arbeitslosigkeit wurde nur unterbrochen durch ein vorübergehendes Ansteigen Ende der 1960er Jahre, das durch wirtschaftliche Probleme aufgrund des Ölpreisschocks verursacht war. Ab Mitte der 1970er Jahre kam es dann zu einem sukzessiven Anstieg der Arbeitslosenquoten in Westdeutschland, die trotz einiger vorübergehender Entspannungen Anfang des neuen Jahrtausends ein Nachkriegs-Hoch erreichten.

Abbildung 9: Entwicklung der (west-)deutschen Arbeitslosenquote in Prozent

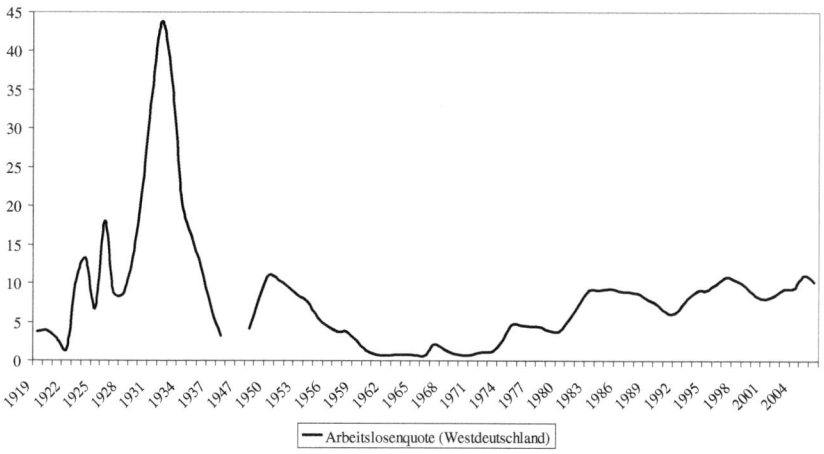

Quellen: bis 1938: Petzina (1987: 242): Die Weimarer Republik als Wohlfahrtsstaat. Stuttgart: Franz Steiner Verlag; ab 1948: Statistisches Bundesamt Deutschland (2007): Erwerbstätige, Arbeitslose, Arbeitslosenquoten.
Anmerkungen: Bis 1932 wurden nur Gewerkschaftsmitglieder berücksichtigt. Ab 1948: Arbeitslose in % aller abhängigen zivilen Erwerbspersonen (abhängige Beschäftigte und Arbeitslose, ohne Soldaten). 1950-1958 ohne Saarland. Ab 1991: Westdeutschland nach der Revision 2003/04, ohne Berlin-West. 2005/06: vorläufige Ergebnisse.

Um die wirtschaftliche Lage Westdeutschlands beurteilen zu können, eignet sich ebenso die Wachstumsrate im Hinblick auf das Bruttoinlandsprodukt (Abbildung 10). Diese liefert insbesondere Hinweise auf wirtschaftliche Rezessionen oder rapide Wirtschaftsaufschwünge. Besonders starke wirtschaftliche Einbrüche erlebte Westdeutschland Ende der 1960er Jahre und Mitte der 1970er Jahre, als die Wachstumsraten von einem hohen Niveau in den Bereich negativen Wachstums (Rezession) fielen. Nach der Phase des Wirtschaftswunders pendelten sich die Wachstumsraten generell auf einem niedrigeren Niveau ein, besondere Einbrüche sind in dieser Zeit Anfang der 1980er Jahre sowie Anfang der 1990er Jahre und am Beginn des neuen Jahrtausends zu konstatieren.

Abbildung 10: Entwicklung der westdeutschen Wachstumsrate in Prozent

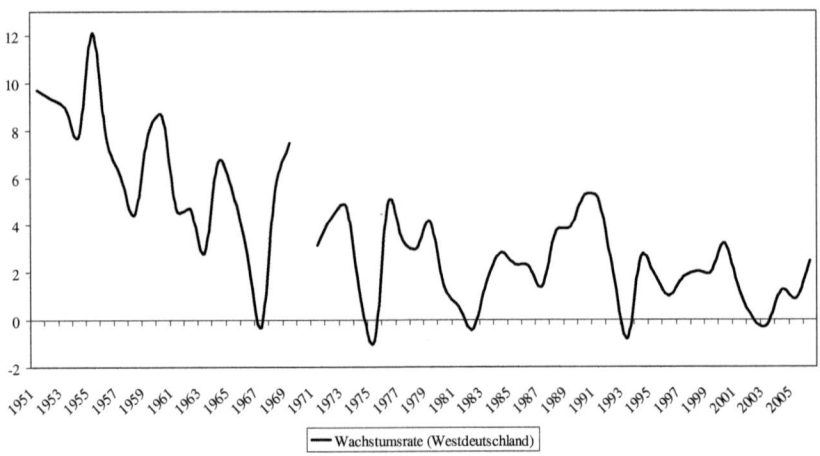

Quelle: Statistisches Bundesamt Deutschland (2007): Bruttoinlandsprodukt, Bruttonationaleinkommen, Volkseinkommen.
Anmerkungen: 1950-1960: Früheres Bundesgebiet ohne Saarland und Berlin-West. 1961-1969: Früheres Bundesgebiet. 1970-1991: Früheres Bundesgebiet (nach VGR Revision 2003). 1992-2006: Gesamtdeutschland.

Von besonderem Interesse ist die Entwicklung der strukturellen Ungleichheiten, auf die sich die Werthaltungen sozialer Ungleichheit letztlich beziehen. Als Ursachen der Entwicklung sozialer Ungleichheiten sind neben der Bildungsexpansion auch die Entwicklung des Wohlfahrtsstaats und institutionelle Regelungen zu sehen. Meulemann fasst verschiedene empirische Befunde – von Alber (1989), Weishaupt et al. (1988) und Mayer und Blossfeld (1990) –, die auf eine relative Stabilität sozialer Ungleichheiten hinweisen, so zusammen:

> „Tatsächlich hat das ausgeprägte Anwachsen von Transferzahlungen in der Geschichte der Bundesrepublik zu keiner bedeutsamen vertikalen Umverteilung der Einkommen geführt [...] Tatsächlich hat sich die schichtspezifische Ungleichheit der Bildungschancen in der Bundesrepublik zwischen 1971 und 1985 nur geringfügig vermindert [...] Tatsächlich hat die Vererbung von Status zwischen den Generationen eher zu- als abgenommen" (Meulemann 1992b: 115).

In ähnlicher Weise beschreibt auch Müller (1993a) die Entwicklung bzw. relative Stabilität struktureller Ungleichheiten. Während im Hinblick auf einige Aspekte – geschlechtsspezifische Bildungsungleichheiten (Mayer 1980; Handl

1985; Blossfeld 1987) und alterspezifische Einkommensungleichheiten (Casmir 1989) – soziale Ungleichheiten spürbar abgenommen haben, ist bezüglich anderer Aspekte – etwa Bildungsungleichheiten nach sozialer Herkunft (Mayer und Blossfeld 1990; Schimpl-Neimanns 2000; Becker 2006) – nur ein leichter Rückgang an sozialer Ungleichheit erkennbar. In einigen Bereichen – z.b. Einkommensungleichheiten zwischen Selbstständigen (ohne Landwirte) und abhängigen Arbeitern (Berger 1986) – haben Ungleichheiten sogar tendenziell zugenommen.

Abbildung 11:   *Entwicklung der Einkommensungleichheit (Gini-Koeffizient) in Westdeutschland*

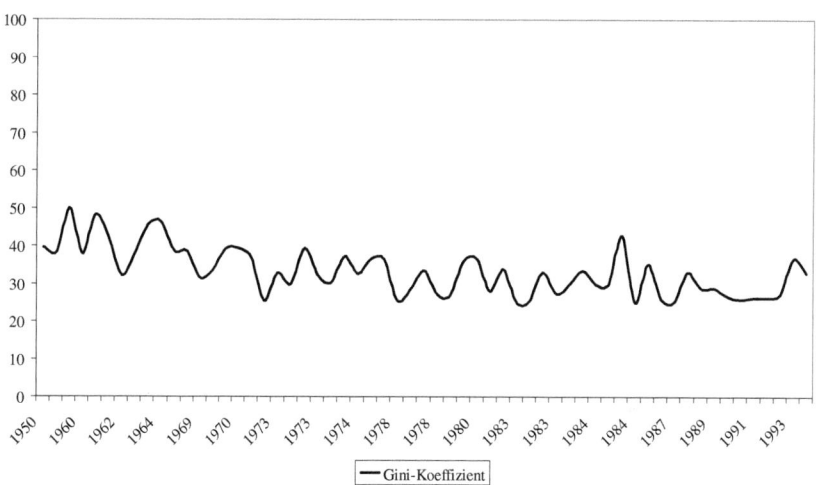

Quelle: World Institute for Developement Economics Research (2005): World Income Inequality Database (basierend auf UN-ECE 1967, Table 6.10 p. 15; Paukert 1973, Table 6 p.104-105; Sawyer 1976, Table 4 and 6; Cromwell 1977, Table 1; UN 1981; van Ginneken 1982; UN 1985; Smeeding and Gottschalk 1995 (based on LIS-data); Atkinson, Rainwater and Smeeding 1995b (based on LIS-data); Statistical Yearbook 1998, Table 3.18 p.65; Brandolini 1998, Table A10; Einkommens- und Verbrauchsstichproben, Germany CSO; Luxembourg Income Study; DIW synthetic series 1950, 1955, 1960, 1964, 1968, 1970, 1973, 1975, 1978, 1980, 1983, 1984, 1985; Einkommens- und Verbrauchsstichprobe 1962, 1969, 1073, 1978, 1983, 1988, 1993; German Socio-Economic Panel Study 1983, 1984, 1985, 1987, 1990, 1991, 1992, 1993; Mikrozensus 1997).

Die Entwicklung des Gini-Koeffizienten der Einkommensungleichheit, der angibt, wie stark die Verteilung der Einkommen in der Bevölkerung von der Gleichverteilung – im Sinne von Verteilungsgleichheit, die inhaltlich dem meritokratischen Leistungsprinzip entgegengesetzt ist – abweicht, weist auf eine hohe Konstanz hin. Es ist kaum ein Trend zu erkennen. Tendenziell scheint die Kluft zwischen hohen und niedrigen Einkommen etwas gesunken zu sein, dennoch überwiegt Stabilität (vgl. Abbildung 11). Anfang der 1990er Jahre ist wiederum eine Zunahme der Ungleichheit der Einkommensverteilung festzustellen – sowohl bezüglich der Markteinkommen und Renten als auch im Hinblick auf das Haushaltsnettoeinkommen. Nach einem leichten Absinken ist für die Zeit zwischen 1996 und 1999 eine relative Stabilität zu konstatieren. In den ersten Jahren des 21. Jahrhunderts kam es dann wieder zu einem leichten Anstieg (vgl. Statistisches Bundesamt 2004: 626; Noll und Weick 2005).

Trotz der relativen Stabilität der Ungleichheitsverhältnisse in einigen Bereichen wird u.a. von Beck (1986) argumentiert, dass die verbleibenden sozialen Ungleichheiten weniger bedeutsam für die Strukturierung bzw. die Organisation der Gesellschaft sind, mit den Ungleichheiten weniger soziales Bewusstsein auf der ideologischen bzw. Wertebene verbunden ist und daher soziale Konflikte weniger ausgeprägt sind. Die Verbesserung der Lebensbedingungen, das höhere Wohlfahrtsniveau und die ausgeprägten sozialen Sicherheitssysteme hätten Schichtunterschiede – vor allem in Werthaltungen, Einstellungen und Verhalten – eingeebnet. Zu untersuchen ist daher unter anderem, ob sozialstrukturelle Merkmale tatsächlich an Bedeutung verloren haben.

Im Folgenden werden nun die Kohorten 1919-63 einer näheren Betrachtung unterzogen:

Die Geburtsjahrgänge 1919-1928: Vorkriegs- und Kriegsgeneration. Die hauptsächliche Prägephase dieser frühesten der im Folgenden betrachteten Generationen ist für die Zeit zwischen 1934 und 1943 einzuordnen. Zu den Erfahrungen im Zuge der Sozialisationsphase gehörten die Festigung des nationalsozialistischen und diktatorischen Staats und der Beginn des Zweiten Weltkriegs. In Anbetracht der wirtschaftlichen Probleme, einer hohen Arbeitslosigkeit und Inflation in der Weimarer Republik, massiver Propaganda nationalsozialistischer Organisationen erreichte die von der Großindustrie geförderte NSDAP bei den Reichstagswahlen im März 1933 43,9 Prozent der Stimmen und konnte so zusammen mit der Kampffront Schwarz-Weiß-Rot die absolute Mehrheit der Parlamentssitze übernehmen (vgl. Winkler 2002). Im Anschluss daran brachten die Nationalsozialisten im Rahmen der „nationalen Revolution" Landesregierungen und kommunale Regierungen unter ihre Kontrolle, erste Konzentrationslager wurden gebaut. Nach Verabschiedung des Ermächtigungsgesetzes war die nationalsozialistische Diktatur unter Hitler etabliert. Daran schlossen sich so genannte „Säuberungen" der staatlichen Institutionen, auch der Schulen und Hochschulen an, denen vor allem „Nicht-

Arier" bzw. Juden, Kommunisten und Sozialdemokraten zum Opfer fielen. Die „Arisierung" mündete in die November-Pogrome 1938, welche die Vernichtung des Judentums in den Konzentrationslagern einleiteten. Die Jahre 1935-39 waren vor allem von der Vergrößerung des Deutschen Reichs und der Aufrüstung geprägt. In den Jahren nach der Machtergreifung Hitlers erholte sich die Deutsche Wirtschaft, die Arbeitslosenzahlen gingen zurück.[54] Die Arbeitslosenquote lag 1938 – insbesondere durch die Expansion des Rüstungssektors und die Kriegsvorbereitungen – bei 1,9 Prozent der abhängig Erwerbstätigen (Winkler 2002: 62). Mit dem Überfall auf Polen im September 1939 begann der Zweite Weltkrieg. Im Rahmen des „Blitzkriegs" wurden Dänemark, Norwegen, die Niederlande, Luxemburg und Belgien annektiert. Frankreich wurde 1940 besiegt und Großbritannien punktuell aus der Luft von Deutschen Verbänden angegriffen, wobei das Ziel – die Einnahme des Vereinigten Königreichs – nicht erreicht wurde. Im Folgejahr wurden Italien, Jugoslawien und Griechenland besetzt und die Sowjetunion angegriffen. Während Hitler Ende 1941 auch den USA den Krieg erklärte, stagnierte der Ost-Feldzug in der Sowjetunion. Deutschland geriet zunehmend unter Druck und die deutsche Bevölkerung war mehr und mehr von Kriegsfolgen (Bomben, Not) betroffen. Bis Ende 1943 konnte die Rote Armee die deutschen Truppen weitgehend aus dem Territorium der Sowjetunion zurückdrängen, die West-Alliierten starteten den Bombenkrieg auf deutsche Städte. Mit dem Vormarsch der Roten Armee in den Osten des damaligen Deutschen Reichs verließen immer mehr Deutsche dieses Gebiet und kamen in das deutsche Kernland. Im Juni 1944 landeten die West-Alliierten in der Normandie und drängten die deutsche Wehrmacht auch hier zurück. Die Rote Armee rückte von Osten und Südosten immer mehr in Richtung Deutschland vor. Im März 1945 erließ Hitler den Nero-Befehl, der die Deutschen zur Selbstzerstörung aufforderte („Taktik der verbrannten Erde"). Nach dem Selbstmord Hitlers kam es am 7. Mai 1945 zur Unterzeichnung der Kapitulation, die einen Tag später in Kraft trat.

Im Bereich der Schule lebten für diese Generation das im Kaiserreich aufgebaute gegliederte Schulwesen sowie die am Beginn der Weimarer Republik im Jahre 1919 gegründete Aufgliederung in Grundschule und aufbauende Schulformen fort. Die Lehrplaninhalte wurden nationalsozialistisch ideologisiert. Es kam zur Schaffung nationalsozialistischer Elite-Schulen. Die kritische Intelli-

---

[54] Über die Frage, ob Anfang der 1930er Jahre die wirtschaftliche Abschwungsphase ein Ende fand oder erst mit dem Jahr 1945 besteht unter Konjunkturforschern kein Konsens (vgl. Abelshauser 1983: 89). Es ist davon auszugehen, dass es zunächst tatsächlich zu einer Erholung der deutschen Wirtschaft kam – aus moralisch nicht zu vertretenden Gründen (Kriegsvorbereitungen, Enteignungen), mit dem Fortgang des Krieges aber ein erneuter Abschwung vorprogrammiert war.

genz verließ Deutschland, andere – wie der spätere Leiter der Reichsgruppe Hochschullehrer im NS-Rechtswahrerbund Carl Schmitt – schlossen sich der NSDAP oder einer anderen nationalsozialistischen Organisation an und wandelten sich vom Gegner oder Kritiker der NS-Ideologie zum Mitläufer oder Verfechter. Es wuchs eine neue Generation der höher Gebildeten heran, die entsprechend der Ideen des Nationalsozialismus sozialisiert wurde. So war es auch

> „im Lehrkörper der Universitäten die junge Generation, aus der sich das Gros der überzeugten Nationalsozialisten rekrutierte. Die meisten von ihnen waren durch die bündische Jugendbewegung und die Ideen der ‚Konservativen Revolution' geprägt. Wer von dort kam, musste nicht Nationalsozialist werden. Aber nachdem der Nationalsozialismus an der Macht war, bedurfte es starker Überzeugungen, um sich ihm nicht anzuschließen" (Winkler 2002: 27).

In der zweiten Phase des Krieges ab 1942 ist von einer erheblichen Einschränkung des Schul- und Lehrbetriebs – zusätzlich zu den problematischen nationalsozialistischen inhaltlichen Aspekten des Unterrichts – auszugehen (vgl. Diethmar 2001).

Die Geburtsjahrgänge 1929-1938: direkte Nachkriegsgeneration. Diese Generation hat zwar in ihrer Kindheit einen Teil der Kriegswirren noch mitbekommen, zu den wesentlichen politischen Sozialisationserfahrungen im frühen Jugendalter (zweite Hälfte der 1940er Jahre) gehören aber vor allem der Zusammenbruch des Nationalsozialismus und die Nachkriegszeit. Die von wirtschaftlicher Not geprägte Zeit brachte politische und kulturelle Umgestaltungsprozesse mit sich. Die „Entnazifizierung" im Hinblick auf die Mitglieder nationalsozialistischer Organisationen wurde zunächst von den Besatzungsmächten angestoßen. Diese Straf- und Säuberungsaktionen, die in Anbetracht des bürokratischen Aufwands und des beginnenden Ost-West-Konflikts zunehmend halbherziger durchgeführt wurden, waren kaum dazu geeignet, ein ausgeprägtes Schuldbewusstsein im Hinblick auf die Opfer des Nazi-Regimes zu entwickeln. Als tiefgreifender erwiesen sich die wirtschaftlichen Umbrüche. Während die sowjetische Besatzungsmacht umfangreiche Reparationen – so wurden ganze Betriebe in die Sowjetunion transportiert – durchsetzte, verabschiedeten sich die drei West-Alliierten von ihren ursprünglichen Planungen zur De-Industrialisierung Deutschlands. Stattdessen sollte die (west-)deutsche Wirtschaft im Zuge des im Juni 1947 verkündeten Marshall-Plans gestärkt werden „angesichts der Furcht, dass eine […] geschwächte deutsche Wirtschaft nicht in der Lage sein würde, die Bevölkerung zu ernähren, das Land somit auf Hilfe von außen angewiesen wäre. Zudem setzte sich in den westlichen Hauptstädten mehr und mehr die Überzeugung durch, dass die Bewahrung bzw. Wiederherstellung einer ausreichenden deutschen Wirtschaftskraft als Gegengewicht gegen den

Einfluss der Sowjetunion und als Schlüssel für den Wohlstand Westeuropas unabdingbar sei" (Recker 2002: 13). Auf der politischen Ebene fand – zunächst in
allen Besatzungszonen – eine Demokratisierung statt. Zwischen 1945 und 1946
wurden alle 1933 verbotenen Parteien wieder zugelassen. Es entwickelte sich ein
Spektrum zwischen KPD, SPD, Liberalen und Christdemokraten. In die Erlebnisse dieser Kohorte fällt auch das Auseinanderdriften der beiden Teile
Deutschlands. Grund dafür waren die unterschiedlichen wirtschaftlichen Ansätze
der westlichen Besatzungsmächte (Wiederaufbau und Stärkung der Wirtschaft)
und der sowjetischen Besatzungsmacht (Reparationen, Wirtschaftshilfe) sowie
die zunehmende Ost-West-Konfrontation – insbesondere die Sorge der USA, die
Sowjetunion könnte einen zu starken Einfluss in Europa gewinnen. Im Juni 1948
wurde in den deutschen Westsektoren einseitig eine Währungsreform durchgeführt, worauf die sowjetische Besatzungsmacht mit einer elfmonatigen Blockade
Westberlins reagierte. Am 23. Mai 1949 wurde schließlich mit der Verkündung
des Grundgesetzes die Bundesrepublik Deutschland gegründet. Die wirtschaftliche Ordnung des neuen Staates wurde als „soziale Marktwirtschaft" – d.h. einerseits „Beibehaltung der privatwirtschaftlichen, auf unternehmerischer Freiheit
und Wettbewerb basierenden Ordnung", andererseits aber auch staatliche Sicherung   der   wirtschaftlichen   Funktionsfähigkeit   und   Berücksichtigung
gesamtgesellschaftlicher Belange (Recker 2002: 31) – gekennzeichnet. Zu dieser
sozialen Marktwirtschaft gehörten von Anfang an relativ starke gewerkschaftliche Verbände, die sowohl ideologische Positionen als auch pragmatische Ansätze vertreten. Auf der anderen Seite existieren auch starke Arbeitgeber- und
Unternehmerverbände. Die Balance zwischen Gewerkschaften und Arbeitgeber-
bzw. Unternehmervertretern waren ein Garant für den politischen und wirtschaftlichen Wiederaufbau Westdeutschlands. Diese Konstellation zwischen
Staat, Gewerkschaften und Industrie ist als wesentliches Merkmal der Sonder-
form des „rheinischen Kapitalismus" (Castellucci 2001), der sich durch soziale
Marktwirtschaft und stärkere staatliche Regulierung auszeichnet, anzusehen. Der
deutsche Sozialstaat der Nachkriegszeit knüpfte an den Bismarckschen Sozialstaat an und basiert auf Institutionen, die sowohl von Arbeitnehmer- als auch
von Arbeitgeberseite getragen werden. Ein besonderes Merkmal ist das deutsche
Sozialversicherungsprinzip, „d.h. die Finanzierung des Sozialstaats aus lohnbe-
zogenen Beiträgen bei beitragsabhängigen Leistungsansprüchen, im Gegensatz
zum steuerfinanzierten Wohlfahrtsstaat mit einheitlichen Leistungen nach briti-
schem oder skandinavischem Muster und im Unterschied auch zu Ländern mit
geringer Grundsicherung wie der Schweiz oder den USA" (Rödder 2004: 17).

Die Wirtschaft entwickelte sich zunächst in Anbetracht von Strukturbereini-
gungs- und Anpassungsprozessen jedoch langsam. Der Winter 1949/1950 war

geprägt von rückläufigen Produktionszahlen und wachsenden Arbeitslosenquoten. Erst ab 1952 konnte die Stagnation überwunden und das „Wirtschaftswunder" eingeleitet werden. So wuchs das Bruttosozialprodukt zwischen 1950 und 1955 jährlich real um durchschnittlich 9 Prozent (vgl. Recker 2002).

In den drei Besatzungszonen bzw. Sektoren der westlichen Alliierten Frankreich, Großbritannien und USA wurden die Schulsysteme entsprechend der jeweiligen Vorstellungen über ein „demokratisches" Schulsystem umgebaut. Beibehalten wurde jedoch das traditionelle, bis heute stark sozial selektive dreigliedrige Schulsystem (Volksschule, Mittelschule, höhere Schule/Gymnasium). Grund für die Beibehaltung dieses deutschen Bildungssystems, das letztlich auch den Alliierten fremd war, war die beginnende Ost-West-Auseinandersetzung. Die Alliierten wollten der „Einheitsschule", die im Osten Deutschlands durch die Sowjetische Besatzungsmacht eingeführt wurde, ein traditionelles Modell entgegen setzen.

Die Geburtsjahrgänge 1939-1948: Wirtschaftswundergeneration. Diese erlebte einen vorher nie dagewesenen wirtschaftlichen Aufschwung und wachsenden Wohlstand. In die politische Hauptprägephase dieser Kohorten zwischen 1954 und 1963 fallen jährliche Wachstumsraten des Bruttosozialprodukts um 6 bis 9 Prozent (vgl. Recker 2002: 33) und ein kontinuierlicher Abbau der Arbeitslosigkeit bis hin zur Wiedererlangung der Vollbeschäftigung im Jahre 1960 – wobei gerade sinkende Arbeitslosenzahlen zur Verbesserung der Befindlichkeit der Bevölkerung beitragen (vgl. Terwey 1990: 146). Grundlage für die positive Wirtschaftsentwicklung waren neben dem Marshall-Plan auch die motivierten und disziplinierten Arbeitskräfte, eine sich verbessernde Infrastruktur sowie die generelle starke Zunahme des Welthandels, infolge der auch die Nachfrage nach deutschen Exportgütern stark ausgeprägt war. In dieser Phase begann auch die Suche nach Gastarbeitern, denn der – von erheblichen Diskussionen zwischen den politischen Lagern begleitete – Aufbau der Bundeswehr (Gründung und Wiederbewaffnung 1955) entzog der Wirtschaft Arbeitskräfte und der Zustrom von Arbeitskräften aus dem östlichen Teil Deutschlands war zunehmend abgeschnitten, um 1961 ganz zu versiegen.[55] Das Gastarbeiterthema konstituierte ebenfalls eine öffentliche politische Debatte darum, dass die Bun-

---

[55] Vor allem die Übersiedler aus der DDR sowie die Vertriebenen beeinflussten das Wirtschaftswachstum in der Bundesrepublik Deutschland positiv, da viele junge Menschen kamen. Die demographische und berufliche Struktur der zwischen 1950 und 1962 in die BRD gekommenen 3,6 Millionen DDR-Übersiedler dürfte die Gesamtbevölkerung besonders positiv beeinflusst haben: „An dieser Zuwanderung waren – gemessen an 1000 der Bevölkerung der jeweiligen Altersgruppe – die Gruppe der 18- bis 21-Jährigen sowie der 21- bis 25-Jährigen mit 47,2 bzw. 36,4% am stärksten beteiligt"; die Übersiedler verfügten in der Regel bereits über abgeschlossene Ausbildung (Abelshauser 1983: 95).

desrepublik Deutschland ein Einwanderungsland sei und Gastarbeiter nur ein provisorischer Zutritt gewährt werden sollte. Ein wesentliches wohlfahrts- bzw. sozialstaatliches Ereignis war die Kopplung der Rentenbezüge an das Lohnniveau und die damit verbundene schrittweise Erhöhung der Altersbezüge. Mit dem steigenden Wohlstand und dem technischen Fortschritt veränderten sich das Konsum- und Freizeitverhalten. Das Zeitbudget für Freizeit stieg mit der tendenziellen Reduktion der Wochen- und Jahresarbeitszeit an, technische Geräte erleichterten den Ablauf des Familienlebens, die höheren Löhne und die aufgewertete D-Mark ermöglichten Auslandsreisen (vgl. Recker 2002: 51). Wenngleich kontrovers diskutiert wird, inwieweit sich dabei schichtspezifische Lebensstile einander anglichen, ist doch anhand empirischer Ergebnisse von einer relativen Stabilität von Unterschieden zwischen Bildungsgruppen, Schichten und Einkommensgruppen trotz der Möglichkeiten des Massenkonsums auszugehen (Mayer und Blossfeld 1990 in Bezug auf Statuszuweisungsprozesse; Becker 2006 bezüglich Bildungsungleichheiten; Noll und Weick 2006 im Hinblick auf schichtspezifisches Konsumverhalten).[56]

Das dreigliedrige Schulsystem wurde im öffentlichen und politischen Diskurs bis in die 1960er Jahre weiter legitimiert, indem auf soziale Schicht- und Qualifikationsprofile in der Bevölkerung verwiesen wurde, denen die verschiedenen Schulformen entsprächen (Volksschule – praktischer Typus; Mittelschule – theoretisch-praktischer Typus, Gymnasium – theoretischer Typus). Im Jahr 1954 besuchten 71,5 Prozent der Schüler die Volksoberstufe, 10,9 Prozent eine Mittelschule, 15,4 Prozent ein Gymnasium und 2,2 Prozent eine Sonderschule (Schaub und Zenke 2000). Der Privatschulsektor war mit einem Anteil an der Schülerzahl von ca. 3 Prozent gering ausgeprägt. Verschiedene Abkommen (Düsseldorfer Abkommen 1955/Hamburger Abkommen 1964) zielten auf eine Vereinheitlichung des allgemein bildenden deutschen Schulsystems – unter Beibehaltung der Dreigliedrigkeit. Da Ende der 1950er Jahre und Anfang der 1960er Jahre bereits ein erster Ausbau des mittleren Schulwesens (Meulemann 1987, 1992) stattfand, ist die Generation der zwischen 1939 und 1948 Geborenen bereits durch tendenziell höhere Bildungsniveaus gekennzeichnet.

Die Geburtsjahrgänge 1949-1958: Generation der kritischen Wohlstandskinder. Eine vergleichsweise stabile Wohlstandsphase, in der Konsum eine zentrale Rolle spielte und der Konnex zwischen sozialer Schicht und Konsumgüter-

---

[56] Schelsky (1960 [1953]) geht demgegenüber von einer „nivellierten Mittelstandsgesellschaft" aus, d.h. dass sich Schichtunterschiede in der sich entwickelnden Dienstleistungsgesellschaft im Zuge einer Ausdehnung der Mittelschicht einebnen, da benachteiligte Schichten Zugang zu Lebensstilen der Mittelschicht finden und sich privilegierte Schichten dem Lebensstil der Mittelschicht annähern.

ausstattung abnahm, erlebte diese Generation, die – weil vor allem die höher
Gebildeten dieser Generation die Studentenbewegung konstituierten – als Generation der kritischen Wohlstandskinder bezeichnet werden soll. Die politischen
Sozialisationserfahrungen zwischen 1964 und 1973 sind von verschiedenen
wirtschaftlichen, kulturellen und politischen Ereignissen geprägt: Während Anfang der 1960er Jahre das Bruttosozialprodukt noch einem starken kontinuierli-
chen Wachstum unterworfen war, ist Mitte der 1960er Jahre eine erste
wirtschaftliche Stagnation zu konstatieren. Infolge sinkender Arbeitsproduktivi-
tät der Wirtschaft, die zum Teil auf die Ausschöpfung des Arbeitskräftepoten-
tials nach dem Versiegen des Zustroms an qualifizierten Fachkräften aus der
DDR sowie den „Bildungsnotstand" zurückzuführen ist (vgl. Abelshauser 1983:
98), sanken die Steuereinnahmen des Staates und die Investitionen wurden zu-
rückgefahren. Stattdessen stiegen die Staatsausgaben erstmals über das Bruttosozialprodukt an. Im Ergebnis stiegen die – in der Bevölkerung als wesentlicher
Konjunkturindikator wahrgenommenen – Arbeitslosenquoten zum Jahr 1967
erstmals nach der Nachkriegszeit wieder an. Erhebliche staatlich geförderte In-
vestitionsprogramme – insbesondere für notleidende Wirtschaftszweige wie den
Bergbau – und eine neue, von der „Großen Koalition" eingeleitete Wirtschaftspolitik (stärker staatliche Steuerung im keynesianischen Sinne) verbesserten die
wirtschaftliche Lage wieder. Im Jahre 1969 kann wieder von annähernder Vollbeschäftigung gesprochen werden, die mit wieder steigenden Zahlen im Hinblick
auf das Bruttoinlandsprodukts einherging. Während die wirtschaftliche Stagnation Mitte der 1960er Jahre eher geringe Spuren hinterlassen hat, ist die aus stu-
dentischen Kreisen hervorgegangene kulturelle und politische Protestbewegung
prägend für die Epoche und die in ihr politisch sozialisierte Generation. Nach
dem Vorbild der US-Protestbewegungen gegen den Vietnam-Krieg oder gegen
Armut und Rassismus entwickelte sich in den höher gebildeten Schichten eine
Bewegung, die auf eine Veränderung der bestehenden politischen und gesellschaftlichen Zustände drängte. Ein Ausgangspunkt war die Beschäftigung mit
der nationalsozialistischen Diktatur aus einem neuen Blickwinkel, der in sich
„verändernden Ansichten, Werthaltungen und Einstellungen" begründet lag (Recker 2002: 52). Wesentliche Themen waren, inwieweit in der Bundesrepublik
Deutschland Elemente des nationalsozialistischen Regimes – seien es Werthaltungen, Institutionen oder Personen – tradiert wurden sowie der Krieg der USA
gegen Vietnam. Es formierte sich eine außer-parlamentarische Opposition
(APO), die bestehende parlamentarische Partizipationsmöglichkeiten als nicht
ausreichend ansah, um den politischen Zielen Gehör zu verschaffen und diese
umzusetzen. In der Folge verlagerte sich der Protest zunehmend auf die Straße.
Es kam zu Konfrontationen mit der Polizei im Zuge der Benno Ohnesorg, ein

unbeteiligter Student, erschossen wurde. In Auseinandersetzung mit der Großen Koalition aus CDU/CSU und SPD und dem Fehlen einer wirkungsvollen parlamentarischen Kontrolle und Opposition wurden in der Bewegung die Ziele der Demokratisierung und Politisierung aller gesellschaftlichen Lebensbereiche sowie die Utopie einer herrschaftsfreien Gesellschaft vertreten. Das Ziel der Politisierung der Bevölkerung der Bundesrepublik Deutschland wurde im Rahmen der „partizipatorischen Revolution" (Kaase 1984) erreicht. Nach dem Protest auf der Straße und dem Attentat auf Rudi Dutschke zu Ostern 1968 („Osterunruhen") verliert die Bewegung ab 1969 an Dynamik.[57] Nach den Bundestagswahlen 1969 kommt es zu einer Koalition zwischen der SPD und der Freien Demokratischen Partei. Willy Brandt (SPD) wird Bundeskanzler und nimmt verschiedene Forderungen aus der Zeit der Studentenbewegung unter dem Slogan „Mehr Demokratie wagen" auf. In der Folge kommt es zu einer Erweiterung der Rechte von Betriebsräten, einer Rentenerhöhung, einer Erhöhung des Kindergeldes und einem Ausbau der Krankenversicherung bzw. ihres Leistungskatalogs. Der Sozialstaat gewinnt an Volumen und damit das etatistische Verteilungsprinzip an Einfluss. Auf den Wandel des Charakters des Sozialstaats von der Überlebenshilfe zur Status-Quo-Sicherung folgte Anfang der 1970er Jahre ein Übergang zur aktiven Sozialplanung. „Sozialpolitik zielte daher nicht mehr nur auf den Not- und Ausnahmefall, sondern auch auf den Normalfall" – der deutsche Sozialstaat wurde zum „kaum mehr zu überblickenden Umverteilungskomplex" (Rödder 2004: 17), weil die Leistungen und der Personenkreis derjenigen, die Anspruch auf Sozialleistungen hatten, expandierten. Die Rentenreform 1972, in deren Kern die Öffnung der Rentenversicherung für Selbstständige stand, markierte zunächst das Ende der Ausweitung des Sozialstaats, da offenbar die in Anbetracht der einsetzenden Rezession die damals höchst mögliche Ausdehnung der Leistungen erreicht war.

Diese Generation erlebte zudem starke Umbrüche im Schulsystem, deren Ursachen vor allem in einem erhöhten Bedarf an höher qualifizierten Fachkräften – insbesondere im öffentlichen Dienst, d.h. also u.a. in der Verwaltung des expandierenden Wohlfahrtsstaats.[58] Die Bundesrepublik Deutschland lag mit ihrem

---

[57] Ein Grund dafür liegt im „blinden Aktionismus", der „an die Stelle von moralischer Empörung und rationaler Analyse getreten war" (Recker 2002: 57) und der zu einer Abwendung der Massen von der Bewegung führte.

[58] „Die Tertiärisierung der Wirtschaft führte zu einer massiven Verschiebung von blue-collar- zu white-collar-Beschäftigungen, von einfachen und standardisierten manuellen zu spezialisierten Tätigkeiten, insbesomdere Dienstleistungen in einem weiteren Sinne. Dadurch erhöhten sich Ausbildungs- und Qualifikationsanforderungen, und bereits 1964 herrschte in der Kultusministerkonferenz Einigkeit über eine ‚Anhebung des gesamten Ausbildungsniveaus' und eine flächendeckende Erweiterung des Bildungswesens" (Rödder 2004: 23).

Schulsystem gegenüber anderen westlichen Ländern Anfang der 1960er Jahre im Hintertreffen, wie u.a. ein Blick auf die Bildungsausgaben zeigt: Während in Deutschland „Mitte der sechziger Jahre der Anteil der öffentlichen Ausgaben für diesen Zweck (gemessen am Bruttosozialprodukt) noch bei 3 Prozent lag, gaben die USA schon 4,8, Frankreich 4,6, die Niederlande 6,2 und Schweden 6,8 Prozent für das Bildungswesen aus" (Abelshauser 1983: 99). Aufbauend auf Pichts Rede (1964) zum „Bildungsnotstand" und Dahrendorfs Ruf nach „Bildung als Bürgerrecht" (1965a) stellte die Politik die Weichen für Bildungsreformen, die auf den Ausbau des Bildungssystems gerichtet waren. Allerdings „litten die Erfolgschancen der sozial-liberalen Koalition im Bildungsbereich daran, dass der Bundestag hier wenig mehr als politische Anstöße geben konnte, für gesetzgeberische Maßnahmen zumindest die Zustimmung des (von unionsgeführten Ländern dominierten) Bundesrates notwendig war und viele Reformimpulse zum politischen Zankapfel zwischen den einzelnen Bundesländern mutierten oder vom Bundesverfassungsgericht begrenzt wurden" (Recker 2001: 68). Im Zuge der Studentenbewegung 1968 „zog indessen eine ideologische Aufladung und Polarisierung in die Bildungspolitik ein, zumal Bildungspolitik nunmehr vielfach als dezidierte Gesellschaftsplanung betrieben wurde" (Rödder 2004: 23). Gegenstand des ideologischen Diskurses war vor allem die Forderung nach Chancengleichheit, der zunächst vor allem in der Diskussion um eine Neugliederung des Schulsystems Beachtung geschenkt wurde. Während die CDU/CSU und die unionsgeführten Länder am System der Dreigliedrigkeit festhielten, führten die SPD-regierten Länder die egalisierende Gesamtschule ein, konnten diese aber auch nicht als Regelschule etablieren. Erst während der Regierung unter dem SPD-Bundeskanzler Willy Brandts ab 1969 wurde eine umfassende Bildungsreform mit dem expliziten Ziel der Verbesserung der Chancengleichheit aller Schichten initiiert – mit dem Ziel des Ausbaus der Realschulen und Gymnasien im sekundären Bereich, der beruflichen Bildung und der Universitäten und Fachhochschulen im tertiären Sektor. Meilensteine auf diesem Weg waren das Hochschulbauförderungsgesetz vom 1.9.1969 (Bundesmittel für den Hochschulbau) sowie das Bundesausbildungsförderungsgesetz vom 26.8.1971 (finanzielle Unterstützung für Schüler und Studenten) und das Graduiertenförderungsgesetz (Stipendien für Hochschulabsolventen) von 1971, das später von der Bundesverantwortung in die Gesetzgebungen der Länder überführt wurde. Wenngleich umstritten ist, inwieweit diese Reformen zu mehr Chancengleichheit führten (Becker 2003; Becker 2006), ist eindeutig zu konstatieren, dass die Generation der in den 1950ern Geborenen von dem Ende der 1960er einsetzenden Bildungsexpansionsschub profitierte und hier bereits ein stark erhöhter Anteil qualifizierter Absolventen zu verzeichnen ist. Im Rahmen des Hamburger

Abkommens von 1971 wurde die Vereinheitlichung des Schulsystems weiter vorangetrieben, mit den Schulformen Grundschule (auf der Ebene der Primarstufe), Hauptschule, Realschule, Gymnasium (auf der Ebene der Sekundarstufe) und Sonderschulen.

Die Geburtsjahrgänge 1959-1963: Generation der Grenzen des Wachstums. Diese Generation wurde im Zuge beginnender wirtschaftlicher Krisen, sinkender Wachstumsraten, dem Ende der Ära Brandt und der Regierungszeit Helmut Schmidts in der sozial-liberalen Koalition sozialisiert und soll – entsprechend der Publikation von Hirsch (1980) – als Generation der Grenzen des Wachstums bezeichnet werden. Das Jahr 1973 brachte eine gesamtwirtschaftliche und eine sozialkulturelle Zäsur (Rödder 2004: 49). Bereits Anfang des Jahres kam es infolge von verstärkten Kapitalbewegungen und einem relativ unflexiblen Währungssystem zu Problemen in den europäischen Währungssystemen, im Rahmen derer verschiedene europäische Währungen (u.a. die D-Mark) vom Dollarkurs gelöst wurden und die Deutsche Bundesbank eine restriktive, auf Stabilität gerichtete, Politik verfolgte. Diese wirtschaftlichen Turbulenzen wurden ungleich verstärkt durch die Ölkrise im Herbst 1973 (Stichwort: Ölpreisschock). Auslöser war der Yom-Kippur-Krieg zwischen arabischen Staaten und Israel, in dem Syrien und Ägypten die Sinai-Halbinsel und die Golan-Höhen zurückerobern wollten. Als sich andeutete, dass dieses Ziel nicht zu erreichen war, versuchten die arabischen Staaten, durch einen Lieferboykott gegen die westlichen Länder Einfluss auf den Kriegsverlauf zu nehmen. Wichtige Erzeugerländer schlossen sich zu einem Kartell zusammen und leiteten so eine Reduktion der Fördermenge und eine Verteuerung ein. Die Verteuerung des Erdöls führte dazu, dass die Preise vieler wichtiger Rohstoffe anstiegen und es zu einem Engpass in der Energieversorgung (insbesondere im Transportsektor) kam. Dies führte schließlich zu einer Rezession, die deutlich stärker war als die Stagnation in den 1960er Jahren. In den Industrieländern sank die Kaufkraft aufgrund der steigenden Energiekosten. Für die Bundesrepublik Deutschland bedeutete das zunehmende Inflation und Arbeitslosigkeit:

> „Die Inflation stieg von 2,1 % im Jahr 1969 auf 7 % im Jahr 1973, das Wirtschaftswachstum betrug zwar 1973 noch 4,8 %, fiel aber im darauffolgenden Jahr schroff auf null ab, und die Zahl der Arbeitslosen bewegte sich von 179 000 im Jahr 1969 auf 582 000 im Jahr 1974 und überstieg ein Jahr später die Millionengrenze" (Rödder 2004: 49).

Ein wichtiger Aspekt für die Kennzeichnung der Kohorten, die in dieser Zeit ihre politische Sozialisation erlebten, ist das Ende der Modernisierungsideologie: zum einen die Einsicht, dass sich das Wachstum nicht global steuern lässt (vgl. Rödder 2004: 49), Massenarbeitslosigkeit nicht mit den Mitteln der Wirtschaft zu verhindern ist (Abelshauser 1983: 85), und zum anderen das Ein-geständnis, dass das Wachstum nicht unendlich ist (Hirsch 1980). An die Stelle des Glaubens an „technokratische Zukunftsplanung" und die „unhinterfragte Orientierung an wirtschaftlichem Wachstum" traten eine stärkere Reflexion der Industriegesellschaft und Sorgen um die Technikfolgen wie Umweltzerstörung, Atomkrieg etc. (Rödder 2004: 50).

Im Jahre 1974 kam es zum Rücktritt Willy Brandts infolge des Spionagefalls „Guillaume"; Helmut Schmidt (SPD) wurde sein Nachfolger. Die Regierung Schmidt konnte diese erste Ölkrise durch Energieeinsparungen und das Auswei-chen auf andere Energieformen zunächst eindämmen, doch führte eine zweite Ölkrise 1979/80 zu einer Preisexplosion noch schlimmeren Ausmaßes und ei-nem stark gebremsten Wirtschaftswachstum in der BRD. Diese zweite Ölkrise wurde ausgelöst durch Panikkäufe nach der Revolution in Persien, die zur Grün-dung des iranischen Staats führte. Mit diesen wirtschaftlichen Krisen und dem relativen Wohlstand der Bevölkerung ist von einem endgültigen Abschluss der Wiederaufbauphase in den 1970er Jahren zu sprechen. Mit den u.a. durch die Ölkrisen verursachten wirtschaftlichen Problemen, aber auch aufgrund des tech-nologischen Fortschritts (Stichwort: Rationalisierung, Computerisierung) und der Umstrukturierung der deutschen Wirtschaft weg von der Industrie- hin zur Dienstleistungsgesellschaft kam es zu einem rapiden Anstieg der Arbeitslosig-keit und damit zu einem Ende der Vollbeschäftigung. So stieg die Arbeitslosen-quote zwischen 1974 und 1985 von 2,6 Prozent auf 9,3 Prozent an. Parallel nahm die Anzahl derer weiter zu, die staatliche Hilfe zum Lebensunterhalt brauchten und in Anspruch nahmen (Terwey 1990: 146). Programme gegen Ar-beitslosigkeit erhöhten die Staatsausgaben, was zu einer Steigerung der Ver-schuldung der Bundesrepublik Deutschland führte. Genau diese höhere Verschuldung nahm die FDP als kleiner Regierungspartner der SPD in der so-zial-liberalen Koalition zum Anlass, eine politische Wende einzuleiten: 1982 kündigt die FDP die Koalition mit der SPD Helmut Schmidts und wendet sich der CDU/CSU unter Helmut Kohl zu, der neuer Bundeskanzler wird. Während diese neue Regierungskonstellation generell die sozialpolitischen Grundprinzi-pien im Hinblick auf den Wohlfahrtsstaat beibehielt, verfolgte sie doch einen härteren Kurs zur Konsolidierung des Staatshaushalts und nahm Ausgabenkür-zungen vor, die auch den Sozialstaat betrafen (Rödder 2004: 18). Infolgedessen gab es erste Anzeichen einer Abschwächung der Krisentendenz mit einer zu-rückgehenden Neuverschuldung und einem leichten Wachstumsschub (Terwey 1990: 147).

Ein wesentliches politisches Ereignis der 1970er Jahre, in denen die hier thematisierten Kohorten der zwischen 1959 und 1968 Geborenen geprägt wurden, ist der Terrorismus der „Rote Armee Fraktion". Bereits während der Studentenbewegung zeichnete sich eine zunehmende Gewaltbereitschaft radikaler Gruppen am Rande der Bewegung ab. Im Jahre 1970 wurde die zunächst namenlose Bader-Meinhof-Gruppe und spätere „Rote Armee Fraktion" gegründet. Zu den Aktivitäten der „ersten Generation" gehörten zwischen 1970 und 1972 Banküberfälle und Bombenanschläge. Im Jahre 1972 erfolgte die Verhaftung der ersten Generation; 1977 starb ein Großteil der Führungspersönlichkeiten dieser Generation in der Haft unter mysteriösen Umständen (mutmaßlich durch Selbstmord). Während die erste Generation ihre Handlungen mit politischen Motiven rechtfertigte, drehten sich die Aktivitäten der „zweite Generation" vor allem um die Freipressung der noch lebenden RAF-Mitglieder der ersten Generation aus der Haft. Aktionen, um dieses Ziel zu erreichen, waren die Entführung einer Lufthansa-Maschine nach Somalia sowie das Kidnappen und die Ermordung des Präsidenten des Bundesverbandes der Deutschen Industrie Schleyer. Zusammenfassend ist davon auszugehen, dass diese terroristischen Bestrebungen zwar ihre Wurzeln in „bürgerlichen" und höher Gebildeten sozialen Kreisen hatte, sich aber im Zuge der Radikalisierung mehr und mehr von den Trägern der 1968er Bewegung entfernte. Beide verband jedoch ein Unbehagen mit der Wohlstandsgesellschaft der Bundesrepublik Deutschland (vgl. Winkler 2005) und damit auch die Infragestellung des Verteilungsprinzips und der Ordnung sozialer Ungleichheit.

Ein weiterer politischer Meilenstein war die Gründung der Partei der Grünen 1979/1980, die Ausdruck der Infragestellung des politischen Systems, aber auch der gesamten gesellschaftlichen Ordnung der Bundesrepublik Deutschland war. „Als Grundwerte bestimmten die Grünen bei ihrer Gründung Attribute ökologisch, sozial, basisdemokratisch und gewaltfrei" (Rödder 2004: 22) und verfolgen damit neue Ziele, die zwar auch die Studentenbewegung 1968 bestimmten, aber so in der bisherigen politischen Landschaft der Bundesrepublik nicht vertreten waren. Auf der anderen Seite war der öffentliche Diskurs in dieser Zeit – vor allem in konservativen Kreisen – geprägt durch die bedeutsamer werdende Ausländerdebatte, im Rahmen derer u.a. die Rückführung von Gastarbeitern thematisiert wurde.

Das Bildungssystem expandiert in dieser Zeit weiter. Wenngleich erste Anzeichnen auf ein Ende der Nachfrage nach qualifizierten Abschlüssen (z.B. im öffentlichen Dienst) hinweisen, d.h. der Bedarf gesättigt ist und Angstvorstellungen vom „taxifahrenden Akademiker" in der Öffentlichkeit kursieren, hat die Bildungsexpansion nun eine gewisse Eigendynamik entwickelt, weil Eltern, die bereits in Ansätzen von der Erweiterung des Bildungssystems profitiert haben, nun auch ihre Kinder auf höhere Schulen schicken bzw. diese entsprechend fördern und orientieren, um ihren Status zu erhalten bzw. Statusverlust vorzubeugen (Becker 2006).

8.3.4 Kognitive Mobilisierung und Verdrängung als Mechanismen des Kohortenwandels im Zuge der Bildungsexpansion und die Akzeptanz sozialer Ungleichheit

Die Entwicklung der Akzeptanz sozialer Ungleichheit auf Basis des meritokratischen Prinzips wird auf Grundlage zweier kohortenbezogener Hypothesen – die These der kognitiven Mobilisierung und die Verdrängungsthese – untersucht. Ausgehend von den beiden konträren Thesen über den Einfluss von Bildung und Status auf die Ausprägung der Akzeptanz sozialer Ungleichheit, lassen sich mehrere Szenarios zum Wandel dieser Werthaltungen im Zuge der Bildungsexpansion (vgl. Müller 1998) zeichnen. Im Hinblick auf die Frage, welche Entwicklungen die Akzeptanz sozialer Ungleichheit im Zuge der Bildungsexpansion genommen hat, sollen zwei Folgen der Bildungsexpansion im Sinne sozialer Mechanismen fokussiert werden. Dies sind die kognitive Mobilisierung und Veränderungen bezüglich des Statuszuweisungsprozesses. Aus dem ersten Phänomen resultiert nach Meulemann (1982) ein größeres Problembewusstsein, während letzterer Gegenstand mit persönlichen Erfahrungen mit den Folgen institutioneller Veränderungen im Zuge der Bildungsexpansion verknüpft ist. Beide Prozesse werden zusätzlich durch die Heterogenisierung der höheren Bildungsgruppen und die Homogenisierung niedriger Bildungsgruppen moderiert. Letztlich ergeben sich neben generellen Thesen auch unterschiedliche Thesen für höher und niedriger Gebildete – im Sinne von Interaktionseffekten –, denn die kognitiven (Reflexions-)Fähigkeiten sowie die Chancen auf die Umsetzung von Bildung in Status erweisen sich nicht nur aufgrund der Bildungszertifikate, sondern auch aufgrund der Zusammensetzung der Schülerschaften als bildungsspezifisch.

Die *These der kognitiven Mobilisierung* schließt sich an die Sichtweise, in der Bildung als Humanvermögen erscheint, an und ähnelt der Argumentation der Wertewandeltheoretiker, die den Bildungseffekt besonders fokussieren. Als direkte Folge der Höherbildung erscheint der Prozess der „kognitiven Mobilisierung" (Inglehart 1989) als Kernmechanismus der Bildungsexpansion und als zentrale (erwünschte) Folge der Bildungsreformen. Die kognitive Mobilisierung ist gekennzeichnet durch eine Zunahme an individuellen Fähigkeiten der Informationsverarbeitung, der Reflexions- und Handlungskompetenzen. Die kognitive Mobilisierung bedeutet „auf der individuellen Ebene verbesserte Teilhabe-

und Gestaltungsmöglichkeiten in vielen Bereichen des privaten und öffentlichen Lebens" und ist somit auch auf der kollektiven bzw. Aggregatebene „ein Element langfristigen gesellschaftlichen Wandels" (Baumert 1991: 347; Baumert et al. 2003). Die These der kognitiven Mobilisierung führt – für sich genommen und von anderen Prozessen isoliert – zu der Annahme, dass durch die im Zuge der Bildungsexpansion zunehmende Höherbildung und kognitive Mobilisierung die Akzeptanz sozialer Ungleichheit über die Zeit bzw. über die Kohortenabfolge sinkt. Die jüngeren Kohorten müssten somit soziale Ungleichheit weniger akzeptieren als ältere Kohorten, da sie durch ihre erweiterten kognitiven Fähigkeiten das gesellschaftliche System stärker hinterfragen. Im Hinblick auf den Gerechtigkeitsdiskurs ist anzunehmen, dass mit dem Anteil der höher Gebildeten auch der Anteil derer steigt, die das allgemeine, über den engen Reziprozitätsgedanken hinausgehende, Gerechtigkeitskriterium (im Sinne von Gouldner 1973) auf soziale Ungleichheit beziehen und deren Legitimation daran beurteilen. Eine solche Zunahme reflektierter und kritischer Sichtweisen ergibt sich auch aus Sicht der Wertewandelkonzeptionen. Die verbesserten Gestaltungsmöglichkeiten, „seines eigenen Glückes Schmied zu sein" und sich mit politischen Sachverhalten – u.a. Werthaltungen – zu beschäftigen, begünstigen die Werte am postmaterialistischen Ende des Inglehartschen Wertekosmos (1977, 1989), die auch als Selbstentfaltungswerte i.S. von Klages (1984) zu fassen sind. Die Erweiterung der Kompetenzen zur Reflexion und zur selbstbestimmten Lebensführung geht mit sinkenden Reflexions- und Handlungskosten einher, die eine kritischere Sicht auf die Welt ermöglichen (vgl. Hadjar 2006).[59]

In etwas anderer Terminologie wurde der Prozess der kognitiven Mobilisierung auch von Meulemann (1982) thematisiert. Im Zuge der Bildungsexpansion hat es danach eine Zunahme des Problembewusstseins in der Bevölkerung gegeben. Der Prozess der Selbstthematisierung der Gesellschaft, d.h. dass sich Gesellschaft selbst zum Thema geworden ist, wurde institutionalisiert durch die Bildungsinstitutionen und die Massenmedien. „Selbstverständlichkeiten des sozialen Konsens können im Alltag mit ausgefeilteren Argumenten […] als zuvor

---

[59] Eine andere Argumentation unter direkter expliziter Heranziehung des Wertewandels als Ursache des Wandels der Akzeptanz des meritokratischen Legitimationsprinzips ergibt sich nach Watermann (2003: 37): „Das Ineinandergreifen der Bildungsexpansion und der Wohlstandsentwicklung in westlichen Industrienationen seit dem Zweiten Weltkrieg hat sensu Inglehart (1977, 1998) dazu geführt, dass postmaterialistische Werte in der Bevölkerung an Bedeutung hinzugewonnen haben. Ein wesentliches Merkmal einer postmaterialistischen Wertorientierung ist die Forderung von Gleichheit als sozialem Wert. Unterstellt man, dass mit egalitären Werthaltungen eine höhere Sensibilität für sozial und strukturell verursachte Ungleichheiten verbunden ist, trägt dies zu einem gesellschaftszentrierteren Verständnis sozialer Ungleichheit bei." Auch aus diesen Argumenten ist zu deduzieren, dass die Bildungsexpansion über den Prozess der kognitiven Mobilisierung zu einer Abnahme der Akzeptanz sozialer Ungleichheit führt.

in Frage gestellt werden. Die Bevölkerung insgesamt ist ‚der Gesellschaft' gegenüber kritischer eingestellt, nicht unbedingt, weil Missstände in größerer Breite erfahren würden, sondern weil die Darstellung und Deutung sozialer Sachverhalte und Probleme immer populärer geworden ist" (Meulemann 1982: 238). Insofern wird auch das Prinzip der Chancengleichheit als Kern des meritokratischen Legitimationsprinzips sozialer Ungleichheit – infolge der höheren Reflexionsfähigkeiten – zunehmend in Frage gestellt, auch wenn es weiter als Motiv für die Lebensplanung von Bedeutung ist.

Die jüngsten Geburtsjahrgänge (Kohorten 1959-63) sollten nach dieser Argumentation als Profiteure der Bildungsexpansion im Hinblick auf kognitive Ressourcen am stärksten kognitiv mobilisiert sein und die niedrigsten Werte in der Akzeptanz sozialer Ungleichheit aufweisen. Die zunehmende Heterogenität höherer Bildungsschichten im Sinne der Sorge zu Beginn der Bildungsreformen von Schelsky (1956) sollte den Bildungs- und den Kohorteneffekt in seiner Stärke bzw. seiner statistischen Signifikanz nur leicht abschwächen, aber nicht umkehren.

Der Forschungsstand zum Wertewandel und zur Gerechtigkeitsforschung stützt die These, dass im Zuge der Bildungsexpansion bzw. über die Kohortenabfolge die Zustimmung zu meritokratischen Prinzipien abnimmt. Zum einen ergibt sich dies aus den Befunden von Klages (1984) zu sinkenden Pflicht- und Akzeptanzwerten, was eine verstärkte Infragestellung der Gesellschaft bedeutet. Im Hinblick auf das konkrete meritokratische Prinzip zeigt Meulemann (1982), dass jüngere Kohorten das Prinzip der Chancengleichheit negativer beurteilen: „Verfolgt man die [Kohorten] über die Zeit, so bleibt die älteste Gruppe ungefähr bei ihrer Meinung, während sich die Meinung der mittleren geringfügig und die Meinung der jüngsten [Kohorte] drastisch verschlechtert" (Meulemann 1982: 244). Für die 1990er Jahre weisen empirische Befunde auf eine über die Kohortenabfolge sinkende Akzeptanz des als ökonomischen Liberalismus bezeichneten meritokratischen Leistungsprinzips in Westdeutschland hin: „[The] younger generation identifies more with egalitarian and antihierarchical values" (Wegener und Liebig 1995: 274), was die beiden Forscher gleichzeitig als Validierung des Wertewandels-Konzepts über die Zunahme des Postmaterialismus von Inglehart (1977) ansehen.

Unter Fokussierung von *Statuszuweisungsprozessen* – Bildung als Humankapital – sind im Zuge der Bildungsexpansion verschiedene strukturelle Entwicklungen zu benennen, für die ein Einfluss auf die Akzeptanz sozialer Ungleichheit anzunehmen ist. Dazu gehört insbesondere ein zunehmendes Matching-Problem zwischen erhöhtem Angebot an qualifizierten Fachkräften und einer nicht gleichermaßen steigenden Nachfrage (Kapazitätsproblem im

Sinne von Solga 2002), aus dem sich zunehmende Arbeitsmarktprobleme und entsprechende sinkende Bildungsrenditen sowie ein Verdrängungswettbewerb zum Nachteil der gering Gebildeten ergeben (Müller 1998; Solga und Wagner 2001). Aus diesem Blickwinkel erscheint die Entwicklung der Akzeptanz sozialer Ungleichheit im Zuge der Bildungsexpansion als „Anpassung an Erfahrungen institutioneller Veränderungen" im Hinblick auf das Bildungswesen (Meulemann 1982: 237).

Zunächst könnte vermutet werden, dass die Akzeptanz sozialer Ungleichheit mit dem steigenden Bildungsniveau und der tendenziell vorhandenen Aufwärtsmobilität zugenommen haben müsste. Dieser Annahme liegt die Vorstellung eines seit den 1960er Jahren im Zuge von Wandlungsprozessen spürbaren Fahrstuhleffekts zugrunde, der sich in einer Aufwärtsmobilität bzw. einer Statusverbesserung eines Großteils der Bevölkerung manifestiert (vgl. Beck 1986; vgl. zur Kritik Mayer und Blossfeld 1990). Auch nach Hondrich (1984: 270) erscheint eine zunehmende Akzeptanz des meritokratischen Leistungsprinzips als plausibel unter der theoretischen Voraussetzung, dass sich im Zuge der Bildungsexpansion durch den Bedeutungsgewinn von Bildung und Bildungszertifikaten die auf dem Leistungsprinzip basierende Chancengleichheit zunehmend als Legitimationsprinzip sozialer Ungleichheit durchgesetzt haben müsste. Im Hinblick auf die Orientierungen gegenüber sozialer Ungleichheit hätte sich somit im 20. Jahrhundert ein Bedeutungswandel von der Ergebnisgleichheit, d.h. des Prinzips der Belohnungsungleichheit im Sinne einer angestrebten Gleichverteilung, hin zu Leistungsgerechtigkeit bzw. Chancengleichheit vollzogen. „Heute bezieht sich der Wert der Gleichheit nicht mehr auf die Verteilung von Gütern, Macht und Ansehen schlechthin, sondern auf die Relation zwischen diesen Belohnungen und den sie begründenden Leistungen" (Hondrich 1984: 273). Dieser Wandel auf der ideologischen Ebene resultiert aus einer sozialstrukturellen Entwicklung, in deren Zuge der gesellschaftliche und der individuelle Wohlstand ansteigen. „Das Mehr an Belohnungen ermöglicht und erfordert faktische Ungleichheit und entschädigt zugleich für sie" (Hondrich 1984: 274), denn die Schlechtgestellten bekommen ebenfalls mehr als sie vorher hatten – wenngleich nicht im gleichen Ausmaß wie die Bessergestellten.

Bezieht man jedoch mit ein, dass mit der Bildungsexpansion auch die Arbeitsmarktprobleme gewachsen sind (vgl. Corsten und Hillmert 2001) und damit der Anteil der durch das System der Ungleichheit Privilegierten geringer geworden ist, wäre das Gegenteil – nämlich eine Abnahme der Akzeptanz sozialer Ungleichheit – zu erwarten. Eine detaillierte These zu diesem komplexen Prozess wäre, dass vor allem die höher Gebildeten nicht mehr im vorherigen Maße vom System sozialer Ungleichheit profitieren und deshalb soziale Ungleichheit kritischer gegenüber stehen. Ursache dafür ist, dass die Bildungsexpansion zu einem steigenden Anteil höherwertiger Schulabschlüsse geführt hat. Der Ausbildungs- bzw. Arbeitsmarkt für höhere Abschlüsse wird dadurch zunehmend belastet, d.h. Absolventen mit höherem Abschluss stehen in Konkurrenz zueinander und müssen sich durch weitere Zertifikate eine gute Position in der „labour queue" (Thurow 1975; vgl. auch Blossfeld 1985) erkämpfen. Die Zahl der Absolventen mit höheren Abschlüssen, die vom System sozialer Ungleichheit nicht mehr profitieren, nimmt zu und damit auch die kritische Haltung gegenüber Ungleichheit.

Einen Ausgangspunkt für eine solche Argumentation bietet die *Verdrängungsthese*. Die Existenz eines Verdrängungsmechanismus, der sinkende Bildungsrenditen für viele bedeutet, ist aus der generellen Arbeitsplatzknappheit „unter anderem auf Grund der quantitativen Erhöhung des Arbeitsangebots durch Zuwanderer/Übersiedler, Frauen, Studierende und Früh-/Rentner" (Solga 2002: 478) zu deduzieren, wobei der Wegfall von Arbeitsplätzen durch Rationalisierungsprozesse und den Wandel der Berufsstruktur ebenso bedeutsam ist. Hinzu kommt das Überangebot an qualifizierten Fachkräften, das zu den wesentlichen Folgen der Bildungsexpansion gehört (Lutz 1979). Weitere Ursachenfaktoren stellen der berufsstrukturelle Wandel hin zur Erweiterung des Dienstleistungssektors und die technische Weiterentwicklung (insbesondere der Informationstechnologien) dar (vgl. Reinberg 1999; Schubert und Engelage 2006). Aus beiden Entwicklungen resultieren eine Zunahme qualifizierter Arbeitsplätze und eine Erhöhung der Qualifikationsanforderungen – im Hinblick auf funktionale (kognitive Kompetenzen) und extrafunktionale Kompetenzen (soziale und kulturelle Kompetenzen, z.B. Kommunikationsfähigkeiten, Berufsethos)[60] – auf diesen Arbeitsplätzen (vgl. Solga 2002). Aus Sicht der Humankapitaltheorie, nach der sowohl Arbeitnehmer als auch Arbeitgeber nutzenmaximierend handeln und nach der ein höherer Bildungsabschluss höhere Produktivität und letztlich höheres Einkommen bedeutet, heißt ein Überangebot an Fachkräften, dass „zunehmend höher qualifizierte Personen vergleichsweise weniger produktive Arbeitsplätze besetzen und folglich nach den ökonomischen Grundlagen eine ungünstigere Bezahlung in Kauf nehmen" (Butz 2001: 97).[61] Aus dem Labour-Queue- oder Job-Competition-Modell von Thurow (1975), nach dem Bildungs-

---

[60] Zur Unterscheidung funktionaler und extrafunktionaler Anforderungen vgl. Borkowsky (2000).

[61] Wie bereits an anderer Stelle erwähnt, weisen die Befunde von Butz (2001) – wenngleich dieser seine Befunde nicht entsprechend deutet – darauf hin, dass insbesondere mittlere Bildungsgruppen relative Lohneinbußen haben, während die am höchsten und am niedrigsten Gebildeten ihre Distinktion beibehalten. Pollmann-Schult (2006) schließt aus seinen empirischen Befunden, dass durchaus ein Rückgang der Bildungsrenditen – insbesondere für Berufsanfänger – zu konstatieren ist, wenngleich Bildungszertifikate in ihrer Bedeutung für die Statuszuweisungsprozesse nicht entwertet wurden.

zertifikate Signale für Arbeitgeber über Lernfähigkeiten sowie allgemeine Fähigkeiten und Kompetenzen darstellen und höhere Bildungszertifikate die Stellung des Arbeitnehmers innerhalb der Arbeitskräftewarteschlange entsprechend verbessern, ergibt sich die Annahme zunehmender Arbeitsmarktprobleme und sinkender Bildungsrenditen, vor denen sich die Arbeitgeber im Rahmen des positionalen Wettbewerbs (Hirsch 1980) nur durch noch höhere Bildungszertifikate schützen können. Beide Ansätze führen zum gleichen Schluss, dass es aufgrund des höheren Angebots an qualifizierten Fachkräften und unter der Annahme einer nicht gleichermaßen steigenden Nachfrage zu einer Abnahme der Chancen für geringer qualifizierte Bewerber kommt, in ihrem angestrebten Arbeitsmarktsegment eine adäquate Anstellung zu finden. Grund dafür ist, dass die Arbeitgeber durch das vergrößerte Angebot an qualifizierten Kräften eine größere Auswahl haben und die am meisten qualifizierten Bewerber einstellen können. Dies bedeutet eine Verdrängung der im Hinblick auf dieses Segment geringer qualifizierten Bewerber, welche nun auf geringer qualifizierte Jobs – in einem niedrigeren Arbeitsmarktsegment – ausweichen müssen. Konkret bedeutet dies etwa, dass Abiturienten aufgrund der Überkapazität auf dem Arbeitsmarkt für Abiturienten nun auf vormals Realschülern vorbehaltene Ausbildungen und entsprechende Berufspositionen ausweichen. Die Realschüler werden, da die Arbeitgeber sich eher für die höher qualifizierten Abiturienten entscheiden, auf das nächst niedrigere Segment des Arbeitsmarktes ausweichen, für das vormals der Hauptschulabschluss zu den Eintrittsbedingungen gehörte. Eine besondere Problematik zeichnet sich für die Hauptschüler und die Personen ohne Abschluss ab, die nur noch Chancen auf unqualifizierte Stellen haben oder ganz aus der Gruppe der Erwerbstätigen herausfallen (Solga 2002). Belege finden sich u.a. bei Corsten und Hillmert (2001: 25): Mit steigendem Ausbildungsstellenmangel sinken die Vermittlungschancen für Jugendliche ohne Abschluss oder mit Hauptschulabschluss, weil Schulabgänger mit Abitur und mittlerer Reife mit ihnen um die Ausbildungsplätze konkurrieren.

Im Hinblick auf diese negativen Konsequenzen der Bildungsexpansion leitet Meulemann (1982, 1992b) ein Absinken der Zustimmung der Bevölkerung zum Wert der Chancengleichheit als Kernmotiv der Bildungsexpansion ab und findet entsprechende empirische Belege dafür. Die Wahrnehmung der Realisierung des Prinzips der Chancengleichheit auf Basis der Leistungsideologie – Frage: „Hat bei uns heute jeder die Möglichkeit, sich ganz nach seiner Begabung und seinen Fähigkeiten auszubilden?" – hat zwischen 1958 und 1988 abgenommen. Einen Grund dafür sieht Meulemann in der Bildungsexpansion,

> „die zwar die Bildungschancen allgemein angehoben, dadurch aber zugleich die Konkurrenz im Bildungswesen erhöht und für alle Bildung erschwert hat [...] Ein objektiver Anstieg der

Chancen wird daher paradoxerweise als Verlust von Chancen subjektiv wahrgenommen" (Meulemann 1992b: 114).

Die tatsächliche Zunahme der Bildungsbeteiligung – und damit der Bildungschancen vieler – wird somit weniger wahrgenommen als die wachsende Konkurrenz und die sinkende Sicherheit auf dem Ausbildungs- und Arbeitsmarkt sowie die tendenziell leichten Einbußen in den Bildungsrenditen:

> „Wer – bei allgemeiner Bildungsexpansion – keinen weiterführenden Abschluss erreicht, verliert berufliche und soziale Chancen; wer aber einen weiterführenden Abschluss erreicht, gewinnt nicht in dem Maße Chancen, wie man es vor der Bildungsexpansion erwartet hätte." (Meulemann 1982: 236).

Enttäuschte Erwartungen sowohl für höhere als auch für niedrigere Bildungsgruppen führen aus dieser Perspektive zu einer generellen Abnahme der Akzeptanz sozialer Ungleichheit auf Basis des meritokratischen Prinzips.[62]

Sowohl die Überlegungen zur kognitiven Mobilisierung als auch zur Verdrängungsthese und zur These sinkender Bildungsrenditen lassen die Annahme zu, dass die Akzeptanz sozialer Ungleichheit abgenommen haben sollte. Zum einen ist der Anteil der höher Gebildeten, die kognitiv mobilisiert sind und Ungleichheit entsprechend stärker hinterfragen bzw. anhand eines generellen Gerechtigkeitsprinzips beurteilen, gestiegen. Zum anderen sind für alle Bildungsgruppen Einbußen in der Verwertbarkeit der Abschlüsse auf dem Arbeitsmarkt – z.B. Umsetzung des Humankapitals in Einkommen – zu erwarten, was im Hinblick auf die Thesen zu den Zusammenhängen von Status sowie Statusinkonsistenz mit der Akzeptanz sozialer Ungleichheit eine tendenzielle Abnahme der Akzeptanz sozialer Ungleichheit in der Bevölkerung vermuten ließe.[63]

Hypothese 4: Im Zuge der Bildungsexpansion – und damit über die Kohortenabfolge – ist eine Abnahme der Akzeptanz sozialer Ungleichheit anzunehmen.

---

[62] Meulemann (1982: 236) verweist auf eine historische Analogie zum „Widerspruch zwischen steigender Teilhabe an Bildung und sinkenden Chancen, Bildungsabschlüsse beruflich und sozial umzusetzen" in der Weimarer Republik. Damals kam es infolge des Ansteigens der Akademikerquote zu sinkenden Bildungsrenditen für diese Bildungsgruppe. Es finden sich Belege (Schoenbaum 1968), dass insbesondere Arbeitslose und enttäuschte Akademiker zur Zielpopulation der nationalsozialistischen Propaganda in der Weimarer Republik wurden – wobei nach Falter (1995) sich die Wählerschaft der NSDAP vor allem aus Mittelschichtangehörigen rekrutiert.

[63] So weist auch Meulemann (1982: 248) darauf hin, dass sowohl ein größeres Problembewusstsein (kognitive Mobilisierung), als auch persönliche Erfahrungen institutioneller Veränderungen (strukturelle Folgen der Bildungsexpansion, Verdrängung) „zu einer überstarken Verschlechterung positiver Meinungen über Bildungschancen" im Sinne der Realisierung des meritokratischen Prinzips führen.

8.3.5 Kohortenspezifische Bildungseffekte auf die Akzeptanz sozialer Ungleichheit

Die Bildungsexpansion wird im Folgenden als Interaktionseffekt aus Bildung und Kohortenzugehörigkeit (Geburtsjahr) analysiert. Diese Vorgehensweise findet sich bereits bei Müller (1993a: 97), der die Interaktionseffekte aufgrund der Tatsache einführte, dass die Effekte der Bildungsvariable auf Werthaltungen gegenüber sozialer Ungleichheit zwischen den älteren und den jüngeren Kohorten stark differierten. Während bei älteren, vor 1939 geborenen Kohorten keine Bildungsunterschiede in der Akzeptanz sozialer Ungleichheit auftraten, zeigt sich für die jüngeren Kohorten, d.h. die ab 1939 Geborenen, ein anderes Bild: „First, they are generally more critical, independent of education. And second, higher education intensifies critical attitudes significantly" (Müller 1993a: 103). Dieser Befund steht im Gegensatz zur Auffassung, im Zuge der Bildungsexpansion bzw. der sozialstrukturellen Entwicklungen in der zweiten Hälfte des 20. Jahrhunderts (Stichwort: Individualisierung) hätten sozialstrukturelle Merkmale an Distinktionskraft verloren. Stattdessen gewinnt hier das Bildungsniveau in den jüngeren – vom Bildungsexpansionsschub profitierenden – jüngeren Kohorten an Einfluss. Somit scheint die tendenzielle Heterogenisierung ebenso nicht zu sinkenden Standards oder einer Annäherung zwischen den Bildungsgruppen geführt zu haben.

Es ist nicht zu erwarten, dass die Entwicklung der kognitiven Mobilisierung für alle Bildungsgruppen gleichermaßen verlaufen ist. Zum einen ist im Hinblick auf die kognitiven Grundvoraussetzungen als Ausgangspunkte für eine Mobilisierung zu berücksichtigen, dass die jungen Hochgebildeten die Träger der kognitiven Mobilisierung und des Wertewandels sind (vgl. Hadjar 2006 bezüglich Wertewandel; Hadjar und Becker 2007 bezüglich politischer Partizipation). Die im Zuge der Bildungsexpansion über die Kohorten stattfindende kognitive Mobilisierung (Inglehart 1977) und die Veränderung (politischer) Werthaltungen und Verhaltensweisen haben vor allem die höher gebildeten Angehörigen der Kohorten der Bildungsexpansion betroffen (vgl. Klages 1984; Baumert 1991). Zum anderen ist auf den Wandel der Zusammensetzung der Bildungsgruppen im Zuge der Bildungsexpansion zu verweisen. Dieser drückt sich einerseits in einem Prozess der Heterogenisierung der höheren Bildungsschichten aus. Grund dafür ist die soziale Öffnung der höheren Schullaufbahnen. Die Heterogenisierung der Schülerschaft an höheren Schulen birgt das Risiko sinkender Standards in sich (Schelsky 1956), denn die Gruppe der höher Gebildeten nimmt im Zuge dieses Prozesses hinsichtlich ihrer Fähigkeiten, Orientierungen und Verhaltensmuster eine weniger distinkte Position gegenüber den geringer Gebildeten ein

(Baumert 1991). Dies führt nicht zur Negierung des Prozesses der kognitiven Mobilisierung, sondern nur zu dessen Abschwächung: „Die mit der starken Expansion für den Bevölkerungsdurchschnitt zu erwartenden Niveauverschiebungen in Richtung der Orientierungen der höher Gebildeten sollten dann nur abgeschwächt zur Geltung kommen" (Müller 1998: 102). Empirisch sollte sich die Heterogenisierung in einer leichten Annäherung zwischen niedrigen und höheren Bildungsschichten bezüglich Werten und Verhaltensweisen zeigen. Andererseits ist die niedrigste Bildungsschicht hingegen von einer zunehmenden Homogenisierung der Schülerschaft betroffen. Die Hauptschule als niedrigster Schulform ist zur Restschule geworden, die eine hohe Selektivität aufweist – die Schülerinnen und Schüler entstammen niedrigeren Herkunftsschichten (vgl. Solga und Wagner 2000). Infolge des homogenen bildungsfernen Sozialisationsumfeldes und der Anpassung der Lehrererwartungen an dieses Umfeld sollte die negative Distinktion der niedrigst Gebildeten hinsichtlich kognitiver Kompetenzen und daraus resultierender Konsequenzen für Wertorientierungen und Lebensführung im Zuge der Bildungsexpansion erhalten bleiben bzw. sogar zunehmen (vgl. u.a. Solga und Wagner 2001).

Anzunehmen ist nun, dass aufgrund der Heterogenisierung der Schülerschaft höherer Schulformen die Akzeptanz sozialer Ungleichheit nicht so stark sinkt, wie dies zu erwarten wäre, wenn die Schülerschaft weiterhin eine homogene Elite bilden würde. Aus Sicht der These von Bildung im Sinne kognitiver Fähigkeiten sollte aufgrund des geringen Problembewusstseins der niedrig Gebildeten, die eine zunehmend selektive und homogene Gruppe darstellen, in dieser Bildungsgruppe die Akzeptanz sozialer Ungleichheit im Vergleich zu den anderen Bildungsgruppen in geringerem Ausmaß abnehmen. Diese Argumentation kann gestützt werden durch empirische Befunde von Meulemann (1982: 247), dass in höheren Bildungsgruppen – die entsprechend ihres Bildungsniveaus das geringste Ausmaß an Akzeptanz sozialer Ungleichheit zeigen – über die Kohortenabfolge sowie über die Zeit zwischen 1958 und 1979 eine sehr starke Abnahme der Akzeptanz sozialer Ungleichheit stattgefunden hat, während bei den Hauptschülern – aufgrund deren geringeren Problembewusstseins – über die Zeit und die Kohortenabfolge nur eine leichte Abnahme der Zustimmung zum meritokratischen Prinzip zu konstatieren ist.

Empirische Befunde von Kraus und Müller (1990: 14) weisen darauf hin, dass ein höheres Bildungsniveau mit einer geringeren Akzeptanz sozialer Ungleichheit verbunden ist. Zudem zeigt sich ein Interaktionseffekt zwischen dem Bildungsniveau und der Kohortenzugehörigkeit. Während sich bei früher, vor 1939 geborenen Kohorten geringere Unterschiede in der Akzeptanz sozialer Ungleichheit zwischen verschiedenen Bildungsniveaus finden, nehmen diese bei den jüngeren Geburtsjahrgängen ab 1940 zu: Wenngleich jüngere Kohorten generell ungleichheitskritischer sind – was auf einen Kohorteneffekt verweisen würde – „verstärkt in der ‚jüngeren Kohorte' eine höhere Bildung die ohnehin kritischere Einstellung noch ganz erheblich" (Kraus und Müller 1990: 14).[64]

Hypothese 5a: Aus Sicht der These der kognitiven Mobilisierung sollte im Zuge der Bildungsexpansion – und damit über die Kohortenabfolge – eine Annäherung der Hochgebildeten an die niedrigeren Bildungsgruppen in der Akzeptanz sozialer Ungleichheit stattgefunden haben, wobei die Distinktion der niedrigsten Bildungsgruppe (im Vergleich höhere Akzeptanz sozialer Ungleichheit aufgrund fehlender Reflexionsfähigkeiten) erhalten geblieben sein sollte.

Zurückkommend auf die Verdrängungsthese und die Annahme, dass die strukturellen Folgen der Bildungsexpansion nicht alle Bildungsgruppen gleichermaßen getroffen haben, ist die prekäre Lage der niedrig Gebildeten zu fokussieren. Das Sinken der Bildungsrenditen bzw. der Chancen zur Umsetzung von Bildungsabschlüssen in Berufsprestige und Einkommen hat nicht zu einer Abnahme der Bedeutung der Bildungszertifikate geführt. Nicht die Hochgebildeten haben mit verstärkter Arbeitslosigkeit zu kämpfen, sondern die gering Gebildeten, die zunehmend aus ihren Segmenten des Arbeitsmarktes verdrängt werden:

„Personen mit hohen Bildungsabschlüssen müssen ausweichen […] auf Berufspositionen, für die eine so hohe Berufsqualifikation bisher nicht nötig war; diese Positionen werden auf-, die Bildungsabschlüsse aber abgewertet; der Konkurrenzkampf um die besseren Positionen im Berufssystem wird härter; er ist kaum mehr ohne hochqualifizierte Berufsabschlüsse zu bestehen, deren Begehrtheit er nur noch erhöht" (Hondrich 1984: 277).

Es kann somit zu Störungen des Ausbildungs- und Karriereverlaufs bei höher Gebildeten kommen – und auch zu Enttäuschungen, die zu einer kritischeren Hinterfragung von sozialer Ungleichheit führen können –, die eigentlichen Verlierer des Verdrängungswettbewerbs sind jedoch Personen ohne Abschluss und Hauptschüler, denn diese haben auf dem Arbeitsmarkt ungleich schlechtere Chancen (Solga und Wagner 2001). Die Sorge um die niedrigste Bildungs-

---

[64] Dieser Befund wird jedoch nicht aus Sicht der kognitiven Mobilisierung, sondern unter Bezugnahme auf die Statuszuweisung gedeutet. So interpretieren Kraus und Müller (1990: 3), dass „sich in erster Linie die Angehörigen der Dienstklasse den weniger individualistischen [und somit ungleichheitskritischeren, A.H.] Orientierungen der ungelernten Arbeiter angenähert [haben]. Nach Erfahrungen der wirtschaftlichen Krise und der hohen Arbeitslosigkeit zu Beginn der achtziger Jahre ist die Hinwendung der höheren Angestellten und Beamten zu stärker kollektiv orientierten Deutungen nicht unverständlich" (Kraus und Müller 1990: 13).

schicht, da auf diesem Bildungsniveau nur noch eine sozial sehr selektive homogene Unterschicht verbleibt (Solga und Wagner 2000), die sich durch die
homogene Klassenzusammensetzung in ihrem Mangel an Fähigkeiten und man-
gelnder Motivation selbst verstärken (vgl. die klassische Studie zu Mechanismen
von Bildungsungleichheiten von Coleman et al. 1966), wurde bereits vor dem
Bildungsexpansionsschub im 20. Jahrhundert angedeutet: So verweist Hondrich
(1984) auf die These von Young (1958), dass der Aufstieg der Leistungseliten
zu einem Verfall der unteren Klassen führt, und kennzeichnet dies als unintendierte Folge verwirklichter Chancengerechtigkeit.[65]

Die dahinter stehenden Mechanismen sind theoretisch so zu fassen: „Mit der
Charakterisierung von Bildungszertifikaten als Signale individueller Leistungs-
fähigkeit und ihrer akzeptierten Nutzung als Auswahlkriterium haben gering
Qualifizierte die schlechtesten Chancen auf dem Arbeitsmarkt" (Solga 2002:
479). Zunächst lässt sich anhand des Job-Competition-Modells von Thurow
(1975) eine Art (Fremd-)Stigmatisierung niedrig Gebildeter auf dem Arbeitsmarkt postulieren, indem niedrige Bildungszertifikate geringere vorausgehende
Bildungsanstrengungen und höhere Einarbeitungskosten signalisieren. Diese
Fremdstigmatisierung wird verstärkt durch den Minderheitenstatus der niedrig
Gebildeten: Während ein Volksschulabschluss früher als Regelfall galt, ist der
Wert des Hauptschulabschlusses – der dem Volksschulabschluss mit Einschränkungen entspricht – im Zuge der Bildungsexpansion zunehmend selten geworden (wenngleich in diesem Jahrzehnt noch immer ca. 1/3 der Schulabgänger die
Schule mit diesem Zertifikat verlässt; vgl. Becker 2006) und wurde durch die
höhere Anzahl an höheren Schulabschlüssen entwertet. Dieser Minderheitenstatus hat „zu einer veränderten Wahrnehmung und ‚Behandlung' von gering qualifizierten Personen durch die gesellschaftliche Umwelt und insbesondere durch
Beschäftiger (‚Diskreditierung')" geführt (Solga 2002: 477). Zu dieser Stigmati-
sierung trägt auch die homogene Struktur der gering Qualifizierten bei, die aus
niedrigen Herkunftsschichten kommen und mit höherer Wahrscheinlichkeit in
ihrem Sozialisationsumfeld einen entsprechenden Habitus (Stichwort: extrafunktionale Qualifikationen) internalisiert haben. Eine weitere – nicht aus der
Humankapitaltheorie oder dem Job-Competition-Modell ableitbare – Ursache
für die Benachteiligung gering Qualifizierter sieht Solga (2002) in Selbststigma-
tisierungsprozessen. Aufgrund sozialer Erfahrungen mit Misserfolgen und offe-

---

[65] „Jeder Erfolg, der die Zahl der geförderten Begabungen aus benachteiligten Familien erhöht und
diese sozusagen ausschöpft, verschlechtert die Situation der Zurückbleibenden. Diejenigen, die sich
als Abweichende in ihrer soziogenetischen Konstitution oder als Verweigerer gegen die Politik der
Einnahme in das Leistungs- und Gleichheitsdenken ungewollt oder auch bewusst versperren, geraten in eine trostlose und durch die wegfallende soziale Benachteiligung nicht mehr entschuldbare
Unterklassenlage, die zudem noch eine Minoritätssituation ist (Hondrich 1984: 279).

ner (Fremd-)Stigmatisierung bewerben sich gering Gebildete nur auf gering oder nicht-qualifizierte Stellen, da sie die Erfolgswahrscheinlichkeit einer Bewerbung auf höhere Berufspositionen als zu gering einschätzen. Im Hinblick auf die Bildungsgruppen ist somit aus der Verdrängungsthese abzuleiten, dass vor allem die niedrigst Gebildeten zu den Verlierern der Bildungsexpansion gehören. Somit sollte – aus der Perspektive von Bildung als Humankapital – diese Gruppe ihre Distinktion in der geringen Akzeptanz sozialer Ungleichheit verstärkt haben.

Hypothese 5b: Aus Sicht der Statuszuweisung sollten im Zuge der Bildungsexpansion – und damit über die Kohortenabfolge – die niedrig Gebildeten gegenüber den anderen Bildungsgruppen weiter an Akzeptanz sozialer Ungleichheit verloren haben.

8.3.6 Bildungsexpansion und Heterogenität an höheren Schulen – Die Zusammensetzung der Schülerschaft als Kohortenmerkmal

In den vollständigen A-P-K-Modellen wird die Entwicklung im Zuge der Bildungsexpansion nicht über die Kohortenabfolge (Geburtsjahr) modelliert, sondern diese wird – zur Minimierung der Probleme der Konfundierung und Multikollinearität bei gleichzeitiger Analyse von Alters-, Perioden- und Kohorteneffekten (siehe Tuma und Hannan 1984; Hadjar und Becker 2006a) – durch die inhaltliche Variable „Heterogenität der Schülerschaft höherer Schulen" ersetzt. Theoretischer Hintergrund für diese Vorgehensweise ist die von Schelsky (1956) oder Dahrendorf (1965a) formulierte Erwartung an die Bildungsreformen, dass Bildungsungleichheiten nach sozialer Herkunft im Zuge der Erweiterung des Bildungsangebots zurückgehen und somit die Schülerschaft an höheren Schulen heterogener hinsichtlich der sozialen Herkunftsschichten wird. Wenngleich der Forschungsstand zum Abbau herkunftsspezifischer Ungleichheiten auf eine relative Persistenz hinweist – d.h. Bildungsungleichheiten nicht im großen Ausmaß beseitigt werden konnten (vgl. Becker 2006) –, hat es dennoch im Zuge der Öffnung der höheren Bildungsinstitutionen eine Zunahme der Heterogenität bezüglich der Zusammensetzung der Schülerschaft gegeben (vgl. Baumert 2001; Schimpl-Neimanns 2000; Shavit et al. 2007). Die Heterogenität der Schülerschaft höherer Schulen bietet sich somit als Kohortenersatz an, weil sie den sozialen Prozess der Bildungsexpansion – für den die Kohorte bzw. das Geburtsjahr als Proxy steht – abbildet, denn im Zenit der Bildungsexpansion ist es zu einer im Vergleich höchsten Öffnung der höheren Schulformen für alle sozialen

Klassen gekommen (Becker 2003). Eine Abnahme der Bildungsungleichheiten für den frühen Bildungsübergang von der Grundschule in die Sekundarstufe ist für die während des Zweiten Weltkriegs geborenen Kohorten nachzuweisen, danach kam es zu einer Stagnation des Abbaus der Ungleichheiten: „the decline has leveled off with cohorts born in the 1960s" (Mayer et al. 2007: 263). Die Heterogenitäts-Variable eignet sich insbesondere deshalb als Kohortenersatz-Variable, da sie – aufgrund der im Zuge der Bildungsexpansion nur langsamen Abnahme der Bildungsungleichheiten (vgl. Becker 2003) – nicht im starken Ausmaß mit der Kohortenvariable konfundiert ist und so das Problem der Multikollinearität gesenkt werden kann.[66] In der Operationalisierung der Variable, die an anderer Stelle genauer beschrieben wird, wird Heterogenität höherer Schulformen als Grad der Beziehung zwischen sozialer Herkunft und Bildungsniveau gefasst. Sowohl die Entwicklung der Akzeptanz sozialer Ungleichheit im Zuge der Bildungsexpansion, als auch die bildungsgruppenspezifische Entwicklung dieser Wertorientierungen im Sinne eines Interaktionseffekts wird in den entsprechenden vollständigen A-P-K-Modellen anhand der Heterogenität der Schülerschaft als Kohortenersatzvariable modelliert.

8.3.7   Perioden- und Alterseffekte als Faktoren der Entwicklung der Akzeptanz sozialer Ungleichheit

Im Zentrum der Analyse zur Bildungsexpansion stehen Bildungs- und Kohorteneffekte. Entwicklungen – im Sinne von sozialem Wandel bzw. sozialer Stabilität – sind jedoch unter Bezug auf nur ein temporales Merkmal nicht hinreichend zu analysieren. Entwicklungen sollen daher als Komposition aus Kohorten-, Perioden- und Alters- bzw. Lebenszykluseffekten verstanden werden (vgl. Bürklin et al. 1994; Glenn 2005; Hadjar und Becker 2006a). Bevor im Methodenteil der Analyseansatz detailliert dargestellt wird, sollen Perioden- und Alterseffekte in der Akzeptanz sozialer Ungleichheit zunächst inhaltlich exploriert und entsprechend in Hypothesen gefasst werden.

Periodeneffekte: Ereignisse und Zustände zu den Erhebungszeitpunkten. Die Periode verweist auf Einflüsse zum Zeitpunkt der Datenerhebung, die auf die

---

[66] Das kohortenspezifische Bildungsniveau wäre sicher ein weiteres Merkmal, um die Bildungsexpansion nachzuzeichnen, ist aber infolge der simultanen Integration des individuellen Bildungsniveaus und der Kohorte bereits enthalten. Der Vorteil der Heterogenität der Schülerschaft ist, dass sich diese Variable nicht direkt auf das kohortenspezifische Bildungsniveau bezieht. Zudem würde das kohortenspezifische Bildungsniveau – z.B. die Abiturientenquote – als Ersatzvariable kaum zu einer spürbaren Entkopplung der unabhängigen Variablen untereinander beitragen, da diese Variable hoch mit dem Geburtsjahr korreliert.

Population gewirkt haben – wenngleich nicht alle Befragten gleichermaßen von diesen Einflüssen betroffen sein müssen. Periodeneffekte beruhen auf gesellschaftlichen Zuständen und Ereignissen, die sowohl auf der strukturellen als auch auf der kulturellen bzw. ideologischen Ebene angesiedelt sein können. Die Beziehung zwischen Periodeneinflüssen und der Ausprägung der individuellen Akzeptanz sozialer Ungleichheit ist im Sinne der Logik der Situation als Makro-Mikro-Verbindung zu interpretieren:

> „Macro properties of societies, such as class structure or the distribution of power resources, leave their imprints at the micro level not only as different life chances but also in different explanations and interpretations of social conditions" (Svallfors 1993: 87).

Wie bereits erwähnt, scheinen neben diesen strukturellen Einflüssen kulturelle Einflüsse – Politikstile, Zeitgeist, etc. – ebenfalls von besonderer Wichtigkeit für individuelle Orientierungen gegenüber sozialer Ungleichheit.[67] Die Beschreibung der Periodeneinflüsse bedeutet somit eine Betrachtung der Determinanten der Akzeptanz sozialer Ungleichheit in Westdeutschland aus der Makroperspektive.

Als besonders relevant für die Wahrnehmung und Bewertung sozialer Ungleichheit erscheinen neben politischen Ereignissen sozialstrukturelle Kenndaten wie die faktische Ungleichheit der Einkommen, die Arbeitslosenquote und das Wirtschaftswachstum. Es ist zu vermuten, dass die „Frage nach der Legitimation und den Legitimationsprinzipien, aber auch nach der Gerechtigkeit der Verteilungsergebnisse umso bedeutsamer ist, je ungleicher Ressourcen und Belohnungen in einer Gesellschaft faktisch verteilt sind" (Noll und Christoph 2004: 107; vgl. McMurrer und Sawhill 1998).

Im Hinblick auf den Analysezeitraum, der durch die ALLBUS-Erhebungszeitpunkte zwischen 1984 und 2004 bestimmt ist, sollen Periodeneinflüsse bzw. politische, wirtschaftliche und kulturelle Ereignisse und Zustände, die in dieser Zeit in der Bundesrepublik Deutschland bzw. Westdeutschland wirksam waren, beschrieben werden. Der Anfang der 1980er Jahre war geprägt von politischen Veränderungen. Zum einen gab es im Bundestag mit der Partei Die Grünen eine neue Kraft, die ihre Wurzeln in der außerparlamentarischen Opposition der 1968er Jahre sowie der Friedens- und Anti-AKW-Bewegung hatte. Zum anderen kam es zu einer Neuausrichtung im Parteienspektrum insgesamt und zu einer politischen Wende: Die Freie Demokratische Partei kündigte die Koalition mit der SPD im Jahre 1982 auf und bereitete den Weg für eine konservativ-liberale

---

[67] Zeitgeist ist als stärker empirisches Phänomen zu konzeptualisieren (Ferree 1985: 434). Der Definition von Boehnke et al. (2007) nach, ist Zeitgeist als modales Werteklima einer Gesellschaft zu fassen, das einen Einfluss auf die individuellen Wertorientierungen hat.

Regierung aus CDU/CSU und FDP unter Helmut Kohl (CDU), die bis 1998 regierte. Ein wesentlicher Grund für den Bruch der sozial-liberalen Koalition waren unterschiedliche Auffassungen zwischen SPD und FDP, wie der Wirtschaftskrise (wachsende Arbeitslosenquoten, steigende Inflation) begegnet werden sollte. Die FDP plädierte für eine Senkung der staatlichen Ausgaben, ein Zurückfahren des Sozialstaats sowie eine wirtschaftsfreundlichere Politik. Im Jahre 1983 wurde die CDU/CSU-FDP-Koalition auch durch das Votum der Wähler im Rahmen der Bundestagswahl bestätigt. Die Verbesserung der internationalen wirtschaftlichen Kontextbedingungen sowie wirtschaftsfreundliche Reformen der konservativen Bundesregierung führten zu sinkender Inflation und erhöhtem Wachstum. In den 1980er Jahren stieg die Zahl der Übersiedler aus der DDR weiter an, um mit dem Abbau des Sicherheitsgrenzzauns zwischen Ungarn und Österreich Mitte 1989 ihren Höhepunkt zu erreichen. Die Versorgungsengpässe, die Spannungen zwischen kulturellen Liberalisierungsbestrebungen und der Verschärfung von ideologischer Propaganda und Überwachung in der DDR sowie der Wegfall der Sowjetunion als „Schutzmacht" für das staatssozialistische DDR-Regime führten schließlich zu einer breiten Bürgerbewegung, die Reformen einforderte, und schließlich zur Auflösung des wirtschaftlichen und politischen Systems der DDR (vgl. Hadjar 2003). Für Westdeutschland sind vor allem folgende Daten prägend: der 9. November 1989, als nach dem Fall der Mauer Millionen DDR-Bürger den Westteil Deutschlands besuchten, der 1. Juli 1990, als die Währungsunion zwischen DDR und BRD in Kraft trat und schließlich die Vereinigung der beiden deutschen Staaten am 3. Oktober 1990, die die Ausdehnung der bundesdeutschen Wirtschafts- und Sozialordnung – d.h. auch des Verteilungsprinzips und des Sozialstaats – auf das Gebiet der ehemaligen DDR bedeutete. Während 1990 die Stimmung in Westdeutschland in Anbetracht wirtschaftlicher Probleme, hoher Arbeitslosigkeit und starker Umweltzerstörung auf eine Ablösung der Regierung Kohl gerichtet war, führte der hohe Anteil der CDU-Wähler in den Neuen Bundesländern dazu, dass nach den ersten gesamtdeutschen Wahlen am 2. Dezember 1990 die christlich-liberale Koalition fortgeführt werden konnte. Während Ostdeutschland Anfang der 1990er Jahre von Betriebsschließungen und rapide steigender Arbeitslosigkeit gekennzeichnet war, konnte Westdeutschland durch den neuen „Absatzmarkt Ost" profitieren – hier sank die Arbeitslosenquote zunächst ab, die Wirtschaft erholte sich. Andererseits waren die 1990er Jahre in Westdeutschland von einer Diskussion um die „Bürden der Einheit" geprägt sowie von der Forderung nach einer strikten Umsetzung der Leistungsgesellschaft – und damit des meritokratischen Verteilungsprinzips – im Hinblick auf Ostdeutschland.

In Abbildung 12 sind einige wirtschaftliche Kenndaten dargestellt. Die Arbeitslosenquote, die 1984 mit über 9 Prozent ein relativ hohes Ausmaß erreicht hatte, lag 1999 bereits etwas niedriger, um direkt nach der Deutschen Einheit (1991) auf einen Wert nahe 6 Prozent abzusinken. Im Jahr 1998 hatte die Arbeitslosenquote in Westdeutschland wiederum ein sehr hohes Niveau erreicht. Im Jahre 2000 lag die Arbeitslosenquote etwas niedriger bei 8,4 Prozent, um dann wieder anzusteigen auf 9,4 Prozent im Jahr 2004. Das Wirtschaftswachstum gegenüber dem jeweiligen Vorjahr entwickelte sich komplementär zur Arbeitslosenquote, d.h. Jahre mit im Vergleich niedrigeren Arbeitslosenquoten wie 1991 und 2000, zeichnen sich durch eine relativ hohes Wachstum der Wirtschaft im Vorjahresvergleich aus.

Abbildung 12:   Periodenmerkmale Westdeutschland 1984-2004

	1984	1988	1991	1994	1998	2000	2004
Arbeitslosenquote[a]	9,1%	8,7%	6,2%	9,0%	10,3%	8,4%	9,4%
Wirtschafts- wachstum[b]	2,8%	3,7%	5,1%	2,7%	2,0%	3,2%	1,2%
Einkommens- ungleichheit/Gini- Koeffizient[c]	0,27	0,26	0,24	0,26	0,25	0,26	0,27 (2003)
Relative Ein- kommensarmut[d]			8,4%	10,2%	10,8%	11,0%	12,9% (2003)

[a] Quelle: Statistisches Bundesamt Deutschland (2007): Erwerbstätige, Arbeitslose, Arbeitslosenquoten.
Anmerkungen: Arbeitslose in % aller abhängigen zivilen Erwerbspersonen (abhängige Beschäftigte und Arbeitslose, ohne Soldaten). Ab 1991: Westdeutschland nach der Revision 2003/04, ohne Berlin-West.
[b] Quelle: Statistisches Bundesamt Deutschland (2007): Bruttoinlandsprodukt, Bruttonationaleinkommen, Volkseinkommen. Anmerkungen: 1984-1991: Früheres Bundesgebiet (nach VGR Revision 2003). 1992-2004: Gesamtdeutschland.
[c] Gini-Koeffizient bezüglich des bedarfsgewichteten Haushaltsnettoeinkommens (neue OECD-Skala), berechnet anhand von SOEP-Daten von Noll und Weick (2005: 2).
[d] Anteil der Personen, die in Haushalten leben, die weniger als 60 Prozent des Medians des bedarfsgewichteten Haushaltnettoeinkommens verdienen (neue OECD-Skala), berechnet anhand von SOEP-Daten von Noll und Weick (2005: 4).

In Jahren besonders hoher Arbeitslosigkeit bestand ein eher geringes Wirtschaftswachstum – wie 1998 und 2004. Der Gini-Koeffizient der Einkommensungleichheit weist nur auf geringe Schwankungen – „eine wellenförmige Entwicklung der Einkommensungleichheit" (Noll und Weick 2005: 2) hin, wobei 1994 und 2003 im Vergleich höhere Ausprägungen des Gini-Koeffizienten zu konstatieren sind. Problematischer erweist sich die Zunahme der Armutsquote über den Zeitraum. Lag diese 1991 noch bei 8,4 Prozent, nahm sie 2003 einen Wert von 12,9 Prozent an. Im Hinblick auf diese wirtschaftlichen Kenndaten sollte die Akzeptanz sozialer Ungleichheit in den Jahren besonders hoch sein, in denen die wirtschaftlichen Kenndaten auf ein im Vergleich höheres Wohlstandsniveau in der Bevölkerung, d.h. einen im Vergleich geringeren Anteil an durch Arbeitslosigkeit oder Armut Benachteiligten, hinweisen. Somit wäre für die Zeit kurz nach der Vereinigung der beiden deutschen Staaten eine höhere Akzeptanz sozialer Ungleichheit anzunehmen, während für das neue Jahrtausend (2000, 2004) – aus dieser Argumentation heraus – eine vergleichsweise geringere Akzeptanz sozialer Ungleichheit zu erwarten wäre.

Empirische Befunde von Noll (1992) weisen für die Zeit vor der Vereinigung – Ende der 1970er Jahre und 1980er Jahre – auf ein Anwachsen der egalitär-kritischen Haltungen gegenüber Ungleichheit bzw. Stratifikationstendenzen in Westdeutschland hin. Anfang der 1990er Jahre hat das „Interesse an der Verteilung der gesellschaftlichen Güter und die Sensitivität gegenüber sozialer Ungleichheit" im Zuge der Vereinigung von BRD und DDR und den damit in Verbindung stehenden Problemen nach 1990 zugenommen (Noll 1992: 1). Die Güterverteilung stand verstärkt im Zentrum politischer Diskussionen und Verteilungskonflikte zwischen gesellschaftlichen Gruppen. Wenngleich die Arbeitslosigkeit nach der Vereinigung nur im östlichen Teil rapide anstieg, wurden Anfang der 1990er Jahre jedoch auch in Westdeutschland Sorgen um den Arbeitsmarkt und den Lebensstandard genährt. Daher wäre in den Längsschnittanalysen der westdeutschen Bevölkerung für Anfang der 1990er Jahre eine tendenziell kritischere Haltung gegenüber sozialer Ungleichheit und dem Verteilungsprinzip durchaus zu erwarten gewesen. Stattdessen finden sich Hinweise auf einen gegenteiligen Trend zu stärker akzeptierenden Einstellungen gegenüber sozialer Ungleichheit und der Meritokratie in Westdeutschland – wie dies Noll (1992) anhand von ALLBUS-Daten konstatiert. In späteren Analysen zur Entwicklung der Einstellungen gegenüber den Mechanismen sozialer Ungleichheit in den 1980er und 1990er Jahren wird ersichtlich, dass die „Funktion von Ungleichheit als Leistungsanreiz sowie die Auffassung, gesellschaftliche Rangunterschiede seien durch differentielle Wahrnehmung von gleichen Chancen legitimiert" in Westdeutschland wachsende Zustimmung erfahren haben (Noll und

Christoph 2004: 121). Die Autoren sehen dies als Abbild der gesellschaftspolitischen Prozesse zunehmender Liberalisierung und des Abbaus wohlfahrtsstaatlicher Leistungen.[68] Parallel dazu sinkt die Wahrnehmung sozialer Ungleichheit.

Aufgrund der Vielzahl der Einflussfaktoren und der Uneinheitlichkeit der Befunde, die keinen eindeutigen linearen Trend vermuten lassen, soll zunächst eine ungerichtete Hypothese zu Periodeneffekten aufgestellt werden, d.h. die Erhebungszeitpunkte werden in den Analysemodellen mittels Dummyvariablen kontrolliert.

Hypothese 6: Bildungs- und Kohorteneffekte werden von Periodeneffekten – die auf gesellschaftlichen Ereignissen und sozialstrukturellen Veränderungen basieren – tendenziell überlagert.

Da die Arbeitslosenquote als Ausdruck des gesellschaftlichen Zustands – im Gegensatz zu anderen wirtschaftlichen Kennzahlen wie z.B. Wachstumsraten – in der Bevölkerung breit perzipiert wird, erscheint eine gewisse Relevanz der Entwicklung der Arbeitslosigkeit in Westdeutschland für die Ausprägung der Akzeptanz sozialer Ungleichheit plausibel. Die Arbeitslosenzahlen gehören zu den „wichtigsten Auswirkungen, welche die Veränderungen der Konjunkturlage auf die objektive persönliche Betroffenheit" und letztlich auf die subjektiven Wahrnehmungen vieler Bundesbürger hatten (Terwey 1990: 145). Im Rahmen der folgenden Untersuchungen wird daher in einige Modelle die spezifische Arbeitslosenquote in Westdeutschland als Periodenmerkmal eingeführt. Unter der Ad-Hoc-Hypothese, dass die Wahrnehmung einer hohen Arbeitslosenquote in der Bevölkerung als Problem bzw. als Dysfunktion der sozialen Ordnung, zu der das Verteilungsprinzip gehört, gedeutet werden könnte, ergibt sich ein negativer Zusammenhang zwischen Arbeitslosenquote und der Akzeptanz sozialer Ungleichheit.[69]

Hypothese 6a: Je höher die Arbeitslosenquote ist, desto geringer ist die Akzeptanz sozialer Ungleichheit.

---

[68] Andererseits wird diese zunehmende Geltung der Prinzipien der Leistung und der Chancengleichheit untergraben durch die steigende „Relevanz, die illegitimen Mitteln und Wegen zugeschrieben wird, wenn es darum geht, in dieser Gesellschaft erfolgreich zu sein" (Noll und Christoph 2004: 121). Individuell-negative Erfolgsursachen im Sinne von Watermann (2003) stehen dem Prinzip der Chancengleichheit aus theoretischem Blickwinkel entgegen, empirisch schließen sie sich aber offenbar – vor allem, wenn es um Überzeugungen und nicht um das „erwünschte Prinzip" geht – nicht aus.

[69] Um einen ökologischen Fehlschluss zu vermeiden, wird die Arbeitslosenquote als Makromerkmal in dem entsprechenden Modell simultan mit der individuellen Arbeitslosigkeit als Kontrollvariable modelliert.

Alterseffekte: Die Akzeptanz sozialer Ungleichheit im Lebenszyklus. Die Integration von Alterseffekten in die Analysen ist aus inhaltlicher und methodischer Sicht sinnvoll. Zum einen sind Unterschiede in der Akzeptanz sozialer Ungleichheit zwischen einzelnen Lebensphasen bzw. zwischen Altersstufen plausibel, da mit spezifischen Positionen im Lebenszyklus spezifische soziale Erfahrungen – im Hinblick auf politische Sozialisation, aber auch auf die Erfahrung des eigenen Status – verknüpft sind. Wichtige Phasen des Lebenszyklus, vor deren Hintergrund entsprechende Alterseffekte gedeutet werden können, sind Beginn und Abschluss einer Ausbildung, die Aufnahme einer Erwerbstätigkeit, das Eingehen und Institutionalisieren einer Partnerschaft (z.B. „Heirat") sowie die Geburt von Kindern (vgl. Mayer 1975: 118).[70] Zum anderen sind aus Sicht des A-P-K-Ansatzes Kohorten- und Periodeneffekte unter Kontrolle von Alterseffekten zu modellieren, um alle drei temporalen Ebenen, auf denen Entwicklungen stattfinden, zu berücksichtigen. Die Integration eines Alterseffekts dient sowohl der Berücksichtigung der Stellung im Lebenszyklus als auch der Kontrolle des demographischen Wandels, denn im Hinblick auf den Altersaufbau – die zunehmende Alterung – der Bevölkerung enthält die Stichprobe von 1984 anteilig weniger ältere Personen als der Datensatz 2004. Der Bevölkerungsanteil der ab 60-Jährigen ist zwischen den 1950er Jahren und heute um über 50 Prozent auf 24,4 Prozent im Jahre 2002 angestiegen. Die Veränderung des Altersaufbaus der Bevölkerung ist von Bedeutung, weil solche Verschiebungen der Bevölkerungsgruppen etwa im Jugend-, erwerbsfähigen oder im Rentenalter zu einer Veränderung der „Quoten zwischen dem Teil der Bevölkerung, der sich aktiv am Erwerbsleben beteiligt, und dem Teil, der von den Erwerbstätigen unterhalten werden muss" führen (Statistisches Bundesamt 2004: 36).

Alterseffekte werden entsprechend des A-P-K-Ansatzes nicht als Effekte des Alterns selbst gefasst, sondern als Ausdruck lebenszyklusabhängiger Erfahrungen und Bedürfnisse – dahinter stehen verschiedene Faktoren. Zunächst ist der menschliche Lebenszyklus im Hinblick auf die Anpassung an veränderte Rollenanforderungen zu interpretieren. Das entsprechende theoretische Konzept der Stellung im Lebenszyklus von Bürklin et al. (1994) bzw. Klein (1995: 219) fokussiert kritische Lebensereignisse, die eine Anpassung an veränderte Rollenerwartungen erfordern, und versteht so den menschlichen Lebenszyklus „als Prozess der bis zur Lebensmitte hin zu- und anschließend wieder abnehmenden Kumulation sozialer Verantwortungsrollen". Dabei sind berufliche, partnerschaftliche und familiäre Rollen zu unterscheiden. Hinsichtlich des Alters- als

---

[70] Dies bedeutet im Widerspruch zu Ingleharts Kohortenhypothese (Inglehart 1977), dass „auch nach der Adoleszenzphase eine Veränderung von Wertorientierungen möglich ist" (Bürklin et al. 1994: 583).

Lebenszykluseffekts werden im Rahmen der Analyse zum Wertewandel von Klein (1995) folgende Stellungen im Lebenszyklus, die sich auf das Erwerbs- und Familienleben beziehen, thematisiert: Ausbildung (Schüler oder Student, unverheiratet, ohne Kinder im Haushalt), Erwerbsleben (ledig bzw. geschieden, berufstätig, kein Kind im Haushalt), Partnerschaft (geschlechtsspezifische Einordnung: Männer – unter 45 Jahren, verheiratet, berufstätig, kein Kind im Haushalt; Frauen – unter 45 Jahren, verheiratet, kein Kind im Haushalt), Familie (geschlechtsspezifische Einordnung: Männer –verheiratet, berufstätig, mind. ein Kind im Haushalt; Frauen – verheiratet, mind. ein Kind im Haushalt), späte Gefährtenschaft (wie Phase Partnerschaft, nur über 45 Jahre) und Lebensabend (im Ruhestand oder über 65-Jährige). Im Hinblick auf Werthaltungen gegenüber wirtschaftlicher Prosperität und Solidarität – die Parallelen zur Akzeptanz des meritokratischen Prinzips aufweisen – vermutet Herz (1987) folgende lebenszyklische Veränderungen unter Fokussierung der sich über das Alter verändernden Variablen Erwerbsstatus und Familienstand: Im mittleren Alter sollte wirtschaftliche Prosperität positiver bewertet werden als zu anderen Lebensaltern, weil zu diesem Zeitpunkt die Integration und damit die Verantwortung in Beruf und Familie besonders ausgeprägt sind. Solidarität und egalitäre Prinzipien sollte von Jungen und Alten stärker als von Menschen in mittleren Lebensaltern präferiert werden, weil diese besonders auf die Hilfe von Mitmenschen oder Sozialinstitutionen angewiesen sind (vgl. Klein 1991: 138).

Ein wesentliches strukturierendes Moment der lebenszyklischen Erfahrungen sind institutionelle Vorgaben des Sozialstaats:

> „Dass der Sozialstaat ganz unabhängig von Kohorteneffekten Alterseffekte beinhaltet, ist offensichtlich. Gerade der deutsche Sozialstaat bewirkt weniger eine vertikale Umverteilung von oben nach unten als eine horizontale Umverteilung von den mittleren Altersgruppen zu den jungen und alten Inaktiven, die insoweit als ‚Gewinneraltersgruppen' angesprochen werden können. Alte und Junge waren im 19. Jahrhundert die historisch ersten Versorgungsklassen" (Leisering 2000: 63).

In Bezug auf die Fragestellung der Umverteilung nimmt Mau (1997: 73) an, dass sich bei den jungen und den alten Altersgruppen „eine Präferenz für umverteilende Maßnahmen ergeben könnte", weil diese mit größerer Wahrscheinlichkeit auf umverteilende Leistungen der sozialen Sicherungssysteme angewiesen sind. Somit wäre für diese Lebensabschnitte eine eher kritisch-egalitäre Haltung zu erwarten, die mit einer Ablehnung des meritokratischen Prinzips verbunden ist.

Der Lebenszyklus ist zudem auch im Hinblick auf soziale Mobilität zu analysieren, wobei hier die subjektive Definition sozialer Mobilität anzuwenden ist, die über die enge soziologische Begriffsbestimmung von sozialer Mobilität als Bewegung zwischen strukturell-institutionalisierten Positionen hinausgeht:

„Die wichtigsten diesem Begriff entsprechenden Mobilitätsinterpretationen betreffen im familiären Bereich die Loslösung vom Elternhaus (Übergang vom Kind zum Erwachsenen), Eheschließung und Scheidung (Veränderung des Familienstandes) und die Geburt der Kinder (Übernahme der Elternposition), im Ausbildungs- und Berufsbereich den Abschluss von Ausbildungsabschnitten und den Berufsantritt (Übergang vom Lernenden zum Erwerbstätigen bzw. den Zugang zu einer Qualifikationsstufe) und Veränderungen in der Stellung im Beruf (Wechsel zwischen manuellen und nicht-manuellen bzw. zwischen nicht-Selbstständigen und Selbstständigen Tätigkeiten)" (Mayer 1975: 207).

Alterseffekte spiegeln somit viele soziale Mobilitätserfahrungen im weitesten Sinne wider – aufgrund der Vielfalt der möglichen sozialen Mobilitätserfahrungen erweitert sich die Möglichkeit positiver Erfahrungen über den Lebenszyklus. Die kumulierten (positiven) Erfahrungen sollten in eine verstärkte Akzeptanz der Ordnung sozialer Ungleichheit umgesetzt werden. Entsprechend postuliert Watermann (2003: 98), dass hinter dem Alterseffekt Bildungs- und Statusübergänge stehen und die „Erfahrung sozialer Mobilität am Übergang zur Stärkung eines meritokratischen Gesellschaftsbildes [beiträgt]. Jene, die am Übergang erfolgreich gewesen sind, werden ihren Erfolg eher auf die eigene Anstrengung und die eigenen Fähigkeiten zurückführen." Einerseits ist aus dieser Argumentation abzuleiten, dass mit steigender Position im Lebenszyklus – infolge der steigenden Anzahl der Erfahrung von Übergängen im Sinne sozialer Mobilität – die Akzeptanz sozialer Ungleichheit auf Basis des meritokratischen Leistungsprinzips steigen sollte. Andererseits bleibt einzuschränken, dass sehr stark negative Erlebnisse diese Zunahme hemmen können.

In Auseinandersetzung mit den verschiedenen Befunden – insbesondere im Hinblick auf die These, dass die Verantwortungsrollen mit zunehmenden Alter zunehmen und ab dem mittleren Lebensalter stagnieren bzw. zurückgehen (Klein 1995: 219) – wird in die folgenden Analysen zur Wahrnehmung und Akzeptanz sozialer Ungleichheit ein nicht-linearer Alterseffekt (Altergruppierung) in die Analysen eingefügt.[71] Hinter einem solchen Effekt steht die These, dass mit steigendem Alter (im Hinblick auf die Population ab 21 Jahren) die Akzeptanz sozialer Ungleichheit zunimmt. Im Renten- bzw. Pensionsalter könnte es zu einer Stagnation dieser Zunahme kommen, weil dann die Bedürftigkeit im Hinblick auf Versicherungssysteme bzw. wohlfahrtsstaatliche Institutionen steigt.

---

[71] Es werden hier keine Dummy-Variablen wie in der Operationalisierung von Klein (1995) eingeführt, da eine solche Lebenszyklus-Kategorisierung selbst problematisch ist. So sind Inkonsistenzen in der Einordnung möglich, des Weiteren können Personen trotz zunehmenden Lebensalters wieder in eine frühere Lebenszykluskategorie zurückfallen. Damit wird der A-P-K-Voraussetzung, dass diese theoretisch hergeleitete (Ersatz-)Variable mit dem Alter korrespondieren muss, nicht vollständig entsprochen.

Hypothese 7: Mit zunehmendem Alter steigt zunächst die Akzeptanz sozialer Ungleichheit an, um im späteren Lebensverlauf (nach dem 60. Lebensjahr) zu stagnieren.

8.4 Geschlecht und Arbeitslosigkeit als Kontrollfaktoren

Im Rahmen der Längsschnittanalysen zur Entwicklung der Akzeptanz sozialer Ungleichheit wird der Einfluss des Geschlechts und der individuellen Arbeitslosigkeit zum jeweiligen Zeitpunkt der Befragung kontrolliert.
Geschlecht und die Akzeptanz sozialer Ungleichheit. Zentraler Grund für die Integration der Geschlechtsvariable ist die Annahme, dass sich Männer und Frauen in ihrer Akzeptanz sozialer Ungleichheit unterscheiden. Empirische Befunde von Wegener und Liebig (1995: 278) zeigen, dass das Geschlecht „appears to have the strongest determining effect on justice ideologies." Frauen geben eine geringere Akzeptanz sozialer Ungleichheit – sowohl auf Basis des Legitimationsprinzips der meritokratischen Leistungsideologie als auch im Hinblick auf das askriptive Prinzip – an; Egalitarismus und Fatalismus sind hingegen beim weiblichen Geschlecht stärker ausgeprägt.[72] Dieser Befund stimmt mit Ergebnissen von Watermann und Nagy (2006) überein, die diese im Rahmen ihrer Längsschnittstudie gewonnen haben. Mädchen hängen danach egalitären Werthaltungen im größeren Ausmaß an als Jungen. Die stärkere Unterstützung egalitärer Prinzipien und die stärkere Zurückweisung der meritokratischen Leistungsideologie bei Frauen lassen sich mit geschlechtsspezifischen Sozialisationsprozessen und entsprechenden Ideologie- und Wertsystemen begründen (vgl. Gilligan 1982). So geht etwa die Power-Control-Theory of Gender and Delinquency (vgl. Hagan et al. 1979; Hadjar et al. 2003) davon aus, dass geschlechtsspezifische Erziehungsstile – eine stärkere Kontrolle von Mädchen – zu geschlechtsspezifischen Einstellungen und Verhaltensweisen führen. Frauen werden entsprechend im geringeren Maße wettbewerbs- bzw. leistungsorientiert erzogen (Hadjar 2004). Wird die lebenslange Sozialisation betrachtet, ließe sich ableiten, dass die geringere Einbindung von Frauen in das Erwerbsleben und Arbeitsprozesse eine geringere Akzeptanz des meritokratischen Leistungsprinzips mit sich bringen sollte (Wegener und Liebig 1995: 274). Frauen sind in dieser Lesart weniger der Sozialisation meritokratischer Prinzipien der Arbeitswelt ausgesetzt und verinnerlichen

---

[72] In den theoretischen Überlegungen hatten Wegener und Liebig (1995: 274) einen stärkeren Fatalismus und eine geringere Akzeptanz auf dem Leistungsprinzip basierender Ungleichheit (Individualismus bzw. Liberalismus) bei westdeutschen Frauen angenommen.

stattdessen stärker die im privaten Bereich geltenden solidarischen Prinzipien – was im Hinblick auf die zunehmende Frauenerwerbsbeteiligung sicherlich einem Wandel unterworfen ist. Des Weiteren soll durch die Kontrolle des Geschlechtereffekts berücksichtigt werden, dass Frauen insbesondere von der Bildungsexpansion profitiert haben. Im Zuge der Bildungsexpansion hat vor allem ein Anstieg der Bildungsbeteiligung von Frauen und damit ein Abbau geschlechtsspezifischer Ungleichheiten stattgefunden (vgl. Hecken 2006). Schließlich ist die Berücksichtigung des Geschlechts auch deshalb sinnvoll, weil Frauen durch ihre höhere Lebenserwartung (Klein et al. 2006) besonders in den höheren Altersgruppen in größerer Anzahl in den kumulierten Längsschnitt eingehen.

Hypothese 8: Frauen akzeptieren soziale Ungleichheit auf Basis des meritokratischen Legitimationsprinzips im geringeren Ausmaß als Männer.

Arbeitslosigkeit und Akzeptanz sozialer Ungleichheit. Die individuelle Arbeitslosigkeit wird in die Analysen integriert, in denen die periodenspezifische Arbeitslosenquote als Periodenmerkmal modelliert wird. Ziel ist es, ökologische Fehlschlüsse – d.h. die falsche Übertragung von Befunden im Hinblick auf die Makroebene auf die Mikroebene – zu vermeiden. Die Arbeitslosenquote auf der Makroebene wird somit in diesen multivariaten Modellen kontrolliert durch die individuelle Arbeitslosigkeit. Nur so kann gezeigt werden, ob Arbeitslosigkeit auch auf der individuellen Ebene die sich auf der Makroebene abzeichnenden Wirkungen hat und die Effekte individueller und allgemeiner Arbeitslosigkeit gleich gerichtet sind – wäre dies nicht der Fall, müsste ein ökologischer Fehlschluss vermutet werden. Während die Arbeitslosenquote als Periodenmerkmal die allgemeine Stimmung in der Bevölkerung beeinflusst, ist die individuelle Arbeitslosigkeit ein Faktor, der auf individuelle Werthaltungen wirkt. Die Arbeitslosigkeit und die individuelle Arbeitslosigkeit sind insofern entkoppelt, da sie sich auf verschiedene Ebenen beziehen.[73] Die negative Wirkung der individuellen Arbeitslosigkeit sollte den Effekt der Arbeitslosenquote übertreffen, da die individuelle Arbeitslosigkeitserfahrung einen sehr geringen ökonomischen – und im Hinblick auf die soziale Identität auch sehr geringen psychischen – Nutzen darstellt (Frey und Stutzer 2002). Arbeitslosigkeit bedeutet im Sinne des Statuszuweisungsmodells (Mayer und Blossfeld 1990)

---

[73] Zum besseren Verständnis lässt sich hier auch das Bedrohungskonzept (‚integrated threat theory'; Stephan und Stephan 2000) heranziehen. Darin werden nationale Bedrohungen – z.B. steigende Preise, höhere Arbeitslosenquoten – von individuellen Bedrohungen – z.B. durch individuelle Arbeitslosigkeit oder Krankheit – unterschieden (vgl. Rippl et al. 2005).

auch, dass Humankapital nicht in Status umgesetzt werden konnte und somit das Ausbleiben einer Mobilitätserwartung im Sinne relativer Deprivation. Im Hinblick auf die Benachteiligung und Desintegration von Arbeitslosen in verschiedenen Bereichen und das damit verbundene Ungerechtigkeitsempfinden (vgl. Anhut und Heitmeyer 2000: 48, 52) ist von einer stärkeren Hinterfragung und einer geringeren Akzeptanz der Ordnung sozialer Ungleichheit in dieser Bevölkerungsgruppe auszugehen.

Hypothese 9: Arbeitslose akzeptieren soziale Ungleichheit auf Basis des meritokratischen Legitimationsprinzips im geringeren Ausmaß als Personen, die nicht arbeitslos sind.

8.5   Überblick über die zu prüfenden Hypothesen

Zusammenfassend werden neun Hypothesen im Rahmen der in Teil III dargestellten Untersuchung empirisch geprüft bzw. Annäherungen an eine empirische Prüfung unter der vorsichtigen Herangehensweise des kritischen Rationalismus versucht. Dabei beziehen sich die Hypothesen zum Bildungseffekt (Hypothese 1a, 1b) sowie die Effekte des Status und der Statusinkonsistenz (Hypothesen 3 und 4) zunächst auf eine querschnittliche Fragestellung, während Kohorten- sowie Periodeneffekte (bzw. der Effekt der Arbeitslosenquote) und der Alterseffekt (Hypothesen 5a, 5b, 6, 6a, 7) sich auf zeitliche Entwicklungen – und damit auf eine längsschnittliche Fragstellung – richten. Der individuelle Geschlechtseffekt und der Effekt der individuellen Arbeitslosigkeit fungieren schließlich als Kontrollvariablen (Hypothesen 8 und 9).

Hypothese 1a: Mit einem steigenden Bildungsniveau sinkt die Akzeptanz sozialer Ungleichheit auf Basis eines meritokratischen Leistungsprinzips.

Hypothese 1b: Je höher das Bildungsniveau einer Person ist, desto stärker akzeptiert diese – aufgrund ihres entsprechend höheren Status als Bildungsertrag – die auf dem meritokratischen Prinzip beruhende Ordnung sozialer Ungleichheit.

Hypothese 2: Je privilegierter die soziale Position einer Person ist, desto stärker akzeptiert diese die auf dem meritokratischen Prinzip beruhende Ordnung sozialer Ungleichheit. Die Akzeptanz sozialer Ungleichheit auf Basis eines meritokratischen Leistungsprinzips sollte in der Dienstklasse und bei den Selbstständigen besonders stark ausgeprägt sein, während niedrigere Schichten wie Facharbeiter und ungelernte Arbeiter diesem Prinzip kritischer gegenüberstehen sollten.

Hypothese 3: Statusinkonsistente, die ihr (höheres) Bildungszertifikat nicht entsprechend in Status umsetzen konnten, stehen der auf dem meritokratischen Prinzip beruhenden Ordnung sozialer Ungleichheit besonders kritisch gegenüber, während Personen, die soziale Aufstiegsmobilität erlebt haben, diese besonders stark akzeptieren.

Hypothese 4: Im Zuge der Bildungsexpansion – und damit über die Kohortenabfolge – ist eine Abnahme der Akzeptanz sozialer Ungleichheit anzunehmen.

Hypothese 5a: Aus Sicht der These der kognitiven Mobilisierung sollte im Zuge der Bildungsexpansion – und damit über die Kohortenabfolge – eine Annäherung der Hochgebildeten an die niedrigeren Bildungsgruppen in der Akzeptanz sozialer Ungleichheit stattgefunden haben, wobei die Distinktion der niedrigsten Bildungsgruppe (im Vergleich höhere Akzeptanz sozialer Ungleichheit aufgrund fehlender Reflexionsfähigkeiten) erhalten geblieben sein sollte.

Hypothese 5b: Aus Sicht der Statuszuweisung sollten im Zuge der Bildungsexpansion – und damit über die Kohortenabfolge – die niedrig Gebildeten gegenüber den anderen Bildungsgruppen weiter an Akzeptanz sozialer Ungleichheit verloren haben.

Hypothese 6: Bildungs- und Kohorteneffekte werden von Periodeneffekten – die auf gesellschaftlichen Ereignissen und sozialstrukturellen Veränderungen basieren – tendenziell überlagert.

Hypothese 6a: Je höher die Arbeitslosenquote ist, desto geringer ist die Akzeptanz sozialer Ungleichheit.

Hypothese 7: Mit zunehmendem Alter steigt zunächst die Akzeptanz sozialer Ungleichheit an, um im späteren Lebensverlauf (nach dem 60. Lebensjahr) zu stagnieren.

Hypothese 8: Frauen akzeptieren soziale Ungleichheit auf Basis des meritokratischen Legitimationsprinzips im geringeren Ausmaß als Männer.

Hypothese 9: Arbeitslose akzeptieren soziale Ungleichheit auf Basis des meritokratischen Legitimationsprinzips im geringeren Ausmaß als Personen, die nicht arbeitslos sind.

III. Empirische Untersuchung

9. Methodik

Im Rahmen der Analysen sollen die Fragestellungen zunächst im Querschnitt betrachtet werden, um dann Längsschnittanalysen unter Berücksichtigung von zwei zeitlichen Ebenen und schließlich unter simultaner Modellierung von Alters-, Perioden- und Kohorteneffekten (A-P-K-Analyse) – unter Ersatz einer der zeitlichen Ebene durch eine inhaltliche Variable – durchzuführen. An dieser Stelle wird nun die methodische Herangehensweise – welche insbesondere Konsequenzen für die Datenauswertung hat – beschrieben, wobei die A-P-K-Analyse fokussiert wird, um dann auf Datensatz und Messinstrumente einzugehen.

9.1 Methodische Herangehensweise

Bereits im inhaltlichen Teil wurde angedeutet, dass sich Geburtskohorten im Kern der methodologischen Analysestrategie befinden. Grund dafür ist, dass die Entwicklung der Akzeptanz sozialer Ungleichheit als Folge der Bildungsexpansion thematisiert wird und dahingehend untersucht werden soll. Von Interesse ist dabei die intensive Phase der Bildungsexpansion, die durch die Bildungsreformen in Westdeutschland in den 1960er Jahren mit angeschoben wurde. Die Bildungsexpansion wird über kohortenspezifische Bildungsniveaus bzw. die kohortenspezifische Heterogenität der Schülerschaft nach sozialer Herkunft sichtbar gemacht. Das heißt, Veränderungen über die Kohortenabfolge werden als Proxy für die Entwicklung im Zuge der Bildungsexpansion herangezogen. Im Rahmen der folgenden Abschnitte soll nun weniger aus inhaltlicher Sicht und stärker aus methodologischer Sicht die Analysestrategie beschrieben werden.

Kohorten werden dabei als Gruppen oder Aggregate definiert, die durch einen gemeinsamen „point of entry into a social system" gekennzeichnet sind (Mason und Fienberg 1985: 1) bzw. „who experienced the same event within the same time interval" (Ryder 1985 [1965]: 12). Dieser gemeinsame Eintrittspunkt ist hier die Geburt, d.h. der Eintritt in das soziale System der Gesellschaft.

Ausgehend von diesem gemeinsamen Eintrittspunkt werden gemeinsame soziale Erfahrungen als Sozialisationsereignisse angenommen und nachverfolgt. Auch wenn Kohorten die Träger sozialen Wandels sind (vgl. Mannheim 1928; Inglehart 1977, 1998), sind sie doch nicht vereinfachend als die Verursacher sozialen Wandels zu fassen, sondern sie ermöglichen Entwicklungen über die Kohortensukzession: „The new cohorts provide the opportunity for social change to occur. They do not cause change, they permit it. If change does occur, it differentiates cohorts from one another, and the comparison of their careers becomes a way to study change" (Ryder 1985: 11). Daraus ergibt sich die Forderung nach einer adäquaten Analyse sozialen Wandels, d.h. nach einer integrierten Analyse von Kohorteneffekten im Zusammenspiel mit Alterseffekten und periodischen Einflüssen.

Der A-P-K-Ansatz zur Analyse sozialer Entwicklungen. Wenngleich in den Sozialwissenschaften die Notwendigkeit empirischer Längsschnittanalysen vielerorts erkannt wurde, erweisen sich die herangezogenen Analyseverfahren häufig als problematisch. So ist es für einen sozialwissenschaftlichen Erklärungsversuch nicht hinreichend, Mittelwerte in Bezug auf die Bevölkerung für bestimmte Erhebungsjahre miteinander zu vergleichen. Hinter der Entwicklung, die sich in Veränderungen dieser Mittelwerte zeigen, müssen sich nicht Periodeneffekte verbergen, sondern hinter diesen können auch Alters- oder Kohorteneffekte stehen. Eine Zunahme postmaterialistischer Werthaltungen etwa könnte einerseits in aktuellen politischen Ereignissen begründet liegen, andererseits könnten auch bestimmte Kohorten, die im Rahmen ihrer Sozialisation postmaterialistische Werthaltungen in besonders starkem Ausmaß erworben haben, anteilsmäßig in der Bevölkerung zugenommen haben. Würde nun aufgrund periodenspezifischer Mittelwerte hier nur auf einen Periodeneffekt geschlossen, wäre von einem „temporalen Fehlschluss" auszugehen. Der Terminus „temporaler Fehlschluss" soll in Anlehnung an den ökologischen Fehlschluss definiert werden. Während ein ökologischer Fehlschluss als das fälschliche Übertragen von Makroebenen-Zusammenhängen auf Beziehungen auf der Individualebene definiert wird (Robinson 1950), ist ein temporaler Fehlschluss ein Problem der unvollständigen Analyse zeitlicher Entwicklungen auf Basis einer oder zweier Zeitebenen (z.B. Alter oder Kohorte). Wie auch der ökologische Fehlschluss stellt der temporale Fehlschluss ein Aggregationsproblem im Sinne Essers (1988: 38; vgl. auch Engel 1998: 37-43) dar, denn er bezieht sich auf die Fehlinterpretation von Befunden auf einer oder zwei zeitlichen Aggregationsebenen (aggregierte Perioden-, Kohorten-, Altersgruppenmerkmale).[74]

Temporale Fehlschlüsse lassen sich im Rahmen eines A-P-K-Analysedesigns vermeiden, d.h. der simultanen Berücksichtigung dreier zeitlicher Ebenen – von Alters-, Perioden- und Kohorteneffekten. Soziale Tatbestände werden dabei nicht als geschichtslose Zustände begriffen, sondern als Komposition der Effekte des Alterns bzw. der Veränderung der Stellung im Lebenszyklus, der Sozialisation und der strukturellen Einflüsse zum Zeitpunkt der Untersuchung. Diese Analyseform wird auch als Kohortenanalyse bezeichnet, da im Rahmen der A-P-K-Modellierung bestimmte Kohorten in ihrer alters- und periodenspezifischen Entwicklung betrachtet werden. Die A-P-K-Betrachtung ist insbesondere auch unter Berücksichtigung sozialer Mechanismen – d.h. individueller Phänomene, die zur Erklärung bestimmter Zusammenhänge auf der Makroebene herangezogen werden können (Hedström und Swedberg 1998) – sinnvoll: „quantitative cohort analysis can be used for a variety of purposes, including the extremes of descriptions embedded in historical settings and inferences about social mechanisms thought to exert their forces indefinitely" (Fienberg und Mason 1985: 80).

Ursprünge der A-P-K-Analyse in den Sozialwissenschaften. Empirisch hat die Kohortenanalyse, die in ihren theoretischen Grundzügen bereits Ende des 19. Jahrhunderts im Rahmen der Bevölkerungsstatistik von Wilhelm Lexis entwickelt wurde, eine lange Tradition – wenngleich die Effekte von Alter, Periode und Kohorte weniger inhaltlich gedeutet wurden, sondern vornehmlich als Kontrollvariablen zur Verhinderung von Scheinkorrelationen dienten. „Von den drei möglichen Wirkungszusammenhängen ist immer vornehmlich nur eine einzige Beziehung von Interesse gewesen, die von Disziplin zu Disziplin variiert" (Mayer und Huinink 1990: 443). So zielte die Kohortenanalyse in der Psycholo-

---

[74] Als idealtypisches Beispiel für solche Fehlschlüsse gilt zum einen der Befund, dass mit zunehmendem Alter die Intelligenz abnimmt; bei gleichzeitiger Betrachtung von Kohortenunterschieden stellt sich stattdessen heraus, dass jüngere Kohorten eine höhere Intelligenz haben, der Grad an Intelligenz aber über den Lebenslauf relativ stabil bleibt (Hunt 1991). Zum anderen wird auf frühe Befunde zum Wertewandel (Inglehart 1977) verwiesen, wonach über die Generationen (Kohorten) der Materialistenanteil sinke. Statt dieses Kohorteneffekts scheint in der simultanen Analyse von Alter und Kohorte auf, dass zumindest teilweise ein Alterseffekt hinter diesen Ergebnissen steht, da jüngere Individuen im geringeren Ausmaß materialistischen Werten anhängen. Diekmann (2004a: 283-287) bezeichnet diese Lehr-Beispiele als Fehlschlüsse; ersteres Beispiel als Lebenszyklusfehlschluss, letzteres Beispiel als Kohortenfehlschluss. Im Hinblick auf den Kohortenfehlschluss sowie den Versuch, in Kohortenunterschieden soziokulturelle Dynamiken – etwa 30jährige Generationszyklen oder Konfliktmuster zwischen Generationen – auszumachen, spricht Ryder (1985 [1965]: 26) von „generationism". Nicht die Generationen selbst sind die Verursacher der Entwicklungen, sondern sie müssen vielmehr vor dem Hintergrund bestimmter Entwicklungslinien unter Einschluss von Lebenszyklus- bzw. Altersprozessen sowie periodischen Einflüssen betrachtet werden.

gie vor allem auf die Erfassung von Reifungs- und Entwicklungsprozessen. Im Zentrum standen Alterseffekte; Kohorten- und Periodeneffekte wurden als Kontrollvariablen herangezogen, um den genuinen Alterseffekt von Scheineffekten isolieren zu können (Baltes 1968; Schaie 1986). Im Fokus der Bevölkerungswissenschaft standen hingegen traditionell vor allem Kohorteneffekte, insofern kohortenspezifischem Fertilitätsverhalten und Mortalität ein besonderes Interesse galt. Andererseits ist für viele Fragestellungen auch die Berücksichtigung von Alters- bzw. Lebenszykluseffekten unabdingbar (Müller 1993b). In der Politikwissenschaft findet sich eine Tradition, im Rahmen derer Alters-, Perioden- und Kohorteneffekte gleichermaßen inhaltlich thematisiert werden. Während Inglehart (1977) bezüglich des Wertewandels noch Kohorteneffekte fokussierte, berücksichtigten Jennings und Niemi (1981) in ihren Panel-Studien auch Alters- und Periodeneffekte. „Alter bezieht sich in der politischen Wissenschaft auf die Hypothese eines mit dem Lebensalter zunehmenden Konservatismus, Kohorte auf die Langzeiteffekte früher politischer Sozialisation oder Zeiten politischer Mobilisierung und Periode auf Wahlereignisse oder die Dauer politischer Regime" (Mayer und Huinink 1990: 443). Die A-P-K-Analyse ist auch heute fester Bestandteil politikwissenschaftlicher Studien – etwa zum Wertewandel (Bürklin et al. 1994; Klein 1995; Klein und Ohr 2004). Seit den 1960er und 1970er Jahren gewinnt die A-P-K- oder Kohortenanalyse auch in der Soziologie an Popularität (vgl. Wagner 2001; Pfeil 1967: 647). Zunächst diente die Altersvariable der Kontrolle der Alterszusammensetzung der Bevölkerung bei der Untersuchung gesamtgesellschaftlicher Entwicklungsprozesse, die als periodischer Wandel gefasst wurden. Das Alter selbst gewann durch das Modell der normativen Altersgradierung (Riley et al. 1972) an inhaltlicher Bedeutung für die Soziologie, weil hier von einer sozialstrukturellen Spezifik bestimmter Lebensstadien ausgegangen wurde. Während zunächst wiederum der Altersvariable einseitig Aufmerksamkeit geschenkt wurde, entwickelte sich doch in Auseinandersetzung mit diesem Ansatz die soziologische Lebensverlaufsforschung, die allen drei thematisierten Zeitebenen explizite Berücksichtigung schenkt (Mayer 2001). Der Kohorteneffekt wird in der Soziologie unter Rückgriff auf den Begriff der Generation spezifiziert, der sich sowohl auf die „Generationenabfolge als Universale des menschlichen Bevölkerungsprozesses, als auch auf die Generation als ein spezifisches, potentiell sogar selbstbewusstes historisches Kollektiv bezieht" (Mayer und Huinink 1990: 444).

Alters-, Perioden- und Kohorteneffekte. Als Funktion der Kohortenanalyse formuliert Plum (1982: 510), dass Veränderungen in zeitlich sukzessive erhobenen Merkmalsausprägungen anhand von zu ähnlichen Zeitpunkten geborenen Personengruppen über ihren Lebensverlauf hinweg nachvollzogen werden sollen. Berücksichtigung finden dabei drei Zeitebenen. Diese sowie die Funktion der A-P-K-Analyse werden zunächst in einer Graphik (Abb. 13) in Anlehnung an das Lexis-Diagramm (Lexis 1975; Mayer und Huinink 1990: 442) dargestellt.

Abbildung 13:   *Alter, Periode und Kohorte*
                      (Quelle: Mayer und Huinink 1990: 442)

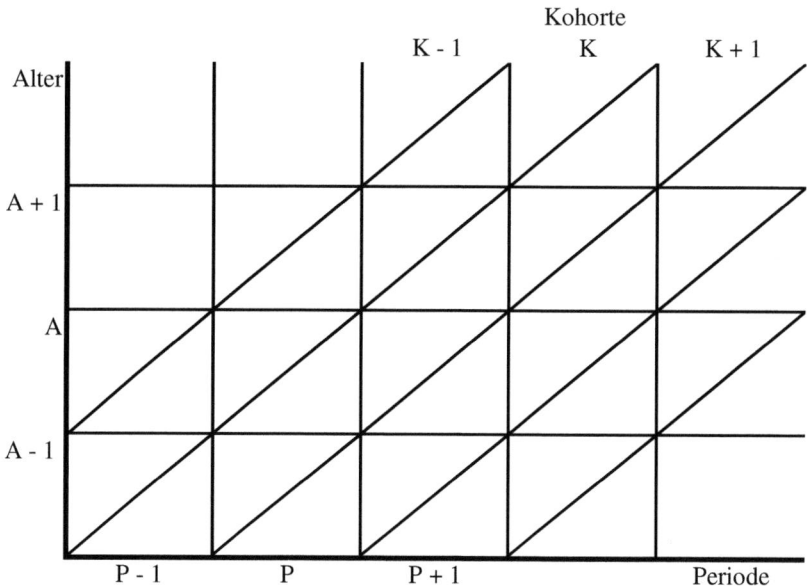

Wenngleich Kohorten nicht zwingend durch das Geburtsjahr definiert sein müssen, sondern auch nach Heiratsjahr, Abschlussjahr eines bestimmten Bildungsabschlusses, Geburtsjahr des ersten Kindes, Scheidungsjahr oder den Zeitpunkt der Pensionierung bestimmt werden können (vgl. Glen 1977), stehen Geburtskohorten in der Regel im Zentrum einer A-P-K-Analyse.

Das Grundmodell der A-P-K-Analyse, das im Lexis-Diagramm visuell umgesetzt ist, stellt die Standardkohortentabelle dar. Standardkohortentabellen sind Kreuztabellen,

„deren Spalten durch die Erhebungszeitpunkte und deren Zeilen durch Altersgruppen definiert sind. Die Zellen der Tabelle enthalten den Prozentanteil des jeweils untersuchten Merkmals in der betroffenen Personengruppe. Die Spannbreite der Altersgruppen entspricht dabei dem zeitlichen Abstand der Erhebungszeitpunkte, so dass in den Diagonalen einer solchen

Tabelle die Entwicklung der verschiedenen Geburtskohorten beobachtet werden kann" (Klein und Ohr 2004: 166).[75]

In der Beschreibung der Standardkohortentabelle deutet sich bereits ein Problem in der Anwendung an: Alter, Periode und Kohorte sind konfundiert, die Periode ergibt sich aus der Addition von Kohorte (Geburtsjahr) und Alter.

Die Ebene des Alters bezieht sich auf das Alter der Kohorte und beinhaltet die „Zeitdauer seit dem Zeitpunkt des Entstehens der Kohorte, also dem Kohortenursprung" (vgl. Mayer und Huinink 1990: 446). Der Kohortenursprung fällt bei der Analyse von Geburtskohorten mit dem Zeitpunkt der Geburt, in der Regel dem Geburtsjahr, zusammen. Der *Alterseffekt* beschreibt Veränderungen aufgrund der Stellung eines Menschen im Lebensverlauf und wird daher synonym auch Lebenszykluseffekt genannt (Klecka 1971). Aus soziologischer Perspektive stehen hinter einem Effekt des Alters soziale Erfahrungen bzw. Sozialisationsprozesse – zum Beispiel politische Sozialisation (vgl. Hadjar und Becker 2006) – oder Prozesse der sozialstrukturellen Etablierung im Lebensverlauf – vor allem im Hinblick auf das Erwerbs- und Familienleben (vgl. Klein 1995). Das Alter verweist somit nicht nur auf die positiven und negativen Konsequenzen sozialer Erfahrungen, sondern ist eine wichtige Basis für die Rollen- oder Statusallokation in Gesellschaften (Levy 1952; vgl. Ryder 1985 [1965]: 12). Entwicklungspsychologisch ist auch eine Deutung aufgrund des Alterns selbst möglich, wie etwa nach dem Konzept der Moralentwicklung von Kohlberg (1995 [1984]).

Der Kohortenaspekt richtet, wie bereits definiert wurde, das Augenmerk innerhalb der A-P-K-Analyse auf bestimmte Gruppen bzw. „Mengen von Individuen [...], die zu einem bestimmten gemeinsamen Zeitpunkt, z.B. in einem bestimmten Kalenderjahr, ein bestimmtes Ereignis erfahren haben" (Mayer und Huinink 1990: 445). *Kohorteneffekte* werden in den Sozialwissenschaften meist auf kohortenspezifische Sozialisationserfahrungen oder kohortenspezifische Ausstattungen mit bestimmten Ressourcen (z.B. Bildung) bezogen. Erstere Sichtweise ergibt sich aus dem Konzept der politischen Generationen (Mannheim 1928; Metje 1994), die im Hinblick auf gesellschaftliche Ereignisse, die im Zuge der politischen Sozialisation der einzelnen Kohorten von besonderer Bedeutung waren, definiert werden. Eine politische Generation bilden in diesem Sinne „diejenigen Mitglieder einer Altersgruppe oder Kohorte, die – mit bestimmten Schlüsselerlebnissen konfrontiert – zu einer gleichgesinnten bewussten

---

[75] Diese Definition basiert auf Glen (1977: 10), der Standardkohortentabellen als „a table in which sets of cross-sectional data for the different dates are justaposed and in which the intervals between the points in time for which there are data correspond in years with the intervals used to delineate the birth cohorts" beschreibt.

Auseinandersetzung mit den Leitideen und Werten der politischen Ordnung gelangten, in der sie aufwuchsen" (Fogt 1982: 21). Dahinter steht die Annahme, dass individuelle Merkmale (z.b. Werte) im Kindes- und Jugendalter, d.h. in der formativen Phase des Sozialisationsprozesses, erworben werden, sich in der weiteren Persönlichkeitsentwicklung kaum verändern und über die gesamte Lebensspanne wirksam bleiben: „Each new cohort makes fresh contact with the contemporary social heritage and carries the impress of the encounter through life" (vgl. Ryder 1985 [1965]: 11).[76] Auch wenn Prozesse der politischen Sozialisation lebenslang verlaufen, finden sie durchweg vor dem Hintergrund dieser primären Prägephase statt; d.h. im Sinne der Theorie der kognitiven Dissonanz von Festinger (1957), dass zum bereits internalisierten Weltbild passende Einstellungen leichter angenommen werden. Jede Kohorte – z.B. jede Geburtskohorte, deren Mitglieder zusammen älter werden – ist durch eine spezifische Lage in der geschichtlichen Entwicklung gekennzeichnet und unterscheidet sich von anderen Kohorten (Ryder 1985 [1965]). Im Hinblick auf eine Kohortendeutung, die auf die Ressourcenausstattung verschiedener Kohorten fokussiert, sind vor allem die gesellschaftlichen Rahmenbedingungen während des Aufwachsens der Kohortenmitglieder von Interesse. So können zum Beispiel die Gelegenheiten, höhere Bildung zu erwerben oder eine gesunde Kindheit mit adäquater Ernährung zu erleben, betrachtet werden. Während in der Regel das Geburtsjahr kohortendefinierend ist, werden zur Interpretation der Kohorteneffekte bestimmte gesellschaftliche Ereignisse (z.B. Kriege, Wirtschaftskrisen, politische Umstürze) oder Zustände (z.B. Armut, Zeitgeist, Moden, gesetzliche Regelungen, Bildungschancen) herangezogen. So lassen sich die zwischen 1949 und 1958 geborenen Kohorten zum Beispiel sowohl nach ihrer politischen Sozialisation bzw. ihrer in dieser Zeit gemachten sozialen Erfahrungen (Meier et al. 1981) – z.B. in der politischen Auseinandersetzung mit der Studentenbewegung – als auch nach ihren (höheren) Bildungsmöglichkeiten, die auf dem damals einsetzenden Bildungsexpansionsschub zurückzuführen sind, einordnen.

Die Periode ist die aktuelle Kalenderzeit; entweder zum Zeitpunkt der Datenerhebung oder – wie bei Retrospektivbefragungen – der Zeitpunkt, auf den sich die Angaben der Befragten beziehen. *Periodeneffekte* stellen Einflüsse des historischen und gesellschaftlichen Kontextes dar und erklären sich aus sozialen Umweltfaktoren, wie Einflüssen des Einstellungs- oder Werteklimas einer Gesellschaft („Zeitgeist"; vgl. Klein 1991) bzw. bestimmter sozialstrukturellen Veränderungen, die auf Individuen – auf individuelle Merkmale und individuelle Alterungsprozesse – wirken (Wagner 2001: 12). Sie sind somit wie auch die Ko-

---

[76] Diese Annahme entspricht der Sozialisationshypothese bei Inglehart (1998), der Wertewandel als von Kohorten getragenes Phänomen thematisiert.

horteneffekte mit gesellschaftlichen Ereignissen und Zuständen verknüpft, allerdings nicht in Bezug auf soziale Erfahrungen, die vor dem Erhebungszeitpunkt liegen, sondern in Bezug auf den Messzeitpunkt selbst oder den Zeitpunkt, auf den sich retrospektive Daten beziehen.

Das Wesen der A-P-K-Analyse zeigt sich in der Dekomposition der zeitlichen Effekte (vgl. Mason und Fienberg 1985). Werden bei Querschnittsuntersuchungen Unterschiede beispielsweise zwischen Altersgruppen aufgezeigt, so könnten diese zum Teil oder vollständig auf die Zugehörigkeit zu verschiedenen Kohorten zurückgehen. Da sich zudem alle drei zeitlichen Effekte gegenseitig überlagern, würde nur eine Analyse von Längsschnittdaten (Panel-Daten oder synthetischer Kohorten im Zeitverlauf) *unter simultaner Berücksichtigung von Alters-, Perioden- und Kohorteneffekten innerhalb eines Modells* zu einer vollständigen Auftrennung der verschiedenen Effekte führen. Dabei könnte sich herausstellen, dass bestimmte Effekte – beispielsweise ein Kohorteneffekt – bei Auspartialisierung der jeweils anderen zeitlichen Effekte (Alter, Periode) ihr Vorzeichen ändern oder ihren signifikanten Einfluss verlieren. So kann sich zum Beispiel ein Periodeneffekt als reiner Effekt der sich verändernden Altersverteilung der Bevölkerung erweisen, wenn bei simultaner Testung der Periodeneffekt rapide abnimmt und sich stattdessen das Alter als starker Prädiktor zeigt.

Die simultane Berücksichtigung aller drei zeitlicher Ebene ist jedoch nicht möglich. Dies trüge einerseits aus theoretischer Perspektive einen Tautologiecharakter, andererseits wäre sie im Hinblick auf die Datenanalyse nicht durchführbar, denn Alter, Periode und Kohorte stehen in einem totalen Abhängigkeitsverhältnis zueinander. Dieses Problem wird als Konfundierungsproblem im nächsten Abschnitt diskutiert.

Das Konfundierungs- oder Identifikationsproblem. Im letzten Abschnitt wurde die Funktion der A-P-K-Analyse in der simultanen Modellierung aller drei temporalen Effekte zur Dekomposition von Alters-, Perioden- und Kohorteneinflüssen gekennzeichnet. Eine solche Darstellung trägt vor allem heuristischen bzw. modellhaften Charakter. In der praktischen Anwendung der A-P-K-Analyse ist die simultane Modellierung von Alter, Periode und Kohorte als zeitliche Variablen im engeren Sinne – d.h. Alter in Jahren, Periode und (Geburts-)Kohorte in Form von Kalenderjahren – nicht möglich. Die Aufnahme aller drei Effekte in ein Modell würde zu einem Identifikationsproblem (Jagodzinski 1984; Mason und Fienberg 1985: 3; Glenn 2005) bzw. zum Problem der Konfundierung führen. Grund dafür ist, dass „jede der drei Einflussgrößen als Linearkombination aus den beiden anderen darstellbar ist" (Klein 1995: 219). Die Bedingung der Unabhängigkeit der Erklärungsvariablen untereinander ist somit nicht erfüllt. Das perfekt lineare Verhältnis, in dem die drei zeitlichen

Komponenten als unabhängige Variablen der A-P-K-Analyse stehen, ermöglicht, dass die Werte einer oder mehrerer aus den jeweils anderen unabhängigen Variablen exakt vorhergesagt werden können (Periode = Kohorte + Alter; Alter = Periode – Kohorte; Kohorte = Alter + Periode).[77] Eine solche totale „wechselseitige, lineare Abhängigkeit" (Bortz 1999: 438) unter den unabhängigen Variablen bedeutet eine perfekte Multikollinearität und würde eine Modellschätzung unmöglich machen.[78] Die totale wechselseitige Abhängigkeit der temporalen Variablen muss somit aufgelöst werden, um eine A-P-K-Analyse überhaupt durchführen zu können, wobei ein gewisses Maß an Multikollinearität immer bestehen bleiben wird. Zunächst gilt, dass bei Abnahme der Multikollinearität die rechnerische Genauigkeit der b-Gewicht-Schätzungen steigt, weil die Standardfehler – die bei starker Multikollinearität größer sind – sinken. Das bedeutet, dass sich die Gefahr einer Über- oder Unterschätzung der Effektkoeffizienten der einzelnen Variablen oder eines Vorzeichenfehlers verringert, und außerdem die Signifikanz-Statistiken weniger verzerrt werden (Steffen 1993; Bortz 1999). Ein bestimmtes Maß an Multikollinearität findet sich in jeder theoretisch fundierten Regressionsgleichung und ist nach Backhaus et al. „nicht störend" – das Problem der Multikollinearität besteht vor allem dann, wenn die Varianzanteile der unabhängigen Variablen, die von den anderen unabhängigen Variablen erklärt werden, gegen den Wert 1 tendieren (Backhaus et al. 2003: 88-90).

Im Rahmen der OLS-Regression kann das Maß an Multikollinearität zum einen durch eine Korrelationsmatrix – paarweise bzw. bivariate Korrelationen zwischen den unabhängigen Variablen – eruiert werden, zum anderen durch Parameter der Toleranz bezüglich der Regressoren, d.h. für jede unabhängige Variable wird ein solcher Parameter berechnet. Das Toleranzmaß zur Prüfung auf Multikollinearität berechnet sich aus dem Anteil erklärter Varianz einer unabhängigen Variable, der auf die jeweils anderen unabhängigen Variablen zurückzuführen ist, d.h. $T_j = 1 - R^2_j$, wobei R^2_j das Bestimmtheitsmaß für die

---

[77] „In particular, there is an exact equality C = P – A where C denotes time of system entry, P denotes system time, and A denotes duration in the system. Because of this equality, it is not possible to separate the effects of cohorts, ages and periods in a generalized linear model" (Mason und Fienberg 1985: 3).
[78] Grund für die rechnerische Nichtdurchführbarkeit der Schätzung von Regressionskoeffizienten bei perfekter Multikollinearität ist der Wegfall der inversen Matrix (Backhaus et al. 2003: 88), die benötigt wird, um eine Lösung für das lineare Gleichungssystem zu erhalten. Fehlt die inverse Matrix ist die Matrix singulär, d.h. eine entsprechende Regressionsgleichung ist entweder überflüssig, da sie unendlich viele Lösungen hat, oder führt zu einem Widerspruch. Oder anders ausgedrückt: Eine OLS-Regressionsgleichung ist bei perfekter Kollinearität nicht berechenbar, weil die OLS-Annahme verletzt ist, dass die unabhängige Variable x_{ki} – innerhalb der Regressionsgleichung $y_i = \beta_0 + \beta_1 x_{1i} + \ldots + \beta_k x_{ki} + u_i$ – keine Konstante und keine perfekt lineare Funktion aus den anderen unabhängigen Variablen sein darf.

Regression der unabhängigen Variablen auf die übrigen unabhängigen Variablen in der Regressionsfunktion ist (Backhaus et al. 2003: 90).[79] Je kleiner das Toleranzmaß ist, desto höher ist die Ausprägung der Multikollinearität. Das von SPSS gesetzte statistische Kriterium bezüglich Multikollinearität bezieht sich auf die Berechenbarkeit; ab $T_j < 0,0001$ wird von perfekter Multikollinearität bzw. von der Nichtschätzbarkeit der Regressionsgleichung ausgegangen. Dies hieße, dass erst ein fast totaler Zusammenhang zwischen unabhängigen Variablen problematisch ist. Eine Daumenregel, ab welcher Stärke Interkorrelationen als problematisch anzusehen sind, kann nicht endgültig festgelegt werden. Hier erscheint es sicher sinnvoll, restriktiver vorzugehen. Das heißt, es sollte bereits bei Korrelationen unter den unabhängigen Variablen von $r > .80$ von einer nicht zulässigen Multikollinearität ausgegangen werden, wenngleich auch diese Daumenregel wenig restriktiv erscheint.

Um die Konfundierung von Alters-, Perioden und Kohorteneffekten und damit auch die perfekte Multikollinearität im Regressionsmodell aufzulösen, können verschiedene Lösungswege beschritten werden.

Es kann theoretisch begründet argumentiert werden, dass mindestens einer der drei Faktoren keinen originären Einfluss hat und daher von der Analyse ausgeschlossen werden kann. Nach Plum (1982) kann eine Beschränkung auf zwei der drei A-P-K-Einflussfaktoren sinnvoll sein, wenn die Einbeziehung der jeweils verbleibenden Variablen keine zusätzliche Information liefere. Ein solches Vorgehen ist dennoch nicht unproblematisch, da hier „implizit davon ausgegangen wird, dass eine der drei Einflussgrößen keine Wirkung ausübt" (Klein 1995: 219), und stellt somit eine deutliche Beschränkung in der Abbildung der Mechanismen der Entwicklung im Zeitverlauf dar. Dennoch kann es sinnvoll sein, zunächst Modelle mit jeweils zwei temporalen Effekten (Alter, Periode oder Periode, Kohorte oder Alter, Kohorte) zu schätzen und die Ergebnisse hinsichtlich der Effekte dahingehend zu vergleichen, ob sich substantiell unterschiedliche Alters-, Perioden- und Kohorteneffekte ergeben.

Eine zweite Möglichkeit zur Lösung des Problems der Konfundierung ist der Ersatz einer der zeitlichen Komponenten durch eine inhaltliche Variable, die mit der ersetzten Zeit-Variable korrespondiert. Entsprechend Tuma und Hannan (1984: 192) „one can [...] include measures of the causal variables for which age, period and cohort are surrogates". Es werden also zeitliche Variablen durch

---

[79] Das der Toleranz komplementäre Maß ist der Variance Inflation Factor; $VIF_j. = 1/1 - R^2_j$. Höhere Werte bedeuten hier eine höhere Multikollinearität. Bei zunehmender Konfundierung der unabhängigen Variablen vergrößern sich die Varianzen der Regressionskoeffizienten der jeweiligen unabhängigen Variablen – und damit die mögliche Verzerrung – um genau diesen Faktor (Backhaus et al. 2001: 90; vgl. Belsley et al. 1980).

die eigentlich interessierenden dahinter stehenden inhaltlichen Variablen ersetzt. Dafür werden Variablen benötigt, die theoretisch begründbar das messen, was durch die Zeitvariablen – Periode, Alter oder Kohorte – gemessen werden soll (Blossfeld 1989; Glenn 2005; Wagner 2001). So dient Klein (1995) die Stellung im Lebenszyklus – operationalisiert als Dummyvariablen für Ausbildung, Erwerbsleben, Partnerschaft, Familie, späte Gefährtenschaft, Lebensabend – als Ersatz für das Alter. Die Periode kann, so dies theoretisch Sinn macht, durch eine periodenspezifische Makrovariable ersetzt werden. Dafür bietet sich zum Beispiel die Arbeitslosenquote an (Hadjar et al. 2007). In der bildungssoziologischen Forschung erwies sich in Zusammenhang mit der Analyse der Bildungsexpansion die soziale Heterogenität der Schülerschaft nach sozialer Herkunft als Surrogat für die Kohortenvariable Geburtsjahr (Hadjar und Becker 2006a).

Der Ersatz einer zeitlichen Variable durch eine inhaltliche weist Ähnlichkeiten zur Strategie der Heranziehung von Instrumentalvariablen auf. Diese Strategie kommt zum Einsatz, wenn eine unabhängige Variable mit dem Fehlerterm korreliert ist. Eine Instrumentalvariable als Ersatz muss danach mehreren Voraussetzungen genügen: Erstens darf sie nicht mit der Störgröße konfundiert sein. Zweitens muss sie eine relative Unabhängigkeit von anderen erklärenden Modellvariablen aufweisen, d.h. sie muss exogen sein. Drittens muss sie in einer Korrelation stehen zu der zu instrumentierenden bzw. zu ersetzenden Variable. Viertens muss sie einen Anteil der abhängigen Variable erklären können, d.h. mit dieser konfundiert sein (Wooldridge 2003; Hübler 2003). Während die erste Prämisse nicht auf die Ersetzung innerhalb der A-P-K-Analyse zu übertragen ist, weil es hier um die Konfundierung zwischen den unabhängigen Variablen geht und nicht um eine Konfundierung mit der Störgröße, treffen die anderen Voraussetzungen auch auf die Ersetzung einer zeitlichen Variable durch eine inhaltliche Variable im Rahmen der A-P-K-Analyse zu.

Weiteren Lösungsstrategien, die in den Sozialwissenschaften angewandt werden, ist mit größerer Skepsis zu begegnen. So soll durch die Bildung von Kohorten-Dummyvariablen, die verschieden große und theoretisch begründete Intervalle an Geburtsjahrgängen – jeweils eine Generation – umfassen, die perfekte Linearkombination von Alter, Periode und Kohorte durchbrochen werden. Dies sei darauf zurückzuführen, dass dann „bei Kenntnis des Erhebungsjahrs und der Kohortenzugehörigkeit eines Befragten dessen Lebensalter nicht eindeutig bestimmt" werden könne (Klein und Ohr 2004: 166). Wenngleich es zutrifft, dass nunmehr das Alter nicht mehr eindeutig aus Kohorten- bzw. Generationenzugehörigkeit und Erhebungsjahr abzuleiten ist, sind diese drei temporalen Variablen dennoch stark konfundiert, wie dies u.a. die Toleranz-Statistiken – aufbauend auf den Zusammenhängen zwischen den unabhängigen Variablen – zeigen (Klein und Ohr 2004: 178). Die Auflösung der perfekten Multikollinearität durch die Einführung verschiedener Identifikationsrestriktionen, d.h. „die Berücksichtigung von zusätzlichen Annahmen/Informationen über die zu berechnenden b's im Schätzverfahren" (Urban und Mayerl 2006: 236) durch Integration zusätzlicher theoretischer Restriktionen der Parameter zur Identifikation des Modells, ist ebenso fragwürdig. Durch die Einführung solcher „identifying constraints" (Yang et al. 2004) und die damit einhergehende faktische Aufhebung der Gleichrangigkeit zwischen den einzelnen Faktoren wird die perfekte lineare Abhängigkeit unter den Variablen aufgelöst, die Matrix ist nicht mehr singular und die OLS-Schätzer können berechnet werden. Bei den am häufigsten genutzten Restriktionen – Gleichheitsrestriktion (Gleichsetzung zweier Parameter) oder die Nullsetzung eines redundanten Parameters (Green et al. 1999) – wird de facto aber nichts anderes bewirkt als durch die Herauslassung einer unabhängigen temporalen Variable (Regressor = 0), wie dies Plum (1982) vorgeschlagen hat. Besonders problematisch erscheint bei dieser Strategie, dass die „methodological usefulness depends on strong prior information for identifying these restrictions" (Yang et al. 2004: 81). Da die Regressionskoeffizienten sensibel gegenüber der gewählten Restriktion sind, ist die Auswahl einer sinnvollen Restriktion aber von erheblicher Bedeutung.[80] Eine weitere rein rechnerische Lösung des A-P-K-Problems schlagen Yang und Land (2006) vor und schätzen Alters-, Perioden- und Kohorteneffekte im Rahmen eines Mehrebenenmodells, ein so genanntes „hierarchical age-period-cohort model" (HAPC model). Kohorten und Periodeneffekte werden darin auf einer höheren Ebene (Ebene 2) betrachtet, während der Alterseffekt bzw. der quadratische Alterseffekt auf der Ebene 1 als Individualmerkmal modelliert wird (vgl. Yang 2006; Yang and Land 2006).[81] Voraussetzung für die effiziente Schätzung sind ausreichende Fallzahlen auf den höheren Ebenen, d.h. im Hinblick auf Kohorten bzw. Perioden (Messzeitpunkte). Die hierarchische Modellierung – insbesondere als random effects model – wird aus der Perspektive von Yang und Land (2006) als sinnvoll erachtet, weil angenommen werden kann, dass bestimmte Personengruppen, d.h. Kohorten sowie Populationen zu Erhebungszeitpunkten, ähnliche

---

[80] Im weiteren Sinne mit „constraints" arbeitet auch die „intrinsic estimator method" (vgl. Yang et al. 2004: 81-86). Diese Vorgehensweise greift auf Informationen innerhalb des A-P-K-Datensatzes zurück und erfordert keine zusätzlichen externen Informationen. Empirische Anwendungen zeigen, dass diese Methode zu geringeren Standardfehlern als andere Methoden unter Einfügungen zusätzlicher Restriktionen führt (Yang et al. 2004: 105).

[81] Das HAPC-Modell weicht von anderen Längsschnitt-Mehrebenenmodellierungen (vgl. Klein und Pötschke 2004) insofern ab, dass hier die unterste Ebene nicht die Ebene der Messzeitpunkte ist, sondern die Personenebene. Es werden daher nicht Wachstumsfunktionen für jede Person geschätzt. Das Alter wird nur als Individualmerkmal behandelt. Dadurch kann im HAPC-Modell mit synthetischen Kohorten (cross-section surveys) gearbeitet werden, Paneldaten sind nicht notwendig.

Merkmale tragen. Das bedeutet, dass die Merkmale der einzelnen Mitglieder einer Kohorte bzw. Population nicht unabhängig voneinander sind. Eine solche Mehrebenenmodellierung wirkt dem Konfundierungsproblem sicher entgegen, zu fragen ist aber, inwieweit diese noch dem A-P-K-Ansatz entspricht, denn durch die Verteilung der Effekte auf unterschiedliche Ebenen wirken die einzelnen Effekte nicht gleichberechtigt – schließlich wird nur der Alterseffekt um die Einflüsse auf einer höheren Ebene (Periode, Kohorte) korrigiert, die Wechselwirkung zwischen den drei Effekten wird nicht adäquat abgebildet.

Durch die besprochenen Strategien zur Auflösung der perfekten Multikollinearität wird das Problem zwar entschärft, es bleibt aber immer eine gewisse Konfundierung zurück – vor allem dann, wenn die Spanne der Erhebungszeitpunkte (Periode) gering ist. Dies ist aus zwei Gründen jedoch kein Problem: Erstens ist das Datenanalyseverfahren der Regression sehr robust, infolgedessen die Verzerrungen gering bleiben, wenn die Nichterfüllung der Voraussetzungen einen bestimmten Rahmen nicht übersteigt (Backhaus et al. 2001; Wittenberg 1991). Zweitens führt zunehmende Multikollinearität zur Ineffizienz der Schätzer und somit zu einem größeren β-Fehler, weil die Standardfehler steigen: Die Nullhypothese wird damit häufiger fälschlicherweise beibehalten, d.h. es werden irrtümlicherweise seltener Zusammenhänge bzw. Unterschiede festgestellt. Die durch ein gewisses Maß an Konfundierung zwischen den unabhängigen Variablen hervorgerufene Verzerrung widerspricht somit der Forschungslogik nach Popper (1994 [1935]) nicht, der restriktive Prüfungen und das Streben nach Falsifikation fordert.

Die Entscheidung für eine Lösungsstrategie, dem Konfundierungsproblem im Rahmen eines Forschungsdesigns zu begegnen, und das gesamte A-P-K-Design sollten immer theoriegeleitet sein: „Cohort analysis should never be a mechanical exercise uninformed by theory and by evidence from outside the cohort table" (Glenn 1977: 16). Aus diesem Grunde wird den verschiedenen komplexen statistischen Verfahren zur Auflösung der Konfundierung eine Strategie vorgezogen, bei der zunächst zwei temporale Effekte simultan modelliert werden, bevor schließlich vollständige A-P-K-Modelle unter Ersetzung jeweils einer temporalen Variable durch eine inhaltliche Variable ersetzt wird. Des Weiteren empfiehlt es sich, die Regressions-Modelle schrittweise um entsprechende temporale und inhaltliche Variablen zu erweitern. Ein Vergleich der verschiedenen Modelle und die Betrachtung der Varianz der Regressionskoeffizienten und Signifikanzen liefert Hinweise auf die Wirkung der Variablen – letztlich kann durch Parameter wie den Determinationskoeffizient (erklärte Varianz) festgestellt werden, welches Modell im Vergleich adäquater ist.

Datenanalyseverfahren zur Anwendung der A-P-K-Analyse. Zur Durchführung von A-P-K-Analysen bzw. Kohortenanalysen im Sinne von Glenn (2005) sind mehrere Möglichkeiten gängig, die sich jeweils aus der Struktur der verfügbaren Daten bzw. dem Design der Datenerhebung ergeben. Datenbasis für A-P-K-Analysen können dabei Panelerhebungen (prospektive Kohortenstudien), Retrospektivbefragungen (retrospektive Kohortenstudie) oder kumulierte bzw. gepoolte Querschnittsdaten (synthetische Kohorten) sein.

Wünschenswert, aber bezüglich vieler sozialwissenschaftlicher Gegenstände kaum verfügbar, wäre eine auf Panel-Daten basierende Analysebasis. Das *Panel-Design*, d.h. die mehrmalige Befragung der gleichen Stichprobe anhand konstant gebliebener Messinstrumente, bietet die Chance zusätzlich zu periodischen, alters- und kohortenspezifischen Entwicklungen auch individuelle Veränderungen über die Zeit nachvollziehen zu können.[82] So kann die Entwicklung von Merkmalen einer bestimmten Person im Zeitverlauf betrachtet werden. Liegen solche Daten zur jeweils individuellen Entwicklung vor, kann ein Verfahren der Mehrebenenanalyse herangezogen werden. Dieses würde auf der untersten Ebene (temporale Ebene, Messzeitpunkte) zeitlich veränderliche Merkmale enthalten, während eine höhere Ebene die Individualebene darstellen würde – weitere Ebenen (Haushalt, Region, etc.) können optional modelliert werden.

Im Rahmen einer konventionellen OLS-Regression kann eine solche Mehrebenenstruktur nicht adäquat modelliert werden, da die verschiedenen Messungen nicht unabhängig voneinander sind und somit ein Endogenitätsproblem vorliegt. Korrelieren die Beobachtungen in den Makroeinheiten, so wird der Voraussetzung der Unabhängigkeit der Beobachtungen des klassischen Regressionsmodells nicht mehr entsprochen. Eine konventionelle Schätzung der Koeffizienten im Rahmen einer OLS-Regression ist dann nicht mehr effizient: Die Abhängigkeit zwischen den verschiedenen Ebenen führt zu verzerrten Standardfehlern bzw. vor allem zu einer Unterschätzung der so genannten Makrostörterme – Fehler auf niedrigeren Ebenen, die sich aus höheren Ebenen ergeben – in der OLS-Regression. Die Vernachlässigung von Störtermen geht letztlich zu-

---

[82] Daten für eine solche Längsschnittanalyse können auch im Rahmen einer Retrospektiverhebung gewonnen werden. Dies würde voraussetzen, dass die Ausprägung eines bestimmten Merkmals zu verschiedenen Zeitpunkten im Lebensverlauf eines Individuums bekannt sein müsste. Aufgrund der Problematik von Retrospektivbefragungen (vgl. Friedrichs 1973; Dierkes 1977), die vor allem die Erinnerungsfähigkeit und die Auskunftswilligkeit sowie nachträgliche Rationalisierungen und Rechtfertigungen in der Vergangenheit liegender Handlungen betreffen, erscheinen solche Befragungen vor allem in Bezug auf „harte Fakten" wie sozio-ökonomische oder familienstrukturelle Merkmale bzw. Lebensereignisse als sinnvoll, wie sie im Rahmen der Deutschen Lebensverlaufsstudien von Interesse waren (vgl. Brückner und Mayer 1995, 1998). Die Rekonstruktion von Werthaltungen, Einstellungen oder Verhalten über den Lebensverlauf ist im retrospektiven Lebensverlaufsdesign ohne Panel-Erhebungen jedoch nur bedingt möglich.

gunsten der Signifikanz, was zur verstärkten Annahme von Hypothesen führt, die eigentlich hätten verworfen werden müssen, was einem Fehler erster Art entspricht (Blien und Wiedenbeck 2002: 313-314; Hox und Kreft 1994). Wenn Panel-Daten – und somit hierarchische Daten, wobei eine zeitliche Ebene spezifizierbar ist – verfügbar sind, sollte als geeignetes Analyseverfahren für das A-P-K-Modell die Mehrebenenanalyse herangezogen werden. Denn: Einer im Vergleich adäquateren Spezifikation der Abhängigkeitsstruktur wird in Mehrebenenmodellen generell durch eine exaktere Schätzung der Störterme (der Makroebene) entsprochen. Das heißt, im Mehrebenenmodell wird berücksichtigt, dass sich Individuen, die beispielsweise einer Institution entstammen oder gleichen Einflüssen ausgesetzt sind, ähnlicher sind, als Individuen, die zufällig einer Population entnommen sind. Für die A-P-K-Perspektive bedeutet das, dass im Mehrebenenmodell berücksichtigt wird, dass die Werte der zeitlich veränderlichen Variablen auf der temporalen Ebene (Messzeitpunkte) innerhalb einer übergeordneten Einheit (z.B. Kohortenzugehörigkeit) gruppiert sind und somit nicht unabhängig variieren.

Wie bereits erwähnt, finden sich jedoch bislang kaum Panel-Studien über längere Zeiträume, weswegen A-P-K-Analysen in der Regel auf Basis eines *Trenddesigns* gewonnener Datensätze, d.h. dass jeweils aus der gleichen – wenngleich in ihrer Zusammensetzung auch zeitlichen Veränderungen ausgesetzten – Grundgesamtheit zu mehreren Messzeitpunkten Stichproben gezogen werden, in denen dann zu jedem Messzeitpunkt unter Heranziehung gleich bleibender Messinstrumente die gleichen Gegenstände erhoben werden. Die Datenbasis für die A-P-K-Analyse bilden somit jeweils Längsschnittdatensätze, die aus der Kumulation verschiedener Querschnittsdatensätze – die auf zeitlich nacheinander gezogenen Stichproben aus der gleichen Grundgesamtheit basieren – entstanden sind. Im Zentrum einer auf eine solche Datenbasis aufbauenden A-P-K-Analyse stehen so genannte synthetische Kohorten, die sich jeweils aus allen Personen eines bestimmten Geburtsjahrgangs zusammensetzen, die zu den verschiedenen Messzeitpunkten erhoben wurden. Da zu jedem Messzeitpunkt eine neue Stichprobe aus der Grundgesamtheit gezogen wurde, sind die zu einem Zeitpunkt erhobenen Kohortenmitglieder nicht mit den Mitgliedern einer zu einem anderen Zeitpunkt erhobenen gleichen Kohorte identisch. Die Kohortenvariable – egal ob diese Geburtsjahrgänge oder ein Bündel an Jahrgängen umfasst – ist eine aggregierte Variable. Aus den Erhebungsjahren der jeweiligen Querschnittsanalysen, die für den A-P-K-Datensatz gepoolt wurden, sowie dem Geburtsjahr als Kohortenvariable lässt sich das jeweilige periodenspezifische Alter einer Person errechnen. Diese drei Variablen ermöglichen dann die Aufstellung von Standard-Kohorten-Tabellen.

Während bei Panel-Datensätzen das Problem der Endogenität, d.h. der Abhängigkeit der Messungen voneinander, auftritt, gilt dies für die im Folgenden darzustellenden Analysen auf Basis eines Trenddesign bzw. synthetischer Kohorten nicht.[83] Die periodenspezifischen Messungen beziehen sich nicht auf eine Person und sind somit bezüglich dieses Aspekts unabhängig voneinander. Somit kann – unter der Einschränkung, dass Alter-, Perioden- und Kohortenvariable nicht perfekt konfundiert sein dürfen – ein OLS-Regressionsmodell geschätzt werden.

Vorgehensweise der Datenanalyse. Um die Effekte der Variablen besser interpretieren zu können, werden die einzelnen Faktoren schrittweise in die Modelle (OLS-Regressionsmodelle) aufgenommen. Dies zielt auf das Aufdecken möglicher Suppressions- und Mediationseffekte und damit auf eine genauere Auskunft über die genuinen Effekte der zeitlichen Variablen. In beiden Fällen handelt es sich im Unterschied zu direkten Effekten um Einflüsse einer unabhängigen Variable auf eine abhängige Variable, die indirekt durch eine Drittvariable verändert werden. Mediationseffekte lassen dabei eine Verringerung des univariaten direkten Zusammenhangs bei Hinzufügen des Mediators erwarten, während Suppressionseffekte aufgrund der Kontrolle der Drittvariable zu einem stärkeren direkten Effekt führen (MacKinnon et al. 2000: 173f.).

Im Kern der A-P-K-Analyse stehen zudem soziale Mechanismen, d.h. Variablen, die hinter den Entwicklungen entlang der zeitlichen Ebenen stehen. Im Rahmen der folgenden Analyse ist eine solche Variable das Bildungsniveau. Von besonderer Bedeutung sind ebenso Interaktionseffekte. Zur Betrachtung etwa von durch Bildung moderierten Effekten im Zeitverlauf werden Interaktionen aus zeitlichen Variablen und dem Bildungsniveau modelliert. Zudem können auch Interaktionsvariablen, die ausschließlich aus zeitlichen Variablen gebildet werden, sowie Interaktionen zwischen nicht-temporalen Variablen von Interesse sein. Dabei gilt, dass Interaktionen aus jeweils zwei Variablen am sinnvollsten zu interpretieren sind.

Bei der Analyse der temporalen Effekte können die temporalen Einflussfaktoren sowohl als metrische Variablen, als auch als Dummyvariablen in die A-P-K-Modellierung integriert werden, um zum einen Nicht-Linearitäten in den Einflüssen sichtbar zu machen und zum anderen – im Hinblick auf Altersgruppen, Kohorten bzw. Generationen oder Periodenabschnitte – theoretische Deutungen zu implementieren.

---

[83] Das Endogenitätsproblem bezieht sich darauf, dass zum Beispiel die Messung der Lebenszufriedenheit bezüglich einer Person zu einem Messzeitpunkt 2 abhängig ist von der Ausprägung der Lebenszufriedenheit zum Messzeitpunkt 1 bei dieser Person. Panel-Datenanalysen bedürfen daher hinsichtlich dieses Problems einer Korrektur (Mehrebenenmodellierung).

9.2 Untersuchungsdesign

Im Hinblick auf die längsschnittliche Fragestellung und die Heranziehung mehrerer Messzeitpunkte zur Berücksichtigung periodischer Veränderungen ist für das Untersuchungsdesign der Grundsatz der „exakten Replikation" im Hinblick auf die Querschnittsstudien, die den Längsschnittdatensatz generieren, von besonderer Bedeutung. Die Forderung von Duncan (1969) zur „exakten Replikation" soll sicher stellen, dass „gemessene Veränderungen über die Zeit ‚wahren' Wandel abbilden und nicht lediglich die Folge veränderter Messbedingungen zwischen den Erhebungen sind" (Koch und Wasmer 2004: 25). Als Datengrundlage wurde daher hier ein kumulierter ALLBUS-Datensatz gewählt, da dieser besser als andere Datensätze, die entsprechende Items zur sozialen Ungleichheit enthalten (z.B. der World Values Survey), gerecht wird. Bei der Vorstellung des Untersuchungsdesigns werden immer wieder Hinweise gegeben, inwieweit der Forderung nach „exakter Replikation" in Bezug auf den jeweiligen Teilbereich des Untersuchungsdesigns entsprochen wurde. Eine methodische Betrachtung zum ALLBUS im Hinblick auf die Exaktheit der Replikation findet sich bei Koch und Wasmer (2004), die Aspekte der Durchführungsmodalitäten (Grundgesamtheit, Stichprobenverfahren, Feldarbeit), des Befragungsmodus (mündliche bzw. Telefon- oder schriftliche Befragung) sowie der Vergleichbarkeit des Messinstruments (Formulierung und Reihenfolge der Fragen) unterscheiden. Die Forderung nach „exakter Replikation" ist dennoch dahingehend einzuschränken, dass andererseits bestimmte Anpassungen der Messprozeduren aufgrund gesellschaftlicher Veränderungen sozialstruktureller oder kultureller Art notwendig sein können. Dies gilt u.a. im Hinblick auf den Bedeutungswandel einzelner Items (z.B. Gastarbeiter versus Ausländer), aber auch im Bereich der Feldarbeit bzw. des Feldzugangs (Koch und Wasmer 2004: 35).

9.2.1 Stichprobe und Datenbasis

Die Datengrundlage der folgenden Analysen zur Akzeptanz sozialer Ungleichheit bildet ein kumulierter Längsschnitt-Datensatz der „Allgemeinen Bevölkerungsumfrage der Sozialwissenschaften" (ALLBUS). Dieser wurde aus sieben Querschnittserhebungen (1984, 1988, 1991, 1994, 1998, 2000, 2004) generiert. Die Erhebungen 1984 und 1988 wurden gänzlich, die Erhebung 1991 teilweise von der Deutschen Forschungsgemeinschaft (DFG) finanziert, die anderen Erhebungen wurden von Bund und Ländern über die Gesellschaft sozialwissenschaftlicher Infrastruktureinrichtungen (GESIS) gefördert. Die Koordination der ALLBUS-Erhebungen wird verantwortet von einem Konsortium aus dem Zentrum für Umfragen, Methoden und Analysen e.V. (ZUMA) in Mannheim, dem Zentralarchiv für Empirische Sozialforschung (ZA) in Köln und den Mitgliedern des ALLBUS-Ausschusses (wissenschaftlicher Beirat). Durchgeführt wurden die Erhebungen von den Umfrageinstituten GETAS Bremen (1984), GFM-GETAS (IPOS) Hamburg (1988, 1998), Infratest (Burke) München (1991, 1994, 2000, 2004).[84] Ziel der ALLBUS-Erhebungen, die in den 1970er Jahren zusammen von ZUMA und ZA konzipiert und seit 1980 regelmäßig durchgeführt werden, ist die Bereitstellung von sozialwissenschaftlichen Daten zur Untersuchung von sozialen Lagen, Werthaltungen, Einstellungen und Verhaltensmustern in Deutschland unter besonderer Berücksichtigung des sozialen Wandels im Zeitverlauf (Terwey 2005). Die Erhebungen entsprechen dem Trenddesign, d.h. es werden alle zwei Jahre – sowie 1991 als „vereinigungsbedingte" Ausnahme – neue (Zufalls-) Stichproben gezogen und befragt. Grundgesamtheit der ALLBUS-Befragungen waren bis 1990 in Privathaushalten lebende deutsche Staatsbürger, die ihren Wohnsitz in der damaligen Bundesrepublik Deutschland oder Westberlin hatten und zum Befragungszeitpunkt mindestens 18 Jahre alt waren. Ab 1991 wurde die Grundgesamtheit auf die in den östlichen Bundesländern (ehemalige DDR) lebenden Deutschen sowie Ausländer in Ost- und Westdeutschland mit ausreichenden Kenntnissen der deutschen Sprache erweitert. Da in den folgenden Analysen nur Westdeutsche und deutsche Staatsbürger betrachtet werden, beeinträchtigen diese Veränderungen in der Grundgesamtheit das Kriterium des Konstanthaltens des Untersuchungsdesigns über die Erhebungszeitpunkte (vgl. Duncan 1969) nicht.

Wenngleich die jeweiligen Stichproben zu allen Erhebungszeitpunkten auf Wahrscheinlichkeitsauswahlen beruhten, kamen jedoch je nach Erhebung unterschiedliche Auswahlmodi zur Anwendung (vgl. Koch 1997). Während die im Rahmen der hier vorliegenden Studie verwendeten Datensätze für die Jahre 1984, 1988, 1991 und 1998 nach dem dreistufigen ADM-Design generiert wurden, basieren die Stichproben für die Datensätze 1994, 2000 und 2004 auf einem personenbezogenen Ziehungsverfahren. Im Rahmen des ADM-Designs wird in einem ersten Schritt eine Zufalls-Stichprobe aus Wahlbezirken gezogen. Innerhalb dieser Wahlbezirke wird dann zufällig eine Startadresse festgelegt, von der

---

[84] Die ALLBUS-Daten sind beim Zentralarchiv für Empirische Sozialforschung erhältlich; Datenquelle ist der kumulierte ALLBUS-Datensatz 1980-2004 (ZA-Nummer 4241). In diesem Datensatz sind alle Variablen aus den einzelnen Erhebungen enthalten, die zu mindestens zwei Messzeitpunkten erhoben wurden. Die oben genannten Institutionen tragen keine Verantwortung für die Verwendung der Daten in diesem Beitrag.

ausgehend über bestimmte Begehungsregeln („random route"-Verfahren) bestimmte Haushalte ausgewählt werden.[85] Die letztlich zu befragende Person wird
innerhalb des jeweils ausgesuchten Haushalts anhand eines weiteren Zufalls-
schemas – dem „Schwedenschlüssel" (auf die Haushaltsgröße bezogene Zufalls-
zahlen) – bestimmt (Kirschner 1984; Koch und Wasmer 2004). Die im Hinblick
auf die hier genutzten ALLBUS-Datensätze 1994, 2000 und 2004 angewendete
zweistufige Wahrscheinlichkeitsauswahl erfolgte – im Unterschied zum ADM-
Design – personenbezogen: Zunächst wurde per Zufallsverfahren eine Stichprobe von Gemeinden gezogen, aus deren Einwohnermelderegistern in einem
zweiten Schritt zufällig Personenadressen ausgewählt wurden. Die Vorteile dieses gegenüber dem ADM-Design kostenintensiveren Vorgehens liegen sowohl in
der Genauigkeit einiger Ergebnisse als auch in einem besser zu koordinierenden
Stichprobenplan und einer exakteren Feldarbeit (vgl. Koch 1997). Dies rührt daher, dass bei diesem zweistufigen Verfahren die Personen direkt aus den aus-
gewählten Gemeinderegistern gezogen werden, während beim ADM-Design die
auszuwählenden Haushalte bzw. die zu befragende Person im jeweiligen Haushalt erst im Zuge der Feldarbeit durch den Interviewer – wenngleich anhand eines Auswahlschemas – bestimmt werden.

Ein weiterer Vorteil des zweistufigen Zufallsverfahrens zeigt sich im Hinblick auf die Repräsentativität der so gewonnenen Stichprobe bezüglich der
Grundgesamtheit, obgleich beide Auswahlverfahren im Idealfall repräsentative
Stichproben für die Bevölkerung erzielen. Das personenbezogene zweistufige
Ziehungsverfahren muss – wenn keine anderen Verzerrungen durch „drop outs"
vorliegen – zunächst nicht zusätzlich gewichtet werden, denn die „aus den Einwohnermelderegistern gezogene Personenstichprobe ist auf der Personenebene
selbstgewichtend, weil alle Zielpersonen prinzipiell die gleiche Aus-
wahlwahrscheinlichkeit haben" (Terwey 2000: 151). Das ADM-Design ist hingegen haushaltbezogen, d.h. dass hier alle Haushalte der Grundgesamtheit die
gleiche Auswahlchance haben, die Wahrscheinlichkeit einer Person, ausgewählt
zu werden, jedoch von der Haushaltsgröße abhängig ist. Denn: Je mehr Personen, die zur Grundgesamtheit gehören, in einem Haushalt leben, desto geringer ist die Chance der einzelnen Personen, in die Stichprobe gezogen zu werden.
Für die im Rahmen des ADM-Verfahrens akquirierten Stichproben gilt daher:
„Vom Prinzip her muss deshalb […] bei jeder Auswertung auf Personenebene
eine Gewichtung proportional zum Wert der reduzierten Haushaltsgröße (Trans-
formationsgewicht) vorgenommen werden" (Terwey 2005: 12). Es ist darauf zu
verweisen, dass die Frage nach der Gewichtung entsprechend der Haus-

---

[85] Dabei kamen unterschiedliche Random-Route-Verfahren zum Einsatz (einfaches Random-Route-
Verfahren, Standard-Random und Adress-Random; vgl. Koch und Wasmer 2004: 31).

haltsgröße nicht eindeutig zu beantworten ist. In der Regel unterscheiden sich gewichtete und ungewichtete Ergebnisse nicht stark voneinander. Zudem zeigt sich ein entgegengesetzter Bias, dass aufgrund der schlechteren Kontaktierungs-möglichkeiten im Hinblick auf kleinere Haushalte – z.b. weil dann die Wahr-scheinlichkeit steigt, dass alle Haushaltsmitglieder abwesend sind und sie letzt-lich zu den „drop outs" gehören – Personen aus solchen kleineren Haushalten eine verminderte Chance haben, in die Inferenz- bzw. Nettogesamtstichprobe zu kommen. Dies mag ein Grund dafür sein, dass nach der Haushaltgröße ge-wichtete Ergebnisse in Untersuchungen teilweise in stärkerem Ausmaß von Mikrozensus-Ergebnissen abweichen als ungewichtete Befunde (Hartmann und Schimpl-Neimanns 1992).[86]

In der vorliegenden Studie zur Akzeptanz sozialer Ungleichheit werden die Datensätze, die im ADM-Design erstellt wurden (ALLBUS 1984, 1988, 1991, 1998), anhand der Transformationsgewichtung gewichtet, um damit letztlich die Unterschiede im Stichprobendesign zwischen den verschiedenen ALLBUS-Er-hebungen auszugleichen (vgl. Noll und Christoph 2004: 101). Im Detail er-rechnet sich dieses Gewicht aus der so genannten reduzierten Haushaltsgröße – die Anzahl der Personen der Grundgesamtheit, die im jeweiligen Haushalt lebt – dividiert durch ihr eigenes arithmetisches Mittel, was auf eine konstante Fallzahl trotz Gewichtung abzielt (vgl. Terwey 2005). Diese Entscheidung im Hinblick auf die Auswertungsstrategie – für die Gewichtung – basiert erstens auf der theo-retischen Annahme, dass die zu untersuchenden Merkmale mit der Haushalt-größe in Zusammenhang stehen. Dies gilt insbesondere für das Bildungsniveau, den sozialen Status, das Alter und die Kohortenzugehörigkeit: Ältere Personen, höher Gebildete, jüngere Kohorten sowie höhere Statusgruppen sind eher in kleineren Haushalten zu vermuten. So wird im Rahmen eines – wenn auch nicht unproblematischen – Vergleichs gezeigt, dass die Gewichtung einen geringen Effekt auf die Verteilungen von Bildungsstand, Status und Geschlecht sowie deutliche Auswirkungen auf die Anteilswerte im Hinblick auf das Alter, den Zi-vilstand sowie die Wohnverhältnisse hat (Terwey 2005: 14). Zweitens wird im Rahmen der Studie zur Akzeptanz sozialer Ungleichheit eine längsschnittliche Fragestellung verfolgt. Da die ALLBUS-Datensätze für die Erhebungszeitpunkte 1994, 2000 und 2004 im Rahmen der personenbezogenen – und damit selbst ge-wichtenden – zweistufigen Auswahl erhoben wurden, ist es auch aus Gründen der Synchronisierung der Effekte des Untersuchungsdesigns bzw. des Aus-

---

[86] Solche Vergleiche sind problematisch, da letztlich auch die Vergleichsdatensätze nur Auswahlen mit entsprechenden Auswahlverzerrungen und Ausfällen darstellen sowie zudem auch zeitliche Veränderungen in der Grundgesamtheit zwischen den einzelnen Erhebungen stattgefunden haben können.

wahlverfahrens geboten, die im haushaltbezogenen ADM-Design akquirierten Datensätze entsprechend zu gewichten. Und drittens zeigt ein Vergleich der Ergebnisse, die anhand des kumulierten Datensatzes ohne Gewichtung und unter Berücksichtigung des Transformationsgewichts gewonnen wurden, dass geringere Unterschiede in den Verteilungen bezüglich des Bildungsniveaus als in den Koeffizienten der kohortenspezifischen Zusammenhänge zwischen sozialer Herkunft und Bildungsniveau bestehen. Einen solchen Vergleich empfiehlt Terwey:

> „Unterscheiden sich gewichtete und ungewichtete Ergebnisse, liegt es insbesondere bei Zeitvergleichen zwischen den ALLBUS-Studien im ADM-Design [...] und den Einwohnermelderegister-Stichproben nahe [...], zu gewichten, um den Unterschieden in der Auswahlwahrscheinlichkeit Rechnung zu tragen." (Terwey 2005: 12).

Das Auswahlkriterium für die Erhebungszeitpunkte für die vorliegende Studie war das Vorhandensein der Items zur Akzeptanz sozialer Ungleichheit von Mayer et al. (1981). Der sich aus sieben Messzeitpunkten zusammensetzende Längsschnitt-Datensatz erlaubt die Bildung synthetischer Kohorten und verfügt über Fallzahlen, die „feinere Unterteilungen bzw. verlässlichere Schätzungen für kleinere Untergruppen" (Terwey 2000: 147) möglich machen. So wurden bis einschließlich 1990 Daten von jeweils 3000 Befragten pro Messzeitpunkt erhoben, mit der zusätzlichen Einbeziehung der ehemaligen DDR 1991 wurden die Fallzahlen auf 3200-3500 Personen erhöht – unter leichter Reduktion der jeweiligen Substichprobe für Westdeutschland. Im Rahmen dieser Studie können somit detaillierte Analysen der Haupteffekte (Bildung, Sozialschicht, Kohorte, Periode, Alter, Geschlecht) sowie von Interaktionseffekten (z.B. Bildung • Kohorte) erfolgen.[87]

Um die Kohorten hinsichtlich ihrer Sozialisation bzw. Bildung sowie periodenspezifische Einflüsse einheitlich interpretieren zu können, wurden die ALLBUS-Stichproben zur Analyse der Entwicklung der Einstellungen gegenüber sozialer Ungleichheit reduziert: In dem Längsschnittdatensatz sind nur Personen enthalten, die zum jeweiligen Erhebungszeitpunkt in Westdeutschland wohnten und die deutsche Staatsbürgerschaft als erste oder zweite Staatsbürgerschaft besaßen.[88] Grund für diese Reduktion auf Westdeutsche ist,

---

[87] Eine noch höhere Fallzahl und längere Analysezeiträume wären sicher wünschenswert. Der Längsschnitt kann jedoch nicht ausgeweitet werden, da die benötigten Variablen nur zu diesen Messzeitpunkten erhoben wurden.

[88] Leider ist keine Kontrolle möglich, ob die Befragten auch in Westdeutschland geboren wurden oder ob sie immigriert sind. Ebenso kann nicht geprüft werden, ob eine Übersiedlung von Ostdeutschland nach Westdeutschland stattgefunden hat bzw. in welchem Land die Befragten geboren worden sind. Diese Variablen wurden zwar in einigen Datensätzen erhoben, da aber nicht für alle Messzeitpunkte Informationen vorliegen, können diese im Hinblick auf eine einheitliche Vorgehensweise zur Reduktion des Datensatzes berücksichtigt werden.

dass Ostdeutsche oder Ausländer sich in ihren Sozialisationserfahrungen signifikant von den Westdeutschen unterscheiden, außerdem liegen für die Ostdeutschen erst ab 1991 Daten vor. Des Weiteren werden nur Personen ab 21 Jahren berücksichtigt. Eine solche Reduktion ist sinnvoll, da das Bildungsniveau – operationalisiert als sekundärer Bildungsabschluss (ohne Abschluss, Volks- oder Hauptschulabschluss, Mittlere Reife, Abitur) – im Kern der Untersuchung steht. Ab der Altersgrenze von 21 Jahren ist davon auszugehen, dass der allgemeine Bildungsabschluss in der überwiegenden Mehrheit der Fälle zu diesem Zeitpunkt bereits erworben wurde. Nur für einen kleinen Teil ist zu erwarten, dass später noch ein höheres allgemeines sekundäres Bildungszertifikat (z.B. Fachabitur, Abitur auf der Abendschule) erworben wird. So erwarben nach amtlichen Daten des Statistischen Bundesamtes in Wiesbaden (www.destatis.de, Stand 9.5.2007) im Schuljahr 2004/2005 in den westlichen Bundesländern der Bundesrepublik Deutschland (inkl. Berlin) nur 1,5 Prozent der Schulabgänger ihren Abschluss auf Abendhauptschulen, Abendrealschulen, Abendgymnasien bzw. Kollegs.

In den Längsschnittdatensatz fließen nur die Geburtsjahrgänge 1919 bis 1963 ein. Durch die untere Grenze sollen Selektionseffekte minimiert werden – denn die vor 1919 Geborenen sind im letzten Erhebungsjahr bereits über 85 Jahre alt. Zum einen gäbe es hier das Problem einer nur noch sehr kleinen Fallzahl dieser Geburtsjahrgänge, zum anderen haben höher Gebildete eine längere Lebenserwartung (vgl. Becker 1998; Klein et al. 2006), weshalb von einer über die Erhebungszeitpunkte zunehmenden Überrepräsentation höher Gebildeter in diesem Segment auszugehen ist. Die obere Grenze bei 1963 wurde gewählt, um zu gewährleisten, dass alle Geburtsjahrgänge von Anfang an – also ab Erhebungszeitpunkt 1984 – in den Längsschnitt eingehen können. Nach 1968 Geborene würden in den Längsschnittdatensatz erst hineinwachsen, da sie erst mit Vollendung des 21. Lebensjahres – und somit erst nach dem ersten Messzeitpunkt – Eingang in den Längsschnitt finden würden. Eine Übersichtstabelle im Anhang (Tabelle A1) enthält eine Verteilung der Geburtsjahrgänge und Altersgruppen auf die Erhebungszeitpunkte und lässt Schlüsse auf die Möglichkeit der Durchführung von A-P-K-Analysen zu. Wenngleich ein größerer Datenpool wünschenswert wäre, erlaubt die Zellbesetzung komplexe A-P-K-Analysen.

9.2.2 Befragungsmodus

Die im Folgenden dargestellten Messinstrumente kamen in allen Erhebungen im Rahmen persönlich-mündlicher Befragungen zum Einsatz. Dieses Erhebungsverfahren hat die Vorteile einer höheren Rücklaufquote, der Möglichkeit für Nach- und Verständnisfragen sowie einer besseren Kontrolle der Interviewsituation. Andererseits ist die persönlich-mündliche Befragung durch stärkere Interviewereffekte gekennzeichnet. Das Kriterium der „exakten Replikation" ist jedoch nicht vollständig erfüllt, da bis 1998 diese persönlich-mündliche Befragung vom Interviewer mit Papier und Bleistift durchgeführt wurde (PAPI), um dann ab 2000 die Fragen computergestützt zu erfassen bzw. entsprechende visuelle Hilfen für den Befragten auf dem Computerbildschirm darzustellen (CATI). Weil bei dem Schritt von PAPI zu CATI Frageformulierungen und Frageformen – teilweise auch die Visualisierungen der Fragen – erhalten blieben, war nur von einer sehr geringen Verzerrung durch die Umstellung der Befragungsform auszugehen. Eine begleitende Methodenstudie weist aber offenbar doch auf substantielle Unterschiede in den Resultaten zwischen der Papier- und Bleistift-Erhebung und der Erhebung per Laptop hin (vgl. Koch und Wasmer 2004: 29).

Im Hinblick auf den Grundsatz der „exakten Replikation" (Duncan 1969) wird innerhalb der ALLBUS-Erhebungen darauf geachtet, dass die Fragen exakt repliziert werden, d.h. ihre exakte Formulierung beibehalten wird. Nicht vollständig entsprochen werden kann der Forderung, auch den Fragekontext bzw. die Fragereihenfolge zur Minimierung von Kontexteffekten (z.B. Halo-Effekt) über die Messzeitpunkte beizubehalten (vgl. u.a. Tourangeau 1999 bezüglich Einstellungsfragen), da bei jeder Erhebung andere inhaltliche Schwerpunkte gesetzt und somit jeweils bestimmte Fragekomplexe inkludiert und andere ausgeschlossen werden. Innerhalb der Fragekomplexe bleibt die Reihenfolge der Items in den ALLBUS-Erhebungen, in denen die entsprechenden Fragen gestellt werden, hingegen relativ konstant – was insbesondere auch auf die Items zur Akzeptanz sozialer Ungleichheit zutrifft.

9.2.3 Messinstrumente

Zunächst wird die abhängige Variable – die Akzeptanz sozialer Ungleichheit auf Basis des meritokratischen Legitimationsprinzips – ausführlich beschrieben und verschiedenen Analysen zur Validierung unterzogen. Als abhängige Variablen kommen zudem Erfolgsfaktoren und „Wege zum Erfolg" zum Einsatz, die einen Hinweis darauf geben, welche Verteilungsprinzipien nach der Überzeugung der Befragten in Westdeutschland in Geltung sind. Nach deren Beschreibung werden dann die sozialstrukturellen und temporalen Variablen kurz dargestellt.

Die Skala „Akzeptanz sozialer Ungleichheit". Die hier verwendete Drei-Item-Skala zur Akzeptanz sozialer Ungleichheit auf Basis des meritokratischen Leistungsprinzips geht auf Mayer et al. (1981; vgl. Mayer et al. 2004) zurück. Die verschiedenen Aussagen wurden im Rahmen einer größeren Itembatterie in Anlehnung an eine Egalitarismus-Skala von Duke (1967) entwickelt und enthalten Rechtfertigungen bestehender ökonomischer und sozialer Ungleichheiten auf der Basis einer Leistungsideologie (Pappi und Laumann 1974). „Soziale Ungleichheit spiegelt hier gesellschaftliche Wertorientierungen, bei denen die evaluative Orientierung im Vordergrund steht, d.h. die Anwendung normativer Standards zur Beurteilung der gesellschaftlichen Opportunitätskriterien" (Mayer et al. 2004: 1). Der Fragenkomplex bezieht sich auf die Verteilungsprinzipien, die in der Ordnung sozialer Ungleichheit einer Gesellschaft verankert sind und enthält somit ordnungsbezogene Wertorientierungen im Sinne von Liebig und Wegener (1999). Die Zusammenstellung der Skala für diese Längsschnittanalyse ergibt sich nicht nur auf Basis inhaltlicher und empirischer Validierungsstrategien, sondern auch aus der Verfügbarkeit der Items über einen längeren Messzeitraum. Die verwendeten drei Items sind im Vergleich zu anderen Messinstrumenten am häufigsten und über die breiteste Zeitspanne (1984-2004) erhoben worden. Wenngleich die Drei-Item-Skala eine eher schmale empirische Basis darstellt, sind die Items doch hinreichend empirisch getestet worden und repräsentieren in besondere Weise komplexere Skalen zur Akzeptanz sozialer Ungleichheit (Mayer et al. 1981; Kraus und Müller 1990; Noll 1992).

In den Items der Skala zur Akzeptanz sozialer Ungleichheit (Mayer et al. 1981; vgl. Mayer et al. 2004) spiegeln sich verschiedene Aspekte des meritokratischen Leistungsprinzips wider. Das Item „Nur wenn die Unterschiede im Einkommen und im sozialen Ansehen groß genug sind, gibt es auch einen Anreiz für persönliche Leistung." bezieht sich insbesondere auf das Leistungsprinzip und die Grundideologie der funktionalistischen Schichtungstheorie, dass „soziale Ungleichheit als funktional erforderlich angesehen wird, um eine ausreichende Leistungsmotivation zu gewährleisten" (Noll 1992: 10). Das zweite Item „Die Rangunterschiede zwischen den Menschen sind akzeptabel, weil sie im Wesentlichen ausdrücken, was man aus den Chancen, die man hatte, gemacht hat." legitimiert soziale Ungleichheit auf der Basis von Chancengleichheit. Implizit wird Chancengleichheit vorausgesetzt. Eine Sonderstellung nimmt die eher globale Aussage „Ich finde die sozialen Unterschiede im Großen und Ganzen gerecht." ein. Das auf den ersten Blick eher ergebnisbezogen erscheinende Item drückt die Legitimierung und Akzeptanz des Verteilungsprinzips aufgrund des eigenen individuellen Empfindens des Ausmaßes an Gerechtigkeit aus. Auch dieses Item ist Ausdruck der Beurteilung des Verteilungsprinzips in der Bundesrepublik Deutschland und ist trotz seines eher ergebnisbezogenen Charakters in die ordnungsbezogenen Orientierungen einzuordnen. Ein Grund für diese Nähe könnte sein, dass die Bewertung, die Unterschiede seien gerecht, ein Proxy für eine positive Bewertung des gesellschaftlichen Verteilungsprinzips, das von der Mehrheit der Bevölkerung als meritokratisch wahrgenommen wird, ist. Insofern wäre dieses Item Ausdruck für die Bejahung von Ungleichheit, die durch das Prinzip der Meritokratie legitimiert ist. Diese auf den ersten Blick spekulativ anmutende ad-hoc-Annahme erhält im Folgenden empirische Plausibilität, da eine relativ gute empirische Passung des Items zu den anderen beiden Aussagen, die sich expliziter auf den Modus der Verteilung beziehen, gezeigt werden kann. Offenbar empfinden Personen, die dem meritokratischen Legitimationsprinzip anhängen auch die Unterschiede in Westdeutschland als gerecht.

Als abhängige Variable der Analysen wird ein Faktor aus den drei Items herangezogen, was der Vorgehensweise von Noll (1992) entspricht, die aus den verschiedenen Items zur Legitimation und Akzeptanz sozialer Ungleichheit eine Skala bilden, die als Pole einen kritisch-egalitären und einen affirmativ-legitimierenden Standpunkt gegenüber sozialer Ungleichheit hat (vgl. Sandberger 1983; Haller 1989a; Kraus und Müller 1990).

Zur Beurteilung der Güte der Skala wird das Messinstrument zunächst hinsichtlich seiner internen Konsistenz, d.h. des Ausmaßes des Zusammenhangs zwischen den einzelnen Items der Skala (Bortz und Doering 2002; vgl. auch Diekmann 2004a), mittels Faktorladungen (konfirmatorische Faktorenanalyse) und Trennschärfekoeffizienten untersucht. Zudem liefert Cronbachs α ein zusammenfassendes Beurteilungskriterium für die Konsistenz der Skala. Zur Beurteilung, ob teilpopulationenspezifische Inkonsistenzen bestehen, werden verschiedene Gruppen (Kohorten, Perioden) getrennt betrachtet. Neben der Konsistenz der Skala werden zudem die Parameter für Schiefe und Exzess betrachtet, um damit zu prüfen, ob die Annahme annähernder Normalverteilung als Voraussetzung zur Integration der Skala als abhängige Variable in ein OLS-Regressionsmodell erfüllt ist. Nach Wittenberg (1991: 184; vgl. Hadjar 2004: 196) können diese Parameter im Sinne eines ‚weichen Prüfverfahrens' einen Hinweis darauf liefern, ob eine annähernde Normalverteilung in der Stichprobe vorliegt. Die Werte von Schiefe und Exzess müssen bei 95 %igem Signifikanzniveau im Bereich zwischen -1,96 und 1,96 liegen, damit auf eine annähernde Normalverteilung geschlossen werden kann.

Tabelle 1:   *Skala 'Akzeptanz sozialer Ungleichheit' – Kohortenspezifische*
                 Betrachtung

	Kohorte	N	M	SD	Fac	r_{it}
Nur wenn die Unterschiede im Einkommen und im sozialen Ansehen groß genug sind, gibt es auch einen Anreiz für persönliche Leistungen.	1919-28	1673	2.83	.90	.75	.46
	1929-38	2358	2.78	.90	.76	.46
	1939-48	2624	2.76	.90	.75	.46
	1949-58	2680	2.60	.89	.75	.44
	1959-63	1576	2.57	.90	.75	.47
	Gesamt	10912	2.71	.90	.76	.47
Die Rangunterschiede zwischen den Menschen sind akzeptabel, weil sie im Wesentlichen ausdrücken, was man aus den Chancen, die man hatte, gemacht hat.	1919-28	1667	2.73	.89	.85	.60
	1929-38	2343	2.69	.88	.83	.56
	1939-48	2611	2.62	.90	.85	.59
	1949-58	2674	2.42	.87	.84	.56
	1959-63	1559	2.30	.87	.85	.59
	Gesamt	10854	2.55	.90	.85	.59
Ich finde die sozialen Unterschiede in unserem Land im Großen und Ganzen gerecht.	1919-28	1701	2.48	.93	.78	.49
	1929-38	2407	2.39	.91	.75	.45
	1939-48	2637	2.41	.89	.75	.45
	1949-58	2695	2.25	.86	.74	.43
	1959-63	1584	2.20	.86	.76	.47
	Gesamt	11023	2.35	.89	.76	.47
Gesamtskala 'Akzeptanz sozialer Ungleichheit' (3 Items)	1919-28	1762	2.67	.73	.70	-.31/-.26
	1929-38	2475	2.60	.71	.68	-.29/-.20
	1939-48	2713	2.59	.71	.68	-.22/-.23
	1949-58	2759	2.43	.68	.67	-.08/-.28
	1959-63	1621	2.37	.69	.69	.02/-.41
	Gesamt	11330	2.53	.71	.69	-.16/-.32

Anmerkungen: Transformationsgewichtung, recodierte inverse Antwortvorgaben: 1 - stimme überhaupt nicht zu, 2 - stimme eher nicht zu, 3 - stimme eher zu, 4 - stimme voll zu (1988: stimme voll und ganz zu)
Datenquelle: ALLBUS 1984, 1988, 1991, 1994, 1998, 2000, 2004
(Westdeutschland, deutsche Staatsbürger, ab 21 Jahren, Geburtsjahrgänge 1919 bis 1963)

Eine deskriptive Skalendokumentation im Hinblick auf fünf Kohorten findet sich in Tabelle 1. Die Skala zur Akzeptanz sozialer Ungleichheit ist in ihrer internen

Konsistenz im Hinblick auf Faktorladungen und Trennschärfekoeffizienten mit
Cronbachs α um den Wert nahe .70 – insbesondere im Hinblick auf die geringe
Anzahl an Items – als gut einzuschätzen. Über die Kohortenabfolge zeigt sich
eine ausgeprägte Stabilität im Hinblick auf die Konsistenz. Die Schiefe- und Ex-
zess-Parameter weisen für alle Kohorten auf eine annähernde Normalverteilung
hin.

*Tabelle 2: Skala ,Akzeptanz sozialer Ungleichheit' – Periodenspezifische
Betrachtung*

	Periode	N	M	SD	Fac	r_{it}
Nur wenn die Unter-schiede im Einkommen und im sozialen Anse-hen groß genug sind, gibt es auch einen An-reiz für persönliche Leistungen.	1984	2192	2.58	.92	.73	.44
	1988	2170	2.61	.92	.81	.58
	1991	1051	2.74	.85	.72	.38
	1994	1513	2.74	.89	.70	.38
	1998	1393	2.74	.91	.82	.58
	2000	1505	2.89	.88	.75	.44
	2004	1088	2.81	.86	.68	.29
	Gesamt	10912	2.71	.90	.76	.47
Die Rangunterschiede zwischen den Menschen sind akzeptabel, weil sie im Wesentlichen aus-drücken, was man aus den Chancen, die man hatte, gemacht hat.	1984	2162	2.42	.90	.85	.60
	1988	2163	2.47	.92	.87	.67
	1991	1051	2.54	.86	.80	.47
	1994	1504	2.65	.88	.84	.55
	1998	1402	2.55	.90	.86	.66
	2000	1510	2.73	.86	.84	.56
	2004	1061	2.74	.83	.82	.45
	Gesamt	10854	2.55	.90	.85	.59
Ich finde die sozialen Unterschiede in unse-rem Land im Großen und Ganzen gerecht.	1984	2202	2.41	.89	.78	.50
	1988	2183	2.28	.92	.82	.59
	1991	1052	2.44	.86	.70	.36
	1994	1533	2.42	.87	.74	.41
	1998	1417	2.16	.91	.80	.56
	2000	1547	2.47	.87	.72	.41
	2004	1090	2.23	.86	.63	.26
	Gesamt	11023	2.35	.89	.76	.47

		N	M	SD	Cron-bachs α	Schiefe/ Exzess
	Kohorte					
Gesamtskala	1984	2273	2.46	.72	.69	-.00/-.45
‚Akzeptanz sozialer Un-gleichheit'	1988	2243	2.44	.77	.77	-.16/-.53
(3 Items)	1991	1080	2.57	.64	.59	-.14/-.11
	1994	1572	2.60	.68	.64	-.17/-.22
	1998	1456	2.47	.75	.77	-.14/-.53
	2000	1585	2.69	.67	.66	-.17/-.16
	2004	1121	2.59	.62	.52	-.20/.04
	Gesamt	11330	2.53	.71	.69	-.16/-.32

Anmerkungen: Transformationsgewichtung, recodierte inverse Antwortvorgaben: 1 - stimme über-haupt nicht zu, 2 - stimme eher nicht zu, 3 - stimme eher zu, 4 - stimme voll zu (1988: stimme voll und ganz zu)
Datenquelle: ALLBUS 1984, 1988, 1991, 1994, 1998, 2000, 2004
(Westdeutschland, deutsche Staatsbürger, ab 21 Jahren, Geburtsjahrgänge 1919 bis 1963)

Tabelle 2 erlaubt die Beurteilung der Stabilität der internen Konsistenz über die Messzeitpunkte hinweg. Im Gegensatz zur Kohortenbetrachtung zeigen sich hier stärkere Schwankungen. In den Jahren 1991 und 2004 erreichte das Maß der internen Konsistenz nach Cronbach nur noch zufriedenstellende Werte. Die Passung der Items zur Leistungsmotivation und zur globalen Einschätzung der Gerechtigkeit zum zentralen Item der Chancengleichheit ist zu diesen Messzeit-punkten im Vergleich geringer. Dennoch soll die Skala genutzt werden, weil sie vor dem Hintergrund der Itemanzahl – drei Items – trotzdem tragbar ist. Zudem erweist sich die Skala zu allen Messzeitpunkten als annähernd normalverteilt.

Validierung der Skala „Akzeptanz sozialer Ungleichheit" im Hinblick auf Kriteriumsvalidität. In Bezug auf die Überlegungen von Koch und Wasmer (2004: 35) zur „exakten Replikation" und die Einschränkung, dass ein Wandel der Bedeutungen von Begrifflichkeiten eine Anpassung der Messinstrumente erfordern kann und daher diese einer detaillierten Untersuchung zugeführt werden müssen, soll nun die Kriteriumsvalidität der Items zur Akzeptanz sozialer Ungleichheit betrachtet werden. Die Kriteriumsvalidität bezieht sich darauf, inwieweit ein Messinstrument mit anderen relevanten Merkmalen, die unabhängig erhoben worden sein müssen, korreliert (Diekmann 2004a). Entsprechend wurde die Akzeptanz sozialer Ungleichheit über bivariate Korrelationen mit Einstellungen, die typische Ausdrücke askriptiver Ungleichheit sind, in Beziehung gesetzt. Wiederum wurden kohorten- und

periodenspezifische Analysen durchgeführt, um herauszufinden, inwieweit sich
die Bedeutung der Items über den Erhebungszeitraum und die Kohortenabfolge
verändert hat. Diese Untersuchung ist nur als erste Annäherung zu verstehen und
kann – wie kein Validierungsverfahren – keine hinreichenden abschließenden
Bewertungen liefern.

Tabelle 3:   *Korrelation zwischen der Skala ‚Akzeptanz sozialer Ungleichheit'*
               und spezifischen Einstellungen zu askriptiven Ungleichheiten:
               Kohortenunterschiede

Korrelate der ‚Akzeptanz sozialer Ungleichheit'	Kohorte	Pearsons r	N
Fremdenfeindliche Einstellungen [a] (1 … stimme überhaupt nicht zu, 7 … stimme voll und ganz zu)			
Wenn Arbeitsplätze knapp werden, sollte man die in Deutschland lebenden Ausländer in ihre Heimat zurückschicken.	1919-28	.028	1181
	1929-38	.067**	1576
	1939-48	.078**	1604
	1949-58	.140***	1626
	1959-63	.169***	958
	Gesamt	.116***	6945
Man sollte den in Deutschland lebenden Ausländern jede politische Aktivität in Deutschland untersagen.	1919-28	.073*	1178
	1929-38	.067**	1570
	1939-48	.112***	1601
	1949-58	.160***	1626
	1959-63	.175***	954
	Gesamt	.140***	6929
Die in Deutschland lebenden Ausländer sollten sich ihre Ehepartner unter den eigenen Landleuten auswählen.	1919-28	.100**	1176
	1929-38	.018	1577
	1939-48	.064*	1592
	1949-58	.114***	1627
	1959-63	.103**	954
	Gesamt	.109***	6926

Patriarchale Geschlechterrollen [b] (1 … stimme überhaupt nicht zu, 4 … stimme voll und ganz zu)	Kohorte	Pearson's r	N
Für eine Frau ist es wichtiger, ihrem Mann bei seiner Karriere zu helfen, als selbst Karriere zu machen.	1919-28	.031	470
	1929-38	.084*	692
	1939-48	.139***	907
	1949-58	.231***	973
	1959-63	.264***	586
	Gesamt	.201***	3628
Es ist für alle Beteiligten viel besser, wenn der Mann voll im Berufsleben steht und die Frau zu Hause bleibt und sich um den Haushalt und die Kinder kümmert.	1919-28	.062	488
	1929-38	.109**	718
	1939-48	.172***	923
	1949-58	.176***	990
	1959-63	.193***	589
	Gesamt	.198***	3798
Eine verheiratete Frau sollte auf eine Berufstätigkeit verzichten, wenn es nur eine begrenzte Anzahl von Arbeitsplätzen gibt und wenn ihr Mann in der Lage ist für den Unterhalt der Familie zu sorgen.	1919-28	.025	470
	1929-38	.031	707
	1939-48	.069*	914
	1949-58	.135***	983
	1959-63	.105*	581
	Gesamt	.132***	3655

Anmerkungen: Transformationsgewichtung; *** $p < .001$, ** $p < .01$, * $p < .05$, † $p < .10$
Datenquellen: (a) ALLBUS 1984, 1988, 1994, 2000 (Westdeutschland, deutsche Staatsbürger, ab 21 Jahren, Geburtsjahrgänge 1919 bis 1963), (b) ALLBUS 1991, 2000, 2004 (Westdeutschland, deutsche Staatsbürger, ab 21 Jahren, Geburtsjahrgänge 1919 bis 1963)

In den Tabellen 3 und 4 sind einige positive Zusammenhänge zwischen den Ungleichheits-Items und askriptiven Ungleichheitseinstellungen ersichtlich. So korreliert die Skala zur Akzeptanz sozialer Ungleichheit statistisch bedeutsam – wenngleich in geringen Ausmaßen – mit fremdenfeindlichen Items und traditionellen Geschlechterrollen. Dabei sind dahingehend Kohortenunterschiede zu konstatieren, dass in den jüngeren Kohorten die Zusammenhänge zwischen der Akzeptanz sozialer Ungleichheit und Fremdenfeindlichkeit stärker erscheinen als bei älteren Kohorten. Auch ist ersichtlich, dass bei der ältesten Kohorte (Geburtsjahrgänge 1919-28) traditionelle Geschlechterrollen nicht wie in den anderen Kohorten mit der Akzeptanz des meritokratischen Prinzips verbunden sind. Offenbar reiht sich die Akzeptanz sozialer Ungleichheit bei den jüngeren Kohorten eher in ein Syndrom aus problematischen Einstellungen ein. In den periodenspezifischen Betrachtungen erweist sich der Zusammenhang zwischen traditionellen Geschlechterrollen und der Akzeptanz sozialer Ungleichheit als stabil. Im Hinblick auf Fremdenfeindlichkeit lässt die Beziehung zur Akzeptanz sozialer Ungleichheit zum letzten Erhebungszeitpunkt im Jahr 2000 nach.

Tabelle 4:   Korrelation zwischen der Skala ,Akzeptanz sozialer Ungleichheit'
und spezifischen Einstellungen zu askriptiven Ungleichheiten:
Periodenunterschiede

Korrelate der ,Akzeptanz sozialer Ungleichheit'	Periode	Pearsons r	N
Fremdenfeindliche Einstellungen [a] (1 … stimme überhaupt nicht zu, 7 … stimme voll und ganz zu)			
Wenn Arbeitsplätze knapp werden, sollte man die in Deutschland lebenden Ausländer in ihre Heimat zurückschicken.	1984	.141***	2268
	1988	.194***	2241
	1994	.050*	1556
	2000	.085*	880
	Gesamt	.116***	6945
Man sollte den in Deutschland lebenden Ausländern jede politische Aktivität in Deutschland untersagen.	1984	.189***	2265
	1988	.157***	2238
	1994	.125***	1553
	2000	.050	874
	Gesamt	.140***	6929
Die in Deutschland lebenden Ausländer sollten sich ihre Ehepartner unter den eigenen Landleuten auswählen.	1984	.148***	2261
	1988	.167***	2240
	1994	.073**	1555
	2000	.060†	869
	Gesamt	.109***	6926
Patriarchale Geschlechterrollen [b] (1 … stimme überhaupt nicht zu, 4 … stimme voll und ganz zu)			
Für eine Frau ist es wichtiger, ihrem Mann bei seiner Karriere zu helfen, als selbst Karriere zu machen.	1991	.162***	1035
	2000	.203***	1520
	2004	.219***	1073
	Gesamt	.201***	3628

	Periode	Pearson's r	N
Es ist für alle Beteiligten viel besser, wenn der Mann voll im Berufsleben steht und die Frau zu Hause bleibt und sich um den Haushalt und die Kinder kümmert.	1991	.194***	1059
	2000	.189***	1552
	2004	.214***	1097
	Gesamt	.198***	3798
Eine verheiratete Frau sollte auf eine Berufstätigkeit verzichten, wenn es nur eine begrenzte Anzahl von Arbeitsplätzen gibt, und wenn ihr Mann in der Lage ist für den Unterhalt der Familie zu sorgen.	1991	.142***	1045
	2000	.122***	1526
	2004	.158***	1084
	Gesamt	.132***	3655

Anmerkungen: Transformationsgewichtung; *** p < .001, ** p < .01, * p < .05, † p < .10
Datenquellen: (a) ALLBUS 1984, 1988, 1994, 2000 (Westdeutschland, deutsche Staatsbürger, ab 21 Jahren, Geburtsjahrgänge 1919 bis 1963), (b) ALLBUS 1991, 2000, 2004 (Westdeutschland, deutsche Staatsbürger, ab 21 Jahren, Geburtsjahrgänge 1919 bis 1963)

Welche Schlussfolgerungen sind aus diesen Befunden zu ziehen? Die hier dargestellten Befunde könnten einerseits so gedeutet werden, dass die Aussagen eher im Sinne einer generellen Zustimmung zu sozialer Ungleichheit zu verstehen sind und Feinheiten, wie das bevorzugte Verteilungsprinzip, bei den Befragten keine Beachtung fanden. Andererseits – und diese Deutung ist vorausschauend auf die folgenden Analysen die konstruktivere – kann ebenso vermutet werden, dass Personen, die meritokratische Prinzipien unterstützen, letztlich auch askriptive Prinzipien der sozialen Ungleichheit unterstützen. Es muss also ein Unterschied gemacht werden zwischen der Infragestellung von Ungleichheit am einen Ende der Skala und der Legitimation von Ungleichheit am anderen Ende der Skala. Letztere Deutung erhält Unterstützung durch den Befund von Watermann (2003), dass sowohl meritokratische als auch askriptive Prinzipien zur Legitimation sozialer Ungleichheit in der Bundesrepublik Deutschland eine Rolle spielen.

Die Wahrnehmung des Verteilungsprinzips. Der Analyse der Akzeptanz sozialer Ungleichheit auf Basis des meritokratischen Prinzips wird eine Betrachtung der Überzeugungen, welches Verteilungsprinzip die Ordnung sozialer Ungleichheit dominiert, im Bewusstsein der westdeutschen Bevölkerung vorgeschaltet. Überzeugungen als Wahrnehmungen sind im Sinne von Diekmann (2004a: 404ff) keine Einstellungen oder Bewertungen, sondern subjektive Aussagen über Fakten.[89] Überzeugungen stellen subjektive Theorien – „als System

---

[89] Diese enthalten somit keine Werturteile, wenngleich sie sich auf Werturteile bzw. den Grad der Realisierung angestrebter Werte beziehen können (Meulemann 1992b).

von Kognitionen, das nicht statisch, sondern unter bestimmten Einflussbedingungen veränderbar ist" (Watermann 2003: 19) – dar, die nicht mit anderen geteilt werden müssen und über die kein Konsens erzielt werden muss (vgl. Hosenfeld 2002). Überzeugungen basieren auf direkten und indirekten sozialen Erfahrungen und dienen auf der Handlungsebene als Orientierungen. Die im Folgenden untersuchten Items beziehen sich auf die Wahrnehmung der Verteilungsmechanismen und damit implizit zur Geltung des Prinzips der Chancengleichheit nach sozialer Herkunft im Sinne des meritokratischen Leistungsprinzips (Mayer et al. 1981; Müller 1993a). Diese Wahrnehmungen sind „subjektive Theorien über die möglichen Wege zu sozialem Aufstieg" und können dahingehend als Kausalitätsüberzeugungen, „dass ein bestimmtes Mittel ein bestimmtes Ereignis hervorruft" (Watermann 2003: 19-20) gefasst werden. Diese Kausalitätsüberzeugungen im Sinne von Skinners et al. (1988) Konzept der „means-ends beliefs" beziehen sich auf universelle Mechanismen und sind nicht abhängig von den individuellen Ressourcen (z.b. Begabungen) des Individuums, dass eine solche Überzeugung trägt. Abhängige Variablen der Modelle sind zum einen Einzel-Items zu *Wegen zum Erfolg* aus den ALLBUS-Erhebungen 1984, 1991, 2000, 2004, die von Sandberger (1977) als Gesellschaftsbilder im Sinne von Überzeugungen zur möglichen Faktoren der Aufstiegsmobilität entwickelt wurden. Die Befragten hatten folgende Aufgabe: „Wie kommt man in unserer Gesellschaft am ehesten nach oben? Beurteilen Sie bitte die Wichtigkeit verschiedener Eigenschaften und Umstände." Die zu beurteilenden Wege umfassten Gegenstände wie Geld und Vermögen, Initiative/Dynamik bis hin zu Zufall und Glück. Als meritokratische Prinzipien lassen sich u.a. Bildung/Ausbildung und Leistung/Fleiß herauskristallisieren, während sich soziale Herkunft/Familienstatus als Wege zum Erfolg auf askriptive Ungleichheit beziehen. Die Befragten hatten die Wichtigkeit auf einer Skala einzuschätzen (recodierte, inverse Antwortkategorien: 1 - unwichtig, 2 - weniger wichtig, 3 - wichtig, 4 - sehr wichtig). Zum anderen werden zwei Items analysiert, die in den ALLBUS-Untersuchungen 1984, 1994 und 2004 erhoben wurden und als *Erfolgsbedingungen* zu spezifizieren sind. Diese entstammen zwar ursprünglich ebenso der Skala zu Orientierungen gegenüber sozialer Ungleichheit von Mayer et al. (1981; Mayer et al. 2004), wie auch die Wertorientierungen zur Akzeptanz sozialer Ungleichheit, haben aber einen anderen Charakter. Sie stellen Überzeugungen über die Geltung bestimmter Verteilungsmechanismen dar. Während die Aussage „Deutschland ist eine offene Gesellschaft. Was man im Leben erreicht, hängt nicht mehr vom Elternhaus ab, aus dem man kommt, sondern von den Fähigkeiten, die man hat, und der Bildung, die man erwirbt." Ausdruck des meritokratischen Prinzips ist, bezieht sich die Aussage „In Deutschland gibt es noch

große Unterschiede zwischen den sozialen Schichten, und was man im Leben erreichen kann, hängt im Wesentlichen davon ab, aus welchem Elternhaus man
kommt." auf das askriptive Prinzip sozialer Ungleichheit. Die Befragten hatten
den Items auf einer Rating-Skala zuzustimmen (invers recodiert, 1 - stimme
überhaupt nicht zu, 2 - stimme eher nicht zu, 3 - stimme eher zu, 4 - stimme voll
zu).

   Sozialstrukturelle und temporale Variablen als Bestimmungsfaktoren. Das
Bildungsniveau, erfragt als das höchste erworbene allgemeine sekundäre Bildungszertifikat, wurde in drei Dummyvariablen überführt: niedrige Bildung
(ohne Abschluss, Hauptschulabschluss), mittlere Bildung (Mittlere Reife) und
höhere Bildung (Abitur, Fachabitur). Diese Herangehensweise bedeutet eine Fokussierung des allgemeinbildenden sekundären Ausbildungsabschnitts, der infolge der starken Stratifizierung des Bildungssystems in der Bundesrepublik
Deutschland die weitere Bildungslaufbahn (Übertritt in Berufsbildung oder ter-
tiäre Bildungsinstitutionen) determiniert (vgl. Müller und Shavit 1998).

   Zentrale Variablen zur Beschreibung der zeitlichen Entwicklung im Zuge der
Bildungsexpansion sind verschiedene Kohortenvariablen. Zur Abbildung von
Kohorten wurden aus dem Geburtsjahr mehrere Variablen generiert: Zunächst
wurden zur vereinfachten Darstellung der Wandlungsprozesse *fünf Kohorten-
Dummies* gebildet, die theoretisch voneinander abgrenzbar sind und die – mit
Ausnahme der jüngsten Kohorte 1959-63 – zehn Altersjahrgänge umfassen. Die
besonders von der Bildungsexpansion betroffenen Kohorten sind die später geborenen Geburtskohorten (1949-58, 1959-63). Dann wird das *Geburtsjahr* selbst
als mittelwertszentrierte metrische Kohortenvariable in die multivariaten Analy-
semodelle eingeführt, d.h. von jedem einzelnen Geburtsjahr wurde der Stichpro-
ben-Mittelwert der Variable Geburtsjahr abgezogen.[90] In einem weiteren Schritt
wird – zur Minimierung der angesprochenen Probleme der Konfundierung und
Multikollinearität im vollständigen A-P-K-Modell (Glenn 2005: 6) – die metrische zeitliche Kohortenvariable durch die inhaltliche Variable der *Heterogenität
der Schülerschaft höherer Schulen* ersetzt. Zur Bildung der Variable „Heterogenität" wurde für jedes Geburtsjahr das Assoziationsmaß für die Beziehung zwischen sozialer Herkunft (Klassenlage des Vaters nach der Klassifikation von
Erikson und Goldthorpe 1993; Erikson et al. 1979) und Bildungsniveau (im
Hinblick auf das allgemeinbildende Zertifikat) ermittelt.[91] Datenbasis für die Be-

---

[90] Die Mittelwertszentrierung erfolgt hier nur aus dem Grund, die Struktur der Variable den anderen
Variablen anzupassen und somit einen besseren Vergleich der Effekte zu ermöglichen.
[91] Die Heranziehung der väterlichen Schicht ist nur suboptimal, da vor allem in den jüngeren
Kohorten die Mütter zunehmend an Bedeutung für die Schichteinstufung der Familie gewinnen. Die
Goldthorpe-Klasse der Mutter ist nicht über den gesamten Untersuchungszeitraum verfügbar. Den-
noch sollte die Verzerrung durch diese Vorgehensweise gering sein.

rechnung der geburtsjahrspezifischen Assoziation von sozialer Herkunft und Bildungsniveau als Heterogenitätsmaß waren die ALLBUS-Erhebungen 1980-2004 (Kohorten 1919-1963, ab 21 Jahren, deutsche Staatsbürger, Westdeutschland). Jedes einzelne Geburtsjahr wurde dann durch das entsprechende geburtsjahrspezifische Heterogenitätsmaß (inverses Cramér's V) ersetzt.[92] Der Periodeneffekt wird – aufbauend auf die entsprechende zunächst ungerichtete Hypothese – anhand von Dummyvariablen für die Erhebungszeitpunkte 1984, 1988, 1991, 1994, 1998, 2000 und 2004 modelliert.[93] In einigen der vollständigen A-P-K-Modelle wird nicht die Kohortenvariable, sondern die Periodenvariable ersetzt. Infolge des Konfundierungsproblems der A-P-K-Analyse kann dann die Periode nicht als zeitliche Variable eingeführt werden. Das Erhebungsjahr wird daher durch die jeweilige *Arbeitslosenquote* der amtlichen Statistik für Westdeutschland ersetzt, die sich auf die zivilen abhängig Erwerbstätigen bezieht. Die Arbeitslosigkeit in West-Deutschland als Periodenvariable wird in den komplexen Modellen zudem kontrolliert durch die *individuelle Arbeitslosigkeit* zum Erhebungszeitpunkt (Dummy-Variable) – um, wie bereits erwähnt, sicherzustellen, dass der Effekt der Arbeitslosenquote nicht im Rahmen eines ökologischen Fehlschlusses missinterpretiert wird. Dabei mussten verschiedene Variablen herangezogen werden: 1984 und 1988 wurden die Befragten nach der Art ihrer Berufstätigkeit (v461, ZA4241) gefragt und konnten die Kategorie „arbeitslos" angeben, zu den anderen Messzeitpunkten wurde die Frage nach der Berufstätigkeit zu einem Filter (v461, ZA4241) – wenn die Befragten hier angaben, sie seien nicht erwerbstätig, wurde über eine weitere Frage (v462, ZA4241) erhoben, wobei als eine Kategorie „zur Zeit arbeitslos" fungiert. Das Merkmal der Arbeitslosigkeit wurde nun all jenen zugeteilt, die je nach Messzeitpunkt im Rahmen unterschiedlicher Items und Kategorien explizit angegeben hatten, sie seien zum Zeitpunkt der Erhebung arbeitslos. Der als nichtlinear angenommene Effekt des *Alters* der Befragten zum Erhebungszeitpunkt im Sinne eines Lebenszykluseffekts wird in Form von Altergruppen in die Modelle integriert. Diese Strategie basiert auf der theoretischen Annahme eines

---

[92] Eine Alternative für die Klassenlage nach Erikson und Goldthorpe als Merkmal sozialer Herkunft wäre das elterliche Bildungsniveau. So sehen etwa Shavit et al. (2007) den Zusammenhang zwischen Bildung der Eltern und Bildungsniveau als Hauptaspekt (persistenter) Bildungsungleichheiten an – während Ungleichheiten nach Herkunft abgenommen haben, bleiben Unterschiede nach Bildungsniveau der Eltern relativ stabil. Trotzdem soll hier im Folgenden die Klassenlage fokussiert werden, denn zum einen erwiese sich die Heranziehung des elterlichen Bildungsniveaus als kontraproduktiv, da ja gerade der leichte Abbau der Ungleichheiten thematisiert wird; zum anderen ergaben Vergleichsrechnungen mit sozialer Herkunft nach Bildung der Eltern ähnliche Ergebnisse, da Bildungsniveau und soziale Lage hoch korreliert sind.
[93] Für die Analysen zur Wahrnehmung der Verteilungsprinzipien bzw. Erfolgsfaktoren werden je nach Verfügbarkeit der Items abweichende Perioden berücksichtigt.

nicht-linearen Alterseffekts: Anstieg der Akzeptanz sozialer Ungleichheit bis um das 60. Lebensjahr, anschließend Stagnation. Gegenüber der alternativen Praxis, nicht-lineare Alterseffekte als quadratische Alterseffekte einzuführen, hat diese Vorgehensweise den Vorteil, dass der Zeitpunkt der Stagnation genauer bestimmt werden kann.[94] Der *sozioökonomische Status* als Merkmal der Sozialschicht wird anhand der nicht explizit hierarchischen Erikson-Goldthorpe-Portocarero-Klassifikation (Erikson et al. 1979; Erikson und Goldthorpe 1993) abgebildet – in der ALLBUS-Einordnung nach Terwey. Dabei wurden verschiedene Kategorien zusammengefasst und in sieben Dummyvariablen überführt: ungelernte Arbeiter (einfache manuelle Berufe, Hilfs-/Anlernberufe, Landarbeiter), Facharbeiter (qualifizierte manuelle Berufe, d.h. qualifizierte Arbeiter, Handwerker, Techniker), Landwirte (im Sinne Selbstständiger Landwirte), Selbstständige (mit eigenen Angestellten), niedrige und mittlere Angestellte (nicht-manuelle Berufe mit Routinetätigkeiten, z.B. Büroberufe, Verkäufer), Untere Dienstklasse (niedrige Ränge der Dienstklasse) und Obere Dienstklasse (höhere und mittlere Ränge der akademischen Berufe, der Verwaltungs- und Management-Berufe, Großunternehmer). Mit dieser Vorgehensweise unter Verwendung der kategorialen Klassenlage als nicht-hierarchische Statusvariable soll berücksichtigt werden, dass die sozialen Positionen in der Gesellschaft nicht in einem einfachen hierarchischen Kontinuum zu verorten sind, sondern jeweils bestimmte Positionen in Klassenlagen zusammengefasst werden können, die durch gemeinsame Lebensbedingungen und entsprechende spezifische Interessen-, Werte- und Handlungsmuster gekennzeichnet sind. In den Modellen, in denen insbesondere Statusinkonsistenz analysiert werden soll, wird – zur Vermeidung unzähliger Dummyvariablen und im Hinblick auf eine im Vergleich geringere item non-response bzw. Missing-Anzahl – die metrische Variable des *Berufsprestiges* als Schichtvariable verwendet. Dazu wurde der individuelle Wert auf

---

[94] Statistisch würde die Einführung eines quadratischen Alterseffekts bedeuten, dass der einfache Alterseffekt unter Berücksichtigung des Interaktionseffekts aus Alter • Alter geschätzt wird. Im einfachen Alterseffekt wären Stärke und Richtung des Alterseffekts bis nach der Lebensmitte ersichtlich, während der Interaktionseffekt Hinweise über die Veränderung des Alterseffekts in höheren Lebensaltern liefern würde. Im Anhang (Tabelle 3A) wird beispielhaft eines der Modelle statt mit den Altersgruppen-Dummies mit quadratischem Alterseffekt modelliert.

der Magnitude-Prestige-Skala (MPS) nach Wegener (1985, 1988) aus dem ALLBUS (nach Einordnung von Terwey) herangezogen. Die MPS kann Werte zwischen 20,0 (Handlanger, Hilfsarbeiter) und 186,8 (Ärzte) annehmen und basiert auf einer psychophysikalischen Messmethode. Im Rahmen von Befragungen hatten bevölkerungsrepräsentative Stichproben das Prestige verschiedener Berufe einzuschätzen. Diese Vorgehensweise entspricht einer Reputationsskalierung (vgl. Wegener 1988) und hat den Vorteil, dass sie soziale Hierarchie nicht aus der Sicht des Forschers erfasst, sondern den „Globaleindruck des ‚normalen' Befragten und seine Einschätzung der Stelle zwischen ‚oben' und ‚unten', die er selbst oder andere typische Mitglieder der Gesellschaft einnehmen" (Wegener 1988: 114) abbildet. Trotz seines eher subjektiven und kulturellen Charakters ist das MPS-Berufsprestige eine ‚materialistische' Variable, d.h. es hängt eng mit den objektiven Dimensionen des sozioökonomischen Status zusammen (vgl. Hadjar 2004: 209-211). In die Längsschnittanalysen wird zudem das *Geschlecht* mit seinen dichotomen Ausprägungen (0 – männliches Geschlecht, 1 – weibliches Geschlecht) im Sinne einer Kontrollvariable für bestimmte Prozesse der Bildungsexpansion (tendenzieller Abbau geschlechtsspezifischer Ungleichheiten sowie der Geschlechtsspezifik von Werthaltungen) integriert.

10 Untersuchungsergebnisse

10.1 Deskriptive Befunde

Bevor deskriptive Befunde im Hinblick auf die Fragestellungen und Hypothesen präsentiert und Mittelwerte visuell inspiziert werden, soll zunächst der Verlauf der Bildungsexpansion anhand der ALLBUS-Daten nachgezeichnet werden.

10.1.1 Kohortenspezifische Bildungsverteilung und Heterogenität

Die Darstellung der Veränderungen in der Verteilung der Bildungsabschlüsse über die Kohorten in Abbildung 14 basiert auf einem großen kumulierten Datensatz, der – um das Datenpotenzial zur Abbildung der Bildungsexpansion voll auszuschöpfen und die Kennwerte auf die Grundlage höchst möglicher Fallzahlen zu stellen – alle ALLBUS-Erhebungen zwischen 1984 und 2004 umfasst (Reduktion auf Westdeutsche mit deutscher Staatsbürgerschaft ab 21 Jahren, Kohorten 1919-63; N = 24.959). Der Verlauf der Bildungsexpansion wird dabei in Hinblick auf fünf Kohortenbündel nachgezeichnet.

Abbildung 14:   Kohortenspezifische Verteilung der Bildungsabschlüsse

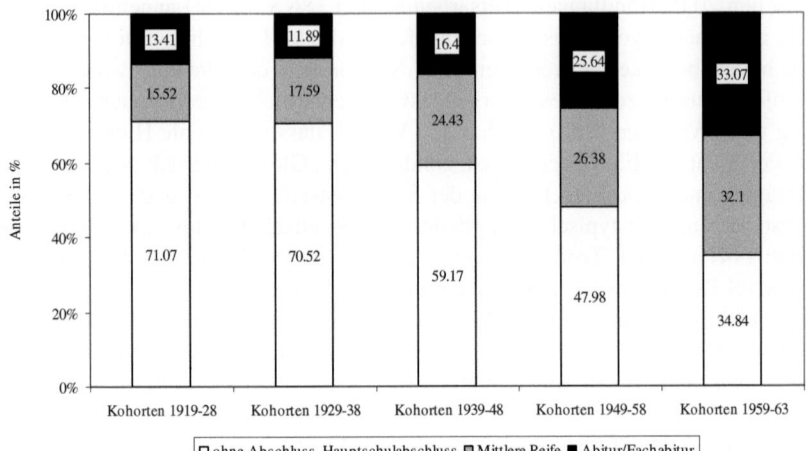

Datenquelle: ALLBUS 1980-2004, Westdeutsche, deutsche Staatsbürgerschaft, ab 21 Jahren, Geburtsjahrgänge 1919-1963 (Transformationsgewichtung); N = 24.959; eigene Berechnungen

Über die Kohortenabfolge hat der Anteil derer, die ohne Abschluss oder mit einem Volks- bzw. Hauptschulabschluss die Schule verlassen haben, stetig abgenommen. Während noch 71 Prozent der Vorkriegs- und Kriegsgeneration (Geburtsjahrgänge 1919-28) über keinen Abschluss oder einen Volksschulabschluss verfügten, haben in den jüngsten Geburtskohorten 1959-63 nur noch 35 Prozent ein solches niedriges Bildungsniveau. Entsprechend stiegen über die Kohortenabfolge die Anteile an Real- bzw. Mittelschulabsolventen von ca. 16 Prozent (Kohorten 1919-28) auf 32 Prozent (Kohorten 1959-63). Im Hinblick auf die kohortenspezifischen Anteile der Abiturienten bzw. Fachabiturienten ist über die fünf Kohortenbündel erst ein verzögerter Anstieg zu beobachten: Während bei den zwischen 1919 und 1928 Geborenen 13 Prozent einen solchen Abschluss erwarben, waren es bei den Geburtsjahrgängen 1929 bis 1938 nur 12 Prozent. Die Abiturientenquote stagnierte somit bedingt durch den Zweiten Weltkrieg sowie die Nachkriegsprobleme (Wiederaufbau u.a. der Schulinfrastruktur). Erst danach kam es zu einem Anstieg des Anteils der Abiturienten bzw. Fachabiturienten auf 33 Prozent in den jüngsten Geburtsjahrgängen 1959-63 (Generation der Grenzen des Wachstums).

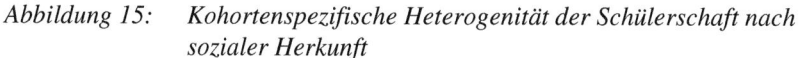

*Abbildung 15:   Kohortenspezifische Heterogenität der Schülerschaft nach
                 sozialer Herkunft*

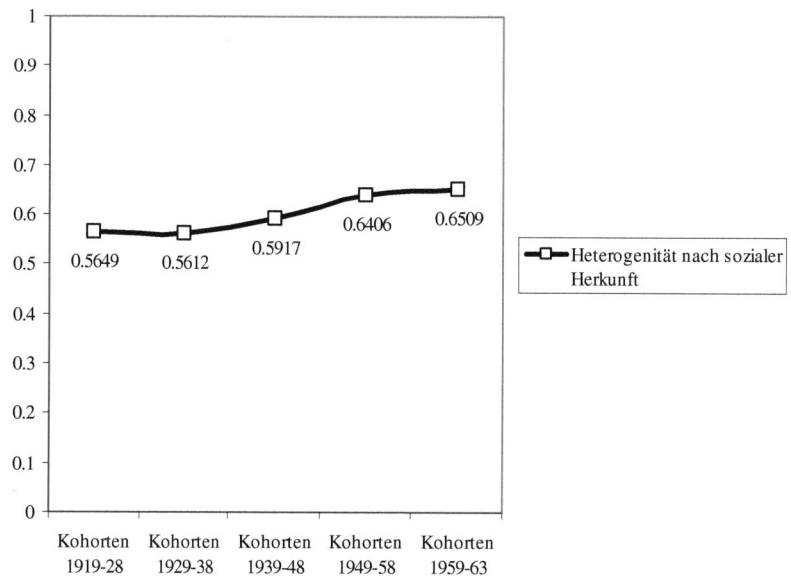

Datenquelle: ALLBUS 1980-2004, Westdeutsche, deutsche Staatsbürgerschaft, ab 21 Jahren, Geburtsjahrgänge 1919-1963 (Transformationsgewichtung); N = 25.124; eigene Berechnungen

Hinsichtlich der Entwicklung von herkunftsspezifischen Bildungsungleichheiten im Zuge der Bildungsexpansion bestätigt der Vergleich der kohortenspezifischen Heterogenitätsmaße – inverses Assoziationsmaße Cramérs V für den Zusammenhang zwischen der Sozialschicht (Goldthorpe-Klasse) des Vaters und dem Bildungsniveau – einen leichten Abbau von Bildungsungleichheiten und damit eine Zunahme der Heterogenität der Schülerschaft in höheren Schulformen (Abbildung 15). Das Heterogenitätsmaß ändert sich dabei im Kohortenvergleich nur leicht. Entsprechend der Annahme, dass die Bildungsexpansion mit einer tendenziellen Entkopplung zwischen sozialer Herkunft und Bildungsniveau – wenn auch nicht im erwarteten bzw. erwünschten Ausmaß (vgl. Becker 2003) – einhergeht, zeigt sich in der Generation der kritischen Wohlstandskinder (Kohorten 1949-58) und der Generation der Grenzen des Wachstums (Kohorten 1959-63) der geringste Zusammenhang zwischen Herkunft und Bildung bzw. das höchste

Ausmaß an Heterogenität nach sozialer Herkunft in der Schülerschaft von höheren Schulen (Realschulen, Gymnasien). In diesen Geburtskohorten, die von den Bildungsreformen der 1960er Jahre profitieren konnten, liegt das Heterogenitätsmaß (inverses Cramérs V) mit Werten von .64 (Kohorten 1949-58) und .65 (Kohorten 1959-63) um ca. 15 Prozent höher als bei den älteren Kohorten.[95]

Diese eigenen Befunde anhand des ALLBUS decken sich mit dem aktuellen Forschungsstand hinsichtlich der Lockerung des Zusammenhangs zwischen sozialer Herkunft und Bildungsniveau in Europa:

> „the origin-education association declined significantly across cohorts. Importantly however, the decline was not linear. Rather it has taken place only in the years immediately following World War II. For cohorts born since then, the authors find persistent inequality" (Shavit et al. 2007: 49; vgl. Breen et al. 2005).

Die Abnahme der Bildungsungleichheiten ist vor allem zurückzuführen auf die Verbesserung der Bildungschancen bei Kindern von ungelernten Arbeitern und Facharbeitern (Mayer et al. 2007: 253-255); wiederum scheint der Abbau der Ungleichheiten vor allem vor die Kriegsgenerationen zu gelten, für spätere Kohorten stagniert die Lockerung des Einflusses der sozialen Herkunft.

10.1.2 Wahrnehmungen des Verteilungsprinzips als subjektive Theorien zu sozialem Aufstieg

Zunächst sollen Kohorten- und Bildungsunterschiede in der Wahrnehmung des Verteilungsprinzips, das in Westdeutschland dominiert, betrachtet werden. Angesprochen sind damit nicht Gerechtigkeitsprinzipien, sondern Ungleichheitsvorstellungen im Sinne der kognitiven Präsenz der Ungleichheitsverhältnisse im Bewusstsein ohne den Wertaspekt (Mau 2004). Abbildung 16 zeigt, wie sich über die Kohorten die bildungsspezifischen Wahrnehmungen von Wegen zum Erfolg entwickelt haben. Bezüglich der Wichtigkeit von Bildung bzw. Ausbildung als Erfolgsrezept – dieses Item verweist auf die meritokratische und humankapitaltheoretische Logik, dass Investitionen in Bildung sich auszahlen – sind über alle Kohorten hinweg höchste Zustimmungsraten festzustellen. Bildung und Ausbildung sind somit nach der Wahrnehmung der westdeutschen Bevölkerung die dominierenden Aspekte der Ordnung sozialer Ungleichheit. Wäh-

---

[95] Wie bereits erwähnt, eignet sich das Heterogenitätsmaß als inhaltlich sinnvoller Ersatz für die Kohortenvariable in den vollständigen A-P-K-Modellen, weil es der Richtung seiner Entwicklung nach der Kohortenabfolge entspricht, andererseits aber durch das geringere Wachstum weniger stark mit der Kohorte konfundiert ist und somit das Problem der Multikollinearität entschärft wird.

rend sich in den vor 1939 geborenen Kohorten (Vorkriegs-, Kriegs-, Nachkriegsgeneration) die hoch Gebildeten noch von den anderen Bildungsgruppen durch eine sehr starke Überzeugung von der Wichtigkeit von Bildung und Ausbildung abheben, gilt für die späteren geborenen Kohorten, dass sich die Bildungsgruppen hier in dieser Wahrnehmung in geringerem Ausmaß unterscheiden – wobei hier die hoch Gebildeten und die niedrig Gebildeten die Wichtigkeit von Bildung und Ausbildung tendenziell als weniger wichtig für Erfolg erachten als die Individuen mit mittlerem Bildungsniveau.

Abbildung 16:   Wege zum Erfolg nach Bildungsniveau und Kohorte

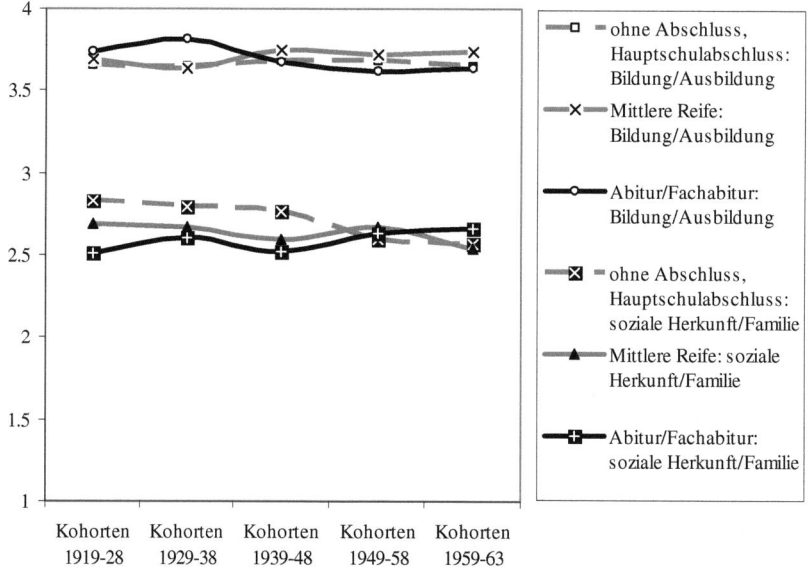

Datenquelle: ALLBUS 1984, 1991, 2000, 2004, Westdeutsche, deutsche Staatsbürgerschaft, ab 21 Jahren, Geburtsjahrgänge 1919-1963 (Transformationsgewichtung); eigene Berechnungen
Frage: Wie kommt man in unserer Gesellschaft am ehesten nach oben?
(1 - unwichtig ... 4 - sehr wichtig)

Die soziale Herkunft bzw. Herkunftsfamilie wird nur in mittleren Ausprägungen als wichtig eingeschätzt – wenngleich sie in wissenschaftlichen Studien als bedeutsamer Bestimmungsfaktor für den Bildungsverlauf und das Bildungsniveau

214   III. Empirische Untersuchung

(Becker 2003; 2006) sowie die Statuszuweisung (Mayer und Blossfeld 1990) erscheint. So könnte gesagt werden, dass innerhalb der Ordnung sozialer Ungleichheit die soziale Herkunft – entsprechend der Beschaffenheit des westdeutschen Bildungssystems (Müller et al. 1997) – faktisch eine weit größere Rolle
spielt als in der Wahrnehmung der Bevölkerung. Die Wichtigkeit der Herkunftsfamilie schätzen die niedrig Gebildeten im Vergleich zu den anderen Bildungsgruppen tendenziell höher ein, während die Personen mit mindestens Abitur die
Familie im Vergleich im geringsten Ausmaß als wichtigen Weg zum Erfolg ansehen. In den jüngeren Kohorten ab Geburtsjahrgang 1949 (Generation der kritischen Wohlstandskinder und Generation der Grenzen des Wachstums) ist
wiederum eine Angleichung zwischen den Bildungsgruppen in der Wahrnehmung der Wichtigkeit dieses Ordnungsprinzips festzustellen (Abb. 16).

*Abbildung 17:   Bildungsspezifische Entwicklung der Wahrnehmung der Wege
zum Erfolg im Zeitverlauf, 1984-2004*

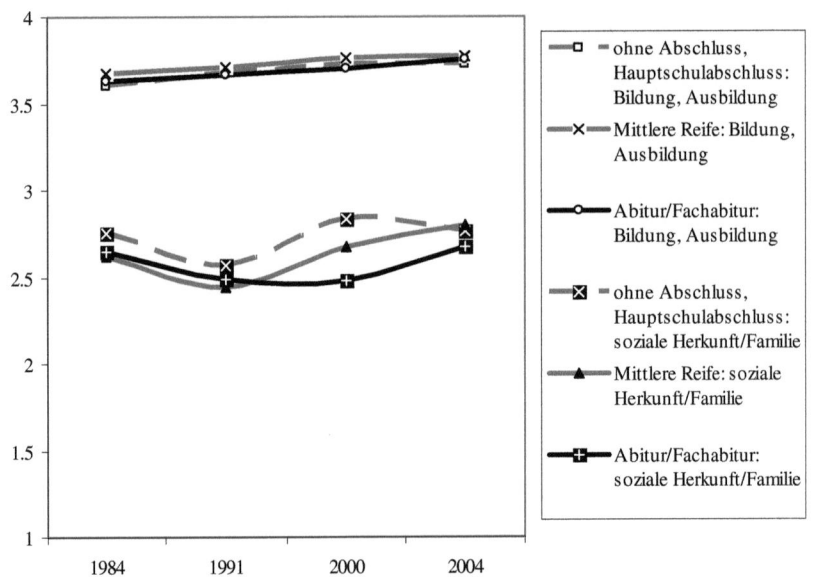

Datenquelle: ALLBUS 1984, 1991, 2000, 2004, Westdeutsche, deutsche Staatsbürgerschaft, ab 21
Jahren, Geburtsjahrgänge 1919-1963 (Transformationsgewichtung); eigene Berechnungen
Frage: Wie kommt man in unserer Gesellschaft am ehesten nach oben? (1 - unwichtig ... 4 - sehr
wichtig).

Die Entwicklung der Wahrnehmung der thematisierten Wege zum Erfolg ist in Abbildung 17 dargestellt. Im Hinblick auf Bildung und Ausbildung als wesentliche Grundlage für Erfolg gibt es nahezu keine Unterschiede zwischen den Bildungsgruppen, über die Zeit ändert sich die Einschätzung der Rolle von Bildung bzw. Ausbildung für den Erfolg im Leben nur marginal mit leicht steigender Tendenz über die Erhebungsjahre. Als weniger bedeutungsvoll für Aufstiegsmobilität wird wiederum die soziale Herkunftsfamilie angesehen. In der periodenspezifischen Betrachtung halten die niedrig Gebildeten die Herkunftsfamilie im Vergleich für bedeutsamer für Erfolg als die Personen mit mittlerer Reife oder Hochschulreife. Während sich im Jahr 2000 besonders starke Unterschiede in der Einschätzung der Wichtigkeit der Familie zwischen den Bildungsgruppen zeigen, liegen in den anderen Erhebungsjahren die Ausprägungen der wahrgenommenen Bedeutung der sozialen Herkunft in den verschiedenen Bildungsgruppen nah beieinander.

Während die Wahrnehmungen der Prinzipien der Ordnung sozialer Ungleichheit in den eben beschriebenen Abbildungen über die Einschätzung der Wichtigkeit bestimmter Merkmale für Erfolg operationalisiert wurden, basieren die im Folgenden betrachteten Operationalisierungen auf einer direkten Abwägung zwischen dem meritokratischen Prinzip (Bildung) und dem Prinzip askriptiver Ungleichheit (soziale Herkunft).

Insgesamt betrachtet ist in der Abbildung 18 wiederum ersichtlich, dass die Befragten Bildung stärker als Erfolgsbedingung ansehen als die soziale Herkunft (Schicht, Elternhaus). Durch die Operationalisierung, die eine detaillierter Abgrenzung der jeweiligen Erfolgsbedingung enthält, liegen die Ausprägungen, inwieweit Bildung bzw. soziale Herkunftsschicht als Erfolgsbedingung angesehen werden, jedoch relativ nah beieinander. Interessant ist, dass über die Kohortensukzession die hoch Gebildeten immer weniger von der Geltung des meritokratischen Prinzips in der Gesellschaft überzeugt sind. So gehen in den jüngeren Geburtskohorten die niedrig und im mittleren Ausmaß Gebildeten tendenziell stärker davon aus, dass Bildung und nicht die soziale Herkunft den Erfolg im Leben determinieren. Komplementär dazu steigt über die Kohorten die Ausprägung der Überzeugung, Erfolg beruhe auf der Sozialschicht bzw. dem Elternhaus bei den Individuen mit Abitur bzw. Fachabitur an, während die niedrig Gebildeten über die Kohortenabfolge immer weniger von dieser Annahme ausgehen. Dennoch sind diejenigen ohne Schulabschluss bzw. mit Volks- oder Hauptschulabschluss generell – d.h. über alle Kohorten hinweg – noch stärker von dem Einfluss des Elternhauses auf den persönlichen Erfolg überzeugt als die anderen Bildungsgruppen.

Abbildung 18:   *Wahrnehmung der Erfolgsbedingungen nach*
                  Bildungsniveau und Kohortenzugehörigkeit

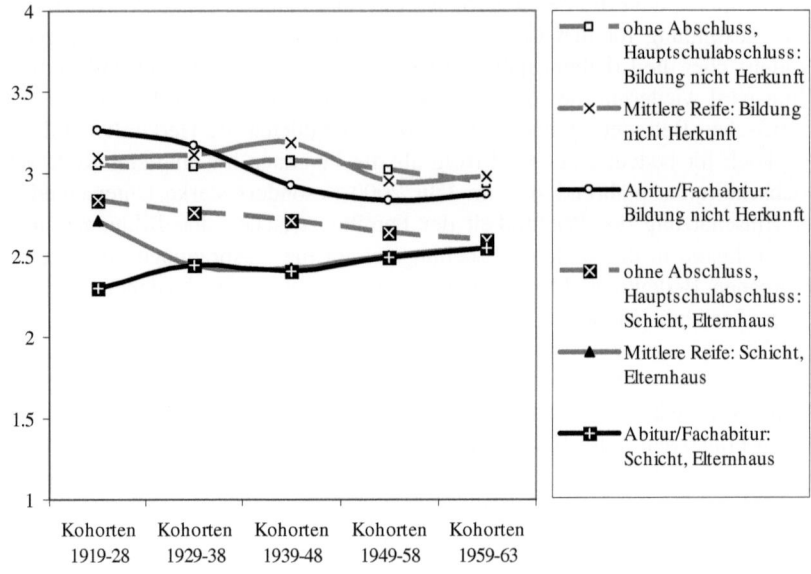

Datenquelle: ALLBUS 1984, 1994, 2004, Westdeutsche, deutsche Staatsbürgerschaft, ab 21 Jahren, Geburtsjahrgänge 1919-1963 (Transformationsgewichtung); eigene Berechnungen
Frage ‚Bildung nicht Herkunft': Deutschland ist eine offene Gesellschaft. Was man im Leben erreicht, hängt nicht mehr vom Elternhaus ab, aus dem man kommt, sondern von den Fähigkeiten, die man hat, und der Bildung, die man erwirbt.
Frage ‚Schicht, Elternhaus': In Deutschland gibt es noch große Unterschiede zwischen den sozialen Schichten, und was man im Leben erreichen kann, hängt im Wesentlichen davon ab, aus welchem Elternhaus man kommt (1 - stimme überhaupt nicht zu ... 4 - stimme voll zu).

Die periodenspezifische Darstellung in Abbildung 19 zeigt, dass zwischen 1984 und 2004 in der westdeutschen Bevölkerung in stärkerem Maße die Überzeugung, dass Bildung und nicht soziale Herkunft ausschlaggebend für Erfolg ist, geteilt wurde – sogar mit tendenziell zunehmender Tendenz. Die Bildungsunterschiede in dieser Wahrnehmung sind gering, wobei hoch Gebildete im Vergleich weniger von der Geltung des meritokratischen Prinzips ausgehen. Die Anteile der Bevölkerung, die von askriptiver Ungleichheit – Erfolgsbedingung: Schicht, Elternhaus – ausgehen, sind zwischen 1984 und 2004 durch eine relative Stabilität gekennzeichnet. Interessant ist, dass sich die niedrig Gebildeten in ihrer stärkeren Überzeugung, dass die soziale Schicht erfolgsbestimmend sei, von den anderen Bildungsgruppen über den Erhebungszeitraum hinweg abheben.

Abbildung 19:   Wahrnehmung der Erfolgsbedingungen nach Bildungsniveau und Periode

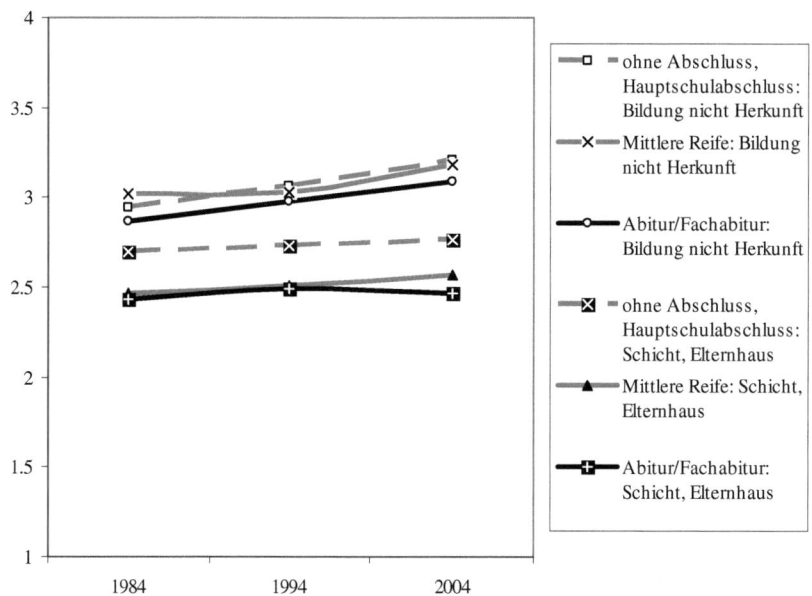

Datenquelle: ALLBUS 1984, 1994, 2004, Westdeutsche, deutsche Staatsbürgerschaft, ab 21 Jahren, Geburtsjahrgänge 1919-1963 (Transformationsgewichtung); eigene Berechnungen
Frage ‚Bildung nicht Herkunft': Deutschland ist eine offene Gesellschaft. Was man im Leben erreicht, hängt nicht mehr vom Elternhaus ab, aus dem man kommt, sondern von den Fähigkeiten, die man hat, und der Bildung, die man erwirbt.
Frage ‚Schicht, Elternhaus': In Deutschland gibt es noch große Unterschiede zwischen den sozialen Schichten, und was man im Leben erreichen kann, hängt im Wesentlichen davon ab, aus welchem Elternhaus man kommt (1 - stimme überhaupt nicht zu ... 4 - stimme voll zu).

Im Hinblick auf Statusinkonsistenz werden nun die Wahrnehmungen sozialer Ungleichheit nach Bildungsniveau und Schichtzugehörigkeit betrachtet.[96]

---

[96] Eine methodische Limitierung ist, dass besonders einige statusinkonsistente Kombinationen (z.B. ungelernte Arbeiter mit Abitur; einfache Landwirte mit Abitur) sehr geringe Zellbesetzungen aufweisen, was die Generalisierbarkeit dieser Befunde sehr stark einschränkt.

Abbildung 20:   *Wege zum Erfolg nach Bildungsniveau und*
                  Schichtzugehörigkeit

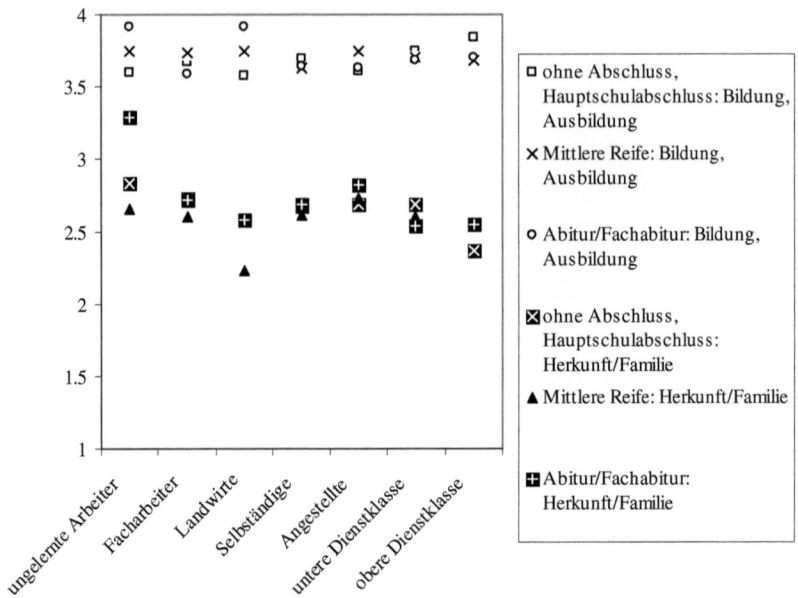

Datenquelle: ALLBUS 1984, 1991, 2000, 2004, Westdeutsche, deutsche Staatsbürgerschaft, ab 21 Jahren, Geburtsjahrgänge 1919-1963 (Transformationsgewichtung); eigene Berechnungen
Frage: Wie kommt man in unserer Gesellschaft am ehesten nach oben? (1 - unwichtig ... 4 - sehr wichtig).

Wiederum zeigt sich im Hinblick auf die Operationalisierung der Wege zum Erfolg in Abbildung 20 das meritokratische Prinzip (Bildung, Ausbildung als Weg zum Erfolg) als dominierend im sozialen Bewusstsein der westdeutschen Bevölkerung. Die bildungs- und statusgruppenspezifischen Unterschiede sind sehr gering. Gleiches gilt für die Wahrnehmung des Modus askriptiver Ungleichheit (soziale Herkunft). Statusinkonsistenz scheint nur einen marginalen Einfluss auf die Wahrnehmung der Wege zum Erfolg – in dieser Operationalisierung – zu haben. Markante Abweichungen („Ausreißer") zeigen sich u.a. in der sehr starken Überzeugung bei hochgebildeten ungelernten Arbeitern, dass die Herkunftsfamilie Erfolg determiniert, sowie in der ausgeprägten Überzeugung über die Geltung des meritokratischen Prinzips bei den Landwirten mit Abitur, wenngleich diese Werte nur auf sehr geringen Zellbesetzungen beruhen und entsprechend schwer interpretierbar sind.

Abbildung 21:   *Wahrnehmung der Erfolgsbedingungen nach*
                    Bildungsniveau und Schichtzugehörigkeit

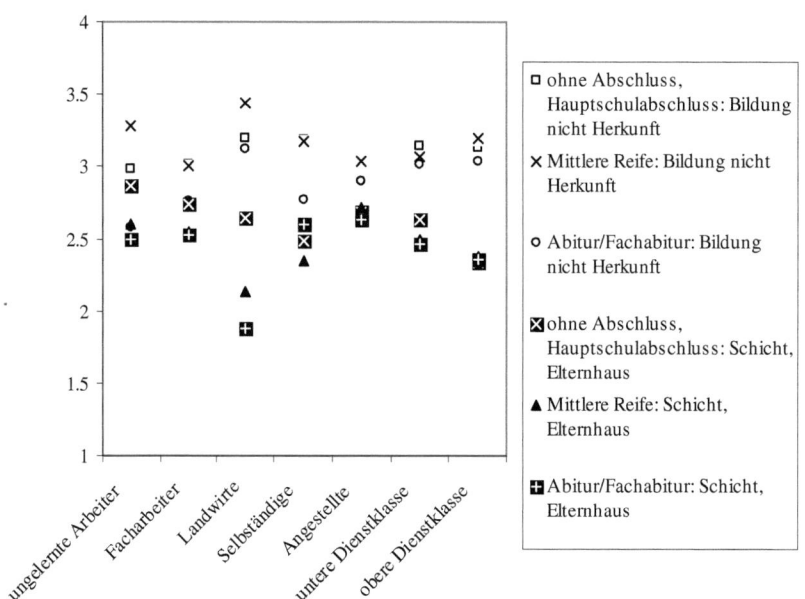

Datenquelle: ALLBUS 1984, 1994, 2004, Westdeutsche, deutsche Staatsbürgerschaft, ab 21 Jahren, Geburtsjahrgänge 1919-1963 (Transformationsgewichtung); eigene Berechnungen
Frage ‚Bildung nicht Herkunft': Deutschland ist eine offene Gesellschaft. Was man im Leben erreicht, hängt nicht mehr vom Elternhaus ab, aus dem man kommt, sondern von den Fähigkeiten, die man hat, und der Bildung, die man erwirbt.
Frage ‚Schicht, Elternhaus': In Deutschland gibt es noch große Unterschiede zwischen den sozialen Schichten, und was man im Leben erreichen kann, hängt im Wesentlichen davon ab, aus welchem Elternhaus man kommt (1 - stimme überhaupt nicht zu ... 4 - stimme voll zu).

Bezüglich der anderen Operationalisierung der Wahrnehmung des Verteilungsprinzips bzw. der Ordnung sozialer Ungleichheit – Stichwort: Erfolgsbedingungen – sind die Übereinstimmungen ähnlich stark, wenngleich sich hinsichtlich der Landwirte wiederum Abweichungen zeigen, die wahrscheinlich in der geringen Fallzahl begründet liegen. Bei den Statuskonsistenten – den hoch Gebildeten Dienstklassenangehörigen – steigt die Wahrnehmung der Geltung des meritokratischen Prinzips mit zunehmender Sozialschicht an. Komplementär fällt bei den hoch Gebildeten mit zunehmender Sozialschicht das Ausmaß der Überzeugung, die soziale Herkunft wäre eine wesentliche Erfolgsbedingung. Die statuskonsistenten ungelernten Arbeiter (ohne Abschluss oder mit Hauptschulabschluss) sind mehr von der Geltung des meritokratischen Prinzips überzeugt als die tendenziell inkonsistenten ungelernten Arbeiter, die über einen Abschluss mittlerer Reife verfügen – was erwartbar wäre vor dem Hintergrund, dass diese statusinkonsistente Position nicht dem meritokratischen Prinzip entspricht (vgl. Abbildung 21).

Insgesamt betrachtet, ist in der Bevölkerung die Wahrnehmung des meritokratischen Prinzips, dass Bildung und Ausbildung wesentliche Aspekte des Prinzips sozialer Ungleichheit bzw. des Verteilungsprinzips sind, dominierend. Dennoch besteht auch das Bewusstsein, dass die soziale Herkunft (Familie, Elternhaus) einen Einfluss auf den Erfolg im Leben hat.

10.1.3 Bildungs- und kohortenspezifische Entwicklung der Akzeptanz sozialer Ungleichheit

Die Akzeptanz sozialer Ungleichheit auf Basis des Legitimationsprinzips der Meritokratie erweist sich über die Zeit als relativ stabil (Abbildung 22) und bewegt sich um den theoretischen Mittelwert. Als periodische Effekte – d.h. alle Kohorten gleichermaßen betreffende Entwicklungstendenzen in der Akzeptanz sozialer Ungleichheit – können das Absinken in der Akzeptanz zum Jahr 1998 (Bundestagswahl, Wahlsieg für SPD und Bündnis 90/Die Grünen) hin, der Gipfel in der Akzeptanz sozialer Ungleichheit in allen Kohorten zum Erhebungszeitpunkt 2000 und das anschließende erneute Absinken interpretiert werden. Tendenziell scheint zwischen 1984 und 2004 in allen Kohorten eine leichte Zunahme in der Akzeptanz sozialer Unterschiede stattgefunden zu haben.
Es sind relativ stabile – wenngleich in ihrem Ausmaß nicht sehr starke – Kohortenunterschiede zu konstatieren, die offenbar einem Muster folgen: Die jüngsten Geburtsjahrgänge der zwischen 1959-63 Geborenen (Generation der Grenzen des Wachstums) zeigen fast durchweg das im Vergleich geringste Ausmaß an Akzeptanz sozialer Ungleichheit. Die ältesten Kohorten 1919-28 (Vorkriegs- und Kriegsgeneration) akzeptieren soziale Ungleichheit auf Basis des meritokratischen Legitimationsprinzips im Vergleich zu den anderen Kohorten besonders stark. Interessant ist, dass die periodenspezifischen Mittelwerte der

Kohorten 1919-28, 1929-38 und 1939-48 in ihrer tendenziell positiveren Sicht
auf soziale Ungleichheit sehr nah beieinander liegen. Gleiches trifft auch auf die
eine eher ablehnende Haltung gegenüber Ungleichheit indizierenden Mittelwerte
der jüngeren Kohorten 1949-58 und 1959-63 – die besonders von der Bildungsexpansion profitiert haben – zu.

Abbildung 22:   *Kohortenspezifische Entwicklung der Akzeptanz sozialer*
                    Ungleichheit

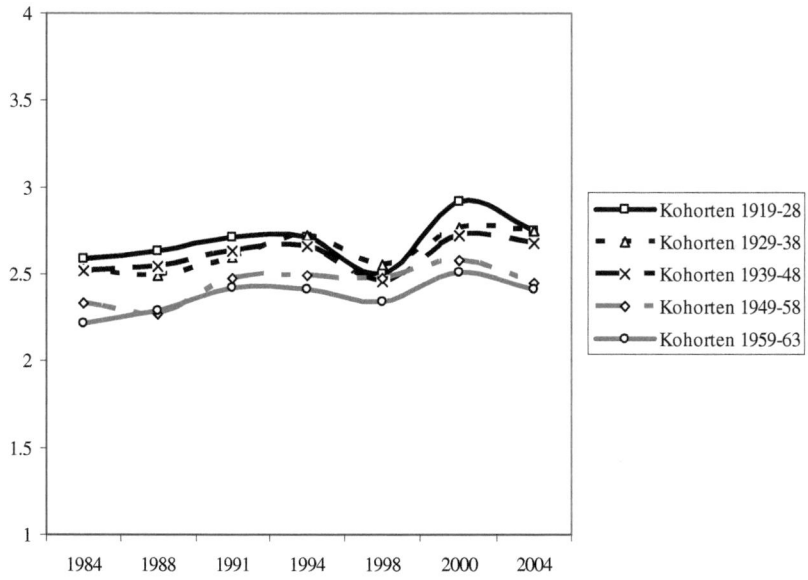

Datenquelle: ALLBUS 1984, 1988, 1991, 1994, 1998, 2000, 2004, Westdeutsche, deutsche Staatsbürgerschaft, ab 21 Jahren, Geburtsjahrgänge 1919-1963 (Transformationsgewichtung); eigene Berechnungen

Die Unterschiede zwischen den Vor-Bildungsexpansionskohorten und den Kohorten der Bildungsexpansion können als erste Hinweise auf einen Effekt der
zunehmenden Bildungsbeteiligung gedeutet werden, wenn das über die Geburtsjahrgänge steigende Bildungsniveau (vgl. Abb.14) in Betracht gezogen
wird. Wenngleich die Abstände in der Akzeptanz sozialer Ungleichheit zwischen
den Kohorten relativ stabil erscheinen, ist für das Jahr 1998 eine besondere Ho-

mogenität in der Akzeptanz sozialer Ungleichheit zu beobachten: In diesem Erhebungsjahr sind kaum Unterschiede zwischen den Kohorten in der Einstellung
gegenüber sozialer Ungleichheit festzustellen, nur die jüngsten Kohorten 1959-
63 behalten ihre Distinktion. Die älteren Kohorten stehen 1998 sozialer Ungleichheit im Vergleich zu den Vorjahren durchweg kritischer gegenüber. Viel-
leicht war diese tendenziell kritischere Haltung gegenüber Ungleichheit – die in
diesem Jahr allen Kohorten gemeinsam war – auch ein Grund, der zu dem Ergebnis der Bundestagswahl geführt hat, das die Bildung einer rot-grünen Koalition ermöglichte. Somit deuten sich in der Abbildung 22 sowohl Periodeneffekte
(z.B. 1998), als auch Kohorteneffekte (z.B. Abstand zwischen älterer und jünge-
rer Kohorten) an. Das tendenzielle Ansteigen der Akzeptanz sozialer Unterschiede in allen Kohorten über den Erhebungszeitraum könnte auf einen
entsprechenden Alters- bzw. Lebenszykluseffekt hinweisen. Im Hinblick auf die
Unterschiede zwischen den Kohorten – in abstrahierter Betrachtung sinkt die
Akzeptanz sozialer Ungleichheit in der Kohortenabfolge ab – könnte ein Teil
der Kohorteneffekte auch auf einen solchen Alterseffekt zurückgehen.

In Abbildung 23 soll das Augenmerk nun auf kohortenspezifische Bildungsunterschiede gelenkt werden. Wenngleich die Unterschiede in der Akzeptanz sozialer Ungleichheit zwischen den drei Bildungsgruppen relativ gering sind,
kristallisiert sich doch ein Muster heraus: Über die Kohortenabfolge sinkt die
Akzeptanz sozialer Ungleichheit tendenziell ab. Infolge von Unterschieden zwischen den verschiedenen Bildungsgruppen in der Entwicklung der Akzeptanz
sozialer Ungleichheit über die Kohortenabfolge drehen sich zudem die Relatio-
nen um: Während die Akzeptanz bei den hoch Gebildeten (mit Abitur bzw.
Fachabitur) über die Kohortenabfolge im Vergleich am stärksten sinkt, ist bei
den gering Gebildeten nur eine schwache Tendenz hin zu einer kritischeren
Haltung gegenüber sozialer Ungleichheit zu konstatieren. Während nun in der
Vorkriegs- und Kriegsgeneration (Geburtsjahrgänge 1919-28) die hoch Gebildeten (Gymnasialabschluss) eine höhere Akzeptanz sozialer Ungleichheit aufweisen als die anderen Bildungsgruppen, sind es bei den zwischen 1959 und
1963 Geborenen – genau entgegengesetzt – die niedrig Gebildeten, die soziale
Ungleichheit stärker befürworten als die höher Gebildeten. Individuen mit mittlerer Reife finden sich dabei jeweils zwischen den niedrig und den hoch Gebildeten. Offenbar hat eine Entwicklung dergestalt stattgefunden, dass hoch
Gebildete über die Kohortenabfolge – die hier als Verlauf der Bildungsexpansion thematisiert wird – zunehmend kritischer gegenüber der Ordnung sozialer
Ungleichheit wurden, obwohl sie selbst potenzielle Nutznießer dieser Ordnung
sind.

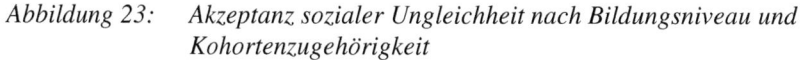

*Abbildung 23:   Akzeptanz sozialer Ungleichheit nach Bildungsniveau und
Kohortenzugehörigkeit*

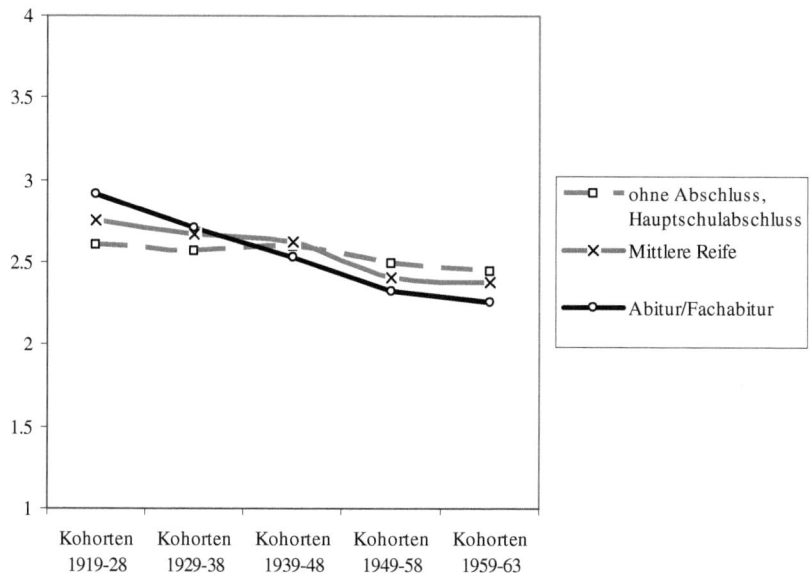

Datenquelle: ALLBUS 1984, 1988, 1991, 1994, 1998, 2000, 2004, Westdeutsche, deutsche Staatsbürgerschaft, ab 21 Jahren, Geburtsjahrgänge 1919-1963 (Transformationsgewichtung); eigene Berechnungen

Diesen kohortenspezifischen Bildungsunterschieden scheint nach der visuellen
Inspektion deskriptiver Kennwerte ein systematischeres Muster zugrunde zu liegen als den in Abbildung 24 aufgezeigten Bildungsunterschieden in der periodischen Entwicklung der Akzeptanz sozialer Ungleichheit zwischen 1984 und
2004. Während der Verlauf bei den Individuen mit Abitur oder Fachabitur zunächst Ende der 1980er leicht ansteigt, um dann zu stagnieren, scheinen Personen mit mittleren und niedrigen Bildungsabschlüssen stärker periodischen
Schwankungen in der Akzeptanz sozialer Ungleichheit zu unterliegen. Dies zeigt
sich besonders um die Bundestagswahl 1998. Offenbar standen zu diesem Erhebungszeitpunkt die Individuen mit Bildungszertifikaten unter Abiturniveau ein-
malig der Ordnung sozialer Ungleichheit besonders kritisch gegenüber. Nur
1998 zeigten sie sich die in mittleren Ausmaß und gering Gebildeten sogar kriti-

scher als die hoch Gebildeten, die sonst – über den Erhebungszeitraum – soziale Ungleichheit im Vergleich zu den anderen Bildungsgruppen am wenigsten akzeptieren.

Abbildung 24:   *Bildungsspezifische Entwicklung der Akzeptanz sozialer Ungleichheit*

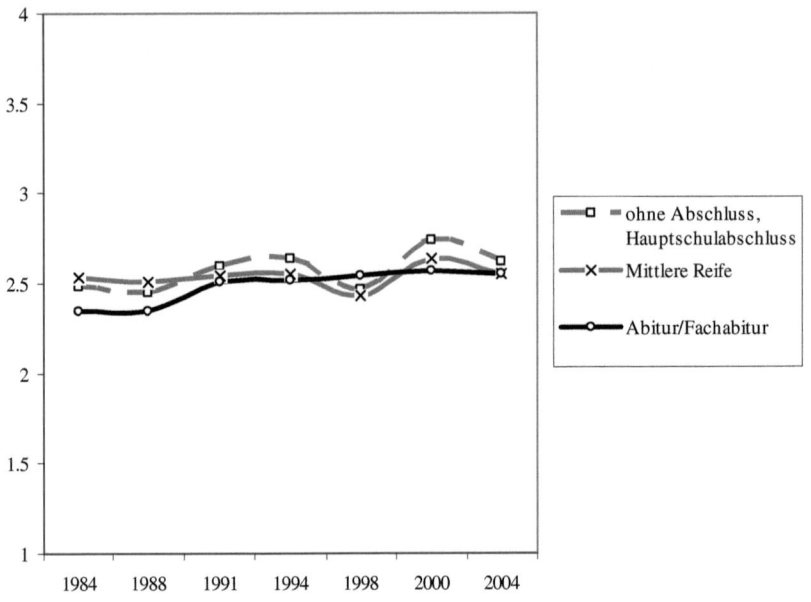

Datenquelle: ALLBUS 1984, 1988, 1991, 1994, 1998, 2000, 2004, Westdeutsche, deutsche Staatsbürgerschaft, ab 21 Jahren, Geburtsjahrgänge 1919-1963 (Transformationsgewichtung); eigene Berechnungen

Um erste Hinweise darauf zu bekommen, welcher Anteil des Bildungseffekts auf einen höheren sozialen Status – der gemäß dem Statuszuweisungsmodell (Mayer und Blossfeld 1990) aus einer höheren Bildung resultiert – und welcher Anteil auf Bildung selbst (im Hinblick auf Humanvermögen bzw. kognitive Ressourcen) zurückzuführen ist, wurden die Mittelwerte mittels einer MANOVA (multivariate Varianzanalyse) um den Effekt des Berufsprestiges (MPS-Prestige,

Einordnung nach Terwey) bereinigt.[97] Die Veränderungen in den Mittelwerten weisen nun darauf hin, inwieweit eigenständige – vom sozialen Status bzw. Prestige unabhängige - Bildungsunterschiede bestehen. In einer ersten Abbildung (Abb. 25) finden sich die bildungsspezifischen Niveaus der Akzeptanz sozialer Ungleichheit über die Kohortenabfolge.

Abbildung 25:   *Akzeptanz sozialer Ungleichheit nach Bildungsniveau und Kohortenzugehörigkeit (unter Kontrolle des Berufsprestige; MPS Einordnung nach Terwey)*

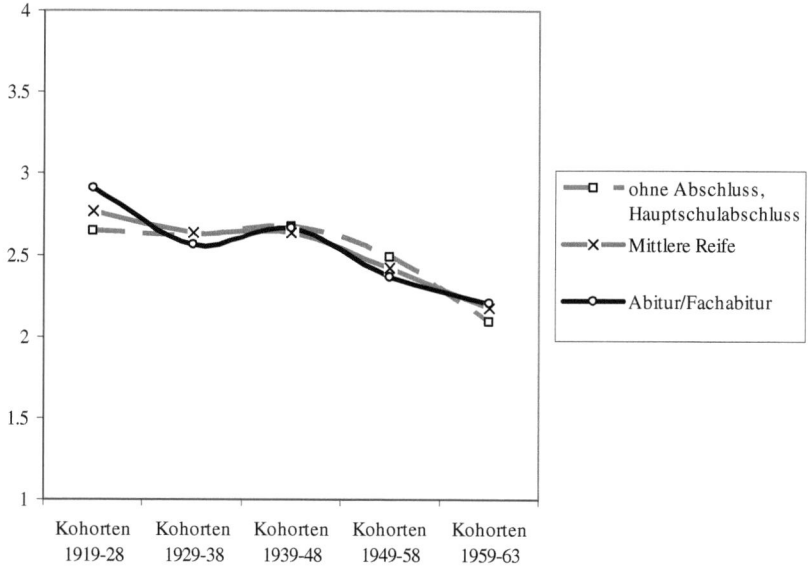

Datenquelle: ALLBUS 1984, 1988, 1991, 1994, 1998, 2000, 2004, Westdeutsche, deutsche Staatsbürgerschaft, ab 21 Jahren, Geburtsjahrgänge 1919-1963 (Transformationsgewichtung); eigene Berechnungen

In Abbildung 25 sind – in Kontrast zur Darstellung der unkontrollierten Mittelwerte (Abb. 23) – nur noch für die ältesten Kohorten (1919-28) klare Unterschiede in der Tendenz, dass höher Gebildete soziale Ungleichheit stärker

---

[97] Diese Variable wird hier als Ersatz für die Sozialschichten herangezogen, da sie metrisch ist und im Vergleich zu anderen Prestige- und Statusvariablen weniger Missing-Werte aufweist.

akzeptieren, zu beobachten. In allen anderen Kohorten haben sich unter Kontrolle des Berufsprestiges die Unterschiede eingeebnet, dies gilt insbesondere für die Wirtschaftswundergeneration (Geburtskohorten 1939-48).

In der periodenspezifischen Betrachtung der Unterschiede in der Akzeptanz sozialer Ungleichheit (Abbildung 26) zwischen den Bildungsgruppen ist bei Kontrolle des Berufsprestiges im Vergleich zu den unkontrollierten Mittelwerten (vgl. Abb. 24) eine Tendenz zur Vergrößerung der Bildungseffekte wahrzunehmen.

Abbildung 26:   *Bildungsspezifische Entwicklung der Akzeptanz sozialer Ungleichheit (unter Kontrolle des Berufsprestige; MPS Einordnung nach Terwey)*

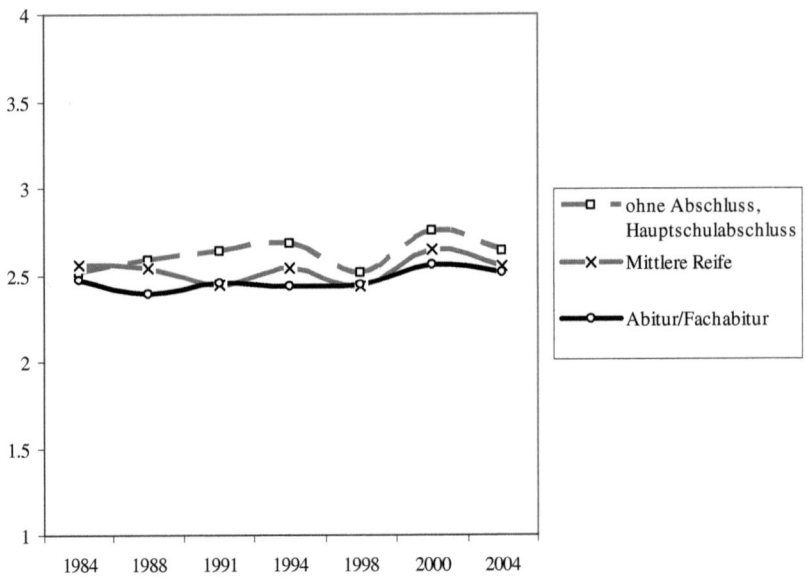

Datenquelle: ALLBUS 1984, 1988, 1991, 1994, 1998, 2000, 2004, Westdeutsche, deutsche Staatsbürgerschaft, ab 21 Jahren, Geburtsjahrgänge 1919-1963 (Transformationsgewichtung); eigene Berechnungen

Während das Niveau in der Akzeptanz sozialer Ungleichheit bei den hoch Gebildeten über die Zeit gleich relativ konstant bleibt, erweisen sich die im mittleren und niedrigen Ausmaß Gebildeten in ihren Einstellungen als stärker von periodischen Einflüssen abhängig. Die Bildungsunterschiede sind gegenüber der unkontrollierten Darstellung ausgeprägter.

Eine letzte visuelle Inspektion thematisiert das Zusammenspiel von Bildungsniveau und sozialer Schichtzugehörigkeit. Dahinter steht die Frage, ob soziale Mobilität zu einer besonders hohen Ausprägung in der Akzeptanz sozialer Ungleichheit führt, und ob Statusinkonsistenz, d.h. dass kein bildungsadäquater sozialer Status erreicht werden konnte, mit einer besonders niedrigen Ausprägung der Akzeptanz sozialer Ungleichheit verbunden ist.

Abbildung 27:   *Bildungsniveau, Klassenlage und Akzeptanz sozialer Ungleichheit*

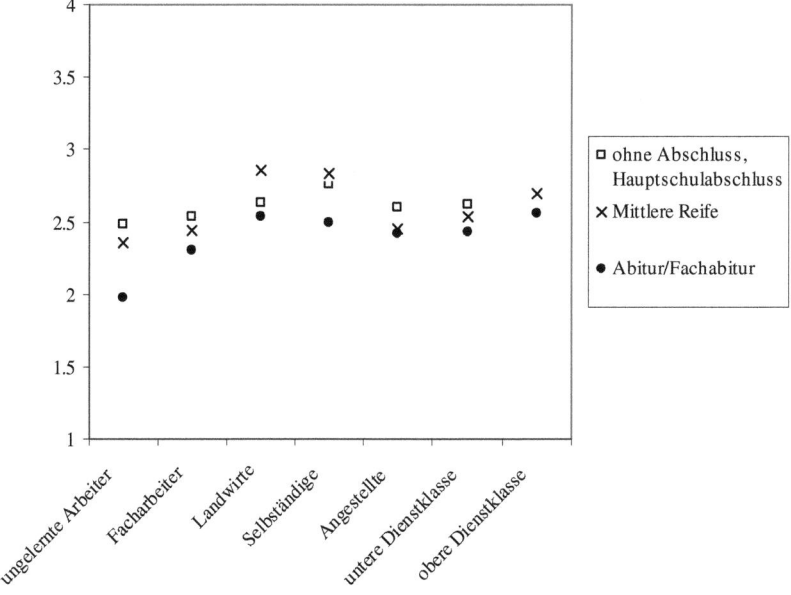

Datenquelle: ALLBUS 1984, 1988, 1991, 1994, 1998, 2000, 2004, Westdeutsche, deutsche Staatsbürgerschaft, ab 21 Jahren, Geburtsjahrgänge 1919-1963 (Transformationsgewichtung); eigene Berechnungen

Wie in Abbildung 27 ersichtlich ist, stehen hoch Gebildete, die – ihrer Beschäftigung nach – einer niedrigeren, nicht ihrem Bildungsniveau entsprechenden Klassenlage bzw. Sozialschicht angehören, im Vergleich zu allen anderen sozialer Ungleichheit und dem Legitimationsprinzip der Meritokratie am kritischsten gegenüber. Andererseits ist in dieser Bildungsgruppe (mit Abitur/Fachabitur) auch in den höheren Sozialschichten ein im Vergleich geringeres Niveau in der Akzeptanz sozialer Ungleichheit zu beobachten. Die tendenziell am stärksten positive Haltung gegenüber Ungleichheit zeigen die Selbstständigen, wobei die Selbstständigen aus der niedrigsten Bildungsgruppe – zusammen mit den Landwirten aus der niedrigsten Bildungsgruppe – die Spitzenposition einnehmen. Personen aus der niedrigsten Bildungsschicht, die in untypisch hohe Berufsklassen aufgestiegen sind (untere und obere Dienstklasse) akzeptieren soziale Ungleichheit nur im geringeren Ausmaß als die Selbstständigen mit niedrigerer Bildung. Stattdessen zeigt sich bei den Personen mit Mittlerer Reife, dass diese bei größerer sozialer Mobilität, d.h. wenn sie in eine ihrer Bildungsschicht nicht entsprechende höhere Sozialschicht aufgestiegen sind, im stärkeren Maße soziale Ungleichheit akzeptieren.[98]

Insgesamt kann im Hinblick auf Wertorientierungen gegenüber sozialer Ungleichheit festgehalten werden, dass höher Gebildete und jüngere Kohorten sozialer Ungleichheit kritischer gegenüberstehen als andere. Hervorzuheben ist, dass in den älteren Generationen die höher Gebildeten Ungleichheit noch stärker akzeptieren als niedriger Gebildete, während sich dieser Unterschied in den jüngeren Kohorten umgekehrt darstellt. Im Jahr 1998 bestand in der westdeutschen Gesellschaft ein besonders stark ausgeprägter Konsens – eine im Vergleich zu anderen Jahren kritischere Haltung gegenüber dem meritokratischen Prinzip sozialer Ungleichheit.

Wie bereits in den Ausführungen zum Analyseansatz aufgezeigt, bergen solche einfachen Analysen, bei denen nicht alle drei temporalen Zeitebenen Alter, Periode und Kohorte gleichzeitig betrachtet werden, das Risiko temporaler Fehlschlüsse. Ob die sich andeutenden Perioden- und Kohorteneffekte genuin sind, oder sich auf Alterseffekte zurückführen lassen, kann nur im Rahmen multivariater Analysen herausgearbeitet werden.

---

[98] Die zwar hypothesenkonforme niedrigste Ausprägung in der Akzeptanz sozialer Ungleichheit bei ungelernten Arbeitern mit Abitur bzw. Fachabitur ist sehr vorsichtig zu betrachten, da dieser Wert auf einer äußerst geringen Fallzahl beruht.

10.2 Multivariate Analysen zur Akzeptanz sozialer Ungleichheit

Im Vorfeld der längsschnittlichen Analysen unter Verwendung des kumulierten ALLBUS-Datensatzes werden zunächst Bestimmungsfaktoren der Akzeptanz sozialer Ungleichheit (Bildung, Kohorte, Schicht, Geschlecht) im Rahmen von Querschnittsanalysen im Hinblick auf bestimmte Erhebungswellen in Westdeutschland und im internationalen Vergleich untersucht. Im Rahmen der dann folgenden Analysen zur Entwicklung der Akzeptanz sozialer Ungleichheit werden zunächst das Bildungsniveau und Kohorten-Dummyvariablen mit der Akzeptanz sozialer Ungleichheit in Beziehung gesetzt. In einem nächsten Schritt werden entsprechend der Empfehlung von Plum (1982) unvollständige A-P-K-Analysen unter Berücksichtigung jeweils zweier temporaler Effekte (Kohorte, Periode/Kohorte, Alter) durchgeführt. In einem weiteren Schritt werden vollständige A-P-K-Modelle geschätzt, wobei die Kohortenvariable durch die kohortenspezifische Heterogenität der Schülerschaft höherer Schulen nach sozialer Herkunft ersetzt wird. Die OLS-Regressionsmodelle werden jeweils ohne und mit Berücksichtigung der Sozialschicht (Goldthorpe-Klasse) und des Geschlechts als Kontrollvariablen geschätzt. Schließlich wird diese Modellierung um den Komplex der Statusinkonsistenz ergänzt, der als Interaktionseffekt aus Bildung und Berufsprestige modelliert wird.

Die Voraussetzung zum Schätzen von OLS-Regressionsmodellen sind dahingehend erfüllt, dass die abhängige Variable „Akzeptanz sozialer Ungleichheit" zu allen Messzeitpunkten und in allen Kohorten hinsichtlich der deskriptiven Parameter Schiefe und Exzess annähernd normalverteilt ist (siehe Tab. 1 und 2). Das bereits ausführlich erörterte Problem der Multikollinearität im vollständigen A-P-K-Modell wurde durch Ersetzung einer zeitlichen Variable durch eine inhaltliche Variable reduziert. Multikollinearität entsteht zudem durch die Einführung von Interaktionseffekten, die nur bei simultaner Schätzung der Haupteffekte interpretierbar sind. Dieser Problematik wird durch die Zentrierung der metrischen Variablen, die in die Interaktionseffekte einfließen, entsprochen (vgl. Urban und Mayerl 2006: 236-241; Jaccard et al. 1990).

10.2.1 Bildungs- und kohortenspezifische Unterschiede in der Akzeptanz sozialer Ungleichheit

Erste Hinweise auf den Zusammenhang zwischen Kohortenzugehörigkeit, Bildungsniveau und der Akzeptanz sozialer Ungleichheit sowie das Zusammenspiel von Bildung, Status und den ungleichheitsakzeptierenden Werthaltungen finden sich in relativ einfachen querschnittlichen Analysemodellen, die im Folgenden präsentiert werden. Dabei werden für jeden einzelnen Messzeitpunkt Kohorteneffekte (Modell I), Kohorten- und Bildungseffekte (Modell II) sowie zusätzlich die Effekte des sozialen Status und des Geschlechts als Kontrollvariable (Modell III) geschätzt. In Tabelle 5 sind die Ergebnisse für die Messzeitpunkte 1984 und 2004 ersichtlich, die Modelle im Hinblick auf die anderen Messzeitpunkte finden sich im Anhang (Tab. A2). Die Analysen geben vorläufige Antworten auf die Fragen, ob Kohortenunterschiede im Hinblick auf die Akzeptanz sozialer Ungleichheit bestehen, inwieweit diese durch die unterschiedlichen Bildungsniveaus zustande kommen und wie sich die Bildungseffekte bei Berücksichtigung des erworbenen Status verändern.

Die Akzeptanz der sozialen Ungleichheit erscheint in Modell I besonders in den jüngeren Kohorten als prekär, d.h. die Generationen der kritischen Wohlstandskinder und des begrenzten Wachstums stehen sozialer Ungleichheit kritischer gegenüber und sehen diese nicht als durch das Prinzip der Meritokratie legitimiert an. Dies gilt für die Erhebungen 1984 und 2004 gleichermaßen. Der Kohorteneffekt scheint – im Hinblick auf die Koeffizienten – im Jahr 2004 stärker zutage zu treten als zum Erhebungszeitpunkt 1984. Eine Deutung könnte sind, die die distinkte, stärker kritische Haltung der jüngeren Kohorten, im Lebensverlauf zunimmt. Der genuine Kohorteneffekt verschwindet auch bei Integration des Bildungseffekts in Modell II nicht, offenbar existieren Kohorten- und Bildungseffekte 1984 parallel – d.h. der Kohorteneffekt lässt sich nicht simpel im kohortenspezifischen Bildungsniveau auflösen. Im Jahr 2004 ist kein substantieller Bildungseffekt mehr nachweisbar. Der Bildungseffekt (Erhebungsjahr 1984) weist darauf hin, dass sich Abiturienten und Personen ohne Abschluss oder Hauptschulabschluss nicht bedeutsam voneinander in der Akzeptanz sozialer Ungleichheit unterscheiden, wohl aber diejenigen mit Realschulabschluss Ungleichheit stärker akzeptieren als die anderen Bildungsgruppen. Bei Kontrolle der Klassenlage und des Geschlechts in Modell III verändert sich der Bildungseffekt dahingehend, dass nun die höchste Bildung (Abiturienten) sich durch eine besonders ausgeprägte kritische Haltung gegenüber sozialer Ungleichheit gegenüber den Personen mit niedrigeren Bildungsabschlüssen unterscheidet. Im Hinblick auf die verschiedenen Status- bzw. Klassenlagen zeigt sich, dass offenbar Selbstständige und Mitglieder der unteren und der oberen Dienstklasse im Jahr 1984 soziale Ungleichheit stärker akzeptieren als andere. Im Erhebungsjahr 2004 zeigt sich eine andere Distinktion – hier unterscheidet sich die Gruppe der kleineren und mittleren Angestellten durch eine im Vergleich ausgeprägtere kritische Haltung gegenüber sozialer Ungleichheit von den anderen Soziallagen.

Tabelle 5: *OLS-Regression zur Akzeptanz sozialer Ungleichheit (querschnittliche Analysen; Vergleich der Messzeitpunkte 1984 und 2004)*

standardisierte Koeffizienten		1984			2004		
		Modell I	Modell II	Modell III	Modell I	Modell II	Modell III
Kohorte	1929-38	-.056†	-.054†	-.055	-.001	-.001	-.005
Ref.: 1919-28	1939-48	-.052†	-.056†	-.055	-.042	-.042	-.056
	1949-58	-.167***	-.170***	-.167***	-.207***	-.208***	-.223***
	1959-63	-.167***	-.174***	-.163***	-.180***	-.181***	-.196***
Bildung *Ref.: ohne Abschluss, Volksbzw. Hauptschulabschluss*							
Mittlere Reife			.069**	-.032		.005	.037
Abitur/Fachabitur			-.024	-.089***		.001	-.001
Klassenlage (Erikson-Goldthorpe-Klassifikation) *Ref.: ungelernte Arbeiter*							
Facharbeiter (qual. Arbeiter)				.028			-.053
Landwirte				-.001			-.034
Selbstständige				.107***			.066
Angestellte				.050†			-.107**
Untere Dienstklasse				.105**			-.020
Obere Dienstklasse				.087**			.037
Geschlecht (Frau)				-.055***			-.028
Konstante		2.619***	2.607***	2.564***	2.743***	2.742***	2.755***
N		1.789	1.789	1.789	894	894	894
Erklärte Varianz R²		.030	.035	.046	.041	.039	.057

*** p < .001, ** p < .01, * p < .05, † p < .10
Datenquelle: ALLBUS 1984, 2004, Westdeutsche, deutsche Staatsbürgerschaft, ab 21 Jahren, Geburtsjahrgänge 1919-1963 (Transformationsgewichtung); eigene Berechnungen

Im Hinblick auf die anderen Erhebungszeitpunkte (1988, 1991, 1994, 1998, 2000) wiederholen sich die erläuterten Befunde (vgl. Tab. A2 im Anhang): Die jüngeren Generationen (Kritische Wohlstandskinder/1949-58; Grenzen des Wachstums/1959-63) sind kritischer gegenüber sozialer Ungleichheit. Bei Kontrolle der Klassenlage sind höher Gebildete (Abiturienten) in der Regel die Bildungsgruppe mit dem ausgeprägtesten kritischen Potenzial; sie akzeptieren soziale Ungleichheit trotz ihres tendenziell höheren sozialen Status im geringsten Ausmaß. Angehörige der obersten Dienstklasse und Selbstständige erweisen sich als besonders ungleichheitsakzeptierend, was der These entsprechen würde, dass die Ordnung sozialer Ungleichheit gerade daher akzeptiert wird, weil mit dieser der Erhalt des höheren Status verbunden ist – diese Personen somit von den Mechanismen sozialer Ungleichheit profitiert haben und weiterhin profitieren wollen.

Diese ersten Befunde, die auf Kohorteneffekte sowie geringe Bildungs- und Statuseffekte hinweisen, sollen zudem durch einen internationalen Vergleich untermauert werden. In Tabelle 6 wurden für verschiedene westliche Länder und ehemalige Ostblockstaaten anhand der ISJP-Befragung 1991 die Kohorte, Bildungsniveau, Klassenlage (Goldthorpe-Klasse) und Geschlecht zur Akzeptanz sozialer Ungleichheit gesetzt, wenngleich im Hinblick auf die ALLBUS-Analysen andere Operationalisierungen herangezogen werden und ein direkter Vergleich hier nicht möglich ist.[99]

Im Hinblick auf westliche Industrienationen zeigen sich einerseits ähnliche Muster im Hinblick auf die Kohortenunterschiede, andererseits erscheint in Anbetracht der erheblich unterschiedlich wirkenden Mechanismen eine länderspezifische Betrachtung sinnvoll. Im Hinblick auf die westdeutsche ALLBUS-Stichprobe sind hier zunächst ähnliche Kohorteneffekte für Westdeutschland zu erkennen. Die beiden jüngeren Generationen sind signifikant kritischer bezüglich sozialer Ungleichheit. Gleiches gilt auch für die höher Gebildeten mit mindestens Abitur. Frauen akzeptieren ebenso soziale Ungleichheit im geringeren Ausmaß. Der internationale Vergleich weist einige Gemeinsamkeiten im Hinblick auf Kohorten-, Bildungs- und Geschlechtereffekte aus; es wird aber auch ersichtlich, dass die Wirkungen der sozialen Mechanismen durchaus landesspezifische Züge annehmen.

---

[99] Von daher sind die Ergebnisse eher bezüglich der Fragen zu interpretieren, ob und in welchen Ländern ähnliche Muster auftreten – ohne den Anspruch einer idealtypischen Replikation und eines direkten Vergleichs. Die Kohorten wurden gleichermaßen wie in den ALLBUS-Analysen gruppiert. Der Bildungseffekt wird über Dummyvariablen, die aus einer CASMIN-Klassifikation gebildet wurden, operationalisiert: (1) weniger als elementare allgemeine formale Bildung, elementare allgemeine Bildung sowie elementare allgemeine und grundlegende berufliche Bildung; (2) mittlere allgemeine Bildung und mittlere berufliche Bildung; (3) höherer allgemeinbildender Schulabschluss (Abitur, Maturität, A-Level), niedriger oder höherer tertiärer Abschluss (Braun und Müller 1997). Die Goldthorpe-Klassen wurde abweichend gruppiert – Selbstständige sind im Datensatz des ISJP 1991 nicht enthalten, die Kategorie „Dienstklasse" setzt sich aus dem so genannten Salitariat und den Supervisoren zusammen. Die abhängige Variable der „Akzeptanz sozialer Ungleichheit" wurde aus drei Items gebildet, die das meritokratische Prinzip thematisieren bzw. Ausdruck einer funktionalistischen Legitimation sozialer Ungleichheit sind: „große Einkommensunterschiede als Anreiz für Leistung", „Geschäftsleute sollen Gewinn machen, da alle letztlich profitieren", „Menschen übernehmen keine zusätzliche Verantwortung ohne zusätzliche Bezahlung."

Tabelle 6:   *OLS-Regression zur Akzeptanz sozialer Ungleichheit*
               (querschnittliche Analysen; 1991)

standardisierte Koeffizienten	West-Deutschland	Nieder-lande	Großbri-tannien	USA	Ost-Deut-schland	Russland
Kohorte 1929-38	-.009	.026	-.019	-.066	.022	.015
Ref.: 1919-28 1939-48	-.061	.045	-.088**	-.122**	-.011	.022
1949-58	-.107**	-.041	-.088†	-.132**	-.011	.057
1959-63	-.155***	-.009	-.126***	-.050	-.121*	.052
Bildung						
Ref.: ohne Abschluss,						
niedriger Abschluss						
Mittlerer Abschluss	-.024	-.063	-.042	.057	-.096*	-.045
Höherer Abschluss	-.074†	-.116**	-.102*	-.038	-.145**	-.103*
Soziale Schicht (Erikson-						
Goldthorpe-Classifica-						
tion)						
Ref.: ungelernte Arbeiter						
qualifizierte Arbeiter	-.027	.024	.005	.048	.043	.013
Landwirte	.025	.081*	.022	-	.030	-
Angestellte	.024	.090*	-.002	.080*	.011	.000
Dienstklasse	.009	.010	-.116*	.061	.015	-.010
Geschlecht (Frau)	-.129***	-.095**	-.147***	-.113***	-.061	.010
Konstante	3.007***	2.495***	2.879***	2.568***	2.737***	2.843***
N	1168	915	911	1097	779	1293
Erklärte Varianz R²	.040	.025	.052	.026	.029	.005

*** p < .001, ** p < .01, * p < .05, † p < .10
Datenquelle: ISJP 1991, Geburtsjahrgänge 1919 bis 1963 (gewichtet; principal common weight);
eigene Berechnungen

Kohorteneffekte – d.h. eine kritischere Haltung der jüngeren Generationen gegenüber sozialer Ungleichheit – bestehen in Westdeutschland, Großbritannien
und den USA – wenngleich hier die Geburtskohorten 1939-58 und 1949-63 besonders kritisch gegenüber Ungleichheit sind und die jüngsten Kohorten wieder
eine stärkere Akzeptanz von Ungleichheit zeigen. In Ostdeutschland unterscheidet sich nur die jüngste Generation (Jahrgänge 1959-63) durch eine besonders
kritische Einstellung gegenüber sozialer Ungleichheit von den übrigen Kohorten.
Die Distinktion der höheren Bildung, d.h. die kritischere Hinterfragung sozialer
Ungleichheit in der höchsten Bildungsgruppe, zeigt sich in allen untersuchten
Ländern, außer in den USA – hier gibt es keine signifikanten Bildungsunter-

schiede, was auf die geringere Stratifizierung des US-amerikanischen Bildungssystems zurückgehen könnte. Russland und Ostdeutschland sind hingegen von
ähnlichen Bildungsunterschieden gekennzeichnet wie die Länder mit westlicher
Tradition. Während der Geschlechtereffekt in den westlichen Demokratien
durchweg signifikant ist, besteht in Ost-Deutschland und Russland 1991 kein
signifikanter Unterschied zwischen den Geschlechtern, was unter Umständen
Ausdruck der egalitären Erwerbsarbeitsbeteiligung von Frauen und Männern –
und damit ähnlicheren Sozialisationsumwelten – in diesen Ländern sein kann.

Die Unterschiede zwischen den Klassenlagen folgen keinem eindeutig er-
kennbaren Muster, da diese zumeist nicht signifikant sind. Auffallend ist, dass
gerade in den Niederlanden – wo keine Kohortenunterschiede zu konstatieren
sind – die Klassenlagen sich deutlicher voneinander unterscheiden: Angestellte
und Landwirte zeigen sich besonders ungleichheitsakzeptierend auf Basis des
meritokratischen Prinzips. In Großbritannien ist die Dienstklasse besonders kritisch gegenüber dem meritokratischen Prinzip eingestellt.

Im Fazit konnten die Muster – kritischere Haltung gegenüber sozialer Ungleichheit bei höher Gebildeten und jüngeren Kohorten – in Querschnittsanalysen im internationalen Vergleich in verschiedenen Gesellschaften identifiziert
werden. Diese querschnittlichen Analysen dienten als erste Annäherung an den
Zusammenhang zwischen Bildungsniveau, Status und Akzeptanz sozialer Ungleichheit, wobei der Kohorteneffekt als erste zeitliche Ebene integriert wurde.
Schrittweise Analysen unter Einbeziehung mehrerer zeitlicher Ebenen werden
im Folgenden der Längsschnittfragestellung – Wandel der Akzeptanz sozialer
Ungleichheit im Zuge der Bildungsexpansion – stärker auf die Spur kommen.

10.2.2 Schrittweise Analyse der Akzeptanz sozialer Ungleichheit im Zeitverlauf

Zur Analyse der Akzeptanz sozialer Ungleichheit im Zeitverlauf wird nun ein
aus den ALLBUS-Erhebungen 1984, 1988, 1991, 1994, 1998, 2000 und 2004
gepoolter Längsschnitt-Datensatz herangezogen. In einem ersten Schritt werden
zunächst das Bildungsniveau sowie spezifische unter den Aspekten der Bildungsexpansion und politischer Sozialisationserfahrungen zusammengefasste
Kohorten (fünf Dummyvariablen) im Hinblick auf ihre Erklärungskraft für Unterschiede in der Akzeptanz sozialer Ungleichheit untersucht (Tabelle 7).

Tabelle 7:   *OLS-Regression zur Entwicklung der Akzeptanz sozialer*
               Ungleichheit

standardisierte Koeffizienten	Modell I	Modell II	Modell III
Bildung *Ref.: ohne Abschluss, Volks- bzw. Hauptschulabschluss*			
Mittlere Reife	-.013	.016	-.019
Abitur/Fachabitur	-.049***	-.017†	-.089***
Kohorte 1929-1938		-.036**	-.037**
Ref.: 1919-1928 1939-1948		-.046***	-.050**
1949-1958		-.143***	-.142***
1959-1963		-.147***	-.135***
Klassenlage (Erikson-Goldthorpe-Klassifikation) *Ref.: ungelernte Arbeiter*			
Facharbeiter (qualifizierte Arbeiter)			.028†
Landwirte			.039*
Selbstständige			.107***
Angestellte			.047***
Untere Dienstklasse			.091***
Obere Dienstklasse			.110***
Geschlecht (Frau)			-.068***
Konstante	2.556***	2.665***	2.636***
N	11.281	11.281	8.638
Erklärte Varianz R^2	.002	.023	.038

*** p < .001, ** p < .01, * p < .05, † p < .10 (Transformationsgewichtung)
Datenquelle: ALLBUS 1984, 1988, 1991, 1994, 1998, 2000, 2004, Westdeutsche, deutsche Staatsbürgerschaft, ab 21 Jahren, Geburtsjahrgänge 1919-1963 (Transformationsgewichtung); eigene Berechnungen

In Modell I sind die Effekte der Dummy-Variablen der Bildungsgruppe mit mittlerem Bildungszertifikat und der Bildungsgruppe mit Abitur bzw. Fachabitur – in Bezug auf den Effekt der Dummyvariable der Bildungsgruppe ohne Abschluss, Haupt-/Volksschulabschluss (Referenzkategorie) – dargestellt. Während sich die Individuen mit mittlerem Bildungszertifikat in ihrer Akzeptanz sozialer Ungleichheit nicht statistisch bedeutsam von denen ohne Abschluss bzw. mit Volks- oder Hauptschulabschluss unterscheiden, akzeptieren diejenigen mit höheren Bildungsabschlüssen (Abitur, Fachabitur) soziale Ungleichheit in geringerem Ausmaß. Höher Gebildete stehen somit sozialer Ungleichheit kritischer gegenüber.

Der hoch signifikante Zusammenhang zwischen (Fach-)Abiturbildung und Akzeptanz sozialer Ungleichheit schwächt sich jedoch ab, wenn die Kohorte kontrolliert wird (Modell II). Dann ist die negative Distinktion in der Akzeptanz sozialer Ungleichheit der höchsten Bildungsgruppe nur noch auf dem 10 %-Niveau signifikant. Dass offenbar durch die Kohorten-Dummyvariablen Varianz aus den Bildungsvariablen gezogen wird, weist darauf hin, dass das Bildungsniveau ein bedeutsames Kohortenmerkmal darstellt. Die Kohorten sind somit u.a. in Bezug auf die kohortenspezifischen Bildungsniveaus – und damit die Bildungsexpansion – zu deuten. Ein Blick auf die einzelnen Kohorten zeigt, dass über die Abfolge der Geburtsjahrgänge nahezu linear die Akzeptanz sozialer Ungleichheit abnimmt. Am kritischsten gegenüber Ungleichheit zeigen sich entsprechend die später geborenen Geburtsjahrgänge 1949-58 (Generation der kritischen Wohlstandskinder) und 1959-63 (Generation der Grenzen des Wachstums). Diese Kohorten sind von der Bildungsexpansion geprägt und zeichnen sich durch ein höheres Bildungsniveau aus.

In Modell III können diese Zusammenhänge unter Kontrolle der Klassenlage (Goldthorpe et al. 1979) und des Geschlechts betrachtet werden. Bezüglich der höchsten Bildungsgruppe ist ein Suppressionseffekt (MacKinnon et al. 2000) ersichtlich, d.h. der negative Effekt bezüglich der Personen mit Abitur bzw. Fachabitur erweist sich unter Kontrolle der Klassenlage und des Geschlechts als hoch signifikant und hat gegenüber den anderen Modellen auch an Stärke gewonnen. Hoch Gebildete stehen somit sozialer Ungleichheit kritischer gegenüber, als dies in Anbetracht ihres höheren Status zu erwarten wäre. Dies ist ein erster Hinweis auf das im Kern dieser Untersuchung stehende Paradox, dass einerseits höhere Bildung mit einer stärkeren Hinterfragung sozialer Ungleichheit verbunden sein könnte (Bildung als kognitive Ressourcen), andererseits im Hinblick auf den mit höherer Bildung einhergehenden höheren Status aber auch mit einer stärkeren Akzeptanz sozialer Ungleichheit (Bildung als Humankapital). Entsprechend sind hier zwei genuine, entgegengesetzt wirkende Effekte des Bildungsniveaus und der Klassenlage festzustellen.

Die Kohorteneffekte in Modell III sind auch nach Integration der Kontrollvariablen relativ stabil geblieben – jüngere bzw. später Geborene Kohorten sind besonders kritisch gegenüber sozialer Ungleichheit. Die Effekte der einzelnen Goldthorpe-Klassen sind jeweils in Bezug auf die Referenzkategorie der ungelernten Arbeiter zu interpretieren, die sozialer Ungleichheit besonders kritisch gegenüberstehen. Die im Vergleich höchsten Ausmaße an Akzeptanz sozialer Ungleichheit finden sich bei der oberen Dienstklasse (u.a. Manager) und den Selbstständigen. Die untere Dienstklasse (Kader mit Führungsaufgaben) liegt in ihrem Akzeptanzniveau etwas darunter, während Angestellte und Landwirte eine stärker kritische Haltung einnehmen. Qualifizierte Arbeiter bzw. Facharbeiter unterscheiden sich in ihrer tendenziell kritischeren Haltung nicht von den ungelernten Arbeitern. Somit ist abstrahierend festzustellen, dass privilegierte Klassenlagen bzw. Sozialschichten – die im Hinblick auf ihre erworbene Position in der Gesellschaft stärker von der Ordnung sozialer Ungleichheit profitiert haben – soziale Ungleichheit in stärkerem Ausmaß akzeptieren. Der hoch signifikant negative Geschlechtereffekt weist auf eine kritischere Haltung gegenüber sozialer Ungleichheit von Frauen hin. Interessant ist, dass der genuine Bildungseffekt – der nicht auf einen Effekt des Status bzw. der sozialen Lage zurückzuführen ist – insbesondere für die hoch Gebildeten gegenüber dem noch nicht von Statuseinflüssen separierten Bildungseffekten an Stärke gewonnen hat. Höher Gebildete sind ungleichheitskritischer als dies nach ihrer begünstigten sozialen Lage anzunehmen wäre. Hier spielen vermutlich kognitive Fähigkeiten der Reflexion sozialer Ordnung und Sozialisationseinflüsse eine Rolle.

Der Anteil erklärter Varianz steigt über die Integration der einzelnen Variablen zwar an, ist aber in Modell III mit 3,8 Prozent relativ niedrig (vgl. Tab. 7).

In Tabelle 8 steht die *längsschnittliche Analyse* der Akzeptanz sozialer Ungleichheit jeweils unter Berücksichtigung zweier temporaler Einflussfaktoren im Vordergrund. So empfiehlt Plum (1982) zur Lösung des Problems perfekter Multikollinearität die Beschränkung auf jeweils zwei zeitliche Einflussvariablen und den Vergleich der Modelle. Wenngleich dies im Rahmen dieser Untersuchung als nicht hinreichend erachtet wird, um zeitliche Entwicklungen adäquat zu untersuchen, liefert eine solche Strategie erste Erkenntnisse, die denen querschnittlicher Betrachtungen überlegen sind. Zudem liefern Befunde aus diesen Modellen Hinweise, inwieweit die im weiteren Verlauf betrachteten Ergebnisse der vollständigen A-P-K-Analysen plausibel sind.

Statt der fünf Kohortendummy-Variablen wird ein linearer Kohortentrend – das Geburtsjahr (mittelwertszentriert) – in die einzelnen Modelle integriert. Dieser ist ebenso wie die Dummyvariablen vor dem Hintergrund des über die Geburtsjahrgänge ansteigenden Bildungsniveaus zu interpretieren. Die Einführung des metrischen Kohorteneffekts geschieht u.a. auch vor dem Hintergrund, dass in einige Modelle Interaktionseffekte aus Bildungsniveau und Kohortenzugehörigkeit eingeführt werden, mittels denen die Entwicklung der Relation zwischen den Bildungsgruppen im Hinblick auf die Akzeptanz sozialer Ungleichheit untersucht wird.

Tabelle 8:   *OLS-Regression zur Entwicklung der Akzeptanz sozialer Ungleichheit*

standardisierte Koeffizienten	Modell I	Modell II	Modell III	Modell IV	Modell V
Bildung *Ref.: ohne Abschluss, Volks- bzw. Hauptschulabschluss*					
Mittlere Reife	.017†	.020*	-.013	.017†	-.007
Abitur/Fachabitur	-.017†	-.001	-.064***	-.001	-.064***
Kohorte (Geburtsjahr)	-.147***	-.079***	-.081***	.083***	.080***
Interaktionseffekt Bildung • Kohorte *Ref.: niedrige Bildung • Kohorte*					
Mittlere Reife • Kohorte		-.061***	-.053***	-.060***	-.056***
Abitur/Fachabitur • Kohorte		-.110***	-.100***	-.110***	-.101***
Periode 1988		-.002	-.001		
(Erhebungsjahr) 1991		.050***	.049***		
Ref.: 1984 1994		.077***	.072***		
1998		.014	.011		
2000		.123***	.122***		
2004		.071***	.071***		
Altersgruppe 31-40 Jahre				.075***	.082***
Ref. 21-30 Jahre 41-50 Jahre				.154***	.156***
51-60 Jahre				.178***	.184***
61-70 Jahre				.220***	.216***
> 70 Jahre				.156***	.158***
Klassenlage (EGP-Klassfikation) *Ref.: ungelernte Arbeiter*					
Facharbeiter (qualif. Arbeiter)			.033*		.030*
Landwirte			.036**		.037**
Selbstständige			.108***		.104***
Angestellte			.052***		.048***
Untere Dienstklasse			.089***		.086***
Obere Dienstklasse			.096***		.095***
Geschlecht (Frau)			-.062***		-.062***
Konstante	2.533***	2.455***	2.421***	2.287***	2.250***
N	11281	11281	8638	11281	8638
Erklärte Varianz R^2	.022	.048	.061	.041	.054

*** $p < .001$, ** $p < .01$, * $p < .05$, † $p < .10$ (Transformationsgewichtung)
Datenquelle: ALLBUS 1984, 1988, 1991, 1994, 1998, 2000, 2004, Westdeutsche, deutsche Staatsbürgerschaft, ab 21 Jahren, Geburtsjahrgänge 1919-1963 (Transformationsgewichtung); eigene Berechnungen

Modell I soll zunächst nur einen Hinweis darauf geben, dass die lineare Kohortenvariable in ihrem Effekt vergleichbar ist mit den einzelnen Kohortendummy-Variablen (vgl. Tabelle 7, Modell II). Es zeigt sich ein negativer Effekt: Mit steigendem Geburtsjahr sinkt die Akzeptanz sozialer Ungleichheit, d.h. spätere geborene Kohorten stehen sozialer Ungleichheit kritischer gegenüber. Die nur auf dem 10 %-Niveau signifikanten, sehr schwach ausgeprägten Bildungseffekte weisen in der Tendenz darauf hin, dass Personen mit Mittlerer Reife Ungleichheit stärker akzeptieren als niedriger Gebildete, während hoch Gebildete (Abitur, Fachabitur) soziale Ungleichheit im Vergleich zu den anderen Bildungsgruppen weniger akzeptieren.

In Modell II sind neben den Bildungseffekten sowohl der Kohorteneffekt als auch Periodendummy-Variablen sowie Interaktionseffekte enthalten. Bezüglich des Bildungsniveaus scheinen sich hier hoch und niedrig Gebildete nicht signifikant in ihrer Akzeptanz sozialer Ungleichheit zu unterscheiden – nur die Individuen mit Mittlerer Reife zeigen tendenziell eine signifikant höhere Akzeptanz. Der lineare Kohorteneffekt ($\beta = -.079$) hat deutlich an Stärke verloren, ist aber weiterhin signifikant: Später geborene bzw. jüngere Kohorten sind kritischer gegenüber sozialer Ungleichheit. Die Interaktionseffekte weisen darauf hin, dass die Akzeptanz sozialer Ungleichheit über die Kohortenabfolge – also mit steigendem Geburtsjahr – bei den hoch und im mittleren Ausmaß Gebildeten stärker absinkt als bei den niedrig Gebildeten. Dies korrespondiert mit dem Eindruck der visuellen Inspektion deskriptiver Kennwerte in Abbildung 23: Während in den älteren Kohorten die Bildungsgruppe mit Abitur bzw. Fachabitur noch die im Vergleich stärkste Akzeptanz sozialer Ungleichheit aufweist, verliert sie über die Kohortenabfolge am stärksten an Akzeptanz; in der jüngsten Kohorte akzeptiert die höchste Bildungsgruppe soziale Ungleichheit im geringsten Ausmaß. Die Koeffizienten bezüglich der Periodendummy-Variablen wiesen darauf hin, dass – unter Kontrolle von Bildung, Kohorte und der Interaktion aus Bildung und Kohorte – in den Jahren 1984, 1988 und 1998 in der Bevölkerung (Westdeutsche, Kohorten 1919-68, ab 21 Jahre) eine kritischere Haltung gegenüber sozialer Ungleichheit vorherrschte als in den anderen Jahren. Das Jahr 2000 zeichnet sich durch ein im Vergleich besonders hohes Akzeptanzniveau aus. Hier werden ebenfalls die periodischen Schwankungen deutlich, die sich in Abbildung 22 bereits andeuteten.

In Modell III werden zusätzlich die Klassenlage und das Geschlecht kontrolliert. Während die Kohorten- und Periodeneinflüsse gegenüber dem vorherigen Modell konstant bleiben – also offenbar kaum Wechselwirkungen zwischen diesen Variablen und den Kontrollvariablen bestehen –, ist wiederum ein Supressionseffekt bezüglich des Effekts der Dummy-Variable „Bildungs-

abschluss Abitur/Fachabitur" festzustellen. Höher Gebildete sind bei Berücksichtigung der Kohorte (Geburtsjahr), der Interaktion aus Bildung und Kohorte,
der Periode, der Klassenlage und des Geschlechts kritischer gegenüber sozialer
Ungleichheit als die anderen Bildungsgruppen. Oder anders ausgedrückt: Höher
Gebildete sind kritischer gegenüber sozialer Ungleichheit als dies unter Berücksichtigung des Befunds, dass sie privilegierten Klassenlagen bzw. Sozialschichten angehören, zu erwarten wäre.[100] Im Hinblick auf die Klassenlagen
zeigt sich in dieser Betrachtung unter Einbezug zweier temporaler Faktoren
(Kohorte, Periode), dass im Vergleich zu den anderen Klassenlagen nunmehr die
Selbstständigen die Spitzenposition bei der Akzeptanz sozialer Ungleichheit einnehmen. Obere und untere Dienstklasse liegen etwas darunter. Angestellte,
Landwirte und Facharbeiter weisen ein geringeres Akzeptanzniveau auf; ungelernte Arbeiter stehen – relational betrachtet – sozialer Ungleichheit am kritischsten gegenüber. Der Geschlechtereffekt ist negativ, d.h. Frauen sind kritischer gegenüber sozialer Ungleichheit als Männer.

Das Wesen von Modell IV liegt in der simultanen Modellierung von Kohorte
und Alterseffekt. Der Alterseffekt wird als nicht-linearer Effekt eingeführt, weil
es theoretisch kaum plausibel erscheint, dass z.B. die mit zunehmendem Lebensalter bzw. mit zunehmender Etablierung im Lebensverlauf einhergehende stärkere Anerkennung der Prinzipien sozialer Ungleichheit sich im Alter – z.B. nach
der Pensionierung – mit gleicher Intensität fortsetzen sollte. Stattdessen ist zu
vermuten, dass gerade nach dem Austritt aus dem Erwerbsleben, der für viele einen Wiedereintritt in das durch Solidarprinzipien gekennzeichnete System sozialer Sicherheit bedeutet, die Einstellungen gegenüber der Ordnung sozialer
Ungleichheit einer Änderung unterworfen werden. Die Koeffizienten in Modell
IV (ohne Kontrolle von Klassenlage und Geschlecht) weisen zunächst wie Modell II nur auf einen marginalen Bildungseffekt hin; die mittlere Bildungsgruppe
scheint auf dem 10 %-Niveau in etwas stärkerem Ausmaß soziale Ungleichheit
zu akzeptieren als die anderen Bildungsgruppen. Ausgeprägt ist hingegen der lineare Kohortentrend – und zwar nunmehr mit einem anderen Vorzeichen: Wird
das Alter der Kohorten zu den jeweiligen Messzeitpunkten berücksichtigt, ist in
den Befunden ersichtlich, dass später geborene Kohorten offenbar soziale Ungleichheit in stärkerem Ausmaß akzeptieren als dies ihr (jüngeres) Alter erwarten ließe. Sie sind also weniger kritisch gegenüber Ungleichheit, als es die
früher geborenen Kohorten in dem jeweiligen (jüngeren) Alter waren. Der in Tabelle 7 und den ersten Modellen in dieser Tabelle (Tab. 8) aufscheinende negative Kohorteneffekt wird offenbar von einem substantiellen Alterseffekt über-

---

[100] Gleichermaßen ist zu vermerken, dass höhere Bildungsgruppen kritischer sind, als dies der höhere Männer-Anteil in dieser Gruppe erwarten ließe.

lagert bzw. ist teilweise auf diesen zurückzuführen. Die beiden Interaktionseffekte Bildungsniveau • Kohorte (Geburtsjahr) weisen darauf hin, dass der Verlauf der über die Kohortenabfolge stattfindenden Entwicklung der Akzeptanz sozialer Ungleichheit der höheren und der mittleren Bildungsgruppe unter dem
Verlauf bei der niedrigen Bildungsschicht liegt. Das heißt, dass der Anstieg der
Akzeptanz über die Kohortenabfolge – der sich aus dem berichteten Kohorteneffekt ergibt – im Hinblick auf die jeweils höchste Bildungsgruppe am
geringsten ausfällt. Der Alterseffekt ist positiv, d.h. mit steigendem Alter bzw.
zunehmender Etablierung im Lebensverlauf – und damit in Erwerbs- und Familienleben – steigt die Akzeptanz sozialer Ungleichheit an. Die Effekte der Altersgruppen-Dummies weisen auf eine nahezu lineare Zunahme der Akzeptanz
über den Lebensverlauf hin, die dann nach dem Austritt aus dem Erwerbsleben –
nicht wie erwartet nach dem 60. Lebensjahr, sondern erst nach dem 70. Lebensjahr – wieder abnimmt.

In Modell V werden diese Zusammenhänge nochmals – diesmal unter Berücksichtigung von Klassenlage und Geschlecht – betrachtet. Wiederum scheint
nun ein hoch signifikanter negativer Effekt des höchsten Bildungsniveaus auf.
Der Koeffizient der Kohortenvariable (Geburtsjahr) bleibt hingegen stabil; der
positive Effekt weist auf eine stärkere Akzeptanz sozialer Ungleichheit unter
Kontrolle des positiven Alterseffekts hin. Die Interaktionseffekte aus Bildung
und Kohorte, die auf ein geringeres Ansteigen der Akzeptanz sozialer Ungleichheit in den höheren Bildungsgruppen hinweisen, sind auch bei Einbezug
der Kontrollvariablen stabil. Gleiches gilt für die einzelnen Effekte bezüglich
der Altersgruppen. Anhand des Befunds, dass der Alterseffekt trotz der Kontrolle durch die Klassenlage bzw. die Sozialschicht stabil bleibt, kann vermutet
werden, dass sich die Klassenlage nicht über das Alter bzw. den Lebensverlauf
ändert. Wenn hier also von zunehmender Etablierung in das Erwerbs- und Familienleben die Rede ist, ist die Klassenlage im Hinblick auf die Berufsklassen
nach Erikson et al. (1979) selbst nicht von dieser Entwicklung betroffen, d.h.
dass Inter-Sozialschicht-Mobilität im Lebensverlauf kaum auftritt.[101] Bezüglich
der Dummyvariablen zur Abbildung der Klassenlagen werden Befunde aus
Modell II repliziert: Wiederum zeigen sich ungelernte Arbeiter am meisten kritisch gegenüber sozialer Ungleichheit, während Selbstständige diese am stärksten akzeptieren. Niedrigere Sozialschichten scheinen (Arbeiter, Facharbeiter,
Landwirte, Angestellte) Ungleichheit weniger zu akzeptieren als höhere (Selbstständige, Dienstklasse).

---

[101] Dies entspricht dem Statuszuweisungsansatz von Mayer und Blossfeld (1990), dass die
Bildungsabschlüsse – vor allem in Deutschland – stark den Berufeinstieg und den weiteren Verlauf
des Erwerbslebens bestimmen.

Durch die Integration weiterer temporaler Variablen nimmt der Anteil der durch die unabhängigen Variablen erklärten Varianz der Akzeptanz sozialer Ungleichheit zu – wenngleich auf niedrigem Niveau. Durch die Integration der Periode verbessert sich die Erklärleistung der Modelle auf bis zu $R^2 = 6{,}1$ Prozent, durch den Einbezug des Alters auf bis zu $R^2 = 5{,}4$ Prozent.

Das vollständige A-P-K-Modell unter simultaner Berücksichtigung von Kohorten-, Perioden- und Alterseffekt ist in Tabelle 9 dargestellt. Zunächst wird im Rahmen von Modell I die Kohortenersatzvariable „Heterogenität bezüglich der Schülerschaft höherer Schulformen" dahingehend analysiert, ob sie gleich gerichtete Effekte zeigt wie die temporale Kohortenvariable (Geburtsjahr). Der Effekt der Heterogenität ($\beta = -.106$) ist seiner Stärke nach etwas geringer als der Kohorteneffekt (Geburtsjahr) im vergleichbaren Modell I in Tabelle 6. Dies führt dazu, dass sich die negative Distinktion der hohen Bildungsgruppe mit Abitur/Fachabitur in der Akzeptanz sozialer Ungleichheit als hoch signifikant erweist, während sich die im mittleren Ausmaß Gebildeten nicht von den niedrig Gebildeten unterscheiden.

Modell II enthält nun zunächst das vollständige A-P-K-Modell ohne die Kontrollvariablen Klassenlage und Geschlecht. In dieser Modellierung erweisen sich nun die Individuen mit Mittlerer Reife als signifikant stärker die Ordnung sozialer Ungleichheit akzeptierend als die niedrige und die höhere Bildungsgruppe – wenngleich dieser Unterschied sehr gering ist. Die Kohortenersatzvariable „Heterogenität" hat in der vollständigen A-P-K-Modellierung einen positiven Effekt auf die Akzeptanz sozialer Ungleichheit. Im Zuge der Bildungsexpansion – die hier in der Kohortenabfolge dargestellt ist – kam es nach diesem Befund zu einer kohortenspezifischen Zunahme in der positiven Sicht auf die Ordnung sozialer Ungleichheit. Die hoch signifikanten negativen Interaktionseffekte aus den Bildungsgruppen und der Kohortenersatzvariable „Heterogenität" sind so zu deuten, dass die Bildungsgruppe mit Abitur/Fachabitur über die Kohortenabfolge geringer an Akzeptanz gewonnen hat als die Personen mit Mittlerer Reife und die gering Gebildeten – letztere wiesen über die Kohortenabfolge im Vergleich den stärksten Anstieg in der Akzeptanz sozialer Ungleichheit auf. Die Koeffizienten bezüglich der Periodendummy-Variablen zeigen, dass offenbar 1988 und 1998 die Bevölkerung (Westdeutsche, Kohorten 1919-68, ab 21 Jahren) von besonders niedrigen Ausprägungen an Akzeptanz sozialer Ungleichheit gekennzeichnet war, während die Jahre 1991, 1994 und 2000 infolge besonders hoher Werte aus den übrigen Perioden bzw. Erhebungszeitpunkten hervorzuheben sind. Über die Altersgruppen steigt die Akzeptanz sozialer Ungleichheit an, erst die älteste Gruppe der über 70-Jährigen hat ein gegenüber den jüngeren Ruheständlern (den 61- bis 70-Jährigen) ein geringes Akzeptanzniveau. [102]

Unter Kontrolle der Klassenlage und des Geschlechts in Modell III verändert sich der Bildungseffekt in der Weise, dass nun die Bildungsgruppe mit Abitur/Fachabitur eine negative Distinktion in der Akzeptanz sozialer Ungleichheit gegenüber den anderen Bildungsgruppen zeigt. Hoch Gebildete erweisen sich als besonders kritisch gegenüber sozialer Ungleichheit, wenn der tendenziell höhere Status dieser Gruppe berücksichtigt wird. Mit steigender Heterogenität der Schülerschaft höherer Schulen – und damit im Zuge der Bildungsexpansion – steigt bei Kontrolle des Alters und anderer Variablen die Akzeptanz sozialer Ungleichheit an. Das bedeutet, dass später geborene – und somit „jüngere" – Kohorten Prinzipien sozialer Ungleichheit stärker akzeptieren als die früher geborenen Kohorten dies im gleichen Alter getan haben. Dieser Befund erscheint dahingehend plausibel, dass bereits in den Analysen unter Berücksichtigung zweier zeitlicher Effekte (Tab. 8) der Kohorteneffekt bei Kontrolle des Alters seine Richtung änderte und auf einen positiven Zusammenhang hinwies. Somit erweist sich die Variable der Heterogenität als sinnvolle Ersatzvariable für die Kohorte, da sie in ihrer Funktionalität innerhalb des Modells mit dieser vergleichbar ist. Bei Betrachtung der Perioden nehmen – wie auch in den unvollständigen A-P-K-Analysen – die Jahre 1988 und 1998 eine Sonderstellung ein, da hier die Stimmung in der Untersuchungspopulation besonders kritisch gegenüber Ungleichheit war, während 1991, 1994 und 2000 ein im Vergleich hohes Akzeptanzniveau vorherrschte. Die Akzeptanz sozialer Ungleichheit ist starken periodischen Schwankungen unterworfen, wobei aber kein eindeutiger Trend abzulesen ist. Der offenbar stärkste Bestimmungsfaktor der Akzeptanz sozialer Ungleichheit ist das Alter bzw. die Stellung im Lebenszyklus: Mit steigendem Alter steigt die Akzeptanz sozialer Ungleichheit, nach dem 70. Lebensjahr sinkt diese tendenziell wieder. Dieser Effekt hatte sich auch bereits in den Analysen unter simultaner Berücksichtigung zweier zeitlicher Ebenen als besonders stark erwiesen. Auch im Rahmen dieses Modells ist ersichtlich, dass die Selbstständigen sowie Angehörige der oberen und der unteren Dienstklasse das Prinzip sozialer Ungleichheit im stärkeren Ausmaß akzeptieren als Angestellte, Landwirte und Facharbeiter. Die ungelernten Arbeiter stehen der Ordnung sozialer Ungleichheit am kritischsten gegenüber.

---

[102] Ein Kontrollmodell mit einem quadrierten Alterseffekt findet sich in Tabelle A3 im Anhang. Dort ist zu entnehmen, dass sich die Stagnation in der Akzeptanz sozialer Ungleichheit nach dem 70. Lebensjahr auch bei einer solchen Modellierung zeigt. Während der positive lineare Alterseffekt auf einen stetigen Anstieg mit zunehmendem Alter hinweist, zeigt der Effekt des quadrierten Alters, dass dieser Anstieg in höheren Lebensaltern stagniert.

Tabelle 9:   *OLS-Regression zur Entwicklung der Akzeptanz sozialer Ungleichheit*

standardisierte Koeffizienten	Modell I	Modell II	Modell III
Bildung			
Ref.: ohne Abschluss, Volks- bzw. Hauptschulabschluss	.004	.018†	-.005
Mittlere Reife	-.031**	-.008	-.068***
Abitur/Fachabitur			
Heterogenität nach sozialer Herkunft (Kohortenersatz)	-.106***	.064***	.056**
Interaktionseffekt Bildung • Heterogenität (Kohorte)			
Ref.: niedrige Bildung • Heterogenität (Kohorte)			
Mittlere Reife • Heterogenität (Kohorte)		-.050***	-.046***
Abitur/Fachabitur • Heterogenität (Kohorte)		-.091***	-.088***
Periode (Erhebungsjahr) 1988		-.020†	-.025†
Ref.: 1984 1991		.022*	.027*
1994		.033**	.032*
1998		-.044***	-.032*
2000		.056***	.053***
2004		-.002	.001
Altersgruppe 31-40 Jahre		.066***	.069***
Ref. 21-30 Jahre 41-50 Jahre		.145***	.140***
51-60 Jahre		.168***	.166***
61-70 Jahre		.206***	.193***
> 70 Jahre		.139***	.136***
Soziale Schicht (Erikson-Goldthorpe-Classification)			
Ref.: ungelernte Arbeiter			
Facharbeiter (qualif. Arbeiter)			.032*
Landwirte			.035**
Selbstständige			.105***
Angestellte			.049***
Untere Dienstklasse			.085***
Obere Dienstklasse			.095***
Geschlecht (Frau)			-.064***
Konstante	3.490***	2.290***	2.261***
N	11281	11281	8638
Erklärte Varianz R²	.013	.046	.060

*** p < .001, ** p < .01, * p < .05, † p < .10 (Transformationsgewichtung)
Datenquelle: ALLBUS 1984, 1988, 1991, 1994, 1998, 2000, 2004, Westdeutsche, deutsche Staatsbürgerschaft, ab 21 Jahren, Geburtsjahrgänge 1919-1963 (Transformationsgewichtung); eigene Berechnungen

Das vollständige A-P-K-Modell erklärt ca. 6 Prozent der Varianz der Akzeptanz sozialer Ungleichheit. Dies bedeutet eine geringe Verbesserung gegenüber den anderen Modellen – gerade auch im Hinblick darauf, dass die Kohortenersatzvariable mit der Absicht eingeführt wurde, nicht so stark konfundiert zu sein und daher in erwarteter Weise eine geringere Erklärungsleistung als die temporale Kohortenvariable erbringt. Das relativ geringe R^2 weist dennoch darauf hin, dass die Entwicklung der Akzeptanz sozialer Ungleichheit sowie die bildungs-, sozialschichts- und geschlechtsspezifischen Unterschiede relativ gering sind.

In den multivariaten Analysen unter simultaner Modellierung von Bildungsniveau und Klassenlage hat sich das beschriebene Paradox manifestiert, dass einerseits ein höheres Bildungsniveau – offenbar infolge erweiterter kognitiver Ressourcen und Reflexionsfähigkeiten – eine kritischere Sichtweise auf Ungleichheit bedeutet, andererseits aber mit einer höheren Sozialschicht – die in der Regel mit einem höheren Bildungsniveau verbunden ist – eine stärkere Akzeptanz sozialer Ungleichheit einhergeht. In den abschließenden Modellen (Tabelle 10) soll daher mittels Interaktionseffekten aus Bildung und Berufsprestige als Sozialschichtvariable geprüft werden, wie sich Statusinkonsistenz auf die Akzeptanz sozialer Ungleichheit auswirkt. Zu vermuten ist anhand der theoretischen Überlegungen und der Befunde aus den bisher besprochenen Modellen, dass die Gruppe der hoch Gebildeten mit Abitur oder Fachabitur, die diese Bildungszertifikate nicht in einen hohen Sozialstatus bzw. ein hohes Berufsprestige umsetzen konnte (Statusinkonsistenz), die geringste Akzeptanz sozialer Ungleichheit aufweisen sollte. Umgekehrt, sollte die Gruppe der gering Gebildeten, die dennoch Eingang in höhere Status- bzw. Prestigesegmente gefunden, den Prinzipien sozialer Ungleichheit besonders positiv gegenüberstehen – u.a. weil sie nach eigener Wahrnehmung im Rahmen ihrer intralebenszyklischen sozialen Mobilität von dieser Ordnung profitiert hat. Um zeitliche Veränderungen zu kontrollieren, werden diese Interaktionseffekte im Rahmen von Kohorten- bzw. vollständigen A-P-K-Analysen geprüft.[103]

In einem ersten Modell (Modell I), das nur die Bildung, das Berufsprestige sowie die Interaktionsvariablen aus Bildung und Berufsprestige enthält, zeigt sich, dass bei Kontrolle von Statuskonsistenz bzw. -inkonsistenz mit höherer Bildung eine geringere Akzeptanz sozialer Ungleichheit einhergeht. Die Ordnung der Ungleichheit wird am stärksten von der niedrigen Bildungsgruppe akzeptiert, während Personen mit Mittlerer Reife und – am stärksten – die hoch Gebildete sozialer Ungleichheit kritischer gegenüberstehen.

---

[103] Statt der Klassenlage wird in die Modelle das Berufsprestige aufgenommen, da dieses eine metrische Variable ist, aus der die Interaktionseffekte adäquater gebildet werden können.

Tabelle 10:   OLS-Regression zur Entwicklung der Akzeptanz sozialer
              Ungleichheit

standardisierte Koeffizienten		Modell I	Modell II
Bildung			
Ref.: ohne Abschluss, Volks- bzw. Hauptschulabschluss			
Mittlere Reife		-.038***	.003
Abitur/Fachabitur		-.092***	-.031*
Heterogenität nach sozialer Herkunft (Kohortenersatz)			.063***
Interaktionseffekt Bildung • Heterogenität (Kohorte)			
Ref.: ohne Abschluss, Volks- bzw. Hauptschulabschluss			
• Heterogenität (Kohorte)			
Mittlere Reife • Heterogenität (Kohorte)			-.050***
Abitur/Fachabitur • Heterogenität (Kohorte)			-.092***
Periode (Erhebungsjahr)	1988	-.019	-.020†
Ref.: 1984	1991	.022*	.021†
	1994	.032**	.033**
	1998	-.039**	-.038**
	2000	.058***	.058***
	2004	-.004	-.004
Altersgruppe	31-40 Jahre		.062***
Ref. 21-30 Jahre	41-50 Jahre		.139***
	51-60 Jahre		.161***
	61-70 Jahre		.198***
	> 70 Jahre		.137***
Berufsprestige		.106***	.099***
Interaktionseffekt Bildung • Berufsprestige			
Ref.: niedrige Bildung • Berufsprestige			
Mittlere Reife • Berufsprestige		-.007	-.014
Abitur/Fachabitur • Berufsprestige		-.036*	-.060**
Geschlecht (Frau)			-.059***
Konstante		2.430***	2.236***
N		10988	10988
Erklärte Varianz R^2		.006	.048

*** p < .001, ** p < .01, * p < .05, † p < .10 (Transformationsgewichtung)
Datenquelle: ALLBUS 1984, 1988, 1991, 1994, 1998, 2000, 2004, Westdeutsche, deutsche Staatsbürgerschaft, ab 21 Jahren, Geburtsjahrgänge 1919-1963 (Transformationsgewichtung); eigene Berechnungen

Der Effekt des Berufsprestiges ist wie erwartet positiv; ein höheres Berufsprestige geht mit einem höheren Akzeptanzniveau einher. Der signifikante Interaktionseffekt „Abitur/Fachabitur • Berufsprestige" ist so zu interpretieren, dass bei hoch Gebildeten mit zunehmendem Berufsprestige die Akzeptanz sozialer Ungleichheit im geringeren Maße ansteigt als dies bei niedriger Gebildeten der Fall ist. Personen mit mittlerem Bildungszertifikat unterscheiden sich in dieser Frage offenbar nicht signifikant von den niedrig Gebildeten.

Im vollständigen A-P-K-Modell (Modell II) unter Heranziehung der Kohortenersatzvariable der Heterogenität und unter Kontrolle des Geschlechts bleibt der Befund, dass insbesondere bei Personen auf Abiturniveau bei zunehmendem Berufsprestige die Akzeptanz sozialer Ungleichheit im geringeren Ausmaß ansteigt als dies bei der mittleren und niedrigen Bildungsgruppe der Fall ist. Ein höheres Bildungsniveau bremst quasi die aus der Etablierung ins Erwerbsleben resultierende Zunahme der Akzeptanz sozialer Ungleichheit.

Zur Validierung der A-P-K-Befunde, d.h. um Hinweise zu erhalten, dass die bisherigen Ergebnisse nicht nur auf statistischen Artefakten – insbesondere auf der Verwendung der kohortenspezifischen Heterogenität der Schülerschaft als Kohortenersatz – beruhen, werden weitere A-P-K-Modelle geschätzt. Statt die Kohorte zu ersetzen, wird in diesen Modelle die Periodenvariable substituiert. Entsprechend der Ausführungen im theoretischen Rahmen wird die Periode durch die erhebungsjahrspezifische westdeutsche Arbeitslosenquote (Anteil der Arbeitslosen an den abhängig beschäftigten zivilen Erwerbspersonen; Quelle: Bundesanstalt für Arbeit) ersetzt. Wenn die Befunde hinsichtlich der Bildungs-, Alters- und Kohorteneffekte mit denen aus den vorher präsentierten Modellen vergleichbar sind, ist dies ein Indiz, dass die Heterogenitätsvariable als Kohortenersatz nicht zu einer untolerierbaren Verzerrung geführt hat.

In Tabelle 11 sind dazu vier Modelle dargestellt. Modell I enthält die Effekte der einzelnen Bildungsniveaus und den Effekt der Arbeitslosenquote als Periodenmerkmal. Auf dem Abiturniveau ist wiederum die geringste Akzeptanz sozialer Ungleichheit zu konstatieren. Mit zunehmender Arbeitslosigkeit sinkt die Akzeptanz sozialer Ungleichheit ab, d.h. in Anbetracht der gesellschaftlichen Probleme auf dem Arbeitsmarkt steigt die kritische Haltung gegenüber Ungleichheit, die mit dem Legitimationsprinzip der Meritokratie begründet wird. Im Rahmen von Modell II werden – neben den Bildungsvariablen – die Arbeitslosenquote als periodisches Makromerkmal und die individuelle Arbeitslosigkeit simultan betrachtet. Grund dafür ist, dass aus Modell I noch nicht hervorgeht, ob der Zusammenhang zwischen Arbeitslosigkeit und Akzeptanz sozialer Ungleichheit auch auf der individuellen Ebene nachweisbar ist oder ob dieser, sollte dies nicht möglich sein, somit einen ökologischen Fehlschluss (Robinson 1950; Engel 1998; vgl. einführend Diekmann 2004a) darstellt. In den Resultaten ist ersichtlich, dass die Effekte der Arbeitslosenquote und der individuellen Erfahrung von Arbeitslosigkeit gleich gerichtet sind: Sowohl ein Anstieg der Arbeitslosenquote, als auch die persönliche Betroffenheit von Arbeitslosigkeit zum Erhebungszeitpunkt gehen mit einer geringeren Akzeptanz sozialer Ungleichheit einher. Hinsichtlich der Koeffizienten und der Signifikanzen scheint die individuelle Arbeitslosigkeit den größeren Einfluss zu besitzen.

Im vollständigen A-P-K-Modell (Modell III) zeigen sich ähnliche Befunde wie im vergleichbaren Modell II in Tabelle 9: Zunächst – ohne Kontrolle von Klassenlage und Geschlecht – erweist sich die mittlere Bildungsgruppe als stärker ungleichheitsakzeptierend als die anderen Bildungsgruppen. Der Kohorteneffekt ist positiv, die jüngeren Kohorten sind somit positiver gegenüber Ungleichheit bzw. dem Legitimationsprinzip der Meritokratie eingestellt, als dies in Anbetracht ihrer höheren Bildung zu erwarten wäre. In der mittleren und höchsten Bildungsgruppe steigt die Akzeptanz nicht so stark über die Kohortenabfolge an wie bei den niedrig Gebildeten. Ein Anstieg der Arbeitslosenquote ist ebenso mit einer Zunahme der Akzeptanz sozialer Ungleichheit verbunden wie auch individuelle Arbeitslosigkeit. Mit steigendem Alter nimmt die Akzeptanz sozialer Ungleichheit zu – Hinweise auf eine Stagnation in höheren Lebensaltern sind nicht erkennbar.

Im abschließenden Modell IV sind die Effekte der unabhängigen Variablen wiederum mit dem Pendant (Modell III, Tabelle 9) vergleichbar. Unter Kontrolle der Klassenlage und des Geschlechts zeigt sich die höchste Bildungsgruppe besonders kritisch gegenüber sozialer Ungleichheit. Die übrigen Effekte entsprechen den Befunden im vorherigen Modell. Die Dienstklassen und die Klassenlage der Selbstständigen hängen dem meritokratischen Prinzip besonders stark an, während die ungelernten Arbeiter als Referenzgruppe Ungleichheit auf Basis dieses Prinzips im Vergleich am geringsten akzeptieren. Frauen erweisen sich – wie in allen anderen Modellen auch – im Vergleich zum männlichen Geschlecht als kritischer gegenüber sozialer Ungleichheit.

Im vollständigen Modell kann wiederum nur ein geringer Teil der Varianz (R^2) erklärt werden, was weitere Hintergrundvariablen vermuten lässt.

Tabelle 11:   *OLS-Regression zur Entwicklung der Akzeptanz sozialer Ungleichheit*

standardisierte Koeffizienten	Modell I	Modell II	Modell III	Modell IV
Bildung				
Ref.: ohne Abschluss, Volks- bzw. Hauptschulabschluss				
Mittlere Reife	-.013	.004	.028*	.000
Abitur/Fachabitur	-.050***	-.044***	-.009	-.065***
Kohorte (Geburtsjahr)			.077**	.093**
Interaktionseffekt Bildung • Kohorte				
Ref.: niedrige Bildung • Kohorte				
Mittlere Reife • Kohorte			-.052***	-.055***
Abitur/Fachabitur • Kohorte			-.120***	-.116***
Arbeitslosenquote Westdeutschland	-.035***	-.027*	-.043***	-.039**
Individuelle Arbeitslosigkeit zum Erhebungszeitpunkt		-.055***	-.039***	-.045**
Altersgruppe 31-40 Jahre			.054**	.063**
Ref. 21-30 Jahre 41-50 Jahre			.126***	.138***
51-60 Jahre			.157***	.181***
61-70 Jahre			.233***	.247***
> 70 Jahre			.179***	.193***
Soziale Schicht (EGP-Klassfikation)				
Ref.: ungelernte Arbeiter				
Facharbeiter (qualif. Arbeiter)				030†
Landwirte				.035**
Selbstständige				.083***
Angestellte				.050**
Untere Dienstklasse				.085***
Obere Dienstklasse				.084***
Geschlecht (Frau)				-.050***
Konstante	2.774***	2.751***	2.623***	2.549***
N	7801	7801	7801	5769
Erklärte Varianz R²	.003	.005	.055	.068

*** p < .001, ** p < .01, * p < .05, † p < .10 (Transformationsgewichtung)
Datenquelle: ALLBUS 1984, 1988, 1991, 1994, 1998, 2000, 2004, Westdeutsche, deutsche Staatsbürgerschaft, ab 21 Jahren, Geburtsjahrgänge 1919-1963 (Transformationsgewichtung); eigene Berechnungen

IV Schluss

Zunächst werden die Ergebnisse der Untersuchung hinsichtlich der Hypothesen und im Lichte der theoretischen Annahmen gedeutet. In einem nächsten Schritt sollen dann inhaltliche und methodische Limitierungen fokussiert werden, um schließlich einen Ausblick auf mögliche Anschlussfragestellungen und Forschungen zu geben sowie ein abschließendes Resümee zu ziehen.

11 Betrachtung der wesentlichen Befunde

Hintergrund der vorliegenden Untersuchung war die Frage, welche Folgen die Bildungsexpansion in Westdeutschland für die Akzeptanz sozialer Ungleichheit in der Bevölkerung bzw. in spezifischen Bevölkerungsgruppen hatte. Im Mittelpunkt der soziologischen Analysen zur Akzeptanz sozialer Ungleichheit im zeitlichen Wandel stand entsprechend das Bildungsniveau. Zur Beziehung zwischen Bildung und Akzeptanz sozialer Ungleichheit wurden zunächst zwei konträre Thesen aufgestellt: Einerseits kann eine höhere Bildung unter der Prämisse, dass höher Gebildete infolge erweiterter kognitiver Fähigkeiten eine größere kritische Distanz gegenüber der gesellschaftlichen Ordnung haben, mit der Entlegitimierung sozialer Ungleichheitstrukturen einhergehen. Andererseits kann höhere Bildung als Instrumentarium zum Statuserwerb mit einer stärkeren Anerkennung von Ungleichheitsstrukturen verbunden sein, da höher gebildete Individuen durch eigene positive (Aufstiegs-)Erfahrungen mit dem meritokratischen Prinzip sozialer Ungleichheit dieses Legitimationsprinzip als funktionsfähig wahrnehmen und positiv bewerten. Eine dritte zentrale Hypothese sollte diesen Widerspruch durch die Annahme auflösen, dass ein Mismatch zwischen Bildung und erworbenem Status im Sinne von negativer Statusinkonsistenz eine besonders kritische Sichtweise gegenüber sozialer Ungleichheit zur Folge hat. Diese querschnittlichen Annahmen wurden schließlich auf eine längsschnittliche Perspektive bezogen, in der die Entwicklung der Akzeptanz sozialer Ungleichheit im Zuge der Bildungsexpansion fokussiert wurde. Die Bildungsexpansion wurde über die Kohortenabfolge betrachtet unter Berücksichtigung von Lebenszyklus- und Periodeneffekten. Die querschnittlichen Thesen wurden entsprechend einer längsschnittlichen Perspektive umgewandelt: Aus der ersten These zur Bildung im Sinne kognitive Fähigkeiten ergab sich die Annahme einer kognitiven Mobilisierung und eines Wertewandels über die Bildungsexpansion. Die modifizierte These (Bildung als Instrument für den Statuserwerb) lenkte bezogen auf die Bildungsexpansion den Blick auf den Wandel von Bildungs- und statusgruppenspezifischer Interessenlagen im Zuge von strukturellen Entwicklungen. Beide Argumentationen stehen nicht antagonistisch gegeneinander, denn Werthaltungen scheinen sowohl Objekte von Sozialisation im Sinne von tradierten Werten zu sein als auch Abbilder aktueller Interessenlagen.

Deskriptive Auswertungen zur Wahrnehmung des Ordnungsprinzips sozialer Ungleichheit in Westdeutschland wiesen zunächst darauf hin, dass Bildung und Ausbildung – und damit meritokratische Prinzipien – von allen Bildungsgruppen sowie relativ stabil über die Zeit hinweg als wesentliche und dominierende Prinzipien hinter sozialen Unterschieden wahrgenommen werden. Askriptive Prinzipien – etwa soziale Herkunft – werden nur von einem geringeren Teil der Bevölkerung wahrgenommen, wenngleich hier stärkere Unterschiede zwischen den Bildungsgruppen zu konstatieren sind: Niedrig Gebildete sind allem Anschein nach stärker davon überzeugt, dass die soziale Herkunft ein wichtiger Faktor der Statusallokation ist. Alles in allem werden Befunde von Watermann (2003) gestützt, dass das meritokratische Prinzip ein dominierendes Gesellschaftsbild im Sinne einer Überzeugung bezüglich der Geltung von Verteilungsmechanismen in der Bevölkerung ist, aber auch askriptive Vorstellungen – allerdings in geringerem Ausmaß – existieren. Im Hinblick auf zeitliche Veränderungen scheint die Wahrnehmung der Ungleichheitsprinzipien weniger über die Kohortenabfolge einem Wandel zu unterliegen, sondern eher periodischen Einflüssen ausgesetzt zu sein. So ist in der Tendenz über den Untersuchungszeitraum zwischen 1984 und 2004 eine leichte Zunahme des Anteils derer zu verzeichnen, die von der Bedeutung von Bildung und Fähigkeiten überzeugt sind.

In weiteren deskriptiven Betrachtungen – visuellen Inspektionen – wurden dann Unterschiede in der Akzeptanz sozialer Ungleichheit nach Bildungsniveau, Kohortenzugehörigkeit und Erhebungsjahr analysiert. Bezüglich der kontradiktorischen Kernhypothesen zum Zusammenhang zwischen Bildungsniveau und Akzeptanz sozialer Ungleichheit konnten in den deskriptiven Befunden zunächst Hinweise gefunden werden, dass offenbar höher Gebildete der Akzeptanz sozialer Ungleichheit kritischer gegenüberstehen – wenngleich wesentliche Kohortenunterschiede bestehen.

In der multivariaten Betrachtung zur Akzeptanz sozialer Ungleichheit zeigten sich teilweise von den deskriptiven Analysen abweichende Ergebnisse. Multivariate vollständige A-P-K-Betrachtungen, insbesondere unter Kontrolle der Klassenlage im Sinne der sozialen Schichtzugehörigkeit, bestätigten den Befund, dass niedrig Gebildete eine höhere Akzeptanz sozialer Ungleichheit auf Basis des meritokratischen Legitimationsprinzips aufweisen. Damit kann unter Berücksichtigung aller hier thematisierten Faktoren die Hypothese 1a, dass mit einem steigenden Bildungsniveau die Akzeptanz sozialer Ungleichheit sinkt, als gestützt gelten. Das Erklärungsmuster, das kognitive Ressourcen für die stärkere Hinterfragung gesellschaftlicher Strukturen verantwortlich macht (vertreten von Meulemann 1982; Baumert 1991; Inglehart 1977), erfährt somit eine empirische Bestätigung. Die konträre Hypothese 1b, dass mit höherem Bildungsniveau die Akzeptanz der meritokratischen Ordnung sozialer Ungleichheit zunimmt, konnte hingegen weder in einfachen Analysen noch in den A-P-K-Modellen Unterstützung finden und ist entsprechend zu verwerfen. Stattdessen ließ sich entsprechend der Hypothese 2 zeigen, dass der soziale Status – operationalisiert über die Klassenlage oder das Berufsprestige – einen positiven Einfluss auf die Akzeptanz sozialer Ungleichheit hat. Dies traf – wie erwartet – vor allem auf Dienstklassenangehörige und Selbstständige zu. Offenbar dient das meritokratische Prinzip insbesondere den privilegierten Schichten (Dienstklasse, Selbstständige) zur Legitimation und Verteidigung ihrer besseren Stellung innerhalb der Strukturen sozialer Ungleichheit. Jene, die von diesem meritokratischen System und der entsprechenden Ungleichheit profitieren, akzeptieren soziale Ungleichheit stärker – wie dies bereits Mayer (1975) oder Liebig und Wegener (1995) in Bezug auf die Dienstklasse ausführten.

In Hypothese 3 zur Statusinkonsistenz wurde postuliert, dass Statusinkonsistente, die ihr (höheres) Bildungszertifikat nicht entsprechend in Status umsetzen konnten, sozialer Ungleichheit besonders kritisch gegenüberstehen, während Personen, die soziale Aufstiegsmobilität erlebt haben, diese besonders stark akzeptieren. In den empirischen Analysen zeigten sich nicht im Hinblick auf alle Bildungsgruppen die gleichen Tendenzen. Festzuhalten ist jedoch der in deskriptiven Resultaten und multivariaten Analysen aufscheinende Befund, dass insbesondere hoch Gebildete, die hinsichtlich ihres Berufs eine benachteiligte Klassenlage einnehmen bzw. nur ein geringes Berufsprestige aufweisen – und damit im höchsten Maße statusinkonsistent sind –, besonders kritisch gegenüber sozialer Ungleichheit eingestellt sind. Zu fragen bleibt, inwieweit dieser Befund einerseits mit Statusinkonsistenz an sich zu erklären ist – wie dies Mayer (1975) oder Liebig und Wegener (1995) tun – oder inwieweit andererseits die Ursache in dem hier beschriebenen Paradox zu suchen ist. Die Erklärung unter Bezugnahme auf das Paradox lautet, dass hoch Gebildete durch ihre erweiterten kognitiven Ressourcen generell kritischer gegenüber gesellschaftlichen Strukturen sind und sich diese kritische Haltung weiter verstärkt, wenn sie ihre Bildung im

Sinne von Humankapital nicht in Status bzw. Berufsprestige oder in eine privilegierte Klassenlage umsetzen können. Zudem ist auch die Deutung möglich, dass ein Teil des Bildungsexpansionseffekts – dass höher Gebildete zunehmend kritischer gegenüber sozialer Ungleichheit sind – auf den Faktor der Statusinkonsistenz zurückgeht: Wenn Bildung als Instrumentarium für die Realisierung sozioökonomischer Lebenschancen angesehen wird, dann führen Misserfolge beim Erwerb von Status durch Bildungszertifikate – und damit eine mangelhafte Integration in die Gesellschaft (Lockwood 1964) – zu einer Infragestellung des meritokratischen Prinzips und einer geringeren Akzeptanz sozialer Ungleichheit.

Hinsichtlich des Kohorteneffekts, in dem aus Perspektive dieser Arbeit die Folgen der Bildungsexpansion ihren Ausdruck finden, unterscheiden sich deskriptive Analysen von den komplexen A-P-K-Modellen. Während zunächst die Resultate deskriptiver Analysen auf klare Kohortenunterschiede dahingehend verweisen, dass die jüngeren Geburtsjahrgänge – vor allem die Generation der kritischen Wohlstandskinder und die Generation der Grenzen des Wachstums im Sinne von Kohorten der Bildungsexpansion – kritischer gegenüber sozialer Ungleichheit sind als früher geborene Kohorten, lässt sich die Hypothese 4, in der aus Sicht der kognitiven Mobilisierung sowie im Hinblick auf Veränderungen des Statuszuweisungsprozesses eine Abnahme der Akzeptanz sozialer Ungleichheit über die Kohortenabfolge postuliert wurde, in den komplexen A-P-K-Modellen nicht mehr stützen. Der negative Zusammenhang zwischen Kohorte und Akzeptanz sozialer Ungleichheit kam – in Hinblick auf den bis zum Austritt aus dem Erwerbsleben positiven Alterseffekt – offenbar vor allem deshalb zustande, weil die später geborenen Kohorten zu den Befragungszeitpunkten noch jünger waren. In den A-P-K-Modellen – mit und ohne Kontrolle von Klassenlage und Geschlecht – ist ersichtlich, dass offenbar die späteren Geburtsjahrgänge und damit diejenigen Kohorten, die von der Bildungsexpansion profitieren konnten, soziale Ungleichheit im höheren Ausmaß akzeptieren. Die jüngeren Kohorten sind unter Berücksichtigung ihres höheren Bildungsniveaus letztlich weniger kritisch gegenüber Ungleichheit und dem meritokratischen Prinzip, als dies im Hinblick auf ihr höheres Bildungsniveau zu erwarten wäre. Offenbar hat das Legitimationsprinzip der Meritokratie an Zustimmung gewonnen. Somit würde hier die Argumentation passen, dass im Zuge der Bildungsexpansion ein „Fahrstuhleffekt" stattgefunden hat und durch das höhere Wohlstandsniveau Ungleichheit generell stärker akzeptabel geworden ist (vgl. u.a. die Argumentation von Hondrich 1984). Allerdings ist diese Zunahme nicht in allen Bildungsgruppen auffindbar.

Die Abbildungen zur bildungsgruppenspezifischen Entwicklung der Akzeptanz sozialer Ungleichheit weisen auf ein interessantes Phänomen hin: Während für die älteren bzw. früher geborenen Kohorten gilt, dass hoch Gebildete soziale Ungleichheit stärker als niedriger Gebildete akzeptieren, hat sich dieses Verhältnis in den später geborenen Kohorten umgedreht: In den Kohorten der Bildungsexpansion sind es die hoch Gebildeten, die kritischer als andere gegenüber sozialer Ungleichheit sind. In den multivariaten Modellen zeigt sich dieses Phänomen in den negativen Koeffizienten der Interaktionseffekte aus mittlerer Bildung und Geburtsjahr bzw. der Ersatzvariable „Heterogenität" sowie aus höherer Bildung und Geburtsjahr bzw. der Ersatzvariable „Heterogenität". Dies bedeutet, dass in der mittleren und der höheren Bildungsschicht die Akzeptanz sozialer Ungleichheit über die Kohortensukzession stärker gesunken ist als in der niedrigen Bildungsgruppe. Die dazu im Vorfeld formulierten Hypothesen können nicht abschließend beurteilt werden: Hypothese 5a beinhaltete die Annahme, dass eine Annäherung zwischen hoch und niedrig Gebildeten in der Akzeptanz sozialer Ungleichheit stattgefunden hat, wobei die niedrigste Bildungsgruppe auf ihrem Akzeptanzniveau verharrt. In Hypothese 5b wurde die Vermutung geäußert, dass sich besonders die geringe Akzeptanz der niedrig Gebildeten gegenüber den anderen Bildungsgruppen im Zuge der Bildungsexpansion bzw. über die Kohortenabfolge verschärft hat. Die Resultate der Analysen verweisen letztlich stärker auf die Argumentation einer kognitiven Mobilisierung der höheren Bildungsgruppen, während die niedrigste Bildungsgruppe von einer solchen Mobilisierung kaum erfasst wurde. Das heißt, dass die Hauptschüler zwar sicher infolge des Verdrängungswettbewerbs und von Stigmatisierungstendenzen (Solga 2002) die Verlierer der Bildungsexpansion sind, sich dies aber nicht im erwarteten Maß in ihrem Bewusstsein – etwa in Form von stärker egalitär-kritischen Werthaltungen gegenüber sozialer Ungleichheit – widerspiegelt. Die Hypothese 5a, die auf Befunden von Müller (1993a) sowie Thesen zur kognitiven Mobilisierung und Wertewandel (Baumert 1991; Inglehart 1989) beruht, wird damit in stärkerem Ausmaß gestützt. Die kognitive Mobilisierung, die vor allem höhere Bildungsschichten erfasst hat, scheint zu einer stärkeren Hinterfragung sozialer Ungleichheit im Hinblick auf ein allgemeines Gerechtigkeitsprinzip geführt zu haben

Die Hypothese 6 über Periodeneffekte, die auf gesellschaftlichen Ereignissen und sozialstrukturellen Veränderungen basieren, hat sich bestätigt: Kohorten- und Bildungseffekte werden von Periodeneffekten überlagert. Mitte der 1990er Jahre und am Anfang des neuen Jahrtausends sind besonders starke Ausprägungen an Akzeptanz sozialer Ungleichheit in der Population festzustellen. Als ein Erklärungsbaustein für diesen Effekt stellt sich die Arbeitslosenquote heraus, die in den komplexen Modellen – wenngleich schwach – signifikant negativ mit dem Ausmaß, mit dem soziale Ungleichheit auf Basis des meritokratischen Legitima-

tionsprinzips akzeptiert wird, zusammenhängt. Entsprechend der Hypothese 6a –
je höher die Arbeitslosigkeit der Gesamtgesellschaft, desto niedriger die Akzeptanz sozialer Ungleichheit – ist die Arbeitslosenquote offenbar ein Periodenmerkmal, dass das Bewusstsein der Bevölkerung beeinflusst (im Sinne von
Terwey 1990) und zu einer stärkeren Hinterfragung der Ordnung sozialer Ungleichheit führt.

Der postulierte Alterseffekt über den Anstieg der Akzeptanz sozialer Un-
gleichheit im Zuge des Lebensverlaufs klärt im Vergleich zu allen anderen
Effekten offenbar den größten Anteil der Varianz der Akzeptanz sozialer
Ungleichheit auf und erweist sich somit als stärkster Prädiktor. In Hypothese 7
war neben dem Anstieg der Akzeptanz sozialer Ungleichheit über das Alter auch
eine Stagnation nach dem Austritt aus dem Erwerbsleben angenommen worden.
In den empirischen Befunden zeigte sich die vermutete Stagnation im höheren
Lebensalter erst bei der Altersgruppe der über 70-Jährigen. Offenbar kommt es
nicht sofort nach dem Austritt aus dem Erwerbsleben zu einem Wandel des Bewusstseins im Hinblick auf die Meritokratie, sondern erst nach einiger Zeit –
vermutlich wenn der Sozialisationseinfluss des Arbeitslebens abnimmt und andererseits die Bedürftigkeit im Hinblick auf sozialstaatliche Institutionen zunimmt.

Der Geschlechtereffekt erweist sich in allen Modellen als statistisch bedeutsam und damit ist von systematischen Geschlechterunterschieden auszugehen:
Frauen akzeptieren soziale Ungleichheit im geringeren Ausmaß als Männer dies
tun. Hypothese 8 hat sich aus der empirischen Perspektive damit als plausibel
erwiesen, wenngleich dieser Befund nur ein Mosaikstein in der Beantwortung
der Frage ist, ob differenzielle geschlechtsspezifische Sozialisationsinhalte bestehen, die bei Frauen zu einer eher kritischen Haltung gegenüber dem liberalen
meritokratischen Prinzip führen (vgl. Wegener und Liebig 1995). Schließlich
folgt aus individueller Arbeitslosigkeit – entsprechend der Hypothese – eine
stärkere Hinterfragung sozialer Ungleichheit und damit des meritokratischen
Leistungsprinzips. Die Erfahrung individueller Arbeitslosigkeit schlägt sich somit auch im Bewusstsein nieder – in ähnlicher Weise wie ein niedriger Status
bzw. eine benachteiligte Klassenlage.

Die Ergebnisse der unvollständigen A-P-K-Modelle sind im Hinblick auf die
Effektrichtung und die Signifikanz nahezu identisch, was ein Hinweis auf die
Plausibilität der Ergebnisse der vollständigen A-P-K-Modelle und der darin er-
folgten Ersetzung der Kohortenvariable durch die Instrumentalvariable „Heterogenität der Schülerschaft" darstellt. Wie sich gezeigt hat, erfüllt die
Heterogenität der Schülerschaft eine ähnliche Funktion wie die Kohortenvariable. Der Effekt auf die Akzeptanz sozialer Ungleichheit hatte die gleiche Rich-

tung wie der Kohorteneffekt – zunächst zeigte sich bei simultaner Berücksichtigung der Bildung ein negativer Zusammenhang, bei Einbezug einer oder zweier weiterer temporaler Variablen dann ein positiver Zusammenhang. Somit erwies sich die Heterogenität als geeignete Instrumentalvariable im weiteren Sinne. Im Hinblick auf den Effekt der zunehmenden Heterogenität ist auch eine Deutung denkbar, die über eine einfache Interpretation als Kohortenersatz hinausgeht: Die Entwicklung der Heterogenität der Schülerschaft an Realschulen und Gymnasien steht nicht nur allgemein für die Bildungsexpansion, sondern insbesondere auch für die zunehmenden Möglichkeiten von Bildungsaufstiegen sowie deren Stagnation bei den jüngeren Kohorten. Die Bildungsexpansion gilt im öffentlichen Diskurs vor allem auch als Erfolg durchgesetzter Chancengleichheit. Die Zahl derer, die trotz ungünstiger Startvoraussetzungen im Hinblick auf ihre soziale Herkunft höhere Bildungszertifikate erwerben konnten, und die daher das meritokratische Prinzip stärker akzeptieren, ist über die Bildungsexpansion gestiegen. In den jüngeren Kohorten kommt es hingegen wieder zu einer sozialen Schließung mit geringen Möglichkeiten für Aufwärtsmobilität (vgl. Becker 2006).

Das Paradox im Hinblick auf den Bildungseffekt, dass bei Betrachtung von Bildung als kognitive Ressource (Humanvermögen) bei steigendem Bildungsniveau von einer abnehmenden Akzeptanz auszugehen ist und dass bei Betrachtung von Bildung als Humankapital zum Statuserwerb bei steigendem Bildungsniveau eine zunehmende Akzeptanz sozialer Ungleichheit zu erwarten ist, kann so aufgelöst werden: Es ist zum einen von einem direkten Bildungseffekt auszugehen, der die Akzeptanz des Legitimationsprinzips der Meritokratie sinken lässt. Zum anderen existiert ein indirekter Effekt des Bildungsniveaus auf die Akzeptanz sozialer Ungleichheit, der über den Status als Mediatorvariable vermittelt wird. Eine höhere Bildung bedeutet danach einen höheren Status, und dieser höhere Status führt zu einer stärkeren Akzeptanz sozialer Ungleichheit. Beide Effekte sind parallel wirksam und korrigieren sich gegenseitig. Das beschriebene Paradox verweist somit nicht auf kontrastierende Thesen, sondern vielmehr auf zwei komplementäre Argumentationen.

Die Frage, ob sich mit der Bildungsexpansion das meritokratische Prinzip in der Bevölkerung durchgesetzt hat, kann nur für die Wahrnehmung von Bildung als Weg zum Erfolg eindeutig für alle Bevölkerungsgruppen positiv beantwortet werden. Hinsichtlich der Wertorientierungen gegenüber meritokratisch begründeten Ungleichheiten konnte sich das Legitimationsprinzip der Meritokratie zwar tendenziell weiter durchsetzen, jedoch nicht bei den höher Gebildeten. Diese sind Träger eines gegenteiligen Trends hin zu einer verstärkten Hinterfragung der Ungleichheitsstrukturen – womit sich eine Ähnlichkeit zu den Befun-

IV. Schluss

den der Wertewandelsforschung von Inglehart (1989), Baumert (1991) oder Klages (1984) zeigt, nach der Wertewandel vor allem von den höher Gebildeten aus den jüngeren Kohorten getragen wird. Andererseits dürften gerade bei den besonders kritisch gegenüber Ungleichheit eingestellten Gruppen die Gründe auch in dem Eindruck begrenzter Ressourcen auf dem Arbeitsmarkt und im Einkommensgefüge zu suchen sein. Solche strukturellen Ursachen ziehen implizit auch Müller und Kraus (1990) in Erwägung für den Befund, dass in bestimmten Segmenten die Prekarität der Legitimation sozialer Ungleichheit zugenommen hat.

Nachdem ein Großteil der Hypothesen bestätigt werden konnte, ist nun zu diskutieren, unter welchen Einschränkungen die Ergebnisse der Analysen zu bewerten sind.

12 Inhaltliche und methodische Limitierungen

Die Befunde sind mit der gebotenen Sorgfalt zu bewerten, wobei sowohl inhaltliche als auch methodische Limitierungen zu beachten sind.

Zunächst fallen die sehr geringen Effektgrößen und entsprechend geringen erklärten Varianzen im Hinblick auf die Akzeptanz sozialer Ungleichheit auf. Dies kann sowohl methodische Gründe haben, etwa weil das Modell Fehlspezifikationen enthält oder die verbliebene Multikollinearität geringe Effektgrößen zur Folge hat. Andererseits ist aus inhaltlicher Perspektive anzunehmen, dass weitere Erklärungsfaktoren zu suchen sind, die in den Modellen nicht berücksichtigt wurden. Zu fragen ist jedoch auch, ob diese niedrigen Effektstärken Ausdruck relativer Stabilität der Akzeptanz sozialer Ungleichheit sind. Im Hinblick auf Meulemann (1992b), der eine relative Stabilität des Wertes der Gleichheit aufzeigt, wäre ein fundamentaler Wandel des Legitimationsprinzips sozialer Ungleichheit kaum zu erwarten gewesen.

Die Analyse des Zeitverlaufs hat gezeigt, dass eine Betrachtung verschiedener Zeitebenen unabdingbar ist, um „temporalen Fehlschlüssen" aus dem Wege zu gehen. In diesem Falle haben sich hinter einem starken negativen Kohorteneinfluss vor allem Lebenszyklus- und Periodeneffekte verborgen. Zeitliche Veränderungen sind diffizil und müssen auch hinsichtlich der sozialen Mechanismen– hier: die zunehmende Höherbildung –, die hinter bestimmten Zusammenhängen liegen, betrachtet werden. So konnte gezeigt werden, dass der in einfachen Analysen aufscheinende Befund, die jüngeren Kohorten wären generell kritischer gegenüber sozialer Ungleichheit, bei Berücksichtigung des Alters im Rahmen von vollständigen A-P-K-Modellen keine Stützung erfährt.

Jüngere bzw. später geborene Kohorten sind – unter Berücksichtigung etwa ihres höheren kohortenspezifischen Bildungsniveaus oder ihres jüngeren Lebensalters – weniger kritisch gegenüber dem meritokratischen Legitimationsprinzip. Der in einfachen Analysen gegenteilige Befund kam primär aufgrund des noch geringen Alters der jüngeren Kohorten zustande.

Inhaltliche Limitierungen sind vor allem im Hinblick auf das Messinstrument der Akzeptanz sozialer Ungleichheit zu thematisieren. Wenngleich die Drei-Item-Skala zeitlich stabil konsistent misst, hat sich im Rahmen der Analyse der Kriteriumsvalidität ergeben, dass die Items zur Akzeptanz sozialer Ungleichheit auf Basis der meritokratischen Leistungsideologie offenbar im geringen Ausmaß korreliert sind mit negativen Einstellungen gegenüber Ausländern sowie traditionellen Geschlechterrollen, die sich eher auf askriptive Ungleichheiten beziehen. Dies stellt kein Problem dar, wenn – nach Noll (1992) – als Maßstab die Unterscheidung zwischen egalitär-kritischen und affirmativ-akzeptierenden Einstellungen gegenüber sozialer Ungleichheit gedacht wird. Eine Problematik scheint jedoch auf, wenn der Fokus auf die Art des Legitimationsprinzips – die meritokratische Logik – in Abgrenzung zu anderen Legitimationsprinzipien gelegt wird: Die Zustimmung zum meritokratischen Prinzip schließt die Zustimmung zu anderen Prinzipien zur Rechtfertigung sozialer Ungleichheit offenbar nicht aus. Dennoch muss dies nicht auf Defizite in der Validität der Items hinweisen, sondern kann auf einen empirischen Befund hindeuten, dass Individuen, die Ungleichheit akzeptieren, dies nicht nur auf Basis einer ideologischen Rechtfertigung tun, sondern verschiedene Legitimationsprinzipien heranziehen, während andere Individuen, soziale Ungleichheit generell hinterfragen und ablehnen. Einen ähnlichen Befund zeigen Analysen von Hagan et al. (1998), Rippl et al. (1998) und Hadjar (2004): Individualistische und insbesondere marktorientierte Werthaltungen sind eng mit fremdenfeindlichen Einstellungen verknüpft, obwohl dieses Prinzip dem Marktprinzip eigentlich entgegensteht.

Es ist auch zu fragen, ob diese Analyse die Bedeutung des Bildungseffekts hinreichend klären konnte. Im Hinblick auf die Effekte der Klassenlage bzw. des Berufsprestiges und des Bildungsniveaus kann davon ausgegangen werden, dass der Effekt der Bildung zum Teil – entsprechend der Deutung von Bildung als Humankapital – in den bildungsbedingten besseren Chancen zur Statuserzielung begründet liegt. Der verbleibende genuine Bildungseffekt, der einen starken Einfluss behält, könnte auf die thematisierten höheren kognitiven Fähigkeiten und Handlungskompetenzen zurückzuführen sein. Eine dritte Deutung des Bildungseffekts wäre denkbar, in der die Schule als bedeutsame Sozialisationsinstanz bzw. Instanz der Wertevermittlung fokussiert wird (vgl. Hadjar 2006). Eine zu prüfende Hypothese wäre, ob sich verschiedene

Schulformen im Hinblick auf die Thematisierung sozialer Ungleichheit und entsprechender Verteilungsprinzipien voneinander unterscheiden. Dieses Problem zielt vor allem auch auf die Wertefrage. So könnte unterstellt werden, dass Gymnasien günstigere Sozialisationsumwelten – zu denen sowohl die von Lehrerinnen und Lehrern vermittelten Inhalte als auch die Werte der Mitschüler und deren Eltern gehören – für postmaterialistische und strukturhinterfragende Werte darstellen.[104] Zu thematisieren ist in diesem Zusammenhang auch die Dauer des Verbleibs im Bildungssystem, aus der sich eine mehr oder weniger starke Ablösung der Individuen von ihren Herkunftsschichten mit ihren spezifischen Werten ergibt. Der Besuch höherer Bildungseinrichtungen bedeutet eine längere Verweildauer, die mit einer stärkeren Sozialisation in problembewusstere Umwelten gleichzusetzen ist.

Im Hinblick auf den Zusammenhang zwischen Status bzw. sozialer Mobilität und Akzeptanz sozialer Ungleichheit bzw. Präferenz für das meritokratische Leistungsprinzip ist denkbar, dass diese Beziehung auch darauf basieren könnte, dass bestimmte Werthaltungen – z.B. die meritokratische Leistungsideologie – in entgegengesetzter Kausalrichtung über die Leistungsmotivation zu einem höheren Sozialstatus geführt haben. Sie wären dann nicht Folgen der sozialen Lage, sondern Ursachenfaktoren (vgl. Wegener und Liebig 1995: 282).

Aus *methodischer Sicht* sind ebenso verschiedene Grenzen dieser Betrachtung zu diskutieren, die aber vor allem auf die mangelnde Datenlage zurückzuführen sind. Ein Beobachtungszeitraum von nur zwanzig Jahren für eine A-P-K-Analyse ist relativ kurz. Wenngleich zu lange Zeiträume wieder das Problem von Selektionseffekten – das Hineinwachsen und Herausfallen bestimmter Kohorten aus dem Längsschnittdatensatz – aufwerfen würden, wäre ein längerer Zeitraum mit jährlichen Messungen wünschenswert gewesen. Zum einen wäre dies sinnvoll, wegen der größeren Fallzahlen, die bessere Zellbesetzungen insbesondere bezüglich der Interaktionseffekte garantieren, zum anderen, weil dann die Multikollinearitätsproblematik zwischen Alter, Periode und Kohorte auf ein noch niedrigeres Niveau zurückgedrängt werden könnte. Der Erkenntnisgewinn der Analysen hätte auch gesteigert werden können, wenn weitere in Beziehung zur sozialen Ungleichheit im Bewusstsein stehende Items (z.B. im Hinblick auf Wahrnehmungen sowie weitere Verteilungsprinzipien) zu allen Messzeitpunkten erhoben worden wären und so auch einer Längsschnittbetrachtung zugeführt hätten werden können. Eine adäquate Analyse zur Bildungsexpansion erscheint erst möglich, wenn die von der Bildungsexpansion partizipierenden Kohorten – also die jüngeren Kohorten – ein hohes Alter erreicht haben und damit ihr ge-

---

[104] Nicht zu vernachlässigen sind hier auch die in Deutschland stark entwickelten Institutionen des beruflichen Bildungssystems (vgl. Lempert 1993).

samter Lebensverlauf in die Analyse einfließen kann (vgl. Hadjar und Becker 2006b). Des Weiteren ist auf methodische Limitierungen zu verweisen, die das Wesen von Längsschnittanalysen betreffen. Auch wenn dem Konfundierungsproblem der A-P-K-Analyse begegnet werden kann, bleibt ein bestimmtes Maß an Kollinearität erhalten, d.h. Alters-, Perioden- und Kohorteneffekte lassen sich nicht unabhängig voneinander schätzen. Dies könnte Verzerrungen der Koeffizienten verursacht haben, die nach Backhaus et al. (2003) aber vertretbar sind. Außerdem bedeutet die Strategie des Ersatzes einer temporalen Variable durch eine inhaltliche Variable letztlich keinen vollständigen Ersatz der temporalen Variable, was zu einer Einbuße an erklärter Varianz und einer entsprechenden Steigerung des Residualeffekts führt – die aber in Kauf genommen werden müssen, da ein A-P-K-Modell mit drei temporalen Variablen nicht schätzbar ist.

Eine andere Frage betrifft die Vergleichbarkeit der Indikatoren im Zeitverlauf. Wenn sich die Bedeutungen und das Wesen bestimmter gesellschaftlicher Tatbestände ändern, können sich auch die Inhalte der Messinstrumente wandeln. So ist hinsichtlich der Reliabilität der Items zu den Werthaltungen der Akzeptanz sozialer Ungleichheit zu fragen, ob sich die Bedeutung der Fragestellungen verändert hat. Meulemann (1992b) zeigt, dass der Wert der Gleichheit – und die entsprechende Operationalisierung – in Raum und Zeit mit unterschiedlichen Inhalten belegt werden. Im Hinblick auf die ausführlichen Prüfungen der internen Konsistenz der abhängigen Variablen über die Zeit (Periode) und die Kohortenabfolge erscheint die Skala der Akzeptanz sozialer Ungleichheit in ihrer Bedeutung jedoch als relativ stabil, es deutet sich aber an, dass die Akzeptanz in den jüngeren Kohorten tendenziell stärker in die Nähe fremdenfeindlicher Einstellungen rückte. Dies könnte ein Startpunkt für weitere Analysen sein.

Außerdem stellen sich in Längsschnittstudien Probleme der Selektivität ein: Im Hinblick auf Altersselektivität ist zu fragen, ob die 2004 befragten Kohortenmitglieder der zwischen 1919 und 1928 Geborenen noch repräsentativ für diese politische Generation sind. Dies ist vor dem Hintergrund anzuregen, dass höher Gebildete eine längere Lebensdauer haben als niedriger Gebildete (vgl. Becker 1998; Klein et al. 2006).

13 Resümee und Ausblick

Diese Untersuchung zielte auf die Beantwortung der Frage, wie sich die Akzeptanz sozialer Ungleichheit auf Basis des Legitimationsprinzips der Meritokratie im Zeitverlauf, d.h. im Zuge der Bildungsexpansion entwickelt hat. Dazu wurde zunächst die Beziehungen zwischen Bildung, Kohorten, Status, Geschlecht und der Akzeptanz sozialer Ungleichheit betrachtet, um dann der Längsschnittfragestellung innerhalb von Analysen unter Berücksichtigung von Alters-, Perioden- und Kohorteneffekten nachzugehen.

Aus der theoretischen Betrachtung der Bildungsexpansion hätte sich die Meritokratie in dem Maße im Bewusstsein durchgesetzt haben sollen, wie sich das Prinzip der Chancengleichheit als wesentliches Ziel der Bildungsreformen der 1960er Jahre durchsetzen konnte, dieses Prinzip von der Bevölkerung als in Geltung wahrgenommen wurde und eine immer größere Zahl an Individuen von der Meritokratie profitieren konnte. Die empirischen Ergebnisse zeigen zwar eindeutig, dass Bildung als wesentlicher Struktur- und Differenzierungsmechanismus des meritokratischen Prinzips in der großen Mehrheit der Bevölkerung als besonders essentiell für sozialen Aufstieg gilt, im Hinblick auf die Akzeptanz sozialer Ungleichheit auf Basis des meritokratischen Prinzips fällt ein eindeutiges Resümee jedoch schwer. Die Akzeptanz sozialer Ungleichheit anhand des Legitimitionsprinzips der Meritokratie hat nach den Ergebnissen der A-P-K-Modelle über die Kohortenabfolge – unter simultaner Berücksichtigung, dass jüngere Kohorten bereits aufgrund ihres jüngeren Alters und ihrer höheren Bildung ein geringeres Akzeptanzniveau aufweisen – leicht zugenommen, dennoch weisen die Effektgrößen auf relative Stabilität hin. Nun ist zu fragen, ob „das Glas halb voll oder halb leer ist", d.h. ob eine abschließende Beurteilung die relative Stabilität oder die Entwicklungstendenzen fokussieren sollte. Beide Argumentationen haben einen Erkenntniswert. Wird der Befund als relative Stabilität gedeutet, liegt die Erkenntnis aus den Analysen vor allem in den verschiedenen Hintergrundmechanismen, die oft in ihrer Wirkung gegeneinander gerichtet sind und gerade daher zu einer relativen Konstanz im Ausmaß der Akzeptanz sozialer Ungleichheit führen. Werden der Entwicklungsaspekt bzw. die Veränderungen fokussiert, ist hervorzuheben, dass die Akzeptanz sozialer Ungleichheit annahmegemäß leicht gestiegen ist. Andererseits hat die höhere Bildungsschicht jedoch dahingehend an Distinktion gewonnen, dass sie im Zuge der Bildungsexpansion zunehmend kritischer geworden ist. Meulemann (1982) sieht die zunehmend kritischere Haltung gegenüber dem meritokratischen Prinzip als unintendierte Folge der Bildungsexpansion:

„Dass die Bevölkerung die Chancengleichheit im Bildungswesen zunehmend kritischer bewertet, ist eine ‚unbeabsichtigte Folge' des Handelns der staatlichen Instanzen, die die Bildungsexpansion geplant und durchgeführt haben; sie war darüber hinaus auch nicht vorhersehbar und ist auf jeden Fall wohl nicht vorausgesehen worden" (Meulemann 1982: 249).

Als Gründe für die geringere Akzeptanz sieht er eine Anhebung des Anspruchsniveaus durch die Leistungssteigerung des Bildungswesens, die mit einer Minderung der Zufriedenheit einhergeht, sowie die Zunahme des Problembewusstseins und die Thematisierung der sozialen Ordnung infolge der höheren Bildungschancen. Zunächst wirkt die kritischere Haltung gegenüber Chancengleichheit im Zuge der (leichten) Steigerung von Chancengleichheit wie ein Paradox, ist aber tatsächlich im Sinne des angestrebten Ziels von Dahrendorf (1965a), der mehr Bildung gerade mit Ziel der Erhöhung der politischen Mündigkeit der Bürger forderte. Dieses Ziel konnte für die höhere Bildungsschicht erreicht werden. Hinsichtlich der Chancengleichheit konnten die Ziele jedoch nicht erfüllt werden. Statt eines völligen Abbaus von Bildungsungleichheiten kam es nur zu einer leichten Abnahme. Die Nichterfüllung dieser Erwartung, die mit Unzufriedenheit einhergeht, könnte ihren Teil beigetragen haben, dass in der höheren Bildungsgruppe die kritischere Haltung gegenüber sozialer Ungleichheit zugenommen hat.

Im *Ausblick* ergeben sich verschiedene Forschungsfelder für Anschlussuntersuchungen, die aufgrund der Komplexitätsreduktion hier unberücksichtigt geblieben sind. Ein interessanter Aspekt wäre eine weitergehende Analyse des Geschlechtereffekts, der hier bereits als Kontrollvariable diente. Zudem wäre eine tiefergehende Untersuchung der systemischen Bestimmungsfaktoren von Interesse, welche eine detaillierte Betrachtung der Entwicklung des Bildungssystems und deren Konsequenzen auf den Prozess der Statuszuweisung beinhalten sollte (Müller et al. 1997).

Anzudenken sind auch Panelstudien im Mehrebenendesign, um die individuellen Veränderungen in der Akzeptanz sozialer Ungleichheit in Abhängigkeit individueller Merkmale und struktureller Merkmale adäquat untersuchen zu können. Individuelle Daten könnten mit weiteren Kennwerten für gesellschaftliche oder regionale Entwicklungen (z.B. Gini-Koeffizient, Wachstumsrate) verknüpft werden. Berücksichtigung finden sollten auch verschiedene, gegeneinander abgrenzbare Gerechtigkeits- bzw. Legitimationsprinzipien – zum Beispiel im Sinne der Taxonomie von Liebig und Wegener (1995), die Egalitarismus, Askriptivismus, Individualismus (meritokratisches Leistungsprinzip) und Fatalismus unterscheidet. Im Hinblick auf die individuelle Lage auf dem Arbeitsmarkt, die offenbar eine Rolle für die Akzeptanz sozialer Ungleichheit spielt, erscheint die Untersuchung von branchenspezifischen Angebot-Nach-frage-Verhältnissen sinnvoll, um den Zusammenhang zwischen sozialer Lage und dem präferierten Legitimationsprinzip detaillierter zu analysieren.

Zurückkommend auf den in der Einleitung im Rahmen einer Literaturanalyse betrachteten Zusammenhang zwischen Einstellung und Verhalten ist zu fragen, inwieweit die Wahrnehmung und Bewertung der Prinzipien sozialer Ungleich-heit zu systemrelevantem Handeln führen. Im Hinblick auf die Prinzipien sozia-ler Ungleichheit sind dabei vor allem politische Handlungsmuster wie politische Partizipation – etwa Protesthandeln oder Wahlbeteiligung – anzusprechen, aber auch zivilgesellschaftliches Engagement oder, im Gegenteil, anti-zivilmoralische Delinquenz (vgl. Hadjar und Imhof 2007). Beispielhaft haben dies im Hinblick auf Gerechtigkeitsideologien und Protestverhalten bereits Lengfeld et al. (2000) untersucht.

Die Betrachtung der Veränderungen der Akzeptanz sozialer Ungleichheit über den Lebensverlauf könnte im Rahmen von Panel-Studien stärker in den Mittelpunkt gerückt werden. Der Alterseffekt sollte dann nicht nur in Jahren, sondern auch im Rahmen von Lebensabschnitten – die relevant für die Ausprä-gung der Akzeptanz sozialer Ungleichheit sind und sich am Bildungs- und Er-werbsverlauf orientieren – operationalisiert werden. Eine solche Lebensphasenvariable wie bei Klein (1995) könnte dann auch im Rahmen von Alters-, Perioden- und Kohortenanalysen als Instrumentalvariable zum Ersatz des Alters herangezogen werden.

Eine Analyse der sozialen Repräsentationen von Ungleichheit im Bewusst-sein im Sinne von Mayer (1975) sollte nicht nur die Bildungsexpansion an sich thematisieren, sondern stärker auch andere kulturelle und strukturelle Entwick-lungen, die sich als politischer Wandel oder Wertewandel abhängig oder unab-hängig von Veränderungen der Struktur der Bildungsbeteiligung im Zuge der Bildungsexpansion auf die Akzeptanz sozialer Ungleichheit auswirken. Eine Betrachtung solcher Merkmale politischer Strukturen und eines sich wandelnden politischen Zeitgeists könnte den postmaterialistischen Wertewandel genauso berühren wie Thematisierungen des Wohlfahrtsstaats oder die Herausbildung neoliberaler Ideologien. Von Interesse wäre hier auch eine Analyse der Bil-dungsinstitutionen, denn diese stellen Sozialisationsinstanzen dar. Eine Untersu-chungsanordnung könnte dabei der Frage nachgehen, welche Werthaltungen bzw. Einstellungen Personen in Ausbildung an den entsprechenden Bildungsein-richtungen vermittelt werden, inwieweit diese internalisiert werden und inwie-weit die Absolventen im späteren Lebenszyklus solchen Orientierungen weiterhin anhängen. Die Resultate aus den Konstanzer Längsschnittbefragungen (Sandberger 1993) lassen hier eine leichte Abschwächung von Einstellungen, die in (tertiären) Bildungsinstitutionen internalisiert wurden, nach dem Austritt aus diesen Institutionen vermuten.

Die Möglichkeiten von Anschlussforschungen, die sich mit der Schule als Sozialisationsinstanz beschäftigen, sollen an dieser Stelle breiter beleuchtet werden. Die Schule ist aus diesem Blickwinkel eine bedeutsame Instanz der Wertevermittlung: „Ohne Zweifel ist die Volksschule in einer Demokratie und in modernen Gesellschaften eine staatliche Zwangsveranstaltung, die der Durchsetzung von Wertezielen dient" (Kneubühler 2004: 339). So regt Klages (1985: 226) an, den Blick auf „neue, dynamischere und in starkem Maße von der Bildungswelt beeinflusste Sozialisationsformen" zu richten. In dieser Argumentation vermitteln bestimmte hierarchisch geordnete Schulformen spezifische Werte. Das Bildungssystem – und hier besonders höhere Schulformen – sozialisiert dabei vor allem moderne Wissensbestände und regt zur Reflexion an. Dies führt zu einer Ablösung der Individuen von ihren Herkunftsschichten mit ihren spezifischen Werten. Ob nun das in der Familie vermittelte Alltagswissen bzw. Alltagsweisheiten oder in der Schule vermitteltes reflektiertes neueres Wissen und moderne Werte den Werthorizont eines Individuums prägen, hängt nicht zuletzt von der Verweildauer im Bildungssystem ab, die mit höherem Bildungsstand zunimmt. So geht Herz davon aus, dass mit zunehmender Länge des Schulbesuchs die Intensität der schulischen Sozialisation zunimmt:

> „Wenn Werte zeitlich stabile Einstellungen sind, die in der Jugend internalisiert werden, und wenn die Schule diesen Prozess signifikant beeinflusst, dann muss die Internalisierung um so effektiver sein, je länger man die Schule besucht" (Herz 1987: 62).

Es kann somit vor allem für jüngere Kohorten ein starker Einfluss des entsprechenden (gymnasialen) Schulmilieus auf die Ausprägung von Orientierungen angenommen werden.

In dieser Sichtweise werden Schulen bzw. Schulformen als differenzielle Entwicklungsmilieus (Watermann 2003: 74) thematisiert. Aus einer längsschnittlichen Betrachtungsweise heraus und unter Kontrolle von Ausgangsunterschieden auf individueller und kontextueller Ebene weisen Befunde von Baumert et al. (2000) auf signifikante Unterschiede in der Entwicklung sozialer Kompetenzen und Wertorientierungen zwischen Haupt- bzw. Gesamtschulen und Realschulen/Gymnasien hin. Hauptschüler bzw. Gesamtschüler weisen danach geringere soziale Kompetenzen auf. Watermann und Schnabel (2001) konstatieren – ebenfalls anhand von Daten des Projekts „Bildungsverläufe und psychosoziale Entwicklung im Jugend- und jungen Erwachsenenalter" des Max-Planck-Instituts für Bildungsforschung Berlin – eine positive Distinktion der Gymnasialschüler. Diese zeigten gegenüber den Schülern niedrigerer Schulfor-

men sowohl in der 7. als auch in der 10. Jahrgangsstufe eine stärkere Ausprägung von prosozialer Motivation, Fähigkeit zur Perspektivenübernahme,
Empathie und egalitärere Werthaltungen sowie eine geringere Fremdenfeindlichkeit. Zudem weisen Befunde aus früheren Studien (Konstanzer
Längsschnittstudie; Fend 1991) auf ein geringeres Niveau an politischem Wissen
bzw. Verständnis bei Haupt- und Gesamtschülern niedriger Kurse hin, was eine
geringere Hinterfragung der Ordnung sozialer Ungleichheit in diesen Gruppen
plausibel erscheinen lässt. Im Hinblick auf meritokratische Ursachen sozialer
Aufstiegsmobilität hängen Gymnasiasten stärker als Schüler anderer Schulformen dieser Überzeugung an – auch unter Kontrolle weiterer Variablen wie Bildung der Eltern, Region, Geschlecht, Schulnoten, Systemvertrauen, etc.
(Watermann 2003: 160). Dies gilt insbesondere für die meritokratischen Faktoren Intelligenz und Begabung. Als Begründung für diesen Befund vermutet
Watermann, dass Gymnasiastinnen und Gymnasiasten

> „im Vergleich zu ihren Mitschülern in Haupt- und Realschulen gleichwohl häufiger die
> Rückmeldung bekommen haben, sie seien begabt und intelligent, was in höherem Maße zu
> der generalisierten Überzeugung geführt haben kann, Begabung und Intelligenz führten zu so-
> zialem Aufstieg in der Gesellschaft." (Watermann 2003: 152).

Was hat die Bildungsexpansion im Fazit für die Entwicklung der Akzeptanz sozialer Ungleichheit bedeutet? Ausgehend davon, dass der Anteil der höher Gebildeten gestiegen ist und die höhere Gebildeten besonders von einer kognitiven
Mobilisierung betroffen sind, sollte die kritische Hinterfragung des meritokratischen Prinzips zur Legitimation sozialer Ungleichheit in der Gesellschaft einen
größeren Raum erhalten haben – wenngleich die jüngeren Kohorten nicht in dem
Ausmaß ungleichheitskritisch sind, wie das ihr höheres Bildungsniveau und ihr
jüngeres Alter vermuten ließen. Im Hinblick auf die eher geringen Effekte ist der
große Umbruch ausgeblieben, das durch die Bildung geweckte kritische Potenzial hat offenbar kein die Stabilität des Systems bedrohendes Ausmaß angenommen. Ein Aspekt, der dem entgegen wirkt, ist der Trend der Zunahme der
Akzeptanz sozialer Ungleichheit im Zuge des Prozesses der Etablierung im Lebensverlauf, dem auch die kognitiv mobilisierten Kohorten – wenngleich im
Hinblick auf den Statuserwerb in geringerem Maß – unterliegen.

Literatur

Abelshauser, Werner, 1983: Wirtschaftsgeschichte der Bundesrepublik Deutschland (1945-1980). Frankfurt am Main: Suhrkamp.

Abercrombie, Nicholas, Stephen Hill und Brian S. Turner, 1980: The dominant ideology thesis. London: Allen & Unwin. Abercrombie.

Abraham, Martin, und Thomas Hinz, 2005: Theorien des Arbeitsmarktes. Ein Überblick. S. 17-68 in: Martin Abraham und Thomas Hinz (Hg.), Arbeitsmarktsoziologie. Wiesbaden: VS Verlag für Sozialwissenschaften.

Adams, John S., 1963: Toward an Understanding of Inequity. Journal of Abnormal and Social Psychology 67: 422-436.

Adams, John S., 1965: Inequity in Social Exchange. S. 267-299 in: Leonard Berkowitz (Hg.), Advances in Experimental Psychology. Band 2. New York: Academic Press.

Adloff, Frank und Steffen Mau, 2005: Zur Theorie der Gabe und Reziprozität. S. 9-57 in: Frank Adloff und Steffen Mau (Hg.), Vom Geben und Nehmen. Zur Soziologie der Reziprozität. Frankfurt am Main/New York: Campus.

Alber, Jens, 1989: Der Sozialstaat in der Bundesrepublik 1950-1983. Frankfurt am Main: Campus.

Anhut, Reimund, und Wilhelm Heitmeyer, 2000: Desintegration, Konflikt und Ethnisierung. Eine Problemanalyse und theoretische Rahmenkonzeption. S. 17-75 in: Wilhelm Heitmeyer und Reimund Anhut (Hg.), Bedrohte Stadtgesellschaft. Soziale Desintegrationsprozesse und ethnisch-kulturelle Konfliktkonstellationen. Weinheim/München: Juventa.

Armingeon, Klaus, 1994: Gründe und Folgen geringer Wahlbeteiligung. Kölner Zeitschrift für Soziologie und Sozialpsychologie 46: 43-64.

Atkinson, John W., 1966: Motivational determinants of risk-taking behaviour. S. 11-29 in: John W. Atkinson und Norman T. Feather, 1966: A Theory of Achievement Motivation. New York: Wiley.

Backhaus, Klaus, Bernd Erichson, Wulff Plinke und Rolf Weiber, 2003: Multivariate Analysemethoden. Eine anwendungsorientierte Einführung. 11. Auflage. Berlin: Springer.

Baltes, Paul B., 1968: Longitudinal and Cross-Sectional Sequences in the Study of Age and Generation Effects. Human Development 11: 145-171.

Bandura, Albert, 1976: Lernen am Modell. Stuttgart: Klett.

Baumert, Jürgen, 1991: Langfristige Auswirkungen der Bildungsexpansion, in: Unterrichtswissenschaft 19: 333-349.

Baumert, Jürgen, Cordula Artelt, Eckhard Klieme, Michael Neubrand, Manfred Prenzel, Ulrich Schiefele, Wolfgang Schneider, Gundel Schümer, Klaus-Jürgen Tillmann und Manfred Weiß (Hg.), 2003: Pisa 2000 – Ein differenzierter Blick auf die Länder der Bundesrepublik Deutschland. Opladen: Leske + Budrich.

Baumert, Jürgen, Olaf Köller und Kai U. Schnabel, 2000: Schulformen als differentielle Entwicklungsmilieus – eine ungehörige Fragestellung? S. 28-69 in: Gewerkschaft Erziehung und Wissenschaft GEW (Hg.), Messung sozialer Motivation. Eine Kontroverse. Schriftenreihe des Bildungs- und Förderungswerks der GEW. Band 14. Frankfurt am Main: Bildungs- und Förderungswerks der GEW.

Beck, Michael und Karl-Dieter Opp, 2001: Der faktorielle Survey und die Messung von Normen. Kölner Zeitschrift für Soziologie und Sozialpsychologie 53: 283-306.

Beck, Ulrich, 1983: Jenseits von Stand und Klasse? Soziale Ungleichheiten, gesellschaftliche Individualisierungsprozesse und die Entstehung neuer Formationen und Identitäten. S. 35-74 in: Reinhard Kreckel (Hg.), Soziale Ungleichheiten. Sonderband 2 der Sozialen Welt. Göttingen: Schwartz.

Beck, Ulrich, 1986: Risikogesellschaft. Auf dem Weg in eine andere Moderne. Frankfurt am Main: Suhrkamp.

Beck, Ulrich, 1988: Gegengifte. Die organisierte Unverantwortlichkeit. Frankfurt am Main: Suhrkamp.

Becker, Gary S., 1964: Human capital. A theoretical and empirical analysis, with special reference to education. New York: Columbia University Press.

Becker, Michael, Ulrich Trautwein, Oliver Lüdtke, Kai S.Cortina und Jürgen Baumert, 2006: Bildungsexpansion und kognitive Mobilisierung. S. 63-89 in: Andreas Hadjar und Rolf Becker (Hg.), Bildungsexpansion – Erwartete und unerwartete Folgen. Wiesbaden: VS Verlag für Sozialwissenschaften.

Becker, Rolf, 1993: Staatsexpansion und Karrierechancen. Berufsverläufe im öffentlichen Dienst und in der Privatwirtschaft. Frankfurt am Main: Campus.

Becker, Rolf, 1998: Bildung und Lebenserwartung in Deutschland. Eine empirische Längsschnittuntersuchung aus der Lebensverlaufsperspektive. Zeitschrift für Soziologie 27: 133-150.

Becker, Rolf, 2000a: Bildungsexpansion und Bildungsbeteiligung. Oder: warum immer mehr Schulpflichtige das Gymnasium besuchen. Zeitschrift für Erziehungswissenschaft 3: 447-479.

Becker, Rolf, 2000b: Determinanten der Studierbereitschaft in Ostdeutschland. Eine empirische Anwendung der Humankapital- und Werterwartungstheorie am Beispiel sächsischer Abiturienten in den Jahren 1996 und 1998. Mitteilungen aus der Arbeitsmarktforschung 33: 261-276.

Becker, Rolf, 2000c: Klassenlage und Bildungsentscheidungen. Eine empirische Anwendung der Wert-Erwartungstheorie. Kölner Zeitschrift für Soziologie und Sozialpsychologie 52: 450-475.

Becker, Rolf, 2002: Wahlbeteiligung im Lebenslauf. Kölner Zeitschrift für Soziologie und Sozialpsychologie 54: 246-263.

Becker, Rolf, 2003: Educational Expansion and Persistent Inequalities of Education: Utilising the Subjective Expected Utility Theory to Explain the Increasing Participation Rates in Upper Secondary School in the Federal Republic of Germany. European Sociological Review 19: 1-24.

Becker, Rolf, 2004: Soziale Ungleichheit von Bildungschancen und Chancengleichheit. S. 161-193 in: Rolf Becker und Wolfgang Lauterbach (Hg.), Bildung als Privileg? Erklärungen und empirische Befunde zu den Ursachen von Bildungsungleichheiten. Wiesbaden: VS Verlag für Sozialwissenschaften.

Becker, Rolf, 2005: Political Efficacy und Wahlbeteiligung in Ost- und Westdeutschland. Swiss Political Review 11: 57-86.

Becker, Rolf, 2006: Dauerhafte Bildungsungleichheiten als unerwartete Folge der Bildungsexpansion? S. 27-62 in: Andreas Hadjar und Rolf Becker (Hg.), Bildungsexpansion – Erwartete und unerwartete Folgen. Wiesbaden: VS-Verlag für Sozialwissenschaften.

Becker, Rolf und Hans-Peter Blossfeld, 1991: Cohort-specific effects of the expansion of the welfare state on job opportunities: a longitudinal analysis of three birth cohorts in the Federal Republic of Germany. Sociologische Gids 38: 261-284.

Becker, Rolf und Ekkart Zimmermann, 1995: Statusinkonsistenz im Lebensverlauf. Zeitschrift für Soziologie 24: 358-370.

Becker, Rolf und Klaus Schömann, 1996: Berufliche Weiterbildung und Einkommensdynamik. Eine Längsschnittstudie mit besonderer Berücksichtigung von Selektionsprozessen. Kölner Zeitschrift für Soziologie und Sozialpsychologie 48: 426-461.

Becker, Rolf und Anja Mays, 2003: Soziale Herkunft, politische Sozialisation und Wählen im Lebensverlauf. Politische Vierteljahresschrift 44: 19-40.

Becker, Rolf und Anna E. Hecken, 2007: Studium oder Berufsausbildung? Eine empirische Überprüfung der Modelle zur Erklärung von Bildungsentscheidungen von Esser sowie von Breen und
Goldthorpe. Zeitschrift für Soziologie 36: 100-117.

Beer, Raphael, 2004: Demokratie als normative Prämisse der Ungleichheitsforschung. S. 27-47 in:
Peter Berger und Volker H. Schmidt (Hg.), Welche Gleichheit, welche Ungleichheit? Grundlagen
der Ungleichheitsforschung. Wiesbaden: VS Verlag für Sozialwissenschaften.

Belsley, David A., Edwin Kuh und Roy E. Welsch, 1980: Regression Diagnostics. Identifying In-
fluential Data and Sources of Collinearity. New York: Wiley.

Bendix, Reinhard und Seymour M. Lipset (Hg.), 1953: Class, Status, and Power. A Reader in Social
Stratification. Glencoe, Ill.: The Free Press.

Berger, Joseph, Morris Zelditch, Bo Anderson und Bernhard B. Cohen, 1972: Structural Aspects of
Distributive Justice. A Status Value Formulation. S. 119-146 in: Joseph Berger, Morris Zelditch
und Bo Anderson (Hg.), Sociological Theories in Progress. Vol. 2. New York: Houghton Miffin.

Berger, Peter A., 1986: Entstrukturierte Klassengesellschaft. Klassenbildung und Strukturen sozialer
Ungleichheit im historischen Wandel, Opladen: Westdeutscher Verlag.

Blau, Peter M. und Otis D. Duncan, 1967: The American Occupational Structure. New York:
Wiley.

Blossfeld, Hans-Peter, 1985: Bildungsexpansion und Berufschancen. Empirische Analysen zur Lage
der Berufsanfänger in der Bundesrepublik. Frankfurt am Main: Campus.

Blossfeld, Hans Peter, 1987: Labour market entry and the sexual segregation of careers in FRG.
American Journal of Sociology 93: 89-118

Blossfeld, Hans-Peter, 1989: Kohortendifferenzierung und Karriereprozess. Eine Längsschnittstudie
über die Veränderung der Bildungs- und Berufschancen im Lebenslauf. Frankfurt am Main/New
York: Campus.

Blossfeld, Hans-Peter, 1993: Changes in Educational Opportunities in the Federal Republic of
Germany. A Longitudinal Study of Cohorts Born between 1916 and 1965. S. 51-74 in: Hans-
Peter Blossfeld und Yossi Shavit (Hg.), Persistent Inequality. Boulder: Westview Press.

Blossfeld, Hans-Peter und Johannes Huinink, 1989: Die Verbesserung der Bildungs- und Berufschancen von Frauen und ihr Einfluß auf den Prozeß der Familienbildung. Zeitschrift für Bevölkerungswissenschaft 15: 383-404.

Blossfeld, Hans-Peter und Andreas Timm, 2003: Who marries whom in West Germany? S. 19-35
in: Hans-Peter Blossfeld und Andreas Timm (Hg.), Who Marries Whom?, Educational Systems as
Marriage Markets in Modern Societies. Dordrecht/Boston/London: Kluwer.

Boehnke, Klaus, Hans Merkens, Folker Schmidt und Dagmar Bergs, 1987: Ausländer und Wertewandel. Hat die 'Stille Revolution' auch bei Arbeitsmigranten stattgefunden? Kölner Zeitschrift
für Soziologie und Sozialpsychologie 39: 330-346.

Boehnke, Klaus, Andreas Hadjar und Dirk Baier, 2007: Parent-Child Value Similarity: The Role of
Zeitgeist. Journal of Marriage and Family 69: 778-792.

Bolte, Karl Martin und Stefan Hradil, 1988: Soziale Ungleichheit in der Bundesrepublik Deutschland. Opladen: Leske + Budrich.

Borkowsky, Anna, 2000: Frauen und Männer in der Berufsbildung der Schweiz. Schweizerische
Zeitschrift für Bildungswissenschaften 22: 279-294.

Bornschier, Volker, 1978: Einkommensungleichheit innerhalb von Ländern in komparativer Sicht.
Schweizerische Zeitschrift für Soziologie 4: 43-45.

Bornschier, Volker, 1991: Zum Problem der sozialen Ungleichheit. Mit einem forschungsgeschicht-
lichen Abriss. S. 9-36 in: Volker Bornschier (Hg.), Das Ende der sozialen Schichtung? Zürich:
Seismo.

Bortz, Jürgen, 1999: Statistik für Sozialwissenschaftler. 5. überarbeitete Fassung. Ber-
lin/Heidelberg/New York: Springer.

Bortz, Jürgen und Nicola Doering, 2002: Forschungmethoden und Evaluation für Sozialwissenschaftler. 3. überarbeitete Auflage. Berlin/Heidelberg: Springer.

Boudon, Raymond, 1974: Education, opportunity, and social inequality. Changing prospects in western society. New York: Wiley.

Boudon, Raymond, 1982: The Unintended Consequences of Social Action. London: MacMillan.

Boudon, Raymond, 1986: The Logic of Relative Frustration. S. 171-196 in: Jon Elster (Hg.), Rational Choice. New York: New York University Press.

Bourdieu, Pierre, 1974: Zur Soziologie der symbolischen Formen. Frankfurt: Suhrkamp.

Bourdieu, Pierre, 1982: Die feinen Unterschiede. Frankfurt am Main: Suhrkamp.

Bourdieu, Pierre, 1983: Ökonomisches Kapital, kulturelles Kapital, soziales Kapital. S.183-198 in: Reinhard Kreckel (Hg.), Soziale Ungleichheiten. Göttingen: Schwartz.

Bourdieu, Pierre und Jean-Claude Passeron, 1971: Die Illusion der Chancengleichheit. Untersuchungen zur Soziologie des Bildungswesens am Beispiel Frankreichs. Stuttgart: Klett.

Braun, Michael und Walter Müller, 1997: Measurement of Education in Comparative Research. Comparative Social Research 16: 163-201.

Braun, Michael und Rolf Uher, 1990: Einstellungen zu sozialer Ungleichheit in Ungarn, der Bundesrepublik Deutschland und den Vereinigten Staaten. S. 191-209 in: Walter Müller, Peter Ph. Mohler, Barbara Erbslöh und Martina Wasmer (Hg.), Blickpunkt Gesellschaft. Einstellungen und Verhalten der Bundesbürger. Opladen: Westdeutscher Verlag.

Breen, Richard, Ruud Luijkx, Walter Müller und Reinhard Pollak, 2005: Non-Persistent Inequality in Educational Attainment: Evidence form eight European Countries, Vortrag auf der Konferenz des Research Committee 28 (ISA) in Los Angeles, 11. August 2005 (Internetveröffentlichung: http://www.ccpr.ucla.edu/isarc28/Final%20Papers/Non%20Persistent%20Inequality_Breen--Pollak.pdf).

Brockner, Joel und Phyllis A. Siegel, 1996: Understanding the interaction between procedural and distributive justice. S. 390-413 in: Rod M. Kramer und Tom R. Tyler (Hg.), Trust in Organizations. Frontiers of Theory and Research. Thousand Oaks: Sage.

Brückner, Hannah und Karl-Ulrich Mayer, 1995: Lebensverläufe und gesellschaftlicher Wandel: Konzeption, Design und Methodik der Erhebung von Lebensverläufen der Geburtsjahrgänge 1954-1956, 1959-1961. Materialien aus der Bildungsforschung Nr. 48. Berlin: MPI.

Brückner, Erika und Karl Ulrich Mayer, 1998: Collecting life history data: Experiences from the German life history study. S. 152-181 in: Janet Z. Giele und Glen Elder Jr. (Hg.), Methods of life course research: Qualitative and quantitative approaches. Thousand Oaks: Sage,.

Bürklin, Wilhelm, Markus Klein und Achim Ruß, 1994: Dimensionen des Wertewandels. Eine empirische Längsschnittanalyse zur Dimensionalität und der Wandlungsdynamik gesellschaftlicher Wertorientierungen. Politische Vierteljahresschrift 35: 579-606.

Büschges, Günter, Martin Abraham und Walter Funk, 1996: Grundzüge der Soziologie. München/Wien: Oldenbourg.

Bundesministerium für Familie, Senioren, Frauen und Jugend (Hg.), 2005: 1. Datenreport zur Gleichstellung von Frauen und Männern in der BRD. Berlin: BFSFJ.

Butz, Marcus, 2001: Lohnt sich Bildung noch? Ein Vergleich der bildungsspezifischen Nettoeinkommen 1982-1995. S. 95-117 in: Peter A. Berger und Dirk Konietzka (Hg.), Die Erwerbsgesellschaft. Neue Ungleichheiten und Unsicherheiten. Opladen: Westdeutscher Verlag.

Carnap, Roderich von und Friedrich Edding, 1962: Der relative Schulbesuch in den Ländern der Bundesrepublik 1952-1960. Frankfurt am Main: Hochschule für Internationale Pädagogik.

Casmir, Bernd, 1989: Staatliche Rentenversicherungssysteme im internationalen Vergleich. Frankfurt am Main: Lang.

Castellucci, Lars, 2001: Zur Zukunft des "Rheinischen Kapitalismus". Aus Politik und Zeitgeschichte B 6-7 2001: 20-26.

Centers, Richard, 1949: The Psychology of Social Classes. A Study of Class Consciousness. Princeton, N.J.: Princeton University Press.

Coleman, James S., 1991 [1990]: Grundlagen der Sozialtheorie. Band 1: Handlungen und Handlungssysteme. München: Oldenbourg.

Coleman James S., Ernest Q. Campbell, Carol J. Hobson, James McPartland, Alexander M. Mood, Frederic D. Weinfeld und Robert L.York, 1966: Equality of Educational Opportunity. Washington, DC: US Department of Health, Education and Welfare/Government Printing Office.

Collins, Randall, 1971: Functional and conflict theories of educational stratification. American Sociological Review 36: 1002-1019.

Collins, Randall, 1979: The credential society. A historical sociology of education and stratification. New York: Academic Press.

Corsten, Michael und Steffen Hillmert, 2001: Qualifikation, Berufseinstieg und Arbeitsmarktverhalten unter Bedingungen erhöhter Konkurrenz. Arbeitspapier Nr. 1 des Projektes Ausbildungs- und Berufsverläufe der Geburtskohorten 1964-1971 in Westdeutschland. Berlin: Max-Planck-Institut für Bildungsforschung Berlin.

Dahrendorf, Ralf, 1961: Dichotomie und Hierarchie. S. 163-175 in: Ralf Dahrendorf (Hg.), Gesellschaft und Freiheit. München: Pieper.

Dahrendorf, Ralf, 1965a: Bildung ist Bürgerrecht. Plädoyer für eine aktive Bildungspolitik. Hamburg: Nannen.

Dahrendorf, Ralf, 1965b: Gesellschaft und Demokratie in Deutschland. München: Piper.

Dahrendorf, Ralf, 1974 [1967]: Pfade aus Utopia. Arbeiten zur Theorie und Methode der Soziologie. München: Piper.

Dalbert, Claudia, Leo Montada und Manfred Schmitt, 1987: Glaube an eine gerechte Welt als Motiv: Validierungskorrelate zweier Skalen. Psychologische Beiträge 29: 596-615.

Dalton, Russell J., 1984: Cognitive Mobilization and Partisan Dealignement in Advanced Industrial Democracies. The Journal of Politics 46: 264-284.

Davis, Kingsley, und E. Wilbert Moore, 1967 [1945]: Einige Prinzipien der sozialen Schichtung. S. 347-357 in: Heinz Hartmann (Hg.), Moderne amerikanische Soziologie. Neuere Beiträge zur soziologischen Theorie. Stuttgart: Enke.

Delhey, Jan, 1999: Inequality and Attitudes. Postcommunism, Western Capitalism and Beyond. Discussion Paper FS III 99-403. Veröffentlichungen der Abteilung Sozialstruktur und Sozialberichterstattung des Forschungsschwerpunktes Sozialer Wandel und Vermittlungsprozesse des Wissenschaftszentrums Berlin für Sozialforschung. Berlin: WZB.

Denzin, Norman K., 1989: The Research Act. A Theoretical Introduction to Sociological Methods (3. Aufl.). Englewood Cliffs: Prentice Hall.

Deutsch, Morton, 1975: Equity, equality, and need. What determines which value will be used as the basis for distributive justice? Journal of Social Issues 31: 137-149.

Deutsch, Morton, 1985: Distributive justice: A social-psychological perspective. New Haven, CT: Yale University Press.

Diefenbach, Heike und Michael Klein, 2002: „Bringing Boys Back In". Soziale Ungleichheit zwischen den Geschlechtern im Bildungssystem zuungunsten von Jungen am Beispiel der Sekundarschulabschlüsse, Zeitschrift für Pädagogik 48: 938-958.

Diekmann, Andreas, 2004a: Empirische Sozialforschung. Grundlagen, Methoden, Anwendungen. Reinbek bei Hamburg: Rowohlt.

Diekmann, Andreas, 2004b: The Power of Reciprocity. Fairness, Reciprocity, and Stakes in variants of the Dictator Game. Journal of Conflict Resolution 48: 487-505.

Diekmann, Andreas und Ben Jann, 2001: Anreizformen und Ausschöpfungsquoten bei postalischen Befragungen. Eine Prüfung der Reziprozitätshypothese. ZUMA-Nachrichten 48: 18-27.

Dierkes, Meinolf, 1977: Die Analyse von Zeitreihen und Longitudinalstudien. Retrospektivinterviews. S. 111-169 in: Jürgen van Koolwijk und Maria Wieken-Mayser (Hg.), Techniken der empirischen Sozialforschung. Band 7: Datenanalyse. München: Oldenbourg.

Dithmar, Reinhard (Hg.), Schule und Unterricht im Dritten Reich. Ludwigsfelde: Ludwigsfelder Verl.-Haus (2001).

Dittrich, John E. und Michael R. Carell, 1976: Dimensions of organizational fairness as predictors of job satisfaction, absence and turnover. Proceedings of the Academy of Management 1976: 79-83.

Dollard, John, Leonard W. Doob, Neal E. Miller, O.H. Mowrer und Robert R. Sears, 1939: Frustration and Aggression. New Haven: Yale University Press.

Douglas, Mary, 1970: Natural Symbols: Explorations in Cosmology. London: Barrie and Rockliff.

Douglas, Mary, 1982: Introduction to Grid/Group Analysis, in: Mary Douglas (Hg.), Essays in the Sociology of Perception. London: Routledge & Kegan Paul.

Douglas, Mary, 1996: Thought Styles. London: Sage.

Duke, James T., 1967: Egalitarianism and the future leaders in Jamaica. S. 115-139 in: Wendell Bell (Hg.), The Democratic Revolution in the West Indies. Cambridge, Mass.: Schenkmann.

Duncan, Otis Dudley, 1969: Toward Social Reporting. Next Steps. New York: Russel Sage Foundation.

Durkheim, Emile, 1983 [1897]: Der Selbstmord. Frankfurt am Main: Suhrkamp.

Durkheim, Emile, 1988 [1893]: Über soziale Arbeitsteilung. Frankfurt am Main: Suhrkamp.

Engel, Uwe, 1998: Einführung in die Mehrebenenanalyse. Opladen/Wiesbaden: Westdeutscher Verlag.

Erikson, Robert und John H. Goldthorpe, 1993: The Constant Flux. A Study of Class Mobility in Industrial Societies. Clarendon Press: Oxford.

Erikson, Robert, John H. Goldthorpe und Lucienne Portocarero, 1979: Intergenerational class mobility in three Western European societies: England, France and Sweden. British Journal of Sociology 30: 341-415.

Esping-Anderson, Gösta, 1990: The Three Worlds of Welfare Capitalism. Cambridge: Polity Press.

Esser, Hartmut, 1988: Sozialökologische Stadtforschung und Mehr-Ebenen-Analyse. S. 35-55 in: Jürgen Friedrichs (Hg.), Soziologische Stadtforschung. Sonderheft 29 der Kölner Zeitschrift für Soziologie und Sozialpsychologie. Opladen: Westdeutscher Verlag.

Esser, Hartmut, 1999: Soziologie: Spezielle Grundlagen. Band 1: Situationslogik und Handeln. Frankfurt am Main: Campus.

Falter, Jürgen W., 1995: Die Wahlen des Jahres 1932/33 und der Aufstieg der totalitären Parteien. S. 271-314 in: Everhard Holtmann (Hg.), Die Weimarer Republik, Band 3: Das Ende der Demokratie 1929-1933. München: Bayrische Landeszentrale für Politische Bildungsarbeit.

Fehr, Ernst und Simon Gächter, 2000: Fairness and Retaliation: The Economics of Reciprocity. Journal of Economic Perspectives 14: 159-181.

Fend, Helmut, 1991: Identitätsentwicklung in der Adoleszenz. Lebensentwürfe, Selbstfindung und Weltaneignung in beruflichen, familiären und politisch-weltanschaulichen Bereichen Entwicklungspsychologie der Adoleszenz in der Moderne. Band 2. Bern: Verlag Hans Huber.

Ferree, Myra Marx, 1985: Zeitgeist as an empirical phenomenon. Contemporary Sociology 14: 434-436.

Festinger, Leon, 1954: A Theory of Social Comparison Processes. Human Relations 7: 117-140.

Festinger, Leon, 1957: A Theory of Cognitive Dissonance. Stanford: Stanford University Press.

Fienberg, Stephen E., und William M. Mason, 1985: Specification and Implementation of Age, Period and Cohort Models. S. 45-88 in: William M. Mason und Stephen E. Fienberg (Hg.), Cohort Analysis in Social Reserach. Beyond the Identification Problem. New York/Heidelberg/Toronto: Springer.

Fogt, Helmut, 1982: Politische Generationen. Theoretische Bedeutung und empirisches Modell. Opladen: Westdeutscher Verlag.

Franzen, Axel; Anna Hecken und Chris Kopp, 2004: Bildungsexpansion und die geschlechtsspezifische Segregation an Schweizer Hochschulen. Soziale Welt: 317-335.

Frey, Bruno S. und Alois Stutzer, 2002: What Can Economists Learn from Happiness Research? Journal of Economic Literature 40: 402-435.

Friedrichs, Jürgen, 1973: Methoden der empirischen Sozialforschung. Reinbek bei Hamburg: Rowohlt.

Fuchs-Heinritz, Werner, Rüdiger Lautmann, Otthein Rammstedt, und Hanns Wienold (Hg.), 1994: Lexikon zur Soziologie. Opladen: Westdeutscher Verlag.

Gabriel, Oscar W. 1987. Politische Kultur, Postmaterialismus und Materialismus in. der BRD. Opladen: Westdeutscher Verlag.

Galtung, Johan, 1967: Theory and Methods of Social Research. London: Allen & Unwin.

Geiger, Theodor, 1972 [1932]: Die soziale Schichtung des deutschen Volkes. Soziographischer Versuch auf statistischer Grundlage. Stuttgart: Enke.

Gilligan, Carol, 1982: In a different voice: Psychological theory and women's development. Cambridge, MA: Harvard University Press.

Gini, Corrado, 1921: Measurement of Inequality and Incomes. The Economic Journal 31: 124-126.

Ginsburg, Norman, 1992: Divisions of Welfare: A Critical Introduction to Comparative Social Policy. London: Sage.

Glatzer, Wolfgang und Richard Hauser, 2002: The Distribution of Income and Wealth in European and North-American Societies. S. 187-217 in: Yannick Lemel und Heinz-Herbert Noll (Hg.), Changing Structures of Inequality. A Comparative Perspective. Montreal: McGill-Queen's University Press.

Glenn, Norval D., 1977: Cohort Analysis. Beverly Hills: Sage.

Glenn, Norval D., 2005: Cohort analysis. Second Edition. Thousand Oaks, Sage Publications.

Goldthorpe, John 1966: Social stratification in industrial society. S. 648-659 in: Reinhard Bendix und Seymour M. Lipset (Hg.), Class, Status and Power. Second Edition. New York: Free Press.

Goldthorpe, John H., 1996: Problems of "Meritocracy". S. 255-287 in: Robert Erikson and Jan O. Jonsson (Hg.) Can Education be Equalized? Boulder.: Westview Press.

Goldthorpe, John H., 1999: Modelling the pattern of class voting in British elections, 1964-1992. S. 59-82 in: Evans Geoffrey (Hg.), The end of class politics? Class voting in comparative context. Oxford: Oxford University Press.

Goldthorpe, John H., und David Lockwood, 1963: Affluence and the British Class Structure. Sociological Review 11: 133-163.

Gouldner, Alvin W. 1960. The Norm of Reciprocity: A Preliminary Statement. American Sociological Review 25: 161-178.

Gouldner, Alvin W., 1973: For Sociology. Renewal and Critique in Sociology Today. London: Lane Publishers.

Green, Samuel B., Janet G. Marquis, Scott L. Hershberger, Marylin S. Thompson und Karen M. McCollam, 1999: The overparameterized analysis-of-variance model. Psychological Methods 4: 214-233.

Gurr, Ted R., 1970: Why men rebel. Princeton: Princeton University Press.

Habermas, Jürgen, 1981: Theorie des kommunikativen Handelns. 2 Bde. Frankfurt am Main: Suhrkamp.

Hadjar, Andreas, 2003: Non-violent political protest in East Germany in the 1980s: Protestant church, opposition groups and the people. German Politics 12: 107-128.

Hadjar, Andreas, 2004: Ellenbogenmentalität und Fremdenfeindlichkeit bei Jugendlichen. Die Rolle des Hierarchischen Selbstinteresses. Wiesbaden: VS-Verlag für Sozialwissenschaften.

Hadjar, Andreas, 2006: Bildungsexpansion und Wandel von sozialen Werten. S. 205-230 in: Andreas Hadjar und Rolf Becker (Hg.), Bildungsexpansion – Erwartete und unerwartete Folgen. Wiesbaden: VS Verlag für Sozialwissenschaften.

Hadjar, Andreas und Rolf Becker, 2006a: Bildungsexpansion und Wandel des politischen Interesses in Westdeutschland zwischen 1980 und 2002. Politische Vierteljahresschrift 47: 12-34.

Hadjar, Andreas und Rolf Becker, 2006b: Bildungsexpansion – erwartete und unerwartete Folgen. S. 11-24 in: Andreas Hadjar und Rolf Becker (Hg.), Bildungsexpansion – Erwartete und unerwartete Folgen. Wiesbaden: VS Verlag für Sozialwissenschaften.

Hadjar, Andreas und Rolf Becker, 2006c: Politisches Interesse und politische Partizipation. S. 179-204 in: Andreas Hadjar und Rolf Becker (Hg.), Bildungsexpansion – Erwartete und unerwartete Folgen. Wiesbaden: VS Verlag für Sozialwissenschaften.

Hadjar, Andreas und Rolf Becker, 2007: Unkonventionelle politische Partizipation im Zeitverlauf – Hat die Bildungsexpansion zu einer politischen Mobilisierung beigetragen? Kölner Zeitschrift für Soziologie und Sozialpsychologie 59: 410-439.

Hadjar, Andreas und Regula Imhof, 2007: Bildungsexpansion und Anti-Zivilmoral: Einstellungen zu leichter Delinquenz in der Schweiz, Westdeutschland und Ostdeutschland. Schweizerische Zeitschrift für Soziologie 33 (2): 279-306.

Hadjar, Andreas, Dirk Baier und Klaus Boehnke, 2003: Geschlechtsspezifische Jugenddelinquenz. Eine Beurteilung der Power-Control Theory. S. 174-193 in: Jürgen Mansel, Hartmut M. Griese, Albert Scherr (Hg.), Theoriedefizite der Jugendforschung. Standortbestimmung und Perspektiven Weinheim, München: Juventa.

Hadjar, Andreas, Sigrid Haunberger und Frank Schubert, 2007: Bildung und subjektives Wohlbefinden im Zeitverlauf, 1984-2002: Eine Mehrebenenanalyse. Unveröffentlichtes Manuskript. Bern: Abteilung Bildungssoziologie, Universität Bern.

Hagan, John, A.R. Gillis, und John H. Simpson, 1979: The Sexual Stratification of Social Control. A Gender-based Perspective on Crime and Delinquency. British Journal of Sociology 30: 25-38.

Hagan, John, Gerd Hefler, Gabriele Classen, Klaus Boehnke, und Hans Merkens, 1998: Subterranean Sources of Subcultural Delinquency Beyond the American Dream. Criminology 36: 309-342.

Haller, Max, 1989a: Die Klassenstruktur im sozialen Bewusstsein. Ergebnisse vergleichender Umfrageforschung zu Ungleichheitsvorstellungen. S. 447-469 in: Max Haller und Hans-Joachim Hoffmann-Nowotny (Hg.), Kultur und Gesellschaft. Verhandlungen des 24. Deutschen Soziologentages, des 11. Österreichischen Soziologentages und des 8. Kongresses der Schweizerischen Gesellschaft für Soziologie in Zürich 1988. Frankfurt am Main: Campus.

Haller, Max, 1989b: Klassenstrukturen und Mobilität in fortgeschrittenen Gesellschaften. Eine vergleichende Anayse der Bundesrepublik Deutschland, Österreichs, Frankreichs und der Vereinigten Staaten von Amerika. Frankfurt a.M./New York: Campus.

Haller, Max, Bogdan Mach, und Heinrich Zwicky, 1995: Egalitarismus und Antiegalitarismus zwischen gesellschaftlichen Interessen und kulturellen Leitbildern. Ergebnisse eines internationalen Vergleichs. S. 221-264 in: Hans-Peter Müller und Bernd Wegener (Hg.), Soziale Ungleichheit und soziale Gerechtigkeit. Opladen: Leske + Budrich.

Halsey, Albert H. (1977). Towards Meritocracy? The Case of Britain. S. 173-186 in Jerome Karabel und Albert H. Halsey (Hg.), Power and Ideology in Education. New York: Oxford University Press.

Handl, Johann, 1985: Mehr Chancengleichheit im Bildungssystem. Erfolg der Bildungsreform oder statistisches Artefakt. Kölner Zeitschrift für Soziologie und Sozialpsychologie 37: 698-722.

Hartmann, Peter und Bernhard Schimpl-Neimanns, 1992: Sind Sozialstrukturanalysen mit Umfragedaten möglich? Analysen zur Repräsentativität einer Sozialforschungsumfrage. Kölner Zeitschrift für Soziologie und Sozialpsychologie 44: 315-340.

Hecken, Anna, 2006: Bildungsexpansion und Frauenerwerbstätigkeit. S. 123-155 in: Andreas Hadjar und Rolf Becker (Hg.), Bildungsexpansion – Erwartete und unerwartete Folgen. Wiesbaden: VS Verlag für Sozialwissenschaften.

Heckhausen, Jutta und Richard Schulz, 1995: A Life-Span Theory of Control. Psychological Review 102: 284-304.

Hedström, Peter und Richard Swedberg, 1998: Social mechanisms. An introductory essay. S. 1-31 in: Peter Hedström und Richard Swedberg (Hg.), Social Mechanisms. An Analytical Approach to Social Theory. Cambridge: Cambridge University Press.

Henz, Ursula und Ineke Maas, 1995: Chancengleichheit durch die Bildungsexpansion? Kölner Zeitschrift für Soziologie und Sozialpsychologie 47: 605-633.

Herz, Thomas, 1979: Die Einstellung zur Verwirklichung der Werte „Gleichheit" und „Gerechtigkeit". S. 198-209 in: Helmut Klages und Peter Kmieczak (Hg.), Wertwandel und gesellschaftlicher Wandel. Frankfurt am Main: Campus.

Herz, Thomas A., 1987: Werte, sozio-politische Konflikte und Generationen. Eine Überprüfung der Theorie des Postmaterialismus, in: Zeitschrift für Soziologie 16: 56-69.

Hirsch, Fred, 1980: Die sozialen Grenzen des Wachstums. Reinbek bei Hamburg: Rowohlt.

Hirschman, Alfred O., 1970: Exit, voice and loyalty. Responses to decline in firms, organizations and states. Cambridge: Harvard University Press.

Hobbes, Thomas, 2002 [1651]: Leviathan oder Stoff, Form und Gewalt eines kirchlichen und bürgerlichen Staates. Frankfurt am Main: Suhrkamp.

Hochschild, Jennifer L., 1981: What's Fair? American Beliefs about Distributive Justice. Cambridge, MA: Cambridge University Press.

Hoffer, Thomas B., 2002: Meritocracy. S. 435-442 in: David L. Levinson, Peter W. Cookson and Alan R. Sadovnik (Hg.). Education and Sociology. An encyclopedia. New York: Routledge.

Hoffmann-Lange, Ursula, 1997: Jugend zwischen politischer Teilnahmebereitschaft und Politikverdrossenheit. S. 178-205 in: Christian Palentin und Klaus Hurrelmann (Hg.), Jugend und Politik. Ein Handbuch für Forschung, Lehre und Praxis. Neuwied: Luchterhand.

Holtmann, Dieter, 2006: Zur Performanz von Wohlfahrtsregimen und zu den Unterstützungspotentialen für die verschiedenen Wohlfahrtskonzepte. Eine empirische Untersuchung. Unter Mitarbeit von Michael Mutz, Claudia Bucheister, Tilo Göhrl und anderen. Potsdam: Universitätsverlag Potsdam.

Homans, George C., 1958: Social Behavior as Exchange. American Journal of Sociology 63: 597-606.

Homans, George C., 1968 [1961]: Elementarformen sozialen Verhaltens. Köln: Westdeutscher Verlag.

Hondrich, Karl Otto, 1984: Der Wert der Gleichheit und der Bedeutungswandel der Ungleichheit. Soziale Welt 35: 267-293

Hosenfeld, Ingmar, 2002: Kausalitätsüberzeugungen und Schulleistungen. Münster: Waxmann.

Hox, Joop J. und Ita Kreft, 1994: Multilevel Analysis Methods, Introduction Special Issue on Multilevel Analysis. Sociological Methods and Research 22: 283-299.

Hradil, Stefan, 1987: Sozialstrukturanalyse in einer fortgeschrittenen Gesellschaft. Opladen: Leske + Budrich.

Hübler, Olaf, 2003: Neuere Entwicklungen in der Mikroökonometrie. S. 41-50 in: Wolfgang Franz, Manfred Stadler und Hans-Jürgen Ramser (Hg.), Empirische Wirtschaftsforschung: Methoden und Anwendungen. Mohr Siebeck: Tübingen.

Hume, David, 1972 [1751]: Eine Untersuchung über die Prinzipien der Moral. Hamburg: Meiner.

Hume, David, 1978 [1739]: Ein Traktat über die menschliche Natur. Buch II und III. Über die Affekte. Über Moral. Hamburg: Meiner.

Hunt, Morton, 1991: Die Praxis der Sozialforschung. Reportagen aus dem Alltag der Wissenschaft. Frankfurt am Main/New York: Campus.

Hurrelmann, Klaus, 1989: Gelingende und mißlingende Sozialisation im Lebenslauf. S. 162-171 in: Ansgar Weymann (Hg.), Handlungsspielräume. Untersuchungen zur Individualisierung und Institutionalisierung von Lebensverläufen in der Moderne. Stuttgart: Enke.

Inglehart, Ronald, 1977: The Silent Revolution. Changing Values and Political Styles Among Western Publics. Princeton: Princeton University Press.

Inglehart, Ronald, 1989: Kultureller Umbruch. Wertewandel in der westlichen Welt. Frankfurt am Main/New York: Campus.

Inglehart, Ronald, 1998: Modernisierung und Postmodernisierung. Kultureller, wirtschaftlicher und politischer Wandel in 43 Gesellschaften. Frankfurt am Main/New York: Campus.

Jaccard, James, Robert Turrisi und Choi K. Wan, 1990: Interaction Effects in Multiple Regression. Thousand Oaks/London/New Delhi: Sage.

Jagodzinski, Wolfgang, 1984: Identification of Parameters in Cohort Models. Sociological Methods and Research 12: 375-398.

Jann, Werner, 1986: Vier Kulturtypen, die alles erklären? Kulturelle und institutionelle Ansätze der neueren amerikanischen Politikwissenschaft. Politische Vierteljahresschrift 27: 361-377.

Jasso, Guillermina, 1978: On the Justice of Earnings: A New Specification of the Justice Evaluation Function. American Journal of Sociology 83: 1398-1419.

Jasso, Guillermina und Bernd Wegener, 1997: Methods for Empirical Justice Analysis. Part 1. Framework, Models, and Quantities. Social Justice Research 10: 393-430.

Jasso, Guillermina und Karl-Dieter Opp, 1997: Probing the character of norms. A factorial survey analysis of norms and political action. American Sociological Review 62: 947-964.

Jasso, Guillermina und Peter H. Rossi, 1977: Distributive Justice and Earned Income. American Sociological Review 42: 639-51.

Jennings, M. Kent, 1996: Political Knowledge over Time and across Generations. Public Opinion Quarterly 60: 228-252.

Jennings, Kent M. und Richard G. Niemi, 1981: Generations and Politics: A Panel Study of Young Adults and their Parents. New Jersey: Princeton University.

Kaase, Max, 1984: The Challenge of the „Participatory Revolution" in Pluralist Democracies. International Political Science Review 5: 299-318.

Kaase, Max, 1997: Vergleichende politische Partizipationsforschung. S. 159-174 in: Dirk Berg-Schlosser und Ferdinand Müller-Rommel (Hg.), Vergleichende Politikwissenschaft. Opladen: Leske + Budrich.

Kaufmann, Franz-Xaver, 2005: Schrumpfende Gesellschaft – Vom Bevölkerungsrückgang und seinen Folgen. Frankfurt am Main: Suhrkamp.

Ketteler, Wilhelm Emmanuel von, 1950: Soziale Gerechtigkeit. Auszug aus seinen Werken und Briefen. München: Bayerischer Schulbuch-Verlag.

Kiewit, Roderick D., 1983: Macroeconomics and Micropolitics. The Electoral Effects of Economic Issues. Chicago: Chicago University Press.

Kinder, Donald R. und Roderick D. Kiewit, 1979: Economic Discontent and Political Behavior. The Role of Personal Grievances and Collective Economic Judgements in Congressional Elections. American Journal of Political Science 23: 495-527.

Kingston, Paul W., 2006: How meritocratic is the United States? Research in Social Stratification and Mobility 24: 111-130.

Kirchgässner, Gebhard, 1991: Homo oeconomicus. Das ökonomische Modell individuellen Verhaltens und seine Anwendung in den Wirtschafts- und Sozialwissenschaften. Tübingen: Mohr.

Kirschner, Hans-Peter, 1984: ALLBUS 1980. Stichprobenplan und Gewichtung. S. 114-182 in: Karl Ulrich Mayer und Peter Schmidt (Hg.), Allgemeine Bevölkerungsumfrage der Sozialwissenschaften. Beiträge zu methodischen Problemen des ALLBUS 1980. Frankfurt am Main/New York: Campus.

Klages, Helmut, 1984: Wertorientierungen im Wandel. Rückblick, Gegenwartsanalyse, Prognosen. Frankfurt am Main/New York.

Klages, Helmut, 1985: Bildung und Wertewandel. Soziologie und gesellschaftliche Entwicklung. S. 224-241 in: Lutz Burkart (Hg.), Verhandlungen des 22. Deutschen Soziologentages in Dortmund 1984. Frankfurt am Main/New York: Campus.

Klecka, William R., 1971: Applying Political Generations to the Study of Political Behavior: A Cohort Analysis. Public Opinion Quarterly 35: 358-373.

Klein, Markus, 1995: Wieviel Platz bleibt im Prokrustesbett? Wertewandel in der Bundesrepublik Deutschland zwischen 1973 und 1992 gemessen anhand des Inglehart-Index. Kölner Zeitschrift für Soziologie und Sozialpsychologie 47: 207-230.

Klein, Markus und Manuela Pötschke, 2004: Die intraindividuelle Stabilität gesellschaftlicher Wertorientierungen. Eine Mehrebenenanalyse auf der Grundlage des Sozio-oekonomischen Panels (SOEP). Kölner Zeitschrift für Soziologie und Sozialpsychologie 56: 432-456.

Klein, Thomas, 1991: Zur Bedeutung von Alters-, Perioden- und Generationseinflüssen für den Wandel politischer Werte in der Bundesrepublik. Zeitschrift für Soziologie 20: 138-146.

Klein, Thomas, Rainer Unger und Alexander Schulze, 2006: Bildungsexpansion und Lebenserwartung. S. 311-331 in: Andreas Hadjar und Rolf Becker (Hg.), Die Bildungsexpansion. Erwartete und unerwartete Folgen. Wiesbaden: VS Verlag.

Klemm, Klaus, 1996: Bildungsexpansion und kein Ende? S. 427-442 in: Werner Helsper, Heinz-Hermann Krüger and Hartmut Wenzel (Hg.), Schule und Gesellschaft im Umbruch. Band 1: Theoretische und internationale Perspektiven. Weinheim: Deutscher Studien Verlag.

Klingemann, Hans-Dieter, 1990: Sozio-ökonomische Ungleichheit und Klassenbewusstsein in westlichen Industriegesellschaften. S. S. 317-329 in: Werner Süss (Hg.), Übergänge. Zeitgeschichte zwischen Utopie und Machbarkeit. Beiträge zu Philosophie, Gesellschaft und Politik. Hellmuth G. Bütow zum 65. Geburtstag. Berlin: Duncker und Humblot.

Kluckhohn, Clyde, 1951: Values and Value-Orientations in the Theory of Action. An Exploration in Definition and Classification. S. 388-434 in: Talcott Parsons und Edward A. Shils (Hg.), Toward a General Theory of Action. New York: Harper.

Kluegel, James R. und Eliot R. Smith, 1986: Beliefs without inequality: Americans' view of what is and what ought to be. Hawthorne, NJ: Aldine de Gruyter.

Kluegel, James R., David S. Mason und Bernd Wegener (Hg.), 1995: Social justice and political change: Public opinion in capitalist and post-communist states. Berlin/New York: Walter de Gruyter.

Kluegel, James R., David S. Mason und Bernd Wegener, 1999: The Legitimation of Capitalism in the Postcommunist Tradition. Public Opinion about Market Justice, 1991-1996. European Sociological Review 15: 251-283.

Kmieciak, Peter, 1976: Wertstrukturen und Wertwandel in der Bundesrepublik Deutschland. Göttingen: Schwartz.

Koch, Achim, 1997: ADM-Design und Einwohnermelderegisterstichprobe. Stichprobenverfahren bei mündlichen Bevölkerungsumfragen. S. 99-116 in: Jürgen Hoffmeyer-Zlotnik (Hg.), Stichproben in der Umfragepraxis. Opladen: Westdeutscher Verlag.

Koch, Achim und Martina Wasmer, 2004: Der ALLBUS als Instrument zur Untersuchung sozialen Wandels. Eine Zwischenbilanz nach 20 Jahren. S. 13-41 in: Rüdiger Schmitt-Beck, Martina Wasmer und Achim Koch (Hg.), Sozialer und politischer Wandel in Deutschland. Analyse mit ALLBUS-Daten aus zwei Jahrzehnten. Wiesbaden: VS Verlag für Sozialwissenschaften.

Kohlberg, Lawrence, 1995 [1984]: Die Psychologie der Moralentwicklung. Frankfurt am Main: Suhrkamp.

Köhler, Helmut, 1978: Der relative Schul- und Hochschulbesuch in der Bundesrepublik Deutschland 1952 bis 1975. Berlin: Max-Planck-Institut für Bildungsforschung.

Köhler, Helmut, 1990: Neue Entwicklungen des relativen Schul- und Hochschulbesuchs. Eine Analyse der Daten für 1975 bis 1987. Berlin: Max-Planck-Institut für Bildungsforschung.

Köhler, Helmut, 1992: Bildungsbeteiligung und Sozialstruktur in der Bundesrepublik. Zu Stabilität und Wandel der Ungleichheit von Bildungschancen, Berlin: Max-Planck-Institut für Bildungsforschung.

Kohler, Ulrich, 2005: Statusinkonsistenz und Entstrukturierung von Lebenslagen. Empirische Überprüfung zweier Individualisierungshypothesen mit Querschnittsdaten aus 28 Ländern. Kölner Zeitschrift für Soziologie und Sozialpsychologie 57: 230-253.

Krais, Beate, 1983: Bildung als Kapital: Neue Perspektiven für die Analyse der Sozialstruktur? S. 198-220 in: Reinhard Kreckel (Hg.), Soziale Ungleichheiten. Sonderband der Soziale Welt 2. Göttingen: Schwartz.

Kraus, Vered und Walter Müller, 1990: Legitimation sozialer Ungleichheit bleibt prekär. Ein Zeitvergleich mit Umfragedaten. ISI-Informationsdienst Soziale Indikatoren 3: 10-14.

Krebs, Angelika, 2000: Einleitung: Die neue Egalitarismuskritik im Überblick. S. 7-37 in: Angelika Krebs (Hg.), Gleichheit oder Gerechtigkeit. Texte der neuen Egalitarismuskritik. Frankfurt am Main: Suhrkamp.

Kreckel, Reinhard, 2004: Politische Soziologie der sozialen Ungleichheit. 3. erweiterte Auflage, Frankfurt am Main: Campus.

Kristen, Cornelia, 1999: Bildungsentscheidungen und Bildungsungleichheit - ein Überblick über den Forschungsstand. Arbeitspapier Nr. 5. Mannheim: Mannheimer Zentrum für Europäische Sozialforschung.

Lachat, Romain und Daniel Oesch, 2007: Beyond the traditional economic cleavage. Class location and attitudinal divides in 21 European Countries. Unveröffentlichtes Manuskript, Vortrag präsentiert auf der Konferenz der ECPR in Pisa im September 2007.

Lamnek, Siegfried, 1995: Qualitative Sozialforschung. Bd. 1: Methodologie (3. Aufl.) Weinheim: Beltz, Psychologie Verlags Union.

Lane Robert E., 1986: Market justice, political justice. American. Political Science Review 80: 383-402.

Lawler, Edward E., 1968: Equity Theory as a predictor of productivity and work quality. Psychological Bulletin 70: 596-610.

Leisering, Lutz, 1999: Der deutsche Sozialstaat. S. 181-192 in: Thomas Ellwein und Everhard Holtmann (Hg.), 50 Jahre Bundesrepublik Deutschland. Sonderheft der Politischen Vierteljahresschrift. Wiesbaden: Westdeutscher Verlag.

Leisering, Lutz, 2000: Wohlfahrtsstaatliche Generationen. S. 59-76 in: Martin Kohli und Marc Szydlik (Hg.), Generationen in Familie und Gesellschaft. Opladen: Leske + Budrich.

Lengfeld, Holger, Stefan Liebig und Alfredo Märker, 2000: Politisches Engagement, Protest und die Bedeutung sozialer Ungerechtigkeit. Aus Politik und Zeitgeschichte B7-8/2000: 22-31.

Lenski, Gerhard, 1954. Status Crystallization: A Non-Vertical Dimension of Social Status. American Soziological Review 19: 405-413.

Lenski, Gerhard, 1966. Power and Privilege: A Theory of Social Stratification. New York: McGraw-Hill.

Lenzen, Manuela, 2003: Evolutionstheorien – In den Natur- und Sozialwissenschaften. Frankfurt am Main: Campus.

Lerner, Melvin J., 1975: The Justice Motive in Social Behavior: Introduction. Journal of Social Issues 31: 1-19.

Levy, Marion J., 1952: The Structure of Society. Princeton, NJ: Princeton University Press.

Lexis, Wilhelm, 1875: Einleitung in die Theorie der Bevölkerungsstatistik. Strasburg: Trübner.

Liebig, Stefan, 1997: Soziale Gerechtigkeitsforschung und Gerechtigkeit in Unternehmen. München: Hampp.

Liebig, Stefan, 2004: Empirische Gerechtigkeitsforschung. Überblick über aktuelle Modelle der psychologischen und soziologischen Gerechtigkeitsforschung. ISGF-Arbeitsbericht 41. Berlin: Humboldt Universität.

Liebig, Stefan und Bernd Wegener, 1995: Primäre und sekundäre Ideologien: Ein Vergleich von Gerechtigkeitsvorstellungen in Deutschland und den USA. S. 265-93 in: Hans-Peter Müller und Bernd Wegener (Hg.), Soziale Ungleichheit und soziale Gerechtigkeit. Opladen: Leske + Budrich.

Liebig, Stefan und Bernd Wegener, 1999: Protest und Verweigerung. Die Folgen sozialer Ungerechtigkeit in Deutschland. S. 263-98 in: Manfred Schmitt und Leo Montada (Hg.), Gerechtigkeitserleben im wiedervereinigten Deutschland. Opladen: Leske + Budrich.

Lind, E.Allan und Tom R. Tyler, 1988: The Social Psychology of Procedural Justice. New York: Plenum Press.

Lindenberg, Siegwart und Bruno S. Frey, 1993: Alternatives, frames, and relative prices. A broader view of rational choice theory. Acta Sociologica 36: 191-205.

Linton, Ralph, 1964 [1936]: The Study of Man. New York: Appleton.

Lippl, Bodo H., 2003: Sozialer Wandel, wohlfahrtsstaatliche Arrangements und Gerechtigkeitsäußerungen im internationalen Vergleich. Analysen in postkommunistischen und westlich-kapitalistischen Ländern. Dissertation. Berlin: Humboldt Universität.

Lipset, Seymour M. und Reinhard Bendix, 1959 (Hg.), Social Mobility in Industrial Society. Berkeley: University of California Press.

Lipset, Seymour M., 1960: Political Man. The Social Bases of Politics. Garden City, NY: Doubleday and Co.

Lockwood, David, 1966: Scources of Variation in Working Class Images. Sociological Review 14: 249-268.

Lockwood, David, 1979: Soziale Integration und Systemintegration. S. 125-137 in: Wolfgang Zapf (Hg.), Theorien des sozialen Wandels. Königstein/Ts.: Hain.

Lück, Detlev, 2005: Akzeptanz sozialer Ungleichheit in spätmodernen Gesellschaften: Wandeln sich Vorstellungen sozialer Gerechtigkeit? Vortrag auf der Sektionssitzung „Repräsentationen sozialer Ungleichheit" der Sektion „Soziale Ungleichheit und Sozialstrukturanalyse" in Stuttgart-Hohenheim, 18.-19.3.2005.

Luhmann, Niklas, 1985: Zum Begriff der sozialen Klasse. S. 119-162 in: Niklas Luhmann (Hg.), Soziale Differenzierung. Opladen: Westdeutscher Verlag.

Lutz, Burkart, 1979: Die Interdependenz von Bildung und Beschäftigung und das Problem der Erklärung der Bildungsexpansion. S. 634-670 in: Joachim Matthes (Hg.), Sozialer Wandel in Westeuropa: Verhandlungen des 19. Deutschen Soziologentages. Frankfurt am Main: Campus.

MacIntyre, Alisdair, 1981: After virtue. A study in moral theory. London: Druckworth.

MacKinnon, David P., Jennifer L. Krull und Chondra M. Lockwood, 2000: Equivalence of the Mediation, Confounding and Suppression Effect. Prevention Science 1: 173-181.

Mannheim, Karl, 1928: Das Problem der Generation, in: Kölner Vierteljahresschrift für Soziologie 7: 2, 157-185, 309-330.

Marcuse, Herbert, 1994 [1964]: Der eindimensionale Mensch. München: dtv.

Marx, Karl, 1974 [1859]: Kritik der Politischen Ökonomie. Marx-Engels-Werke. Band 13. Berlin: Dietz.

Marx, Karl, 1974 [1867]: Das Kapital. Band 1. Marx-Engels-Werke. Band 23. Berlin: Dietz.

Mason, William M., und Stephen E. Fienberg, 1985: Introduction. Beyond the Identification Problem. S. 1-8 in: William M. Mason und Stephen E. Fienberg (Hg.), Cohort Analysis in Social Reserach. Beyond the Identification Problem. New York/Heidelberg/Toronto: Springer.

Mau, Steffen, 1997: Ungleichheits- und Gerechtigkeitsorientierungen in modernen Wohlfahrtsstaaten. Ein Vergleich der Länder Schweden, Grossbritannien und Bundesrepublik Deutschland. Berlin: WZB.

Mau, Steffen, 2004: Moralökonomie: Eine konzeptionelle Bestimmung aus ungleichheitssoziologischer Sicht. S. 165-190 in: Peter Berger und Volker H. Schmidt (Hg.), Welche Gleichheit, welche Ungleichheit? Grundlagen der Ungleichheitsforschung. Opladen: VS Verlag für Sozialwissenschaften.

Mayer, Karl-Ulrich, 1975: Ungleichheit und Mobilität im sozialen Bewusstsein. Opladen: Westdeutscher Verlag.

Mayer, Karl Ulrich, 1980: Sozialhistorische Materialien zum Verhältnis von Bildungs- und Beschäftigungssystem bei Frauen. S. 60-79 in: Ulrich Beck, Karl H. Hörning und Wilke Thomssen (Hg.), Bildungsexpansion und betriebliche Beschäftigungspolitik. Frankfurt am Main: Campus.

Mayer, Karl Ulrich, 1989: Empirische Sozialstrukturanalyse und Theorien der gesellschaftlichen Entwicklung. Soziale Welt 40: 297 – 304.

Mayer, Karl Ulrich, 1992: Bildung und Arbeit in einer alternden Gesellschaft. S. 518-543 in: Paul B. Baltes und Jürgen Mittelstraß (Hg.), Zukunft des Alterns und gesellschaftliche Entwicklung. Berlin/New York: Walter de Gruyter.

Mayer, Karl Ulrich, 2000: Arbeit und Wissen: Die Zukunft von Bildung und Beruf. S. 383-410 in: Jürgen Kocka und Claus Offe (Hg.), Geschichte und Zukunft der Arbeit. Frankfurt am Main: Campus.

Mayer, Karl Ulrich, 2001: The Sociology of the Life Course and Life Span Psychology – Diverging or Converging Pathways. Ann Arbor, Michigan: Society for the Study of Human Development.

Mayer, Karl Ulrich und Johannes Huinink, 1990: Alters-, Perioden- und Kohorteneffekte in der Analyse von Lebensverläufen oder: Lexis ade? S. 442-459 in: Karl Ulrich Mayer (Hg.), Lebensverläufe und sozialer Wandel. Opladen: Westdeutscher Verlag.

Mayer, Karl-Ulrich und Hans-Peter Blossfeld, 1990: Die gesellschaftliche Konstruktion sozialer Ungleichheit im Lebensverlauf. S. 297-318 in: Peter A. Berger und Stefan Hradil (Hg.), Lebenslagen, Lebensläufe, Lebensstile. Sonderband 7 der Sozialen Welt. Göttingen: Schwartz.

Mayer, Karl-Ulrich und Heike Solga, 1994: Mobilität und Legitimität. Zum Vergleich der Chancenstrukturen in der alten DDR und der alten BRD oder: Haben Mobilitätschancen zu Stabilität und Zusammenbruch der DDR beigetragen? Kölner Zeitschrift für Soziologie und Sozialpsychologie 46: 193-208

Mayer, Karl-Ulrich, Vered Kraus und Peter Schmidt, 1981: Opportunity and Inequality. Paper prepared for the Round Table on Social Mobility and Political Attitudes of the International Political Science Association, Storrs (Conneticut) August 10-12, 1981.

Mayer, Karl Ulrich, Vered Kraus und Peter Schmidt, 2004: Soziale UngleichheitSoziale Ungleichheit. In: Angelika Glöckner-Rist (Hg.), ZUMA-Informationssystem. Elektronisches Handbuch sozialwissenschaftlicher Erhebungsinstrumente. ZIS Version 8.00. Mannheim: Zentrum für Umfragen, Methoden und Analysen.

Mayer, Karl Ulrich, Walter Müller und Reinhard Pollak, 2007: Germany: Institutional Change and Inequalities of Access in German Higher Education. S. 240-265 in: Yossi Shavit, Richard Arum und Adam Gamoran (Hg.), Stratification in Higher Education. Stanford: Stanford University Press.

McClelland, David C., 1966: Die Leistungsgesellschaft. Psychologische Analyse der Voraussetzungen wirtschaftlicher Entwicklung. Stuttgart: Kohlhammer.

McMurrer, Daniel P.und Isabel V. Sawhill, 1998: Getting Ahead. Economic and Social Mobility in America.Washington, D.C.: The Urban Institute Press.

Mehlkop, Guido und Rolf Becker, 2004: Soziale Schichtung und Delinquenz. Eine empirische Anwendung eines Rational Choice-Ansatzes mit Hilfe von Querschnittsdaten des ALLBUS 1990 und 2000. Kölner Zeitschrift für Soziologie und Sozialpsychologie 56: 95-126.

Meier, Artur, Hildegard M. Nickel und Gerhard Wenzke, 1981: Soziale Erfahrungen der Schuljugend in den verschiedenen Lebensbereichen. Theoretische erziehungssoziologische Studie. Berlin: Akademie der Pädagogischen Wissenschaften der DDR.

Merton, Robert K., 1995 [1957]: Soziologische Theorie und soziale Struktur. Berlin: de Gruyter.

Metje, Matthias, 1994: Wählerschaft und Sozialstruktur im Generationenwechsel. Eine Generationenanalyse des Wahlverhaltens bei Bundestagswahlen. Wiesbaden: Deutscher Universitätsverlag.

Meulemann, Heiner, 1982: Bildungsexpansion und Wandel der Bildungsvorstellungen zwischen 1958 und 1979: Eine Kohortenanalyse. Zeitschrift für Soziologie 11: 227-253.

Meulemann, Heiner, 1983a: Value Change in West Germany, 1950-1980. Integrating the Empirical Evidence, Social Science Information 22: 777-800.

Meulemann, Heiner, 1983b: Soziale Position der Eltern, Schulleistung und Schullaufbahn des Kindes. S. 115-135 in: Hans-Jürgen Hoffmann-Novotny (Hg.), Gesellschaftliche Berichterstattung zwischen Theorie und politischer Praxis. Frankfurt am Main: Campus.

Meulemann, Heiner, 1985: Statusinkonsistenz und Sozialbiographie. Eine Forschungsperspektive für die Analyse der Mehrdimensionalität moderner Sozialstrukturen. Kölner Zeitschrift für Soziologie und Sozialpsychologie 37: 461-477.

Meulemann, Heiner, 1987: Bildung, Generationen und die Konjunkturen des Werts Leistung. Über die Vielschichtigkeit eines Wertewandels, in: Zeitschrift für Soziologie 16: 272-287.

Meulemann, Heiner, 1992a: Expansion ohne Folgen? Bildungschancen und sozialer Wandel in der Bundesrepublik. S. 123-156 in: Wolfgang Glatzer (Hg.), Entwicklungstendenzen der Sozialstruktur. Frankfurt am Main: Campus.

Meulemann, Heiner, 1992b: Gleichheit, Leistung und der Wandel oder Nicht-Wandel von Werten – Warum die Wahrnehmung realisierter Gleichheit in der Bundesrepublik Deutschland sich nicht verändert hat. S. 100-126 in: Helmut Klages, Hans-Jürgen Hippler und Willi Herbert (Hg.), Werte und Wandel. Ergebnisse und Methoden einer Forschungstradition. Frankfurt am Main/New York: Campus.

Meulemann, Heiner, 1999: Der Wert Leistung in Deutschland 1956 bis 1996. S. 115-130 in: Wolfgang Glatzer und Ilona Ostner (Hg.), Deutschland im Wandel. Sozialstrukturelle Analysen. Sonderband der Zeitschrift Gegenwartskunde. Opladen: Leske + Budrich.

Meulemann, Heiner, 2004: Sozialstruktur, soziale Ungleichheit und die Bewertung der ungleichen Verteilung von Ressourcen. S. 115-136 in: Peter A. Berger und Volker H. Schmidt (Hg.), Welche Gleichheit, welche Ungleichheit? Grundlagen der Ungleichheitsforschung. Wiesbaden: VS Verlag für Sozialwissenschaften.

Meyer, Ulrich, 2000: Politische Sozialisation. S. 498-500 in: Uwe Andersen und Wichard Woyke (Hg.), Handwörterbuch des politischen Systems der Bundesrepublik Deutschland. Opladen: Leske + Budrich.

Mößle, Thomas, Matthias Kleimann und Florian Rehbein, 2007: Bildschirmmedien im Alltag von Kindern und Jugendlichen : Problematische Mediennutzungsmuster und ihr Zusammenhang mit Schulleistungen und Aggressivität. Baden-Baden: Nomos.

Montada, Leo und Melvin J. Lerner (Hg.), 1996: Current Societal Concerns About Justice. New York: Plenum.

Montada, Leo, Manfred Schmitt und Claudia Dalbert, 1986: Thinking about Justice and Dealing with One's Own Privileges. A Study of Existential Guilt. S. 125-143, in: Hans Werner Bierhoff, Ronald L. Cohen und Jerald Greenberg (Hg.), Justice in Social Relations. New York: Plenum Press.

Müller, Florian und Michael Müller, 1996: Macht Markt Sinn? S. 7-15 in: Florian Müller und Michael Müller (Hg.), Markt und Sinn. Dominiert der Markt unsere Werte? Frankfurt am Main/New York: Campus.

Müller, Hans-Peter und Bernd Wegener, 1995: Die Soziologie vor der Gerechtigkeit. Konturen einer soziologischen Gerechtigkeitsforschung. S. 7-49 in: Hans-Peter Müller und Bernd Wegener (Hg.), Soziale Ungleichheit und soziale Gerechtigkeit. Opladen: Leske+Budrich.

Müller, Ulrich, 1993b: Bevölkerungsstatistik und Bevölkerungsdynamik. Methoden und Modelle der Demographie für Wirtschafts-, Sozial-, Biowissenschaftler und Mediziner. Berlin/New York: de Gruyter.

Müller, Walter, 1993a: Social Structure, Perception and Evaluation of Social Inequality and Party Preferences. S. 94-117 in: Dagmar Krebs und Peter Schmidt (Hg.), New Directions in Attitude Measurement. Berlin: de Gruyter.

Müller, Walter, 1998: Erwartete und unerwartete Folgen der Bildungsexpansion. S. 81-112 in: Jürgen Friedrichs, Rainer Lepsius und Karl-Ulrich Mayer (Hg.), Die Diagnosefähigkeit der Soziologie. Opladen: Westdeutscher Verlag.

Müller, Walter und Dietmar Haun, 1994: Bildungsungleichheit im sozialen Wandel. Kölner Zeitschrift für Soziologie und Sozialpsychologie 46: 1-43.

Müller, Walter und Reinhard Pollak, 2004a: Weshalb gibt es so wenige Arbeiterkinder in Deutschlands Universitäten? S. 311-352 in: Rolf Becker und Wolfgang Lauterbach (Hg.), Bildung als Privileg? Wiesbaden: VS Verlag für Sozialwissenschaften.

Müller, Walter und Reinhard Pollak, 2004b: Social mobility in West Germany. The long arms of history discovered? S. 77-113 in: Richard Breen (Hg.), Social Mobility in Europe. Oxford: Oxford University Press.

Müller, Walter und Yossi Shavit, 1998: Bildung und Beruf im institutionellen Kontext. Eine vergleichende Studie in 13 Ländern. Zeitschrift für Erziehungswissenschaft 1: 501-533.

Müller, Walter, Susanne Steinmann und Reinhart Schneider, 1997: Bildung in Europa. S. 177-246
in: Stefan Hradil und Stefan Immerfall (Hg.), Die westeuropäischen Gesellschaften im Vergleich.
Opladen: Leske +Budrich.

Noelle-Neumann, Elisabeth und Edgar Piel (Hg.), 1983, Allensbacher Jahrbuch der Demoskopie
1978-1983. Band VIII. München: KG Saur.

Noll, Heinz-Herbert, 1992: Zur Legitimität sozialer Ungleichheit in Deutschland. Subjektive Wahrnehmungen und Bewertungen. S. 1-20 in: Peter Ph. Mohler und Wolfgang Bandilla (Hg.), Blickpunkt Gesellschaft 2. Einstellungen und Verhalten der Bundesbürger in Ost und West. Opladen:
Westdeutscher Verlag.

Noll, Heinz-Herbert, und Lance W. Roberts, 2003: The Legitimacy of Inequality on Both Sides of
the Atlantic. A Comparative Analysis of Attitudes in Canada and Germany, The Tocqueville Re-
view/La Revue Tocqueville 24: 153-189.

Noll, Heinz-Herbert und Bernhard Christoph, 2004: Akzeptanz und Legitimität sozialer Ungleichheit – Zum Wandel von Einstellungen in West- und Ostdeutschland. S. 97-125 in: Rüdiger
Schmitt-Beck, Martina Wasmer und Achim Koch (Hg.), Sozialer und politischer Wandel in
Deutschland. Analyse mit ALLBUS-Daten aus zwei Jahrzehnten. Wiesbaden: VS Verlag für Sozialwissenschaften.

Noll, Heinz-Herbert, und Stefan Weick, 2005: Relative Armut und Konzentration der Einkommen
deutlich gestiegen. Indikatoren und Analysen zur Entwicklung der Ungleichheit von Einkommen
und Ausgaben, Informationsdienst Soziale Indikatoren (ISI) 33: 1-6.

Noll, Heinz-Herbert und Stefan Weick, 2006: Strukturen des privaten Verbrauchs in Deutschland:
Ungleichheiten und temporärer Wandel. S. 407-423 in: Karl-Siegbert Rehberg (Hg.), Soziale Ungleichheit - Kulturelle Unterschiede, Verhandlungen des 32. Kongresses der Deutschen Gesellschaft für Soziologie in München 2004, Teil 1, Frankfurt a. M./New York: Campus.

Offe, Claus, 1970: Leistungsprinzip und industrielle Arbeit. Frankfurt am Main: Europäische Ver-
lagsanstalt.

Olson, James M., C. Peter Herman und Mark P. Zanna (Hg.), 1986: Relative Deprivation and Social
Comparison. Hillsdale: Erlbaum.

Ormel, Johan, Siegwart Lindenberg, Nardi Steverink und Louis M. Verbrugge, 1999: Subjective
Well-Being and Social Production Functions. Social Indicators Research 46: 61-90.

Pakulski, Jan, und Malcolm Waters, 1996: The Death of Class. London: Sage.

Pappi, Franz und Edward O. Laumann, 1974: Gesellschaftliche Wertorientierungen und politisches
Verhalten. Zeitschrift für Soziologie 3: 157-188.

Parkin, Frank, 1971: Class Inequality and Political Order. Social Stratification in Capitalist and
Communist Societies. London: MacGibbon & Kee.

Parsons, Talcott, 1953: A Revised Analytical Approach to the Theory of Social Stratification. S. 92-
128 in: Reinhard Bendix und Seymour M. Lipset (Hg.), Class, Status, Power. Glencoe: Free
Press.

Parsons, Talcott, 1959: The school class as a social system. Some of its functions in American society. Harvard Educational Review 20: 297-318.

Parsons, Talcott, 1968 [1937]: The Structure of Social Action. A study of social theory with special
reference to a group of recent European writers. New York: Free Press.

Parsons, Talcott, 1972: Das System moderner Gesellschaften. München: Juventa.

Petzina, Dietmar, 1987: Die Weimarer Republik als Wohlfahrtsstaat. Stuttgart: Franz Steiner Verlag.

Pfeil, Elisabeth, 1967: Der Kohortenansatz in der Soziologie. Ein Zugang zum Generationsproblem?
Kölner Zeitschrift für Soziologie und Sozialpsychologie 19: 645-657.

Phillips, Derek L., 1983: The normative standing of economic inequalities. Sociologische Gids 30:
318-350.

Piaget, Jean, 1992 [1947]: Psychologie der Intelligenz. Stuttgart: Klett-Cotta.

Picht, Georg, 1964: Die deutsche Bildungskatastrophe. Analyse und Dokumentation. Freiburg: Herder.

Popper, Karl R., 1994 [1935]: Die Logik der Forschung. Tübingen: Mohr.

Plum, Wolfgang, 1982: Kohortenanalyse von Umfragedaten. Zur Identifizierung möglicher Einflussfaktoren politischen Verhaltens und politischer Einstellungen. Kölner Zeitschrift für Soziologie und Sozialpsychologie 34: 509-532.

Pollmann-Schult, Matthias, 2006: Veränderungen der Einkommensverteilungen infolge von Höherqualifikationen. S. 157-176 in: Andreas Hadjar und Rolf Becker (Hg), Die Bildungsexpansion. Erwartete und unerwartete Folgen. Wiesbaden: VS Verlag für Sozialwissenschaften.

Popitz, Heinrich, Hans Paul Bahrdt, Ernst August Jüres und Hanno Kesting, 1957: Das Gesellschaftsbild des Arbeiters. Tübingen: Mohr.

Rawls, John, 1975 [1971]: Eine Theorie der Gerechtigkeit. Frankfurt am Main: Suhrkamp.

Rawls, John, 1992: Die Idee des politischen Liberalismus. Aufsätze 1978-1989. Frankfurt am Main: Suhrkamp.

Recker, Marie-Luise, 2002: Geschichte der Bundesrepublik Deutschland. München: Beck.

Reinberg, Alexander, 1999: Der qualifikatorische Strukturwandel auf dem deutschen Arbeitsmarkt. Entwicklungen, Perspektiven und Bestimmungsgründe. Mitteilungen aus der Arbeitsmarkt- und Berufsforschung 32: 434-447.

Riley, Matilda W., Marilyn E. Johnson und Anne Foner (Hg.), 1972: Aging and Society, Volume 3: A Sociology of Age Stratification. New York: Russell Sage.

Rippl, Susanne, Klaus Boehnke, Gerd Hefler, und John Hagan, 1998: Sind Männer eher rechtsextrem und wenn ja, warum? Individualistische Werthaltungen und rechtsextreme Einstellungen. Politische Vierteljahreszeitschrift 39: 758-774.

Rippl, Susanne, Dirk Baier, Angela Kindervater und Klaus Boehnke, 2005: Die EU-Osterweiterung als Mobilisierungsschub für ethnozentrische Einstellungen? Zeitschrift für Soziologie 34: 288-310.

Robinson, William S., 1950: Ecological correlations and the behavior of individuals. American Sociological Review 15: 351-357.

Rödder, Andreas, 2004: Die Bundesrepublik Deutschland 1969-1990. München: Oldenbourg.

Roller, Edeltraut, 1992: Einstellungen der Bürger zum Wohlfahrtsstaat Bundesrepublik Deutschland. Opladen: Westdeutscher Verlag.

Rose, Arnold M., 1964: Social Mobility and Social Values. Archives de Europeane Sociologie 5: 324-330.

Rotter, Julian B., 1966: Generalized expectancies for internal versus external control of reinforcement. Psychological Monographs 80/1. Princeton: American Sociological Association.

Ruge, Rainer, 1977: Ziele und Ergebnisse der Bildungspolitik. Ansätze zu einem System der Bildungsindikatoren. S. 743-842 in: Wolfgang Zapf (Hg.), Lebensbedingungen in der Bundesrepublik. Sozialer Wandel und Wohlfahrtsentwicklung. Frankfurt am Main/New York: Campus.

Runciman, Walter G., 1966: Relative deprivation and social justice. A study of social inequality in twentieth century England. London: Routledge.

Ryder, Norman B., 1985 [1965]: The Cohort as a Concept in the Study of Social Change. S. 9-44 in: William M. Mason und Stephen E. Fienberg (Hg.), Cohort Analysis in Social Reserach. Beyond the Identification Problem. New York/Heidelberg/Toronto: Springer.

Sandberger, Johann-Ulrich, 1977: ,Gesellschaftsbilder' als subjektive Indikatoren im sozio-politischen Bereich. S. 11-41 in: Hans-Jürgen Hoffmann-Nowotny (Hg.), Politisches Klima und Planung. Soziale Indikatoren V. Frankfurt am Main: Campus.

Sandberger, Johann-Ulrich, 1983: Zwischen Legitimation und Kritik. Vorstellungen von Akademikern, Studenten und Bevölkerung zur sozialen Ungleichheit. Zeitschrift für Soziologie 12: 181-202.

Sandberger, Johann-Ulrich, 1993: Soziale Ungleichheit und Legitimität im Urteil von Studierenden. Analysen zur Struktur und Verteilung einer Orientierungsdomäne (Tagungsbeiträge 1988-1990, Heft 7). Konstanz: Arbeitsgruppe Hochschulforschung.

Schaie, K. Warner, 1986: Beyond Calendar Definitions of Age, Time and Cohort. The General Developmental Model Revisited. Developmental Review 6: 252-277.

Schaub, Horst und Karl G. Zenke, 2000: Wörterbuch Pädagogik. 4. grundlegend überarbeitete Auflage. München: Deutscher Taschenbuch Verlag.

Schelsky, Helmut, 1956: Soziologische Bemerkungen zur Rolle der Schule in unserer Gesellschaftsverfassung. S. 9-50 in: Helmut Schelsky (Hg.), Schule und Erziehung in der industriellen Gesellschaft. Würzburg: Werkbund-Verlag.

Schelsky, Helmut, 1960 [1953]: Wandlungen der deutschen Familie in der Gegenwart. Stuttgart: Enke.

Scheuch, Erwin K., und Hans D. Klingemann, 1967: Theorie des Rechtsradikalismus in westlichen Industriegesellschaften. Hamburger Jahrbuch für Wirtschafts- und Gesellschaftspolitik 12: 11-25.

Schimpl-Neimanns, Bernhard, 2000: Soziale Herkunft und Bildungsbeteiligung. Empirische Analysen zu herkunftsspezifischen Bildungsungleichheiten zwischen 1950 und 1989. Kölner Zeitschrift für Soziologie und Sozialpsychologie 52: 636-669.

Schömann, Klaus und Rolf Becker, 1998: Selektivität in der beruflichen Weiterbildung und Einkommensverläufe. S. 279-310 in: Friedhelm Pfeiffer und Winfried Pohlmeier (Hg.), Qualifikation, Weiterbildung und Arbeitsmarkterfolg. Baden-Baden: NOMOS.

Schoenbaum, David, 1968: Die Braune Revolution. Eine Sozialgeschichte des Dritten Reiches . Köln: Kiepenheuer und Witsch..

Schubert, Frank und Sonja Engelage, 2006: Bildungsexpansion und berufsstruktureller Wandel. S. 93-122 in: Andreas Hadjar und Rolf Becker (Hg.), Die Bildungsexpansion. Erwartete und unerwartete Folgen. Wiesbaden: VS Verlag für Sozialwissenschaften.

Schultz, Theodore W., 1961: Investment in human capital. American Economic Review 51: 1-17.

Schwinger, Thomas, 1980: Gerechte Güter-Verteilungen. Entscheidungen zwischen drei Prinzipien. S.107-140 in: Gerold Mikula (Hg.), Gerechtigkeit und soziale Interaktion. Bern: Huber.

Schwinger, Thomas, 1981: Steuerung und Rechtfertigung sozialer Prozesse durch Gerechtigkeitsnormen. S. 97-107 in: Wolfgang Grunwald und Hans Georg Lilge (Hg.), Kooperation und Konkurrenz in Organisationen. Bern: Haupt.

Scott, John, 1994: Class Analysis: Back to the Future. Sociology 28: 933-942.

Sengenberger, Werner, 1987: Struktur- und Funktionsweise von Arbeitsmärkten. Die Bundesrepublik Deutschland im internationalen Vergleich. Frankfurt am Main/New York: Campus.

Shavit, Yossi und Hans-Peter Blossfeld (Hg.), 1993: Persistent Inequality: Changing Educational Attainment in Thirteen Countries. Boulder: Westview Press.

Shavit, Yossi, Meir Yaish und Eyal Bar-Haim, 2007: The Persistence of Persistent Inequality. S. 37-57 in: Stefani Scherer, Reinhard Pollak, Gunnar Otte und Markus Gangl (Hg.), Origin to Destination. Trends and Mechanisms in Social Stratification Research. Frankfurt am Main: Campus.

Sidanius, Jim und Felicia Pratto, 1999: Social Dominance. An Intergroup Theory of Social Hierarchy and Oppression. Cambridge/New York/Melbourne: Cambridge University Press.

Skinner, Ellen A., Michael Chapman und Paul B. Baltes, 1988: Control, means-ends, and agency beliefs: A new conceptualization and its measurement during childhood. Journal of Personality and Social Psychology 54: 117-133.

Solga, Heike, 2002: „Ausbildungslosigkeit" als soziales Stigma in Bildungsgesellschaften. Kölner Zeitschrift für Soziologie und Sozialpsychologie 54 (3): 159-178.

Solga, Heike, 2005: Meritokratie – die moderne Legitimation ungleicher Bildungschancen. S. 19-38 in: Peter A. Berger und Heike Kahlert (Hg.), Institutionalisierte Ungleichheiten? Stabilität und Wandel von Bildungschancen. Weinheim/München: Juventa.

Solga, Heike, und Sandra Wagner, 2000: „Beiwerk" der Bildungsexpansion. Die soziale Entmischung der Hauptschule. Berlin: Max-Planck-Institut für Bildungsforschung.

Solga, Heike und Sandra Wagner, 2001: Paradoxie der Bildungsexpansion. Die doppelte Benachteiligung von Hauptschülern. Zeitschrift für Erziehungswissenschaft 4: 107-127.

Statistisches Bundesamt (Hg.) (2004): Datenreport 2004. Zahlen und Fakten über die Bundesrepublik Deutschland. In Zusammenarbeit mit dem Wissenschaftszentrum Berlin für Sozialforschung (WZB) und dem Zentrum für Umfragen, Methoden und Analysen, Mannheim (ZUMA). Bonn.

Steffen, Andreas, 1993: Das Problem der Multikollinearität in Regressionsanalysen. Frankfurt am Main: Lang.

Stephan, Walter G. und Cookie W. Stephan, 2000: An integrated threat theory of prejudice. S. 23-46 in: Stuart Oskamp (Hg.), Reducing prejudice and discrimination, Mahwah: Erlbaum.

Svallfors, Stefan, 1993: Policy Regimes and Attitudes to Inequality. A Comparison of Three European Nations. S. 87-133 in: Thomas P. Boje und Sven E. Olsson (Hg.), Scandinavia in a New Europe. Oslo: Scandinavian University Press.

Swift, Adam, Gordon Marshall, Carole Burgoyne and David Routh, 1995: Distributive justice: Does it matter what the people think? S. 15-47 in: James R. Kluegel, David S. Mason und Bernd Wegener (Hg.), Social justice and political change: Public opinion in capitalist and post-communist states. Berlin/New York: Walter de Gruyter.

Szirmai, Adam, 1986: Inequality Observed. A Study of Attitudes Towards Inequality. Avebury: Aldershot.

Tawney, Richard (1964 [1931]): Equality. London: Allen & Unwin.

Taylor-Gooby, Peter, 1983: Legitimation Deficit, Public Opinion and the Welfare State. Sociology 17: 164-184.

Terwey, Michael, 1990: Zur Wahrnehmung von wirtschaftlichen Lagen in der Bundesrepublik. S. 144-190 in: Walter Müller, Peter Ph. Mohler, Barbara Erbslöh und Martina Wasmer (Hg.), Blickpunkt Gesellschaft. Einstellungen und Verhalten der Bundesbürger. Opladen: Westdeutscher Verlag.

Terwey, Michael, 2000: Der neue kumulierte ALLBUS 1980-98. Vorgestellt mit einem Analysebeispiel zur Furcht vor Arbeitslosigkeit und zur Datengewichtung. ZA-Information 46: 143-153.

Terwey, Michael, 2005: Allgemeine Bevölkerungsumfrage der Sozialwissenschaften ALLBUS 1980-2004. Codebuch ZA-Nr. 4241. Köln/Mannheim: ZA/ZUMA.

Timm, Andreas, 2006: Die Veränderung des Heirats- und Fertilitätsverhaltens im Zuge der Bildungsexpansion. Eine Längsschnittanalyse für West- und Ostdeutschland. S. 277-309 in: Andreas Hadjar und Rolf Becker (Hg), Die Bildungsexpansion. Erwartete und unerwartete Folgen. Wiesbaden: Verlag für Sozialwissenschaften.

Thompson, Michael, Richard Ellis und Aaron Wildavsky, 1990: Cultural Theory. Boulder: Westview Press.

Thränhardt, Dietrich, 2000:Bundesrepublik Deutschland – Geschichte und Perspektiven. S. 67-79 in: Uwe Andersen und Wichard Woyke (Hg.), Handwörterbuch des politischen Systems der Bundesrepublik Deutschland. 4. Auflage. Opladen: Leske + Budrich.

Thurow, Lester C., 1975: Generating inequality. Mechanisms of distribution in the US economy. New York: Basic Books.

Thurow, Lester C., 1978: Die Arbeitskräfteschlange und das Modell des Arbeitsplatzwettbewerbs. S. 117-137 in: Werner Sengenberger (Hg.), Der gespaltene Arbeitsmarkt. Probleme der Arbeitsmarktsegmentation. Frankfurt am Main/New York: Campus.

Törnblom, Kjell und Uriel G. Foa, 1983: Choice of a Distribution Principle: Cross-Cultural Evidence on the Effects of Resources. Acta Sociologica 26: 161-73.

Tourangeau, Roger, 1999: Context Effects in Answers to Attitude Questions. S. 111-131 in: Monroe G. Sirken, Douglas J. Herrmann, Susan Schechter, Norbert Schwarz, Judith M. Tanur und Roger Tourangeau (Hg.), Cognition and Survey Research. New York: Wiley.

Trappe, Heike, 2006: Berufliche Segregation im Kontext: Über einige Folgen geschlechtstypischer Berufsentscheidungen in Ost- und Westdeutschland. Kölner Zeitschrift für Soziologie und Sozialpsychologie 58: 50-78.

Tuma, Nancy Brandon und Michael T. Hannan, 1984: Social dynamics. Models and methods. Orlando: Academic Press.

Tyler, Tom R., Robert J. Boeckmann, Heather J. Smith und Yeun J. Huo, 1997: Social Justice in a diverse society. Boulder: Westview Press.

Uehlinger, Hans-Martin, 1988: Politische Partizipation in der Bundesrepublik. Opladen: Westdeutscher Verlag.

Urban, Dieter und Jochen Mayerl, 2006: Regressionsanalyse: Theorie, Technik und Anwendung. 2. überarbeitete Auflage. Wiesbaden: VS Verlag für Sozialwissenschaften.

Volken, Thomas, 2004: Wohlfahrtsstaat, Ungleichheit und Konfliktwahrnehmung. Paper auf der Tagung des Forschungskomitees Wirtschaftssoziologie und Soziale Probleme der Schweizerischen Gesellschaft für Soziologie und der Arbeitsgruppe Sozialpolitik der Schweizerischen Vereinigung der politischen Wissenschaften „Erosion oder Transformation des Sozialstaats", Fribourg (Schweiz), 15./16. Oktober 2004.

Wagner, Michael, 2001: Kohortenstudien in Deutschland. Expertise für die Kommission zur Verbesserung der informationellen Infrastruktur zwischen Wissenschaft und Statistik. Köln: Universität zu Köln.

Walster, Elaine, William G. Walster und Ellen Berscheid, 1978: Equity: Theory and Research. Boston: Allyn & Bacon.

Walzer, Michael, 1983: Spheres of Justice. New York: Basic Books.

Wasmund, Klaus, 1982: Ist der politische Einfluss der Familie ein Mythos oder eine Realität? S. 23-63 in: Bernhard Claußen und Klaus Wasmund (Hg.), Handbuch der politischen Sozialisation. Braunschweig: Agentur für Wissenschaftliche Literatur.

Watermann, Rainer, 2003: Gesellschaftsbilder im Jugendalter. Vorstellungen Jugendlicher über die Ursachen sozialer Aufwärtsmobilität. Opladen: Leske + Budrich.

Watermann, Rainer und Kai U. Schnabel, 2001: Political Socialization and Gender. New Politics – New Effects? Paper presented at the Society for Research on Child Development, Minneapolis.

Watermann, Rainer und Gabriel Nagy, 2006: Egalitäre Orientierungen und Geschlecht. Ergebnisse einer Längsschnittstudie. S. 125-146 in: Angela Ittel und Hans Merkens (Hg.), Veränderungsmessung und Längsschnittstudien in der empirischen Erziehungswissenschaft. Wiesbaden: VS Verlag für Sozialwissenschaften.

Weber, Max, 1972 [1922]: Wirtschaft und Gesellschaft. Tübingen: J.C.B. Mohr (Paul Siebeck).

Weber, Max, 1992 [1920]: Asketischer Protestantismus und kapitalistischer Geist. S. 357-381 in: Max Weber: Soziologie. Universalgeschichtliche Analysen. Politik. Herausgegeben von Johannes Winckelmann. Stuttgart: Alfred Kröner Verlag.

Wegener, Bernd, 1988: Kritik des Prestiges. Opladen: Westdeutscher Verlag.

Wegener, Bernd, 1987: The Illusion of Distributive Justice. European Sociological Review 3: 1-13.

Wegener, Bernd, 1991: Relative deprivation and social mobility. Structural constraints on distributive justice judgements. European Sociological Review 7: 3-18.

Wegener, Bernd, 1992: Gerechtigkeitsforschung und Legitimationsnormen. Zeitschrift für Soziologie 21: 269-283.

Wegener, Bernd, 1995: Gerechtigkeitstheorie und empirische Gerechtigkeitsforschung. S. 195-218 in: Hans-Peter Müller und Bernd Wegener (Hg.), Soziale Ungleichheit und soziale Gerechtigkeit. Opladen: Leske + Budrich.

Wegener, Bernd, 1999: Belohnungs- und Prinzipiengerechtigkeit: Die zwei Welten der empirischen Gerechtigkeitsforschung. Pp. 167-214 in: Ulrich Druwe and Volker Kurz (Hg.), Politische Gerechtigkeit. Opladen: Leske + Budrich.

Wegener, Bernd und Stefan Liebig, 1993: Eine Grid-Group-Analyse sozialer Gerechtigkeit: Die neuen und alten Bundesländer im Vergleich. Kölner Zeitschrift für Soziologie und Sozialpsychologie 45: 668-690.

Wegener, Bernd und Stefan Liebig, 1995: Hierarchical and Social Closure Conceptions of Distributive Social Justice: A Comparison of East and West Germany. S. 239-259 in James R. Kluegel, David S. Mason und Bernd Wegener (Hg.), Social Justice and Political Change. Political Opinion in Capitalist and Post-Communist Nations. New York: De Gruyter.

Wegener, Bernd und Stefan Liebig, 1999: Gerechtigkeitsideologien 1991-1996. S. 25-59 in: Heiner Meulemann (Hg.), Werte und nationale Identität im vereinten Deutschland. Opladen: Leske + Budrich

Wegener, Bernd und Stefan Liebig, 2000: Is the ‚inner wall' here to stay? Justice ideologies in unified Germany. Social Justice Research 13: 177-197.

Wegener, Bernd, Alev Acisu, Pamela Davidson, Stephan Fischer, Sabine Kleebaur, Ralf Krämer, Stefan Liebig und Susanne Steinmann, 1994: Die Wahrnehmung sozialer Gerechtigkeit in Deutschland im internationalen Vergleich. Abschlußbericht für den deutschen Teil des International Social Justice Project. Berlin: Humboldt-Universität, Institut für Soziologie.

Weiler, Rudolf, 1991 Einführung in die katholische Soziallehre. Ein systematischer Abriß. Graz/Wien/Köln: Styria.

Weishaupt, Horst, Manfred Weiß, Hasso von Recum und Rüdiger Haug, 1988: Perspektiven des Bildungswesens in der Bundesrepublik Deutschland. Baden-Baden: Nomos.

Weiß, Wolfgang W., 1981: Überlegungen für ein theoretisches Modell politischer Sozialisation. S. 37-55 in: Hans-Dieter Klingemann und Max Kaase (Hg.), Politische Soziologie. Opladen: Westdeutscher Verlag.

Wiesenthal, Helmut, 1987: Rational Choice. Ein Überblick über Grundlinien, Theoriefelder und neuere Themenakquisition eines sozialwissenschaftlichen Paradigmas. Zeitschrift für Soziologie 16: 434-449.

Windolf, Paul, 1990: Die Expansion der Universitäten 1870-1985. Ein internationaler Vergleich. Stuttgart: Enke.

Winckelmann, Johannes, 1952: Legitimität und Legalität in Max Webers Herrschaftssoziologie. Tübingen: Mohr.

Winkler, Heinrich August, 2002: Der lange Weg nach Westen. Zweiter Band. Deutsche Geschichte vom „Dritten Reich" bis zur Wiedervereinigung. München: Beck.

Winkler, Willi, 2005: Die Geschichte der RAF. Reinbek bei Hamburg: Berlin.

Wittenberg, Reinhard, 1991: Handbuch für computerunterstützte Datenanalyse. Band 1: Grundlagen computerunterstützter Datenanalyse. Stuttgart: Fischer.

Wooldridge, Jeffrey M., 2003: Introductory econometrics: a modern approach. Mason: Thomson.

Wuggenig, Ulf, 1990: Eine strukturelle Version der Theorie der Statusinkonsistenz. S. 37-69 in: Karl-Dieter Opp und und Reinhard Wippler (Hg.), Empirischer Theorievergleich. Erklärungen sozialen Verhaltens in Problemsituationen. Opladen: Westdeutscher Verlag.

Yang, Yang, 2006: Bayesian Inference for Hierarchical Age-Period-Cohort Models of Repeated Cross-Section Survey Data. Sociological Methodology 36: 39-74.

Yang, Yang und Kenneth C. Land, 2006: A Mixed Models Approach to the Age-Period-Cohort Analysis of Repeated Cross-Section Surveys, with an Application to Data on Trends in Verbal Test Scores. Sociological Methodology 36: 75-97.

Yang, Yang und Kenneth C. Land, 2006: Age-Period-Cohort Analysis of Repeated Cross-Section Surveys: Fixed or Random Effects? Sociological Methods & Research 20: 1-30.

Yang, Yang, Wenjiang J. Fu und Kenneth C. Land, 2004: A Methodological Comparison of Age-Period-Cohort Models: Intrinsic Estimator and Conventional Generalized Linear Models. Sociological Methodology 34: 75-110.

Young, Michael, 1958: The Rise of the Meritocracy. 1870-2033. An Essay on Education and Equality. London: Thames and Hudson.

Anhang

Tabelle A1:   Zellbesetzungen des A-P-K-Datensatzes

		21-30	31-40	41-50	51-60	61-70	> 70	Gesamt
1984	Koh. 1919-28	0	0	0	260	190	0	450
	Koh. 1929-38	0	0	336	219	0	0	555
	Koh. 1939-48	0	301	250	0	0	0	551
	Koh. 1949-58	264	226	0	0	0	0	490
	Koh. 1959-63	248	0	0	0	0	0	248
	Gesamt	512	527	586	479	190	0	2294
1988	Koh. 1919-28	0	0	0	78	327	0	405
	Koh. 1929-38	0	0	92	414	0	0	506
	Koh. 1939-48	0	78	435	0	0	0	513
	Koh. 1949-58	89	448	0	0	0	0	537
	Koh. 1959-63	333	0	0	0	0	0	333
	Gesamt	422	526	527	492	327	0	2294
1991	Koh. 1919-28	0	0	0	0	161	18	179
	Koh. 1929-38	0	0	0	172	36	0	208
	Koh. 1939-48	0	0	224	47	0	0	271
	Koh. 1949-58	0	231	34	0	0	0	265
	Koh. 1959-63	105	57	0	0	0	0	162
	Gesamt	105	288	258	219	197	18	1085
1994	Koh. 1919-28	0	0	0	0	166	80	246
	Koh. 1929-38	0	0	0	222	126	0	348
	Koh. 1939-48	0	0	170	182	0	0	352
	Koh. 1949-58	0	231	171	0	0	0	402
	Koh. 1959-63	34	215	0	0	0	0	249
	Gesamt	34	446	341	404	292	80	1597
1998	Koh. 1919-28	0	0	0	0	41	146	187
	Koh. 1929-38	0	0	0	64	304	0	368
	Koh. 1939-48	0	0	51	330	0	0	381
	Koh. 1949-58	0	57	292	0	0	0	349
	Koh. 1959-63	0	198	0	0	0	0	198
	Gesamt	0	255	343	394	345	146	1483
2000	Koh. 1919-28	0	0	0	0	0	212	212
	Koh. 1929-38	0	0	0	0	318	4	322
	Koh. 1939-48	0	0	0	372	11	0	383
	Koh. 1949-58	0	0	411	12	0	0	423
	Koh. 1959-63	0	245	11	0	0	0	256
	Gesamt	0	245	422	384	329	216	1596
2004	Koh. 1919-28	0	0	0	0	0	121	121
	Koh. 1929-38	0	0	0	0	137	74	211
	Koh. 1939-48	0	0	0	130	161	0	291
	Koh. 1949-58	0	0	205	117	0	0	322
	Koh. 1959-63	0	31	157	0	0	0	188
	Gesamt	0	31	362	247	298	195	1133

Datenquelle: ALLBUS 1984, 1988, 1991, 1994, 1998, 2000, 2004, Westdeutsche, deutsche Staatsbürgerschaft, ab 21 Jahren, Geburtsjahrgänge 1919-1963; eigene Berechnungen

Tabelle A2:   OLS-Regression zur Entwicklung der Akzeptanz sozialer
              Ungleichheit (querschnittliche Analysen; 1988, 1991, 1994, 1998
              und 2000)

standardisierte Koeffizienten		1988	1991	1994	1998	2000
		Modell I	Modell I	Modell I	Modell I	Modell I
Kohorte	1929-1938	-.077*	-.058	-.026	.015	-.114**
Ref.: 1919-1928	1939-1948	-.060†	-.039	-.060	-.048	-.139**
	1949-1958	-.194***	-.151**	-.166***	-.028	-.241***
	1959-1963	-.156***	-.159***	-.197***	-.092*	-.215***
Konstante		2.627***	2.710***	2.760***	2.554***	2.933***
N		1.675	827	1.163	1.040	1.217
Erklärte Varianz R^2		.027	.020	.033	.005	.031
		Modell II	Modell II	Modell II	Modell II	Modell II
Kohorte	1929-1938	-.081*	-.058	-.027	.019	-.117**
Ref.: 1919-1928	1939-1948	-.070*	-.036	-.057	-.046	-.133**
	1949-1958	-.203***	-.146**	-.158***	-.031	-.232***
	1959-1963	-.166***	-.152**	-.188***	-.094*	-.204***
Bildung Ref.: ohne Abschluss, Volks- bzw. Hauptschulabschluss						
	Mittlere Reife	.072**	-.018	-.016	-.006	-.009
	Abitur/Fachabitur	-.010	-.025	-.044	.047	-.067*
Konstante		2.612***	2.722***	2.774***	2.536***	2.952***
N		1.675	827	1.163	1.040	1.217
Erklärte Varianz R^2		.032	.019	.033	.006	.034

standardisierte Koeffizienten		1988	1991	1994	1998	2000
		Modell III	Modell III	Modell III	Modell III	Modell III
Kohorte	1929-1938	-.079*	-.061	-.035	.016	-.122**
Ref.: 1919-1928	1939-1948	-.079*	-.042	-.066	-.046	-.138**
	1949-1958	-.202***	-.142**	-.160***	-.027	-.236***
	1959-1963	-.154***	-.151**	-.171***	-.078†	-.203***
Bildung						
Ref.: ohne Abschluss, Volks-						
bzw. Hauptschulabschluss						
	Mittlere Reife	.005	-.026	-.068*	-.035	-.020
	Abitur/Fachabitur	-.087**	-.044	-.139***	-.031	-.126**
Klassenlage (Erikson-						
Goldthorpe-Klassifikation)						
Ref.: ungelernte Arbeiter						
	Facharbeiter (qualif. Arbeiter)	.068†	.015	-.002	.095*	-.001
	Landwirte	.063*	.040	.046	.093**	.010
	Selbstständige	.128***	.113**	.116**	.172***	.045
	Angestellte	.124***	.046	.077*	.065†	.024
	Untere Dienstklasse	.161***	.050	.113*	.104*	.030
	Obere Dienstklasse	.129***	.016	.154**	.176***	.084†
Geschlecht (Frau)		-.049†	-.144***	-.075*	-.070*	-.073*
Konstante		2.499***	2.755***	2.743***	2.410***	2.987***
N		1.675	827	1.163	1.040	1.217
Erklärte Varianz R²		.048	.041	.055	.034	.038

*** p < .001, ** p < .01, * p < .05, † p < .10 (Transformationsgewichtung)
Datenquelle: ALLBUS 1988, 1991, 1994, 1998, 2000, Westdeutsche, deutsche Staatsbürgerschaft, ab 21 Jahren, Geburtsjahrgänge 1919-1963 (Transformationsgewichtung); eigene Berechnungen

Tabelle A3:   OLS-Regression zur Entwicklung der Akzeptanz sozialer Ungleichheit

standardisierte Koeffizienten	Modell IIa
Bildung	
Ref.: ohne Abschluss, Volks- bzw. Hauptschulabschluss	
Mittlere Reife	.020*
Abitur/Fachabitur	-.006
Heterogenität nach sozialer Herkunft (Kohortenersatz)	.069***
Interaktionseffekt Bildung • Heterogenität (Kohorte)	
Ref.: ohne Abschluss, Volks- bzw. Hauptschulabschluss • Heterogenität (Kohorte)	
Mittlere Reife • Heterogenität (Kohorte)	-.048***
Abitur/Fachabitur • Heterogenität (Kohorte)	-.090***
Periode (Erhebungsjahr) 1988	-.024*
Ref.: 1984 1991	.021*
1994	.031**
1998	-.049***
2000	.051***
2004	.006
Alter	.311***
Alter^2	-.138*
Soziale Schicht (Erikson-Goldthorpe-Classification)	
Ref.: ungelernte Arbeiter	
Facharbeiter (qualif. Arbeiter)	
Landwirte	
Selbstständige	
Angestellte	
Untere Dienstklasse	
Obere Dienstklasse	
Geschlecht (Frau)	
Konstante	1.307***
N	11281
Erklärte Varianz R²	.046

*** p < .001, ** p < .01, * p < .05, † p < .10 (Transformationsgewichtung)
Datenquelle: ALLBUS 1984, 1988, 1991, 1994, 1998, 2000, 2004, Westdeutsche, deutsche Staatsbürgerschaft, ab 21 Jahren, Geburtsjahrgänge 1919-1963 (Transformationsgewichtung); eigene Berechnungen

MIX
Papier aus verantwortungsvollen Quellen
Paper from responsible sources
FSC® C105338

If you have any concerns about our products,
you can contact us on
ProductSafety@springernature.com

In case Publisher is established outside the EU,
the EU authorized representative is:
Springer Nature Customer Service Center GmbH
Europaplatz 3, 69115 Heidelberg, Germany

Printed by Libri Plureos GmbH
in Hamburg, Germany